Tradition und Reform der Universität unter internationalem Aspekt

Ein interdisziplinärer Ansatz

Studien zur Erziehungswissenschaft

Herausgegeben von
Prof. Dr. Volker Lenhart und Prof. Dr. Hermann Röhrs

Band 20

Verlag Peter Lang
Frankfurt am Main · Bern · New York · Paris

Hermann Röhrs (Hrsg.)
unter Mitarbeit von Gerhard Hess
mit einem Vorwort von Freiherr Gisbert zu Putlitz
Rektor der Universität Heidelberg

Tradition und Reform der Universität unter internationalem Aspekt

Ein interdisziplinärer Ansatz

Verlag Peter Lang
Frankfurt am Main · Bern · New York · Paris

CIP-Kurztitelaufnahme der Deutschen Bibliothek

Tradition und Reform der Universität unter inter=nationalem Aspekt : e. interdisziplinärer Ansatz / Hermann Röhrs (Hrsg.). -- Frankfurt am Main ; Bern ; New York : Lang, 1987.

(Studien zur Erziehungswissenschaft ; Bd. 20)
Engl. Ausg. u.d.T.: Tradition and reform of the university under an international perspective
ISBN 3-8204-9537-1

NE: Röhrs, Hermann [Hrsg.]; GT

ISSN 0721-4057
ISBN 3-8204-9537-1

Druck und Bindung: Weihert-Druck GmbH, Darmstadt

Geleitwort

Eine internationale Erörterung der zentralen Thematik "Tradition und Reform der Universität unter internationalem Aspekt" ist aus vielen Gründen von fundamentaler Bedeutung. Sie verspricht, auf dem gewichtigen historischen Hintergrund die offenen Fragen des gegenwärtigen Universitätslebens klar konturiert vor Augen zu rücken. Die Universität verfügt nicht nur über eine breite und profunde Geschichte, sondern sie verkörpert sie auch.

Daher kann die Aufgabe ihrer Erneuerung niemals von der Frage nach ihrer Geschichte gelöst werden, weil viele ihrer Engpässe und Mißstände historisch überkommen sind und daher nur nach einer Analyse des Wurzelgrundes eine dauerhafte Besserung versprechen. Das betrifft auch die jüngeren Gründungen und nicht nur die traditionsreichen alten Institutionen, denn sie leben alle von dem historischen Vermächtnis und dem daraus vermittelten akademischen Selbstverständnis. Daß diese komplexe Fragestellung aus internationalem Blickwinkel - unter Einbezug der Erfahrungen aus West und Ost - erörtert wurde, hat zu einer gewichtigen Anreicherung der Einsichten und Erkenntnisse geführt, welche die Aussagekraft dieses Buches erhöht.

Was zudem wissenschaftstheoretisch an dem Band besonders bedeutsam erscheint, ist seine interdisziplinäre Gestaltung. So sind neben den Vertretern der Soziologie, Psychologie, Pädagogik, Politologie auch Repräsentanten der Geschichte, Literaturwissenschaft und Nationalökonomie beteiligt. Dadurch entsteht ein vielseitig beleuchtetes und gedeutetes Bild der Problemlage mit vielen konsistenten Lösungsvorschlägen, die die Universitätsentwicklung entscheidend anzuregen und zu fördern vermögen.

Mit dem äußeren Anlaß des Kongresses, dem 600jährigen Jubiläum der Universität Heidelberg, waren die historische Dimension und die ihr immanenten Probleme - nicht zuletzt auch durch den Genius loci - stets präsent. Die Ruperto Carola gehört im Kreise der ältesten universitären Gründungen zu den Angesehensten und international Reputierlichsten, die auch gegenwärtig nichts von ihrer Anziehungskraft eingebüßt hat. Wenn sie als ihr Jubiläumsmotto den Leitspruch "Aus Tradition in die Zukunft" gewählt hat, so geschah dies aus demselben Bewußtsein heraus, von dem der vorliegende Band als Ergebnis des internationalen und interdisziplinären Kolloquiums zu künden weiß: Nur auf der Basis von Geschichte und Tradition läßt sich der universitäre Auftrag von heute und morgen formen und gestalten. Dieser Band ist ein Beispiel für die grenzüberschreitende Kraft wissenschaftlicher Reflexion und für die Stärkung des Geistes internationaler Kooperation.

Prof. Dr. Freiherr Gisbert zu Putlitz,
Rektor der Universität Heidelberg

Vorwort

Interdisziplinarität in einem internationalen Rahmen ist eine wissenschaftstheoretisch anspruchsvolle Zielsetzung, die noch keineswegs zu den gesicherten Normen wissenschaftlichen Arbeitens gehört. Mit umso größerer Genugtuung sei festgehalten, daß sie in dem vorliegenden Band realisiert wurde. Der Erfolg dürfte eine relativ vielseitige Beleuchtung des Gegenstandsfeldes sein. Der internationale Zugang gewährleistet ergänzend, daß unterschiedliche Modelle vor Augen gerückt werden können. Von einer eigentlich komparativen Präsentation, die auf Grund eines definierten Tertium comparationis den Vergleich erlaubt, wurde aus verschiedenen Gründen abgesehen.

Der konkrete Anlaß zur Gestaltung des internationalen Kolloquiums war das 600jährige Jubiläum der Universität Heidelberg. Gerade die festlichen Hochpunkte in der geschichtlichen Entwicklung sind wiederholt als Anstoß zur Reflexion über die Universität, ihre Idee und ihre Wirklichkeit, wahrgenommen worden. Daß das in diesem Falle unter Mitwirkung von bedeutenden Vertretern aus Ost und West gelungen ist, verleiht der angestrebten Internationalität eine besonders gewichtige Note.

Erwähnenswert erscheint auch die Vorgeschichte des Kolloquiums. So erfolgt seit mehreren Jahren ein jährlicher Austausch zwischen den USA und Heidelberg unter Vermittlung des "College Consortium for International Studies" (New York) und in der wissenschaftspraktischen Gestaltung durch den Herausgeber dieses Bandes. Bei stets wechselnder Thematik kommen jährlich 25 amerikanische Professoren nach Heidelberg, um während einer Woche eine wissenschaftliche Fragestellung in Theorie und Praxis zu studieren. Anläßlich des Heidelberger Jubiläumsjahres konnte es nur die Universitätsthematik sein, die ergänzend zum Kolloquium durch Besuche mehrerer Hochschulen und Diskussionen mit den verantwortlichen Repräsentanten veranschaulicht wurde. Neben den Autoren dieses Bandes nahmen wieder 25 Professoren und Präsidenten amerikanischer Colleges und Universitäten sowie internationaler Institutionen an dem Kolloquium teil. Aus diesem Grunde fanden vielseitige und klärende Diskussionen statt, die aber niemals das konkrete Gegenstandsfeld der Hochschule aus den Augen verloren. Von einem Abdruck der Diskussionsergebnisse mußte aus Raumgründen abgesehen werden.

Die Finanzierung des internationalen Kolloqiums wurde von der "Deutschen Forschungsgemeinschaft" (DFG) und dem "College Consortium for International Studies" (New York) ermöglicht. Beiden Institutionen sei ausdrücklich der Dank ausgesprochen.

Mit diesem Band findet eine mehrjährige internationale Kooperation, die in ihrer wissenschaftlichen Gestaltung modellhaft sein dürfte und die daher viel Anerkennung gefunden hat, ihren dokumentarischen Ausdruck. Möge der Band ein Beispiel für eine kontinuierliche internationale Kooperation setzen und durch seine Beiträge zur Lösung der Hochschulproblematik im internationalen und interdisziplinären Geiste beitragen.

Zur Vertiefung dieser Bestrebungen erscheint der Band auch in englischer Sprache unter dem Titel "Tradition and Reform of the University under an international Perspective."

Hermann Röhrs
Heidelberg

INHALTSVERZEICHNIS

ENTWICKLUNG UND AUFGABE
DER UNIVERSITÄT

URSPRUNG UND BEDEUTUNG DER KLASSISCHEN UNIVERSITÄTSIDEE

Hermann Röhrs

Die innere Konsistenz der Universitätsidee

Die klassische Universitätsidee hat sich während der 175 Jahre seit ihrer Konzeptualisierung eine überraschende innere Konsistenz bewahrt. Trotz politischer Wandlungen und steter universitärer Neugründungen, die häufig ausdrücklich mit der Absicht der Reform realisiert wurden, gewährt die klassische Universitätsidee immer noch ein ideelles Plateau, das eine Verständigung unter unterschiedlichen akademischen Positionen ermöglichen kann. So blieb die Wahrung der akademischen Freiheit selbst in den Zeiten der Studentenunruhen während der 60er und 70er Jahre eine Zielsetzung, die die Kontrahenten partiell noch zu einigen schien, wenngleich die Voraussetzungen dafür häufig bereits zerstört waren.

Aus diesen und vielen anderen Gründen erweist es sich als notwendig, nach den Ursprüngen und Zielen dieser Universitätsidee zu fragen, die selbst im außerdeutschen Bereich bis in die Gegenwart vielfältige Impulse freigesetzt hat. Die leitende Aufgabe dieser Fragestellung ist es, mit der Freilegung des Sinngehalts der Universitätsidee zugleich die Überlegungen hinsichtlich ihrer Angemessenheit und Tragfähigkeit für die Gegenwart anzuregen. In der Überzeugung, daß die historischen Antworten ihre Aussage- und Deutungskraft für unsere Situation erweisen werden, soll über Wilhelm von Humboldt hinaus der Kreis der Denker des ausgehenden 18. und beginnenden 19. Jahrhunderts - Fichte, Schleiermacher, Schelling, Steffens, die alle an diesem Konzept akademischer Bildung mitgewirkt haben - in die Erörterung einbezogen werden. Angesichts der Breite des philosophischen Ideenkreises kann nur die Begrenzung auf die Schlüsselgedanken und ihre möglichst prägnante Deutung zum Ziel führen.

Auf dem Hintergrund der französischen Revolution kommt zwei zeitgeschichtlichen Faktoren - der Aufklärungsphilosophie sowie der Philosophie des deutschen Idealismus und der Bildungsphilosophie des Neuhumanismus - eine besondere Bedeutung zu, wobei beide in dem dialektischen Verhältnis von These und Antithese stehen. So hatte die Aufklärung in später Auswirkung der Postulate von Comtes und Rousseau in Gestalt des Philanthropinismus - etwa durch Chr. Gotthilf Salzmann in seinem sechsbändigen Roman "Carl von Carlsberg oder das menschliche Elend" (1773-1788) und Joachim Heinrich Campe in seinem Revisionswerk (1785-1791) - an dem (von den Universitäten vertretenen) scholastischen Anspruch der Universalität harte Kritik geübt. Die Unverbindlichkeit des Vielwissens sollte durch ein begründetes Spezialwissen abgelöst werden, das ein fachlich begrenztes Studium in Fachhochschulen voraussetzt. Damals entstanden allein in dem Zeitraum von 1770-1800 in Berlin die Spezialhochschulen: die Bergakademie (1770), die Tierarzneischule (1790), die Pepinière für Militärärzte (1795), die Akademie der Künste (1796), die Bauakademie (1799) und das Ackerbauinstitut von Thaer in Mögelin (1800).

Ein gewichtiges Argument spielte die Erfindung des Buchdrucks, die im Medium des Buches ein weitgehend selbsttätiges Studium, einem Schlüsselwort der Aufklärung entsprechend, möglich machen sollte. Vermittlung eines profunden Fachwissens zum Nutzen der Gesellschaft wurde die neue Zielsetzung, die durch die philosophische Reflexion vor der Gefahr einer metaphysischen Vernebelung geschützt werden sollte. Gegen diese Entwicklung und ihr Nützlichkeitsstreben wendet sich die Philosophie des deutschen Idealismus. Eingeleitet wird diese Wendung durch die Antrittsvorlesung von Friedrich Schiller 1789 an der Universität Jena "Was heißt und zu welchem Ende studiert man Universalgeschichte?" Die Unterscheidung zwischen dem "Brotgelehrten" und dem "philosophischen Kopf" birgt hinter dem Aufweis von zwei akademischen Stilprinzipien zugleich eine Priorisierung des Philosophierens als einer originären akademischen Geisteshaltung. Daß Schiller diese Deutung unter dem Eindruck der kritischen Schriften Kants präzisiert hatte, erweist eine verwandte Sichtweise mit dem Kreis der Universitätstheoretiker. Wie Schiller warnte auch Friedrich Wilhelm Joseph Schelling, der seine "Vorlesungen über die Methode des akademischen Studiums" 1802 ebenfalls in Jena hielt, wohin er 1798 durch Goethe berufen wurde, vor dem "Brotstudium". Durch Schelling, der mit Hegel und Hölderlin im Tübinger Stift studiert hatte und der in Jena vor allem mit dem Kreis der Romantiker zusammenwirkte, erhielt die Diskussion auf dem Hintergrund seiner spekulativen Naturphilosophie einen idealistisch-romantischen Akzent.

Das eigentliche Ziel der einsetzenden breiten Diskussion ist die Begründung universitärer Studien in klarer Absetzung von der berufsspezifisch-utilitaristischen Argumentationsweise der Aufklärung. Dabei wird das beruflich-gesellschaftliche Motiv aus den Augen verloren; aber es gewinnt dennoch in diesem Begründungszusammenhang seine eigentliche Wirksamkeit durch die Persönlichkeitsbildung. Berufliche Qualifikation und staatsbürgerliche Verantwortbarkeit sind gleichsam ein sicheres Nebenergebnis der Humanisierung, einer geistigen Auseinandersetzung mit fachlichen Inhalten in philosophischer Begründung. Überhaupt ist es das Faszinosum der klassischen Universitätsidee, daß sie trotz des Strebens nach geistiger Sammlung und Vertiefung so lebensnah konzipiert ist, daß sie die berufs- und staatspolitische Komponente mit dem Streben nach (Selbst-)Bildung und religiöser Selbstvergewisserung verbindet. Die Bildung des Staates und der Persönlichkeit sowie politische Verantwortung stehen keineswegs in einem Gegensatz, sondern im Verhältnis wechselseitiger Vertiefung und Ergänzung. Insofern hat die klassische Universitätsidee durchaus moderne Züge von zukunftsweisender Bedeutung. "Fortschöpfung der Welt" ist nach Fichte die komplexe Aufgabe der Wissenschaft im Rahmen der Universität, um mit dieser umfassenden Formel die Perspektive und ihre Dimensionierung zu klären.

Fichte ist neben Schleiermacher und Schelling die zentrale Figur für die Konzeptualisierung. Die Idee gewinnt von Anbeginn an Konkretion dadurch, daß sie bereits sehr früh die Gründung der Berliner Universität ins Auge zu fassen erlaubte. Nachdem Halle, die eigentliche Reformuniversität Preußens, nach dem verlorenen Kriege 1806/07 von Napoleon dem neu gegründeten Königreich Westfalen zugeschlagen war, entstand mit dem Bedürfnis nach einer Neugründung zugleich der Plan für eine innere Reform mit einem stark wissenschaftlichen Zentrum, das Wegweisung und -sicherung zugleich zu vermitteln vermöchte. Ausgleich der materiellen Verluste durch einen geistigen Aufschwung, der mit vertieftem Wissen und geweckter Sittlichkeit die Weltgeltung Preußens zu stärken vermöchte, war das in der äußeren Not gefaßte Ziel; es ist Teil der umfassenden Staatsreform unter Stein, die diese Epoche als einen Modellfall staatlicher Erneuerung durch die Macht des Gedankens stets anziehungskräftig erscheinen läßt.

Zur Aufweisung des Weges schien niemand geeigneter als Johann Gottlieb Fichte. Vom ethischen Rigorismus Kants ausgehend, hatte er mit seinem "Versuch einer Kritik aller Offenbarung" (1792), der zunächst Kant zugeschrieben wurde, den Wirkungsrahmen der Wissenschaft und ihre Bedingungen von denen der Religion abgegrenzt. Nachdem er mit der "Wissenschaftslehre" (1794) eine Grundlegung seiner Philosophie, deren zentrale Aufgabe die Selbstreflexion über die schöpferisch-ethischen Aktivitäten des Ich darstellt, erreicht hatte, konnte er an die Deutung der zeitgeschichtlich wichtigen Fragen gehen: "Die Bestimmung des Menschen" (1800) und "Die Grundzüge des gegenwärtigen Zeitalters" (1804/05). Als ein Philosoph, der (seit 1799 in Berlin lebend) die Aufgaben und Ziele der Zeit erkennt und sie breitesten Kreisen einsichtig zu deuten versteht, hat Fichte sich durch seine "Reden an die deutsche Nation" (1807/08) ausgewiesen. Diese Reden hielt er zwei Jahre vor Gründung der Universität in einer Art öffentlichen Vorlesungswesens, so daß es folgerichtig erscheint, daß er nach der Gründung deren erster Rektor wurde.

Die eigentlichen Impulse zur Gründung gingen indessen von seinen vielen Vorträgen und Studien "Über die Pflichten des Gelehrten" (1794 in Jena), "Über die Bestimmung des Gelehrten" (1794 in Jena und 1811 in Berlin), "Deduzierter Plan einer in Berlin zu errichtenden höheren Lehranstalt" (1807) aus. Zusammen mit den Studien von F.W.J. Schelling "Vorlesungen über die Methode des akademischen Studiums" (1803), Schleiermacher "Gelegentliche Gedanken über Universitäten" (1809) stellen sie die eigentliche Gründungsurkunde der Universität im klassischen Sinne dar. Während aber Schelling seine "Vorlesungen über die Methode des akademischen Studiums" (1803) im Zusammenhang mit seiner Philosophie in Jena gehalten hatte und Schleiermacher sowie Steffens ihre Vorlesungen nach der Schließung Halles, wo sie zusammen gelehrt hatten, auf dem Hintergrund ihrer Erfahrungen konzipierten, entstand der "Deduzierte Plan einer in Berlin zu errichtenden höheren Lehranstalt" Fichtes als ein Gutachten, das von Kabinettsrat Karl Friedrich von Beyme angefordert wurde. Beyme, der seit 1800 mit der Vorplanung der Universität betraut war, ließ sich neben dem damals noch in Halle lehrenden Altphilologen Friedrich August Wolf vor allem von Fichte beraten. Darum gebührt dem Fichteschen Gedankenkreis eine grundlegende Bedeutung, zumal er auch Pestalozzis Bildungskonzept nachhaltig beeinflußte, das wiederum Humboldt und Süvern in ihren Bildungsvorstellungen stark geprägt hat.

Allerdings konnte Humboldt gegenüber Pestalozzi letzte Vorbehalte nicht überwinden; er sah ihn im (Vor-)Verständnis seiner Mitarbeiter Süvern und von Altenstein, wenngleich seine pädagogische Blickweise, wie er sie im Königsberger und Litauischen Schulplan ausspricht, ganz entscheidend von Pestalozzi beeinflußt ist. Wie in allen seinen bildungsreformerischen Aktivitäten ist auch hier ein ambivalentes Verhältnis spürbar, das letztlich wohl mit den inneren Vorbehalten gegenüber seinem Tätigkeitsbereich zusammenhängt, den er in Königsberg im Rückblick auf das diplomatische Amt im geliebten Rom als nur vorübergehend betrachtet.

Trotz dieser notwendigen Einschränkung vermittelt er entscheidende Impulse für die Bildungsreform. Es geht um eine innere geistige Erneuerung, die ihren Mittelpunkt in der (im Herbst 1810) eröffneten Berliner Universität finden soll. Deutschland sollte den Anfang in dieser inneren Reform beispielhaft im Kreise der Staaten unternehmen, so daß zwischen der nationalen und kosmopolitischen Einstellung möglichst kein Gegensatz besteht. Fichte strebt geradezu die höhere Einheit zwischen dem geschärften Nationalbewußtsein und der kosmopolitischen Humanitätsidee an. Deutschsein ist ihm ein Paradigma des Menschseins schlechthin, so daß es einen beispielhaften Anfang in der Erneuerung der Menschheit bildet. Humboldt hat letztlich die Grundideen dieser Universitätspläne in eine schöpferische Synthese gehoben, die ohne die konzeptionelle Vorplanung als Ausdruck der Philosophie des Idealismus und der neuhumanistischen Bildungsidee nicht denkbar gewesen wäre.

Die Vorgeschichte der Universitätsidee

Erstaunlich an der Universitätskonzeption der idealistischen Philosophie ist die Tatsache, daß sie keine eigentlichen Vorläufer hat. In ähnlicher Weise deutet ein neuerer amerikanischer Interpret diese Entwicklung: "The university idea was struck, virtually de novo, by scholars and the aristocrats of the enlightenment from only a few fleeting practical examples and with only a passing glance at history. It was an idea deriving force as much from reaction to intellectual chaos as from consolidation of intellectual growth" (Fallon 1980,5).

Was der Gruppe um Humboldt als orientierendes Modell vor Augen stand, waren einige Institutionen modellhaften Charakters. Dazu gehörte einmal die recht unterschiedliche und kurze Geschichte der von Leibniz im Auftrag des Herzogs Johann Friedrich von Braunschweig-Lüneburg 1700 gegründeten "Sozietät der Wissenschaften", die unter Friedrich d.Gr. zur "Preußischen Akademie der Wissenschaften" umgewandelt wurde sowie zum anderen die "Reform"-Universitäten Jena (1558), Halle (1694) und Göttingen (1737). Es kann daher nur als folgerichtig angesehen werden, daß Humboldt die Professoren für die Berliner Neugründung vorwiegend aus diesen drei Institutionen zu gewinnen versuchte, so daß die historisch bewährte Idee als Orientierungshilfe für die Gestaltung des Neuen gesichert werden konnte.

Dennoch stehen Idee und Wirklichkeit bei der Planung und Gestaltung der Universität in einem dialektischen Verhältnis. So gilt die Universität Berlin einerseits als eine Gründung aus dem Geiste der deutschen idealistischen Philosophie; andererseits zeigt aber eine Analyse der Gründungspläne - beispielhaft derjenigen von Engel, Wolf, Schmalz, Fichte und Schleiermacher - daß sie zwar den konzeptionellen Hintergrund erörterten, jedoch keineswegs detailliert umgesetzt wurden. Darum erscheint zum Aufweis der durchhaltenden akademischen Komponenten eine Skizzierung dieser Pläne notwendig zu sein. Die beiden wegweisenden Pläne, die weitgehend die Universitätsidee bestimmt haben, sind von Fichte und Schleiermacher verfaßt worden. Fichte erhält am 5.9.1807 den Auftrag, ein Gutachten für die neue Hochschule zu schreiben. Mit seinem "Deduzierten Plan einer zu Berlin zu errichtenden höheren Lehranstalt, die in gehöriger Verbindung mit einer Akademie der Wissenschaft stehe" versucht er durch die Besinnung auf die Idee der Universität und die sie bestimmende Wissenschaft einen Neuanfang zu sichern. Auf dem Hintergrund ihrer bisherigen Geschichte gilt es, die Universität "durch einen klaren Begriff in ihrer eigentlichen Absicht" (Fichte 1956, 198/199) zu verstehen.

Der "Geist der Wissenschaft als Prinzip" soll Gesinnung und Lebensweise in der Universität bestimmen; er soll im Medium des Spekulativen jene Klarheit erwirken, die einen realen Einfluß auf das Leben ausüben kann. Trotz aller Autonomie darf die Universität keine "geschlossene Welt" bleiben; vielmehr muß sie als eine Art akademischer Nationalanstalt das gesamte öffentliche Leben erneuern durch die Rückführung des in ihm notwendigen praktischen Wissens auf die Idee des Wissens und der Wissenschaft sowie deren ethische Grundlagen. Das letzte Ziel des "wissenschaftlichen Körpers" ist die "Organisation einer Erziehung der Nation, als seines eigenen Bodens, zu Klarheit und Geistesfreiheit, und so die Erneuerung aller menschlichen Verhältnisse" (Fichte 1956, 217). Damit hat Fichte ein Konzept geliefert, das trotz einer gewissen esoterischen Gespreiztheit anziehungskräftig geblieben ist, weil es die Aufgaben der Universität von der Instanz der Spekulation bis zur Ebene der Aktion in ihrer inneren Geschlossenheit aufzeigt.

Auf dem Hintergrund dieser Vorgeschichte konzipiert Schleiermacher Anfang 1808 seine Schrift "Gelegentliche Gedanken über Universitäten im deutschen Sinn". Zwei wichtige Aufgaben versucht er darin zu lösen. Einmal eine Beschleunigung der langen Gründungsprozedur, die ihm nach dem Verlust Halles wichtig zu sein scheint. Zum anderen aber die Klärung des geistigen Profils der neuen Universität, das vor allem den Gedanken der Gelehrtenrepublik unter Einschluß der Studierenden und damit die Autonomie gegenüber dem Staat zu stärken hat.

Das Verhältnis beider ist auf Gegenseitigkeit angelegt: der Staat bedarf der Menschen mit wissenschaftlich begründeten Kenntnissen, und dazu ist wiederum der akademische Freiraum erforderlich, um sie im geistig-geselligen Verkehr der Forschenden, zu denen die Studierenden gehören, zu entfalten. Der Philosophie fällt nach Schleiermacher in Übereinstimmung mit Fichte die Aufgabe zu, einleitend das wissenschaftliche Denken über die Fakultätsgrenzen hinaus zu begründen und somit über alles Spezielle hinweg eine gemeinsame Denkbasis zu sichern. "Alle müssen zuerst sein und sind auch der Philosophie Beflissene; aber alle sollten eigentlich auch in dem ersten Jahre ihres akademischen Aufenthaltes nichts anderes sein dürfen" (Schleiermacher 1956, 260).

Die Philosophie soll die Einheit der Wissenschaften durch ein gemeinsames Denkmodell sichern, das trotz aller notwendigen Spezialisierung Besinnung und Gespräch über das Menschliche als dem übergreifend Gemeinsamen ermöglicht. Eine Akademie der Wissenschaften neben der Universität soll dieses Konzept unterstützen. Ein wichtiges Ergebnis dieser Deutung der Universität aus dem Geiste der idealistischen Philosophie ist die Gestaltung und Steuerung der Geschicke dieser Welt durch den spekulativ geläuterten Gedanken, der seine Ergänzung durch die wissenschaftlich bewußt gemachte Moral und durch den gebildeten Charakter erfährt; sie zusammen sichern erst die Handlungsfähigkeit. Der Grundtenor dieser Einsichten von Fichte und Schleiermacher wird von Humboldt aufgegriffen; er erweist sich heute noch als zukunftsträchtig.

Soweit die ideelle Vorgeschichte. Die administrative Seite erhält dadurch einen neuen Akzent, als anstelle von von Beyme, der am 14.10. 1807 zum Präsidenten des Kammergerichts in Berlin ernannt wird, noch im Oktober Freiherr vom Stein sein Amt antritt, der aber kein unbegrenzter Freund der Universitätsgründung in der geplanten Form ist. Erst durch die Ernennung Humboldts zum Leiter der Sektion erhalten die Pläne eine handlungsfähige administrative Instanz. Viele Fakten weisen darauf hin, daß Humboldt die Berufung in die Sektion für Unterricht und Kultus nie angestrebt hat; er hat sogar die erste Berufung in einem Brief an den König vom 20.1.1809 abgelehnt. Am 6.1.1809 erhält er die Kabinettsorder zur Übernahme des Amtes; am 28.2.1809 übernimmt er sodann nach einem "langen Kampf" die Sektion. Der "Legat der neuen Bildung" (Kaehler) kommt also wider Willen in die Rolle des Bildungsreformers, auf die er weder vorbereitet, noch innerlich eingestellt ist (Hübner 1983, 151). Ganz der Aufgabe der "Selbstbildung" lebend, zu der nach den juristischen Studien in Göttingen, deren eigentliche Höhepunkte jedoch im Seminar des Altphilologen Heyne lagen, sowie der diplomatische Dienst als preußischer Resident seit 1802 bei der Kurie in Rom zählte, war er seiner Lebensauffassung nach wenig auf ein öffentliches Amt vorbereitet. Wenn er auch bisher viel über (Selbst-)Bildung reflektiert hatte, so war es doch Menschenbildung im geistig-geselligen Umgang mit der Kulturwelt - ohne Etatisierung durch staatliche Instanzen. Bildung in der Vermittlung durch Bildungsinstitutionen erschien ihm bisher als ein Vorgang des Substanzverlustes (Menze 1965, 125). Sein Bildungsbegriff ist wichtiger Teil seiner Existenzgestaltung, frei von spezifisch pädagogischen Erwägungen, und vielleicht gerade darum gestaltungsträchtig für eine umfassende Reform im Sinne einer nationalen Lebenserneuerung.(1)

----

1 Ein eigenes grundsätzliches Kapitel stellt die Humboldt-Rezeption in der DDR unter dem Aspekt der "Aneignung" dar. Unter diesem Aspekt erfährt Humboldt eine historisch-materialistische Interpretation, die ihn zu einem der bedeutenden Vorläufer der sozialistischen Lebens- und Staatsauffassung macht. Als Legitimation dazu dienen seine Deutung der französischen Revolution, die er zusammen mit Campe in Paris erlebte, und die (durchaus aus dem Geiste der idealistischen Philosophie resultierende) Forderung nach einer Begrenzung der Macht des Staates in seinem Essay "Ideen zu einem Versuch, die Grenzen der Wirksamkeit des Staates zu bestimmen" (1802). Daher beanspruchen die Universitäten der DDR - allen voran die Humboldt-Universität in Berlin -, die rechten Erben der Ideen Humboldts zu sein (Rühle 1966/Sroka 1984).

Entscheidende Impulse hatte er in Rom empfangen. Das diplomatische Amt gewährte ihm die persönliche Freiheit, die zum geistigen Verkehr mit Schiller und Goethe, den Altphilologen Wolf und Heyne sowie zur eigenen schriftstellerischen Tätigkeit führte. Es entstanden die beiden Aufsätze in den Horen, die Auseinandersetzung mit der klassischen Epoche - u.a. die Übersetzungen des Pindar und des Agamemnon von Aischylos sowie die Pläne hinsichtlich einer "vergleichenden Anthropologie", über die er mit Goethe korrespondierte (Geiger 1909, 49). Diese Lebensphase in wirtschaftlicher Unabhängigkeit und geistiger Freiheit in ihrem dialogischen Verhältnis zur geistigen Welt bildet im Selbstverständnis Humboldts ein wichtiges Modell für seine Auffassung der akademischen Studien. Im Kontext dieser breiten Vorgeschichte gilt es nunmehr, die Gestaltungsprinzipien der Universitätsidee herauszuheben.

Die Gestaltungsprinzipien der Universitätsidee

Überschaut man das Konzept insgesamt einschließlich des Humboldtschen "Antrags auf Errichtung der Universität Berlin" (1809) und seiner Schulideen im Königsberger und Litauischen Schulplan (1809) sowie vor allem "Über die innere und äußere Organisation der höheren wissenschaftlichen Anstalten in Berlin" (1810), die alle bewußt im Zusammenhang mit der Universität formuliert wurden, so zeigt sich im Hinblick auf die grundlegenden Strukturen ein relativ geschlossenes Bild; es wird von den folgenden Komponenten bestimmt:

1. Die relative Autonomie der Universität;
2. Die Idee der akademischen Freiheit als Mitte der Universität;
3. Die Einheit von Forschung und Lehre;
4. Die staatspolitische Relevanz der Bildungsidee.

Diese vier Merkmale der Universitätsidee sollen die Leitlinie für die folgende Auseinandersetzung bilden:

1. Fichte, wie auch Steffens, setzten sich ausdrücklich mit dem Einwand der Aufklärung auseinander, daß die Universitäten durch den Buchdruck gegenstandslos geworden seien, da sie durch die methodisch geleitete Selbstbildung, die zudem sehr viel stärker fachwissenschaftlich zu orientieren sei, ersetzt werden könnten. Gerade an diesem Punkte beginnt bei Fichte die Begründung der relativen Autonomie. In der Universität geht es nicht um den "Buchinhalt" schlechthin, vielmehr um das "Prinzip der Verbesserung des Buchinhalts", wie es im "Deduzierten Plan" (1956, 128) heißt. Nicht "Wiederholung des Buchwissens" (129), sondern Entfaltung einer "Schule der Kunst des wissenschaftlichen Verstandesgebrauchs" (131) im Medium des Buchs ist ein methodisches Ziel der Universität.

Darin besteht der wichtigste Unterschied zwischen Höherer Schule und Universität, daß nicht Reproduktion des Wissens, sondern Anregung produktiven Reflektierens durch die Art der Vermittlung des traditionellen

Wissens die spezifische Aufgabe der Universität ist. Diesen wichtigen Gedanken haben Schleiermacher und Steffens vertieft. So betont insbesondere Schleiermacher die dialektische Kunst des Vortrags, der im Medium des traditionell gesicherten Wissens den Blick für das "Produktive" schärft. "Der Lehrer muß alles, was er sagt, vor den Zuhörern entstehen lassen; er muß nicht erzählen, was er weiß, sondern sein eigenes Erkennen, die Tat selbst, reproduzieren, damit sie beständig nicht etwa nur Kenntnis sammeln, sondern die Tätigkeit der Vernunft im Hervorbringen der Erkenntnis unmittelbar anschauen und anschauend nachbilden" (1956, 252).

Gemeint ist der philosophisch sichtende und begründende Vortrag, der die Wissenschaft in ihrem Gewordensein, ihren Möglichkeiten und Grenzen dialogisch entwickelt. Es ist damit eine paradigmatische Form der Vorlesung markiert, die modellhaft einen Orientierungspunkt deutet, dem nicht alle Lehrenden nachkommen können, aber dem sie sich als Professoren, d.h. der Weisheit verbunden Wissende, verpflichtet zu fühlen haben. "Der Hauptsitz dieser Kunst des Vortrags ist die Philosophie, das eigentlich Spekulative; aber alles Lehren auf der Universität soll ja auch hiervon durchdrungen sein, also ist doch dies überall die eigentliche Kunst des Universitätslehrers. Zwei Tugenden müssen sich in ihr vereinigen: Lebendigkeit und Begeisterung auf der einen Seite. Sein Reproduzieren muß kein bloßes Spiel sein, sondern Wahrheit; so oft er seine Erkenntnis in ihrem Ursprung, in ihrem Sein und Gewordensein vortragend anschaut, so oft er den Weg vom Mittelpunkt zum Umkreise der Wissenschaft beschreibt, muß er ihn auch wirklich machen. Bei keinem wahren Meister der Wissenschaft wird das auch anders sein; ihm wird keine Wiederholung möglich sein, ohne daß eine neue Kombination ihn belebt, eine neue Entdeckung ihn an sich zieht; er wird lehrend immer lernen, und immer lebendig und wahrhaft hervorbringend dastehen vor seinen Zuhörern" (Schleiermacher 1956, 253). Darin ist die relative Autonomie der Universität begründet, daß ihr "Bestreben auf das innere Wesen der Wissenschaft, auf die innere Organisation alles Wissens" (1956, 320) gerichtet ist, wie es bei Steffens in grundsätzlicher Übereinstimmung mit Fichte, Schelling und Schleiermacher heißt. Dieses "Höchste aller Spekulation" muß der Angelpunkt der Wissenschaft bleiben, denn sonst beginnt die scholastische Nivellierung, die abprüfbares Wissen an die Stelle der erfindungsreichen Imagination und Perspektivität setzt. Darin ist die Autonomie der Universität begründet, daß sie die ihr gewährte Eigenständigkeit und Muße umschlägt in imaginative Potenzen, die über die vertiefte produktive Menschenbildung das staatliche Ganze voranbringen.

Zur Wahrung und Vertiefung der universitären Autonomie ist die Lösung der Berufungsfrage von größter Bedeutung. Dazu wird von Schleiermacher die Auffassung vertreten, daß die Ergänzung des Lehrkörpers in eigener Verantwortung der Universität zu geschehen habe. Daher lehnt er die Wahrnehmung dieser Funktion durch den Kurator der Universität ab. "Die Universität selbst muß freilich am besten wissen, was sie bedarf, so oft eine Lücke entsteht, oder sie Gelegenheit bekommt, sich zu erweitern" (1956, 269). Dennoch sieht er die Gefahren "kleinlicher Intrigue" und der "Parteisucht", so daß sich seinem Vorschlag entsprechend "der Staat und der wissenschaftliche Verein in das Geschäft der Besetzung zu teilen haben" (1956, 270). Erst eine Entscheidung aufgrund einer ausgewogenen Prüfung ermöglicht die Wahl eines Gelehrten, der die akademische Freiheit für alle Beteiligten zu wahren verspricht.

2. Die akademische Freiheit ist kein Freibrief für ein privilegiertes Leben ohne gesellschaftliche Kontrolle und Verpflichtung. Das damit ausgesprochene Freisein von wirtschaftlichen Nöten und einengenden bürgerlichen Pflichten ist keineswegs als Standesvorrecht gemeint, sondern als Sicherung der Voraussetzungen für ein der Wissenschaft gewidmetes Leben. An diesem (durchaus im Sinne der antiken Philosophie konzipierten) bios theoretikos kann jedermann teilhaben, der den Anforderungen gerecht zu werden vermag. Dieser akademische Status schließt außerdem die Verpflichtung ein, das relative Freisein umso strikter zum Wohle der Gesellschaft zu nutzen. Autonomie der Universität, akademische Freiheit, Einheit von Forschung und Lehre sowie die sie stützende Allgemeinbildung bilden ergänzende Teilbereiche der klassischen Universitätsidee, die erst zusammen jene innerweltliche Askese ermöglichen, die das Spezifikum der Gelehrtenrepublik im Sinne des philosophischen Idealismus ausmachen. Wird ein Teilbereich herausgebrochen, so wird sich das Ganze als funktionsunfähig erweisen.

Die akademische Freiheit setzt den mündigen und urteilsfähigen akademischen Bürger voraus oder doch wenigstens einen solchen, der unter dem Eindruck der Freiheit wissenschaftlicher Studien jenes Maß an selbstverantworteter Selbständigkeit entfaltet, die der Gegenpart der Freiheit sein muß, wenn ein produktives Gleichgewicht entstehen soll. Zum Gelingen bedarf es des Vorbilds des Wissenden, aber keineswegs der Reglementierung. So heißt es bei Schleiermacher durchaus mahnend: "Guter Rat darf nicht fehlen, und die Einrichtung der Universitäten gibt Veranlassung genug, ihn zu erteilen; aber die mindeste Spur von Zwang, jede noch so leise Einwirkung von Autorität ist verderblich" (1956, 277). Insofern ist die akademische Freiheit stets ein Wagnis, das das Scheitern einschließt. Die regulierende Studienvorschrift ist der risikolosere Weg, der indessen (in der Überzeugung der Vertreter der klassischen Universitätsidee) nicht zur Erweckung der vollen wissenschaftlichen Reife führt.

Dennoch unterscheidet Schleiermacher, der sich wohl am differenziertesten mit der Idee der akademischen Freiheit auseinandersetzt, zwei Seiten. Einerseits erwirkt die Freiheit jene Form geistiger Sammlung und Gewecktheit, die Voraussetzung für das wissenschaftliche Leben darstellt; sie kann aber andererseits auch Fehlformen der "Trägheit" und der "nichtswürdigen Zerstreuung" nach sich ziehen, wobei er jugendliche Freude und Übermut durchaus als inspirierenden Teil der akademischen Freiheit betrachtet. Obgleich Schleiermacher sich bewußt ist, daß der größere Kreis die Begegnung mit der Wissenschaft nicht voll ausschöpfen kann, weil er (noch) nicht zur Gruppe derjenigen gehört, die durch die wissenschaftliche Reflexion zu einem Grad vertiefter Klarheit geführt wird, oder keine "dritte Stufe der Geburt" (1956, 327) erfahren hat, wie es bei Steffens heißt, möchte jener die Gruppe komplex halten. "Wir haben freilich gesehen, daß die größere Zahl immer aus solchen bestehen wird, welche nicht bestimmt sind, ins Innerste der Wissenschaft einzudringen, aber ebenso auch, daß es im Geiste der Universität liegt, keinen äußeren Unterschied in der Behandlung beider festzusetzen, sondern von der Voraussetzung auszugehen, als würden alle sich zu jener Höhe erheben lassen" (Schleiermacher 1956, 278).

Schleiermacher läßt sich von der Überzeugung leiten, daß der in jedem Falle erfahrbare Geist der Wissenschaft auch für jene Verantwortung, Urteilsvermögen und Weitblick erwecken wird, die für ihre praktischen Ämter dienlicher sind, als eine reglementierte und rein spezialwissenschaftlich bestimmte Ausbildung. Allein der Versuch der Menschenbildung durch Wissenschaft wirkt bildend. Daher spricht Schleiermacher in diesem Zusammenhang den Satz, der durchaus Gebotscharakter trägt und der für die Entwicklung der Universität bestimmend geworden ist: "Die Freiheit aber, mit jedem den Versuch zu machen, wie er ihm zusagt, darf weder der Staat noch der wissenschaftliche Körper beschränken" (1956, 279). Soweit stützend und stimulierend etwas geschehen kann, so in erster Linie durch die Macht der "Liebe und Ehre" sowie durch die Beratung und die Entfaltung der geselligen Formen, die die "Anhänglichkeit an das Haus, an den Staat, an den Beruf" (Schleiermacher 1956, 278) zu stärken vermögen.

Trotz dieser hypothetischen Maßnahmen ist die Wahrheitssuche in Freiheit und Einsamkeit am angemessensten. Insofern hat Schelsky mit dem Begriffspaar "Einsamkeit und Freiheit" das Kernstück der Universitätsidee zum Titel seines grundlegenden Buches gewählt. Die Einsamkeit gewährt jene innere Ruhe und Sammlung, die über die wissenschaftliche Reflexion zu fruchtbarer Konzeptualisierung und zu bleibender Selbstbildung führen. Damit ist bewußt die Analogie zur innerweltlichen Askese gesucht, die zur Ideenschau oder zur visio Dei führt. Gerade diese religiöse Motivation klingt als Rahmenbedingung für die wissenschaftliche Wahrheitssuche sowohl bei Schleiermacher und Schelling als auch bei Steffens an: "Das ist es, was wir wollen, was die sehende Seele sucht, was Mühe und Fleiß und Anstrengung jeglicher Art erregt: den Schein vernichtend, das Göttliche schauen, was in allem allein Bestand hat. Da aber tritt es allein hervor, wo in jedwedem Dinge das Ganze sich spiegelt. Daher ergreift die Seele eine innige Freude und unnennbares Ergötzen, wobei die Einheit des Allgemeinen und Besonderen sich kundtut" (Steffens 1807 (1956), 363).

Nur im Medium der kontemplativen Einstellung als Ergebnis von Einsamkeit und Freiheit ist schöpferische Arbeit möglich. Unter diesem Aspekt ergänzt Schelling in seinen "Vorlesungen über die Methode des akademischen Studiums" (1802) die bei Steffens anklingende religiöse Sichtweise um einen künstlerisch-ästhetischen Akzent, wenn er dem Studierenden rät: "Lerne nur, um selbst zu schaffen. Nur durch dieses göttliche Vermögen der Produktion ist man wahrer Mensch, ohne dasselbe nur eine leidlich klug eingerichtete Maschine. Wer nicht mit demselben höheren Antrieb, womit der Künstler aus einer rohen Masse das Bild seiner Seele und der eigenen Empfindung hervorruft, es zur vollkommenen Herausarbeitung des Bildes seiner Wissenschaft in allen Zügen und Teilen bis zur vollkommenen Einheit mit dem Urbild gebracht hat, hat sie überhaupt nicht durchdrungen" (Schelling 1954, 54). Die Aufgipfelung zu einer produktiven Einstellung und deren Rückwirkung in Gestalt bleibender Persönlichkeitsbildung ist der wichtigste Ertrag der akademischen Freiheit in religiös-ästhetischer Orientierung.

Die Idee der akademischen Freiheit steht in unmittelbarer Wechselwirkung mit der Bildungsvorstellung des Neuhumanismus. Die universitären Studien sind in erster Linie auf die Verinnerlichung der Kultur und des Menschlichen gerichtet, um die Individualität zu einem Mikrokosmos (in Analogie zum Makrokosmos) zu gestalten. Das eigentliche Ziel menschlichen Lebens ist "die höchste und proportionierlichste Bildung seiner Kräfte zu einem Ganzen."

Dieser Weg soll von den Deutschen beispielhaft für alle anderen Nationen erschlossen werden. Dazu ist der Rückgang auf das Griechentum notwendig, weil hier ein Exemplum des Menschseins vorliegt, das es in der Bildung zum Richtpunkt zu erheben gilt. Darin stimmen Fichte, Schleiermacher, Schelling, Steffens und Humboldt überein, daß durch die Wissenschaft über die Erkenntnis hinaus Menschenbildung erstrebt werden soll. "Denn nur die Wissenschaft, die aus dem Innern stammt und ins Innere gepflanzt werden kann, bildet den Charakter um, und dem Staat ist es ebenso wenig als der Menschheit um Wissen und Reden, sondern um Charakter und Handeln zu tun" (Humboldt 1956, 379). Humboldt hat diesen Gedanken in das Zentrum seiner Universitätskonzeption gerückt: "Charakter und Handeln" als Ergebnis der universitären Studien deuten, zeigt, daß die Humboldtsche Universitätsidee nicht völlig ohne bildungspraktische Wirksamkeit denkbar ist. Die eigentlich inspirierende Kraft ist indessen die Staatsidee, die es einerseits hinsichtlich des Freiraums zur Entfaltung der Individualität zu begrenzen gilt; sie erfährt aber andererseits in der Epoche staatlicher Not nach den Napoleonischen Kriegen eine Stärkung, jedoch nicht lediglich als Machtfaktor, sondern als sittliche Institution im Dienste der Individualität, um ein Beispiel möglicher Humanisierung durch den Staat zu setzen.

3. Die neuhumanistische Bildungsidee beruht auf den beiden Grundüberzeugungen, daß in der Universität produktives Wissen erworben werden muß und daß dieser Bildungsprozeß im gemeinsamen Bemühen von Lehrenden und Lernenden durch das Eindringen in das "Innerste der Wissenschaft" (Schleiermacher) am fruchtbarsten verläuft. In diesem Rahmen gebührt der Vorlesung, dem Seminar und der Disputation eine vorzügliche Rolle. Im Zentrum steht indessen die Vorlesung, wenn es gelingt, situativ forschendes Denken zu entfalten, das durch seinen prozessualen Charakter so offen geartet ist, daß die Studierenden als Mitdenkende einbezogen werden. In dieser Form der kritischen und produktiven Rückbindung bilden Forschung und Lehre eine sich stets ergänzende Einheit, die auch Lehrende und Lernende in einen sich fortsetzenden Dialog hebt. Der Lehrende muß zu diesem Zweck "sein eigenes Erkennen, die Tat selbst, reproduzieren", damit die Lernenden die "Tätigkeit der Vernunft im Hervorbringen der Erkenntnis unmittelbar anschauen und anschauend nachbilden" (Schleiermacher 1956, 252) können.

Die Vorlesung verbürgt dadurch den Charakter der Denkgemeinschaft, in der beide Seiten - Lehrender und Lernender - gleichermaßen ihre Anregung erfahren. Dadurch weckt das akademische Leben das beglükkende Empfinden wechselseitiger Inspiration; beide bedürfen einander, wie Humboldt trefflich formuliert oder wie Paulsen diesen wichtigen Gedanken (im Sinne Humboldts) faßt: "Wäre die Vorlesung nicht um der Studenten willen notwendig, so wäre sie es um der Dozenten willen" (1902, 247). Kämen die Studenten nicht zu ihm, er müßte - in sokratischer Manier - sie aufsuchen.

Im Hinblick auf diese Lebensdialogik folgert Paulsen in einer Weise, der auch heute noch zuzustimmen ist: "die Vorlesung, weit davon entfernt, überflüssig zu werden, ist immer unentbehrlicher geworden" (1902, 247). Damit erfüllt die Vorlesung, wie überhaupt alle Universitätsveranstaltungen, eine immens wichtige Bildungsfunktion. Das Lernen wird in diesem Rahmen zu einem ingeniösen Vorgang, der die Forschung in lebendiger geistiger Wechselwirkung entstehen läßt. Dieser Grundgedanke der Fichteschen Wissenschaftslehre ist hinsichtlich seiner pädagogischen Implikationen am klarsten von Humboldt am Beispiel des Lehrer-Schüler-Verhältnisses beschrieben worden: "Der erstere ist nicht für die letzteren, beide sind für die Wissenschaft da; sein Geschäft hängt mit an ihrer Gegenwart und würde, ohne sie, nicht gleich glücklich vonstatten gehen; er würde, wenn sie sich nicht von selbst um ihn versammelten, sie aufsuchen, um seinem Ziele näher zu kommen durch die Verbindung der geübten, aber darum auch leichter einseitigen und schon weniger lebhaften Kraft mit der schwächeren und noch parteiloser nach allen Richtungen mutig hinstrebenden" (378).

Das forschende Philosophieren markiert zugleich den unübersehbaren Unterschied zwischen der Höheren Schule und der Universität. Während die Höhere Schule durch die Sicherung der Allgemeinbildung einen tragfähigen Grund legt, der in gelungenen Stunden durchaus den Geist der Wissenschaft zu ahnen erlaubt, hat die Universität das produktive wissenschaftliche Denken zu pflegen. Dazu reicht aber das "Kollegienhören" keineswegs aus, wie Humboldt warnt. Die Universität unterliegt stets der Gefahr, ins Schulmäßige zurückzugleiten, wenn der Geist der Wissenschaft durch die Vermittlung von mechanischem Berufswissen verdrängt wird. Diesen Gedanken hat Humboldt nicht zuletzt unter dem Eindruck Fichtes wiederholt nachdrücklich angesprochen. Darin zeigt sich zugleich die politische Relevanz der klassischen Universitätsidee, deren Intention es ist, die Studierenden durch die Begegnung mit der Wissenschaft und der von ihr geforderten Denk- und Urteilskraft als Persönlichkeit in Einsamkeit und Freiheit so zu formen, daß sie für jedes der staatlichen Ämter - sei es in Wissenschaft, Administration oder Politik - vorbereitet sind.

4. Den Gedanken der staatspolitischen Relevanz der Universitätsstudien hat niemand so bündig formuliert wie Fichte. Es sind philosophische Motive unterschiedlicher Herkunft, die hinter diesem staatspolitischen Konzept spürbar sind. Durch seine Auseinandersetzung mit Rousseau und Kant überwindet er die individualistische Staatsidee des Neuhumanismus, die den Staat im Dienste der freien Entfaltung der Menschen zu begrenzen versucht. Daher kann er unter dem Eindruck der Rousseauschen vertu und ihrem Stellenwert im Bauplan der volontée générale sowie dem davon beeinflußten Konzept der sittlichen Autonomie Kants, die den Menschen zum freien und tragenden Mitglied des Staates macht, in seinen "Vorlesungen über die Bestimmung des Gelehrten" (1794) seine eigene Idee von der potenzierenden Wechselwirkung zwischen Mensch und Staat entwickeln.

Eine Schlüsselstellung in diesem einzuleitenden Prozeß wechselseitiger Selbstvervollkommnung von Mensch und Gesellschaft gebührt dem Gelehrten, der der "sittlich beste Mensch seines Zeitalters sein" (1922, 45) soll. Er ist als Wissender dazu berufen, "der Wahrheit Zeugnis zu geben"(45), um somit "Erzieher der Menschheit" (260) zu werden. "Der letzte Zweck jedes einzelnen Menschen sowohl, als der ganzen Gesellschaft, mithin auch aller Arbeiten der Gelehrten an der Gesellschaft ist sittliche Veredlung des ganzen Menschen" (44). Mehr als das Wort wirkt in diesem durch die Wissenschaft eingeleiteten Bildungsprozeß das "gute Beispiel" (44). Am Anfang dieses Prozesses steht das (unter dem Eindruck des kategorischen Imperativs Kants formulierte) Postulat: "Handle so, daß du die Maxime deines Willens als ewiges Gesetz für dich denken könntest"(9). Eine Grundvoraussetzung für das Gelingen des dadurch eingeleiteten Prozesses ist die stete Identität, die weitgehendste Übereinstimmung mit sich selbst und mit der umgebenden Welt sowie ihren Menschen. In diesem Ringen um Versittlichung des Menschen und der Gesellschaft entsteht eine **"Vervollkommnung der Gattung"** (19). Das letzte Ziel dieses Prozesses der humanisierenden Identifikation ist die **"Gründung einer vollkommenen Gesellschaft"** (1922, 18).

Am Endpunkt dieser eingeleiteten Entwicklung steht die Selbstaufhebung des Staates durch Versittlichung des Menschen. Fichte schließt diesen Gedanken ab, indem er seine zeitgeschichtliche Begrenzung, aber auch seinen Entwicklungsimpetus aufweist, der in "Myriaden von Jahren" eingelöst sein könnte. Damit ist eine weltgeschichtliche Perspektivität eingeschärft, die dem Kantschen Konzept einer historischen Entwicklung in weltbürgerlicher Verantwortung nachkommt. Hinter diesem Vorstellungskreis wirkt das faszinierende Bild einer wechselseitigen Einwirkung aller Glieder der Menschheit im Dienste der Vervollkommnung des einzelnen und des Ganzen. "Ich kenne wenig erhabenere Ideen, meine Herren, als die Idee dieses allgemeinen Einwirkens" (1922, 23). Dieses Ziel, das von Fichte aus dem Geiste eines moralpolitisch verstandenen Kosmopolitismus formuliert wurde, offenbart erst in unserem (von inneren und äußeren Nöten geschüttelten) Zeitalter seine volle Bedeutsamkeit. Die Bildungsabsicht der klassischen Universitätsidee zeigt eine innere Verwandtschaft zum moralpolitischen Imperativ in weltbürgerlicher Absicht, weil er die volle politische Relevanz der Universitätsidee trotz ihres religiös-ästhetischen Kerns erweist und keineswegs auf einen selbstgenügsamen Individualismus einschränkt. Die eigentliche Intention dieser Idee ist die möglichst allseitige Bildung aller menschlichen Kräfte, um sie auf die innerweltliche Bewährung in Gesellschaft und Staat vorzubereiten. Dieser Gedanke ist unterschiedlich ausgeprägt bei den theoretischen Repräsentanten der Universitätsidee - am stärksten bei Fichte -, aber er bleibt selbst bei Humboldt ein Orientierungspunkt für sein Denken.

Literatur

ANRICH, E.: Die Idee der deutschen Universität und die Reform der deutschen Universitäten. Darmstadt 1962, 2. Aufl.

ANRICH, E. (Hrsg.): Die Idee der deutschen Universität. Die fünf Grundschriften aus der Zeit ihrer Neubegründung durch klassischen Idealismus und romantischen Realismus. Darmstadt 1956

CAMPE, I.H.: Allgemeine Revision des gesamten Schul- und Erziehungswesens von einer Gesellschaft praktischer Erzieher. 16 Bde. Leipzig 1785-1791

FALLON, D.: The German University. A Heroic Ideal in Conflict with the Modern World. Colorado University Press 1980

FICHTE, J.G.: Die Bestimmung des Gelehrten. In: Fichte, Joh. Gottl. Werke. Ed. F. Medicus. Erster Band Leipzig 1922, 217-274

FICHTE, J.G.: Deduzierter Plan einer in Berlin zu errichtenden höheren Lehranstalt. In: Die Idee der deutschen Universität. A.a.O., 125-218

GEIGER, L. (Hrsg.): Goethes Briefwechsel mit Wilhelm und Alexander von Humboldt. Berlin 1909

HAYM, R.: Wilhelm von Humboldt. Lebensbild und Charakteristik. Osnabrück 1956

HÜBNER, U.: Wilhelm von Humboldt und die Bildungspolitik. München 1983

HUMBOLDT, W. von: Über die innere und äußere Organisation der höheren wissenschaftlichen Anstalten in Berlin. In: Die Idee der deutschen Universität. A.a.O., 375-386

HUMBOLDT, W. von: Der Königsberger und der Litauische Schulplan. In: Wilhelm von Humboldt. Werke in fünf Bänden. Flitner, A./ Giel, K. (Hrsg.), Bd. IV Stuttgart 1964, 168-195

HUMBOLDT, W. von: Über Reformen im Unterrichtswesen. In: Flitner, A./ Giel, Kl. (Hrg.): Wilhelm von Humboldt. Werke in fünf Bänden. Bd. IV, 297-301

KAEHLER, S.A.: Wilhelm von Humboldt und der Staat. Göttingen 1963

LEITZMANN, A.: Wilhelm von Humboldt. Charakteristik und Lebensbild. Halle 1919

MENZE, Cl.: Wilhelm von Humboldts Lehre vom Menschen. Ratingen 1965

MENZE, Cl.: Die Bildungsreform Wilhelm von Humboldts. Hannover 1975

PAULSEN, F.: Die deutschen Universitäten und das Universitätsstudium. Berlin 1900

RÖHRS, H.: Jean-Jacques Rousseau. Vision und Wirklichkeit. Heidelberg 1966, 2. Aufl.

RÖHRS, H.: Die Universitätsidee in der Gegenwart. In: Mitteilungen des Hochschulverbandes. 34. Jg., Heft 6, 1986

RÜHLE, O.: Idee und Gestalt der deutschen Universität. Berlin (DDR) 1966

SALZMANN, Chr. G.: Carl von Carlsberg oder das menschliche Elend. 6 Bde. Leipzig 1773-1788

SCHELLING, F.W.J.: Vorlesungen über die Methode des akademischen Studiums. In: Die Idee der Universität. A.a.O., 1-124

SCHELSKY, H.: Einsamkeit und Freiheit. Gütersloh 1971, 2. Aufl.

SCHLEIERMACHER, F.: Gelegentliche Gedanken über Universitäten im deutschen Sinne. In: Die Idee der Universität. A.a.O., 219-293

SPRANGER, E.: Wilhelm von Humboldt und die Humanitätsidee. Berlin 1909

SPRANGER, E.: Wilhelm von Humboldt und die Reform des Bildungswesens. Tübingen 1960

SROKA, W.: Die Bildungskonzeption Wilhelm von Humboldts in der DDR. München 1984

STEFFENS, H.: Vorlesungen über die Idee der Universitäten. In: Die Idee der deutschen Universität. 309-374

SWEET, P.R.: Wilhelm von Humboldt. A Biography. 2 Volumes. Columbus, Ohio 1980

DIE FUNKTION DER FREIEN KÜNSTE IN DER MODERNEN UNIVERSITÄT

Daniel Fallon

Der Grundstein für die Universität, wie wir sie heute kennen, wurde im Jahre 1810 mit der Gründung der Berliner Universität gelegt. Der athenische Geist der Freien Künste erfüllte diese bemerkenswerte neue Institution in all ihren Wesenszügen durch die Überzeugungen ihres Gründers Wilhelm von Humboldt. Aufgrund der anormalen und instabilen Situation der preußischen Regierung hatte Humboldt während seines 16-monatigen Dienstes als Direktor der Sektion für Kultus und Unterricht im Ministerium des Innern ungewöhnliche Macht und Kompetenz. Die Gründung der Berliner Universität war deshalb im wesentlichen das Werk einer einzelnen Person - ein sehr bemerkenswerter Umstand bei einer öffentlichen Institution von solchem Rang. Humboldt war ein Schüler der Antike und ein Sprachwissenschaftler, der Altgriechisch gelernt hatte, um die Welt des Plato und des Aristoteles zu begreifen - jener Philosophen, denen er die größte Bewunderung entgegenbrachte. Seine Vision der Universität war deshalb von den Grundsätzen der Antike geleitet, aber für die Welt, wie er sie kannte, modernisiert.

Nach zwei Jahrhunderten der umfassenden, fast uneingeschränkten Wertschätzung für Humboldt in Deutschland sind in den letzten Jahren kritische Stimmen im Hinblick auf seine Vision der Universität laut geworden. Die Kritik reicht von zaghaften Äußerungen, sein Konzept sei gescheitert, weil er als Idealist seine Vorstellungen von einer Universität zu hoch schraubte (Boehm, 1985) bis hin zur vollmundigen und lächerlichen Behauptung, daß er im Grunde ein selbstgerechter Pedant war (Roellecke, 1986). Selbst seine Kritiker jedoch zollen ihm Anerkennung für eine Idee: Boehm stellt es als Einheit von Lehre und Forschung heraus, Roellecke nennt es lernen zu lernen. Es ist der Forschergeist, die menschliche Neugier, eigentlich derselbe Geist, welcher die Akademie in Athen ins Leben rief. Kurz gesagt, die Berliner Universität wurde modernisiert, indem der Befreiung des Geistes und der Entfesselung der Kraft des Prüfens und Fragens die notwendige Beachtung geschenkt wurde (Fallon, 1980, S. 10-36). Es handelte sich um eine Reform, die Demokratie, das heißt Gleichheit der Disziplinen, der Studenten und der Gelehrten, mit der Wissenschaft, das heißt der Kunst des Forschens vereinte. Mit Wissenschaft und Demokratie als leitende Prinzipien für ihren Auftrag wurde die Universität im 19. Jahrhundert zu einer Einrichtung von großer gesellschaftlicher Macht und Autorität, besonders, wenn sie mit den politischen und wirtschaftlichen Revolutionen jener Zeit verbunden war.

Die Entwicklung der Universität nahm in der Wildnis des kolonialen Nordamerika einen etwas anderen Verlauf. Der Import des englischen akademischen Systems von Oxford und Cambridge tendierte über längere Zeit zur Erhaltung mittelalterlicher Grundstrukturen der Universität. Die robusten puritanischen Pioniere, die im 17. Jahrhundert in großer Zahl in die Neue Welt gekommen waren, brauchten eine Universität, die ihren Glauben stärken und ihre Kultur erhalten konnte. Wie Rudolph (1977, S. 30) es ausdrückt, "die Vorstellung von der Universität, die sie mitbrachten, war zum Teil Mittelalter, zum Teil Renaissance, zum Teil Reformation". Schriftliche und mündliche Beherrschung von Griechisch und Latein blieb bis zur amerikanischen Revolution und vielerorts auch darüber hinaus Zugangsvoraussetzung an amerikanischen Colleges. Die erste wirkliche Reform, unter den allgemeinen Leitlinien Benjamin Franklins, fand im Jahre 1756 zunächst am College von Philadelphia, der späteren Universität von Pennsylvania, statt. Die englische Sprache und Literatur rückten in den Vordergrund, und der Lehrplan bot auch Studiengänge in Naturwissenschaften und angewandten Wissenschaften an. Im Geiste der Revolution gründete Thomas Jefferson 1824 die erste große staatliche Universität der Vereinigten Staaten, die Universität von Virginia. Der Geist der Freien Künste trat in Jeffersons Beharren auf der Seminarmethode und dem freien Wahlsystem zutage, sowie in seiner Begeisterung für die schonungslose Erforschung der Phänomene der Welt.

Trotz vereinzelter Reformen hier und da wurde die moderne amerikanische Universität erst in den letzten vier Jahrzehnten des 19. Jahrhunderts ins Leben gerufen, und sie bereitete den Weg für einen mächtigen Widerstreit zwischen Verfechtern des traditionellen amerikanischen College und Förderern der neuen Universität. Auf der einen Seite war die treibende Kraft der Universitätsidee die unerschütterliche Suche nach neuen Erkenntnissen in deutlicher Anlehnung an Humboldts deutsche Universität. G. Stanley Hall (1891, S. 6), erster Präsident der Clark Universität, zum Beispiel verdeutlichte die vorherrschende Ansicht, als er sagte, "die deutsche Universität ist heute der Ort der größten Freiheit auf der Welt ... Nirgends ist die Leidenschaft, an die Grenzen menschlichen Wissens vorzudringen, so ausgeprägt." Auf der anderen Seite betrachteten diejenigen, die das traditionelle College erhalten wollten, die deutsche Universität als gefährlich und abstoßend. Veysey (1965, S. 200-201) zitiert den berühmten amerikanischen Humanisten Irving Babbitt, der gegen den Dr.phil.-Abschluß war, weil er zum Verlust des seelischen Gleichgewichtes führte; weiter beklagt Babbitt "die Verstümmelung und Verkrüppelung des Geistes, die durch übermäßige Vertiefung in ein Thema verursacht wird." Er behauptete ohne Umschweife, daß deutsche Dissertationen in ihm "eine Art geistiger Übelkeit" hervorriefen.

Diejenigen, die das amerikanische College der Freien Künste erhalten wollten, erkannten dessen einzigartigen Beitrag zum höheren Bildungswesen der modernen Welt. Mitte des 19. Jahrhunderts, als die amerikanische Revolution kaum 50 Jahre zurücklag, war das amerikanische College im Grunde die einzige höhere Bildungsanstalt im Lande. Obwohl es in der Vergangenheit im Dienste der Aristokratie gestanden hatte - begründet in der Vorbereitung von Klerikern, Juristen, Ärzten und Edelleuten - und seine mittelalterlichen Traditionen auf die Lehren von Aristoteles zurückgingen, versuchte das College dennoch, modern und demokratisch zu sein. Zum Beispiel zitiert Rudolph (1962, S. 214) die Antrittsrede von Präsident Phillip Lindsley an der Universität Nashville im Jahre 1825: "Ich versichere, ... daß jeder einzelne, der über den Status eines einfachen Stücklohnarbeiters hinauskommen will, sich um eine freie Bildung bemühen sollte." Obgleich die Bezeichnung Universität sehr häufig benutzt wurde, waren 1860 im Grunde alle amerikanischen Einrichtungen der höheren Bildung Colleges der Freien Künste. Harvard, Yale und die Universität Michigan unterschieden sich im Grunde in nichts von Amherst, Williams oder Bowdoin. Als die Begeisterung für Forschung, wie sie von der Humboldtschen Universität Deutschlands importiert worden war, sich im späten 19. Jahrhundert mit dem amerikanischen Revolutionsideal des Dienstes an der Gesellschaft verband, gerieten die Colleges der Freien Künste zunehmend ins Abseits. Wissenschaft und Demokratie schienen Kräfte im Dienste der Universität zu sein, und das College war bedroht, geschwächt und kam aus der Mode.

Verursacht durch die Entwicklung der Universität der Vereinigten Staaten, mußte das historische College der Freien Künste sich und seinen Auftrag klarer definieren. Die erste Verteidigungslinie war die Zielvorstellung, daß die Colleges den Menschen in seiner Ganzheit bildeten, während die Universitäten nur Spezialisten in eingegrenzten Bereichen ausbildeten. Diesem Argument, das in weitgefaßter Version als Verteidigung der freien Kultur Verbreitung fand, mangelte es jedoch an Überzeugungskraft, weil es gegen den demokratischen Zeitgeist gerichtet war. Wie Veysey (1965, S. 186 u. 189) darstellt, unterstreichen "Definitionen von Kultur in dieser Zeit [...] das Element der Sittlichkeit ...", und er zitiert einen ehemaligen Harvardstudenten, der 1908 geschrieben hatte: "Sitten ... im weiten Sinne machen den Hauptteil unserer Bildung aus. Unser Leben ist eine Folge von gesellschaftlichen Ereignissen." Eine zweite Verteidigungslinie war der großangelegte Angriff auf die Naturwissenschaften mit der Behauptung, das Kernstück der Bildung seien die Geisteswissenschaften, insbesondere die Lektüre von Schriften, die den Prüfungen der Zeit standgehalten hatten. Dieses Argument wurde zum Teil durch die Tatsache genährt, daß kleine Colleges einfach nicht in der Lage waren, große Summen für Bau und Ausrüstung naturwissenschaftlicher Laboratorien aufzubringen; überdies war es eine ungeschickte Argumentation, denn damit schienen sich die Colleges gegen den Fortschritt zu stellen. Ein drittes Element der Verteidigung war der Angriff auf die Forschung, die die Lehre untergraben würde; dadurch wurde unglücklicherweise impliziert, daß die Generation der neuen Erkenntnisse wenig oder gar keinen Platz auf dem College-Campus hätte.

Alle drei Argumente werden in amerikanischen Colleges der Freien Künste immer noch vertreten, aber sie sind nicht der Grund für das Überleben der Colleges. Die Colleges haben alle nach und nach die neuen naturwissenschaftlichen Disziplinen zugelassen, die heute durchgehend in allen Lehrplänen stehen. Die Colleges fördern auch die Forschung und geben den Fakultätsmitgliedern entsprechende Anreize. Die moralische Erziehung mit dem Ziel, Studenten mit einer speziell aristokratisch ausgerichteten Weltanschauung hervorzubringen, ist fast völlig verschwunden. In der Tat haben die Colleges schließlich vor Naturwissenschaft und Demokratie kapituliert. Sie haben überlebt und sind gediehen, weil sie ganz explizit die Freien Künste - die Kunst des Prüfens, des Entdeckens, des Entscheidens, des Interpretierens und des Bewertens - betrieben und sie in den Mittelpunkt ihres Auftrags gestellt haben. Weil diese Künste für den Bürger in einer Leistungsgesellschaft wertvoll sind, werden Absolventen eines College der Freien Künste erfolgreiche Bürger, und deshalb ist dem College sein Platz in der amerikanischen Gesellschaft sicher.

In den Jahren nach dem Bürgerkrieg entwickelte sich die Forschungsuniversität in den Vereinigten Staaten sehr schnell. Unmittelbar zu Beginn des Krieges importierte Yale die Idee des Dr.phil. von der deutschen Universität und verlieh im Jahre 1861 drei amerikanischen Studenten die ersten Ph.D.-Titel. Im Jahre 1868 gründete Ezra Cornell eine Universität, "an der jedermann Unterricht in jeder Fachrichtung finden kann". Charles W. Eliot, ein Anhänger der Lernfreiheit, wie sie im freien Wahlsystem zum Ausdruck kommt, wurde 1869 als Präsident von Harvard eingesetzt und führte die Einrichtung in einer bemerkenswerten vierzigjährigen Amtszeit zu einer Forschungsuniversität von hohem Rang. Im Jahre 1876 wurde die Johns-Hopkins-Universität ausdrücklich nach deutschem Vorbild gegründet, als Einrichtung, die nur graduierte Studenten zuließ. Weitere Experimente folgten mit Clark, Stanford und Chicago.

In der Zwischenzeit war es dem Senator aus Vermont, Justin Morrill, gelungen, den Kongreß der Vereinigten Staaten zur Verabschiedung eines Gesetzes zu bringen, durch das den Staaten wertvolles Land des Bundes für die Errichtung staatlicher Colleges, die auch Fachrichtungen wie Landwirtschaft und Maschinenbau auf dem Lehrplan hatten, zur Verfügung gestellt wurde. Obwohl zunächst rein funktional für die Förderung von wirtschaftlichem und industriellem Wachstum des Landes gemeint, gab das "Land-Grant"-Gesetz von Morrill auch einen gewaltigen Anstoß für das Aufkommen großer staatlicher Forschungsuniversitäten. Durch seinen Aufruf an die "industrielle Klasse", wie Morrill sie nannte, bildete das Gesetz auch einen typisch amerikanischen Beitrag zur modernen höheren Bildung. Techniker, Handwerker und Bauern erlangten Zugang zu einer Universität, die ihre Sprache sprach. Viele dieser Studenten wollten durch das Studium keinen höheren gesellschaftlichen Status erreichen, sondern sie wollten in die von ihnen gewählten Tätigkeiten Rationalität und Reflexion einbeziehen. Die Land-Grant-Universitäten erfüllten diesen Auftrag auf erfolgreiche Weise.

Bis zum Beginn des 20. Jahrhunderts hatte sich das höhere Bildungswesen der Vereinigten Staaten vollständig gewandelt, und stolzer Mittelpunkt war eine neue Institution, die moderne amerikanische Forschungsuniversität. Abraham Flexner (1908, S. 25) stellte Betrachtungen über den Stand des amerikanischen College Mitte des vergangenen Jahrhunderts an: Es sei eine konservative, aristokratische, sogar mittelalterliche Institution gewesen. Er sagte weiter, "in den letzten 50 Jahren hat sich diese Situation jedoch deutlich geändert. Zwei Faktoren, nämlich Wissenschaft und Demokratie, haben unsere Ideale vollständig gewandelt."

Die vielleicht bedeutendste Revolution während des Aufstiegs der Universität im späten 19. Jahrhundert war die Einführung der Forschung als zentrale Angelegenheit der Fakultätsmitglieder. Vor 1860 war von einem Dozenten an einem amerikanischen College erwartet worden, daß er nur unterrichtete, und die wenigen Forschungsarbeiten sollten nur der Unterstützung des Unterrichts dienen. Die Kriterien für Beförderung eines Dozenten waren Dienstjahre sowie die allgemeine Beurteilung der Persönlichkeitsentwicklung und der Führungsqualitäten. Als die Begeisterung für die anfangs noch als "investigation" (Ermittlung) bezeichnete Forschung zunahm, gelangte sie in den Mittelpunkt des Interesses der Fakultäten. Um 1900 hatten einige der aufstrebenden Universitäten

- z.B. Harvard, Johns Hopkins und Chicago - damit begonnen, die Beförderung eines Dozenten innerhalb eines Fachbereichs von der Qualität seiner Forschungsarbeiten abhängig zu machen. Durch die Universitätsidee verführt, bestand G. Stanley Hall (1894, S. 559-560) darauf, daß eine Universität nur wenige Studenten haben sollte, weil zuviel Lehre den Geist verderbe und die Forschung ersticke. Über die Forschung selbst sagte er, "sie führt den Geist zu unabhängiger Tätigkeit, so daß der Mensch zur Quelle wird und nicht zum Echo", und weiter "für die Forschung bedarf es eines Professors, der den Weg nicht nur aufzeigt, sondern auch anführt."

In den Anfängen jedoch waren die Gefahren der Übertreibung bereits abzusehen. Wegener (1978, S. 18) zitiert aus einer Besorgnis ausdrükkenden Rede aus dem Jahre 1896 von William Rainey Harper, dem ersten Präsidenten der Universität Chicago: "Es besteht die Gefahr, daß die Bedeutung der Lehre übersehen wird. Ein junger Doktor ... verbringt möglicherweise die meiste Zeit mit seinen Forschungsarbeiten ... Es ist ein Verbrechen von seiten einer Institution, einen Mann als Lehrer zu behalten, der nicht lehren kann." Dieser allgemein empfundene Eindruck reflektierte die Sorge um ein ausgewogenes Verhältnis von Wissenschaft und Demokratie und drückte die Einsicht in die Abhängigkeit der Universität von erfolgreicher Betreuung der Studenten aus. Schließlich sah selbst der Lehrkörper der Johns-Hopkins-Universität die Notwendigkeit ein, Undergraduates, noch dazu in großer Zahl, zuzulassen, nicht nur, um das finanzielle, sondern auch das intellektuelle Wohlergehen der Universität zu sichern.

Die Philosophie des Forschungseinsatzes in den Fakultäten und die Benutzung des Begriffs "research" (Forschung) in diesem Zusammenhang kristallisierte sich erst im frühen 20. Jahrhundert heraus. Wegener (1978, S. 9-12) zitiert aus einer im Jahre 1903 von Daniel Coit Gilman gehaltenen Rede; Gilman war der erste Präsident der Johns-Hopkins-Universität, wo sich das neue Konzept zu bilden begann. Der Originaltitel der Rede "Prospects of Science" (Aussichten der Naturwissenschaft) wurde von Gilman später in "Research" (Forschung) abgeändert. Er betont darin, daß das Wort Forschung erst 1876 in der englischen Sprache definiert wurde, nachdem englische Gelehrte es in Arbeiten zur Reform von Oxford und Cambridge eingeführt hatten. Er sagt, "es ist ein neuer Begriff, keine neue Idee, denn Herodot und Aristoteles, Roger Bacon und Francis Bacon, Isaac Newton und Linnaeus, Franklin und Rumford sowie Scharen von amerikanischen Vorfahren und Zeitgenossen, die sich der Gewinnung von Erkenntnissen verschrieben, haben Beiträge zum Wissensvorrat der Menschheit geleistet, aus dem immer noch das Saatgut für den Bebauer und die Erfahrung für den Experimentator fließen." Gilman führt weiter aus, welchen Einfluß der Forschergeist auf die Gründung der Johns-Hopkins-Universität im Jahre 1876 hatte, und bemerkt, "... seitdem hat sich die Idee der 'Forschung' in unserem ganzen Lande verbreitet, von Gipfel zu Gipfel wie die Signalfeuer, die die griechischen Dramatiker einst beschrieben." Ungefähr zur Zeit dieser Rede zu Beginn des 20. Jahrhunderts setzte sich der Begriff 'Forschung' im amerikanischen Universitätsbetrieb fest.

Eine neue Freiheit - angespornt durch den Geist fortgesetzter demokratischer Revolution - wohnte den Kräften inne, welche die amerikanische Forschungsuniversität aufbauten. Sie zeigte sich in ihrer klarsten Ausprägung in zwei Konzepten, die Humboldt durch die Gründung der Berliner Universität berühmt gemacht hat: **Lernfreiheit** und **Lehrfreiheit.** Ersteres sicherte den Studenten Freiheit, indem es Schluß mit dem vollständig verpflichtenden Lehrplan der amerikanischen Colleges machte und ihn durch das Wahlsystem ersetzte. Letzteres bot den Professoren die Freiheit zu lehren, was immer sie in ihren Forschungsarbeiten entdeckten. Diese ungezügelte Freiheit führte zu einer Explosion des Lehrplans, zur Einführung vieler neuer Disziplinen wie Psychologie, Sozialwissenschaften, Geologie, sogar Literatur und zum Nebeneinander von Theorie und Praxis.

Das Nützlichkeitsprinzip war an den Universitäten der Vereinigten Staaten wohl unvermeidbar, da die Werte des Dienstes an der Öffentlichkeit, der sozialen Verantwortung und der wirtschaftlichen Entwicklung in der Neuen Welt schon sehr früh als überlebensnotwendig erkannt wurden. Natürlich war die von den alten Griechen entwickelte freie Bildung als zweckfrei definiert worden, und deshalb lehnte Humboldt das Nützlichkeitsprinzip der Universität ab. Aber selbst dem freien Lernen wurden immer nützliche Konsequenzen zugeschrieben. Wegener (1978, S. 105) führt aus, daß die ägyptische Astronomie die Landwirtschaft des Landes in vielen Bereichen erheblich verbessert hatte. Außerdem, obwohl Aristoteles ein Anhänger der Tugend des reinen Denkens war, war er sich doch bewußt, daß die Verbindung von Gedanke und praktischer Handlung von wesentlicher Bedeutung für die Zivilisation war. "Denken an sich bewegt nichts", schrieb er. Deshalb entwickelten sich in den Vereinigten Staaten Universitäten, in denen Fachrichtungen wie Landwirtschaft, Ingenieurwissenschaften und Betriebswirtschaft auf gleicher Ebene mit Geistes- und Naturwissenschaften standen.

Das Aufkommen von "utilitarischen" Unternehmungen an der modernen Universität bedeutete jedoch nicht, daß dort Berufsausbildung betrieben wurde. Im Gegenteil, in Wirklichkeit weitete sich der Geist der Freien Künste - Entdecken und Prüfen - auf neue Gebiete aus, die davon enorm profitierten. Dies läßt sich vielleicht am besten anhand des Kampfes illustrieren, der im 19. Jahrhundert für die Aufnahme der Physik in einen von Geisteswissenschaften dominierten Lehrplan geführt wurde. Angesichts der Schmähungen von Humanisten wie Irving Babbitt, der verkündete: "Die Geisteswissenschaften müssen heute gegen die Übergriffe der Physik geschützt werden, so wie sie einst gegen die Übergriffe der Theologie geschützt werden mußten" (Veysey, 1965, S. 205), begannen die Physiker die Geisteswissenschaftler mit deren eigenen Waffen zu schlagen, indem sie das rein theoretische und intellektuelle Wesen in deren Arbeit herausstellten. Aus diesem Grunde wandelten sie ihre Methode der "reinen Wissenschaft" in Richtung auf die große Frage, was die Natur ist, und entwickelten, zunächst gedanklich-abstrakt, den Aufbau des Atoms.

Im Cavendish-Laboratorium in England wurden um die Jahrhundertwende jedes Jahr Banketts abgehalten, bei denen Physiker von mehreren Universitäten zusammenkamen, um zu bestätigen und zu feiern, was sie entdeckt hatten. Einer der Trinksprüche, der oft ausgebracht wurde, war "Lang lebe das Elektron! Möge es nie jemandem von Nutzen sein!" (Andrade, 1964, S. 48). Die Kunst der reinen Forschung, die nur betrieben wurde, um die Natur kennenzulernen, hatte zur Entdekkung des Elektrons geführt, für das man sich zur damaligen Zeit keine Verwendung vorstellen konnte. In ähnlicher Weise werden heute in landwirtschaftlichen Colleges tiefschürfende Entdeckungen auf den sich rapide entwickelnden Gebieten von Molekular- und Zellbiologie gemacht. Es ist, kurz gesagt, nicht so sehr das Fachgebiet, als vielmehr der Zugang dazu, der den Geist der Freien Künste widerspiegelt. Wie Rhodes (1984) es sehr feinfühlig zum Ausdruck bringt, kann die Lernfreiheit die Berufsausbildung zur Fachbildung erheben.

Eine natürliche Folge der fortschreitenden Reform der Universität lag im ständigen Anwachsen der Zahl der Studenten und der durch sie repräsentierten Bevölkerungsgruppen. Besonders in den Vereinigten Staaten, wo "praktische" Disziplinen parallel zu den traditionellen Fächern unterrichtet wurden, sahen zum ersten Mal auch Studenten mit weitgehend berufsbezogenen Zielen die Universität als Weg zur Selbstbildung und zum Erfolg an. Wenn sie dann an der Universität waren, entwikkelten sie einen Entdeckergeist, der in unterschiedlichem Maße allen Disziplinen eigen war. Das System der Lernfreiheit regte viele Studenten an, einen Wechsel der Fachrichtung zu erwägen, den viele dann tatsächlich auch vollzogen. Die Vielfalt von Studenten, Zielen und Fachbereichen in einer einzigen, umfassenden Forschungseinrichtung trug zur Entwicklung der modernen amerikanischen Universität zu einem machtvollen gesellschaftlichen Instrument für wirtschaftliches Wachstum bei.

Der Aufstieg der modernen Universität im 19. und 20. Jahrhundert war begleitet von einem bemerkenswerten Zuwachs von Schülern aus der breiten Bevölkerung, die Sekundarschulen besuchten. Irgendwann zwischen 1930 und 1940 zum Beispiel überstieg in den Vereinigten Staaten der Anteil aller Jugendlichen zwischen 14 und 17 Jahren, die eine High School besuchten, die 50-Prozent-Marke, und damit begann das Zeitalter der sekundären Volksbildung. Um 1970 war der genannte Prozentsatz auf 93 angestiegen. Etwas später, nämlich zwischen 1960 und 1970 erreichte auch der Anteil aller Personen zwischen 18 und 21 Jahren, die am College oder an der Universität studierten, eine Rate von über 50 Prozent, womit das Zeitalter der höheren Volksbildung eingeleitet war (Collins, 1979, S. 4). Die Erweiterung der Zugangsmöglichkeiten zur modernen Universität war in den Vereinigten Staaten vielleicht am eindrucksvollsten, aber es handelte sich dennoch um eine weltweite Erscheinung. In der Bundesrepublik Deutschland zum Beispiel betrug der Anteil der Personen im Alter zwischen 20 und 24 Jahren, die als Vollzeitstudenten eingeschrieben waren, 1960 6,9 Prozent und 1975 11,1 Prozent; in Japan waren es 1960 4,8 Prozent und 1975 14,5 Prozent; in den Vereinigten Staaten 12,1 bzw. 21,6 (U.S. Government Printing Office, S. 303).

Die heutige Universität in den Industrieländern ist mehr als je zuvor am Nützlichkeitsprinzip orientiert und steht zunehmend weiten Kreisen der Bevölkerung offen. Die Tendenz in Richtung auf eine mehr nützlichkeits- und volksorientierte Universität ist eine logische Folge der gesellschaftlichen Entwicklung seit der Renaissance, und es scheint keinen Grund zu der Annahme zu geben, daß dieser Trend ablaufen wird. In einer solchen Universität lebt das Quadrivium und das Trivium der klassischen Freien Künste fast nur noch in der Erinnerung weiter. Während die Disziplinen, die in engstem Zusammenhang mit den Freien Künsten stehen, einmal praktisch die Universität in ihrer Gesamtheit dominiert hatten, scheinen sie heute nur noch eine untergeordnete Rolle zu spielen. Man sollte sich jedoch durch das oberflächliche strukturelle Erscheinungsbild nicht täuschen lassen: Tatsächlich sind die Freien Künste von zentraler und wesentlicher Bedeutung für die Rolle der modernen Universität, und zwar ganz im Sinne der Reformer wie Humboldt und Jefferson, und sie bilden eine solide theoretische wie auch historische Grundlage der Universität von heute und morgen.

Es ist vielleicht verständlich, aber dennoch unrichtig, die Freien Künste ausschließlich als eine Reihe festgelegter Themenbereiche zu sehen. Es ist wahr, daß die Freien Künste in ihren Anfängen aus Gebieten wie Geometrie, Astronomie, Grammatik, Rhetorik und Logik erwuchsen und dann durch die drei Philosophien von Aristoteles - der natürlichen, der sittlichen und der geistigen - weiterentwickelt wurden. Gelehrte, die diese Themenbereiche beherrschten, konnten sich seinerzeit als frei gebildete Bürger bezeichnen, und sie waren als die einzigen Sachwalter der Universität ordnungsgemäß eingesetzt. Gleichwohl, während einige von ihnen mit ihrem Studium der Menschheit und der Natur fortfuhren und dadurch neue Disziplinen und neue Themenbereiche absteckten, klammerten sich andere an die Sicherheit der Pedanterie, indem sie postulierten, daß nur das seit jeher Bestehende und das von ihnen Beherrschte eigentliches Tätigkeitsfeld der Universität sei. Tatsächlich war für die alten Griechen wie auch für Humboldt das Thema immer nur Mittel zum Zweck, nämlich die Fähigkeiten der Vernunft zu entwickeln, und die Vernunft ist mehr ein Prozeß und ein Weg als ein Thema.

Die Debatte über die Rolle der Freien Künste im Amerika des 20. Jahrhunderts wurde durch das Konzept der "Allgemeinbildung" in Verwirrung gebracht, welches in dem berühmten Harvard-Rotbuch (Harvard Faculty, 1945) in hervorragender Weise dargestellt wurde. Die Allgemeinbildungsbewegung war eine liberale, höherentwickelte Nachfolge der Kulturfreiheitsbewegung einer früheren Generation. Sie erkannte, daß die Revolution, welche die moderne amerikanische Forschungsuniversität geschaffen hatte, sie gleichzeitig in intellektuelle Verwirrung gebracht hatte. Es schien den Verfechtern der Allgemeinbildung, als habe die Universität verschiedene Aktivitäten ohne jeden klaren Bezug zueinander aufkommen lassen. Die vorgeschlagene Lösung war im Grunde die Festlegung von bestimmten Kursen in bestimmten Fachbereichen als Grundbausteine einer Allgemeinbildung. Dies hatte viele positive Auswirkungen: durch eine durchdachte Auswahl von Grundfächern und durch die Anerkennung der zentralen Bedeutung der Lernfreiheit für das Universitätsleben. Doch durch die scheinbare Gleichsetzung der Freien Künste mit bestimmten Kursen täuschte man sich darüber hinweg, daß die Freien Künste im Grunde Wege zur Erkenntnis und nicht Wissen an sich sind (Blits, 1985; Bell, 1966).

Die Rolle der Freien Künste in der modernen Universität bedeutet die Einhaltung desselben Geistes der humanistischen Forschung, der in der Akademie von Athen geherrscht hatte. Es geht um die Bekräftigung der Tatsache, daß der Forscher- und Erklärergeist, unabhängig vom Thema, weiterhin versucht, die Grenzen des menschlichen Verstehens der Natur bis in jenes Grenzgebiet der Forschung vorzuschieben, wo die großen Fragen zusammenlaufen. Hartnäckige Verfolgung einer anfänglichen Forschungsfrage führt unausweichlich zu anderen Problemen, die mehr und mehr analytisch, philosophisch und fundamental sind. Man mag mit der Frage beginnen, "was ist das für ein Objekt?", aber sollte dann fragen, "was ist Materie?" und schließlich "was ist Bedeutung und Wahrheit?" Charles Wegener glaubt, daß "... das Ziel der freien Bildung darin liegt, Ziele zu haben, zu begründen, zu erweitern und zu stabilisieren, seine zielgerichtete Existenz zu ordnen und zu disziplinieren, ihm in diesem fundamentalen Sinn 'Kontrolle über seine geistigen Kräfte' zu geben und durch diese Kräfte Kontrolle über alle seine Fähigkeiten" (1978, S. 103). Es ist die Aufgabe der Freien Künste, alle Lehrkräfte und Studenten in der Verfolgung dieses Zieles an der Universität zu unterstützen.

Eine solche Betonung von Zielen und Methoden der Freien Künste impliziert jedoch nicht, daß Themenbereiche deshalb ohne Bedeutung sind. Wir haben wirklich ein Problem, wie Sir Francis Bacon bemerkt, wenn wir den Globus des Wissens bereisen. Selbst wenn wir auf dem Gebiet der Freien Künste übereinstimmen, wie zum Beispiel in der Kunst und den Geisteswissenschaften, den Sozialwissenschaften und den Naturwissenschaften, könnten wir vernünftigerweise nicht fordern, daß eine angemessene Bildung praktisches Wissen in all diesen Grunddisziplinen beinhalten sollte. Eine solche Strategie ist in der Praxis nicht durchführbar. Nichtsdestoweniger ist bei einem Studium in diesen Fachgebieten - zum Teil wegen ihrer geschichtlichen Verbindung mit den Traditionen der Freien Künste - die Wahrscheinlichkeit größer, daß die Ziele der Freien Künste erfüllt werden, als beim Studium anderer Fachgebiete. Nehmen wir ein naheliegendes Beispiel: Es ist kaum möglich, Kunstgeschichte zu studieren, ohne Fragen zu stellen, wie "was ist der Unterschied zwischen Kunst und anderen Formen menschlicher Tätigkeit?" oder "ist Kunst notwendig?" oder "inwiefern ist der Künstler menschlich?" oder "welche Art von Wissen ist Kunst?" Beim Studium eines eher praktischen Gebietes ist es unwahrscheinlicher, daß die wesentlichen Fragen aufgeworfen werden; es wird dabei wohl eher eine Ausbildung in Regeln und Techniken stattfinden. Kurz gesagt, es liegt im Wesen einiger Disziplinen, daß sie mehr auf Fragen als auf Antworten abzielen, wodurch die Fähigkeit des Geistes, zu entdecken, zu interpretieren und zu bewerten, gestärkt wird, was wiederum die Freien Künste weiter entwickeln hilft (King, 1986).

Es gibt keine allgemeingültige Lösung in bezug auf das Studium der Freien Künste, noch für ihre Förderung an der Universität. Jede Fakultät muß in ihrem eigenen Rahmen für sich selbst eine angemessene Lösung erarbeiten. Dennoch müssen sich die Abteilungen einer Universität von Zeit zu Zeit mit diesem Thema beschäftigen, denn sollte die Beachtung der Freien Künste nachlassen, wird die Universität erstarren und vergehen. Ohne den Einfluß der Freien Künste und deren Tugend eines schonungslosen Prüfens auf die Aktivitäten der modernen Universität ist diese ihrer Bedeutung beraubt. Ein ausgewogenes und sorgfältiges Konzept für eine freie Bildung wird am Swarthmore College im Sinne der bekannten Organisationsgrundsätze von Tiefe und Vielfalt gezeigt. Sowohl Tiefe als auch Vielfalt sind wählbar. Ein Student kann sich in jedes Fachgebiet vertiefen; eine Vielfalt von Fachgebieten, die der Student in ähnlich freier Weise auswählen kann, wird gefördert. Auf diese Art "kann der Student verschiedene Untersuchungsmethoden vergleichen und einander gegenüberstellen ... und erfahren, wie der leuchtende Funke der Verbindung über weite Gräben springen kann". Die

Swarthmore Faculty (1984/85, S. 44) stellt abschließend fest, "unsere Betonung liegt auf ernsthafter Begegnung mit bestimmten Themen und Problemen auf einer vergleichsweise hohen Kompetenzebene, sowie auf Studiengängen, die individuelle Konstellationen vielfältiger Interessen widerspiegeln". Zwar atmet der Geist der Freien Künste aus dieser Äußerung, aber bestimmte Themenbereiche werden nirgendwo erwähnt.

Es sind die Stimmen der Pedanten in der modernen Universität, die manchmal für die Freien Künste zu sprechen scheinen, indem sie das Studium ganz bestimmter Bücher und Ideen befürworten. Obwohl das Studium großer Bücher tatsächlich fast immer befreiend wirkt, geraten die Verteidiger der Freien Künste doch gelegentlich in eine Argumentation der Unfreiheit und statischer, anti-intellektueller Tätigkeit, wenn sie bestimmte Erkenntnisse aufzeigen, nicht aber die Beziehung dieser Erkenntnisse zur Situation des Menschen. Im Gegensatz zur Dogmatik solcher Akademiker wird der elementare Wert eines Studiums der Freien Künste auf faszinierende Weise deutlich, wenn sie im Zusammenhang mit überaus praktischen, wirtschaftlichen Interessen der heutigen Gesellschaft gesehen werden. In den Vereinigten Staaten wird Bildung in den Freien Künsten oft insbesondere von Unternehmern gewürdigt, weil dadurch einige Geschäftszweige einen Wettbewerbsvorteil erlangen können. Angesichts des internationalen Wettbewerbdrucks stellen viele Großunternehmen Studenten ein, die ausdrücklich in den Künsten des Entdeckens ausgebildet wurden: Wertbestimmung, Problemanalyse, humane Bedeutung, Denken, Verständigung und Kenntnis der Welt, in der wir leben (Johnston, 1986).

Die Geschichte der Universität seit dem Mittelalter ist die Geschichte der ständigen Ausweitung der Zugangsmöglichkeiten. Sobald die Studentenzahlen anstiegen, wurden die Universitäten weniger preziös und esoterisch, dafür umfassender und sozialer. Es gab auch eine Verlagerung vom Göttlichen zum Weltlichen. Das Studium religiöser Texte und theologischer Erläuterungen wurde ersetzt durch die breitere Anwendung der Vernunft und der Forschung als Selbstzweck sowie durch das Studium der Natur anstelle des Göttlichen. Insofern diente das Erwachen der Renaissance den Zielen der Demokratie.

Der Wandel in unserem Verständnis und unserer Behandlung der freien Bildung von einer Betonung des Fachgebiets zu einer Betonung der Funktion läuft parallel zu dem historischen Wandel der Universität von einer Einrichtung der Aristokratie zu einer des Volkes. Die Betonung von Gegenständen abgegrenzter Fachgebiete führt zu einer gemeinsamen Sprache, zum Teil einer Geheimsprache, die nur von den wenigen in den Ritus Eingeweihten gesprochen wird. Eines der besorgniserregendsten Argumente der Verteidiger der "freien Kultur" im 19. Jahrhundert war die Andeutung, die Gemeinschaft der gelehrten Männer habe einen privilegierten Status. Andererseits impliziert eine Betonung der Funktion eine Vielfalt von Personen, Wertesystemen und Weltanschauungen, die von einem gemeinsamen Engagement für konstruktive Erforschung zusammengeführt werden.

Die moderne Universität kann auch weiterhin die Geistesverwandtschaft zu den Zielen Aristoteles', Humboldts, Jeffersons und anderer Reformer bewahren. Um jedoch diesen Weg einzuschlagen, muß sie auch in Zukunft eine Bildung anstreben, die Entdecken und Prüfen als Möglichkeiten betrachtet, das Wissen von Vergangenheit und Gegenwart in Beziehung zur Situation des Menschen zu setzen. John Dewey (1944, S. 393), bedeutendster amerikanischer Philosoph, verstand die ideale Rolle der Freien Künste in der modernen Universität, als er schrieb, "eine solche Bildung würde befreien - nicht trotz der Tatsache, daß sie so weit von den Sieben Freien Künsten des Mittelalters entfernt ist, sondern gerade weil sie für die heutige Welt das tut, was jene Künste in der Welt zu tun versuchten, in der sie Gestalt annahmen".

Literatur

ANDRADE, Edward N.C.: Rutherford and the Nature of the Atom. Garden City, New York: Doubleday & Co., 1964

BELL, Daniel: Reforming General Education. New York: Columbia University Press, 1966

BLITS, Jan H.: "The search for ends: Liberal education and the modern university." In Blits, Jan H. (Ed.): The American University: Problems, Prospects and Trends. Buffalo, New York: Prometheus Books, 1985, S. 81-100.

BOEHM, Laetitia: "Wilhelm von Humboldt (1767-1835) and the university: idea and implementation." Mitteilungen der Alexander von Humboldt-Stiftung. Oktober 1985, Heft 46, S. 1-8.

COLLINS, Randall: The Credential Society: An Historical Sociology of Education and Stratification. New York: Academic Press, 1979.

DEWEY, John: "The problems of the liberal arts college." American Scholar, 1944, Bd. 13, Nr. 4, S. 391-393

FALLON, Daniel: The German University: A Heroic Ideal in Conflict with the Modern World. Boulder, Colorado: Colorado Associated University Press, 1980

FLEXNER, Abraham: The American College: Criticism. New York: Appleton Century Crofts Co., 1908

HALL, G. Stanley: "Educational reforms." The Pedagogical Seminary, jetzt: Journal of Genetic Psychology, 1891, Bd. 1, S. 1-12

HARVARD FACULTY: General Education in a Free Society: Report of the Harvard Committee. Cambridge, Mass.: Harvard University Press, 1945

JOHNSTON, Joseph S., Jr. (Ed.): Educating Managers: Executive Effectiveness Through Liberal Learning. San Francisco: Jossey Bass, 1986

KING, Jonathan B.: "The three faces of thinking." The Journal of Higher Education. 1986, Bd. 57, Nr. 1, S. 78-92.

RHODES, Frank H. T.: "The role of the liberal arts in a decade of increased technology: An enduring value for six reasons." Vital Speeches of the Day, 1984, Bd. L., Nr. 17 (15. Juni), S. 532-534

ROELLECKE, Gerd: "Geist kann man nur einblasen, wenn man selbst welchen hat: Die heutige Universität und das Erbe Wilhelm von Humboldts." Die Welt, 1986 (18. Januar), S. 6-8

RUDOLPH, Frederick: The American College and University: A History. New York: Random House, 1962

RUDOLPH, Frederick: Curriculum: A History of the American Course of Study Since 1636. San Francisco: Jossey Bass, 1977

SCHELSKY, Helmut: Einsamkeit und Freiheit: Idee und Gestalt der deutschen Universität und ihrer Reformen. 2., um einen "Nachtrag, 1970" erweiterte Auflage. Düsseldorf: Bertelsmann Universitätsverlag, 1971

SWARTHMORE FACULTY: General Bulletin of Swarthmore College, 1984-85

U.S. Government Printing Office: Social Indicators III. Washington, D.C.: U.S. Government Printing Office, 1980

VEYSEY, Laurence R.: The Emergence of the American University. Chicago: University of Chicago Press, 1965

WEGENER, Charles: Liberal Education and the Modern University. Chicago: University of Chicago Press, 1978

DER NIEDERGANG DER UNIVERSITÄT

Winfried Böhm

Muß es nicht als eine unerhörte Provokation erscheinen, von einer Krise, ja gar von einem Niedergang der Universität sprechen zu wollen und noch dazu vor einem erlauchten Kreis von Fachleuten, die sich zusammengefunden haben, um sich Tradition und Reform der Universität, also ihre ruhmreiche Vergangenheit und ihre hoffnungsvolle Zukunft in ihrer ganzen internationalen Breite und Vielfalt vor Augen stellen zu lassen. Heißt das nicht geradezu die Wirklichkeit auf den Kopf stellen, wo wir doch allerorten Siegeszüge der Universität und nicht Niederlagen vor uns sehen? Hat uns nicht Derek de Solla Price durch seine statistischen Berechnungen überzeugend gezeigt, daß in unserer Gegenwart mehr Wissenschaftler leben als in der gesamten Menschheitsgeschichte zuvor? (de Solla Price 1963) Sind es nicht gerade erst einige Jahrzehnte her, seit die hochentwickelten Länder die Universitäten auch in die Länder der sogenannten Dritten Welt verpflanzt und dort kräftig angebaut haben? Haben nicht die Universitäten in aller Welt einen Lebensbereich nach dem anderen an sich gerissen, indem sie für immer mehr Berufe eine akademische Ausbildung anbieten und auf diese Weise immer stärker auf das kulturelle, gesellschaftliche und politische Leben Einfluß nehmen? Und ist nicht die enorm gestiegene Zahl der Studenten, die heute in den Genuß einer Hochschulbildung kommen können, ein so eindeutig positives Faktum, daß demgegenüber die Rede vom Niedergang der Universität geradezu reaktionär anmuten muß? Sollten wir nicht besser euphorisch von einem gloriosen Aufstieg der Universität sprechen und allen Jeremiaden über ihren Niedergang schleunigst den Mund verbieten?

Daß hier nicht von einem Niedergang der Universität in einem **quantitativen** Sinne gehandelt werden soll, ist wohl allzu deutlich. Ebenso deutlich sollte aber auch sein, daß eine Einrichtung einen **inneren** Verfall erleiden kann, auch wenn sie **äußerlich** in höchster Blüte steht. Jedem, der die Geschichte und die gesellschaftliche Realität **kritisch** zu sehen gelernt hat, sind solche Phänomene zur Genüge vertraut. Wenn hier von einem **qualitativen** Niedergang der Universität gesprochen werden soll, dann stellen sich freilich von vornherein erhebliche Schwierigkeiten entgegen: Läßt sich denn überhaupt so pauschal von einem Niedergang **der** Universität im generalisierenden Singular reden? Heißt das nicht, die Vielfalt der Universitätsmodelle und -typen glatt zu ignorieren und der wechselvollen Geschichte der Universität Gewalt anzutun? Kann man einen Niedergang nicht erst dann rechtens behaupten, wenn man unmißverständlich einen "Hochstand" bzw. einen Idealzustand beschrieben hat, an dem die weitere Entwicklung gemessen, und wenn man unbestreitbare Kriterien benannt hat, von denen her ein Verfall diagnostiziert werden kann?

Die These, die hier vorgetragen werden soll, trägt diesen Schwierigkeiten Rechnung. Sie beruht außerdem auf der Einsicht, daß in einem knappen Beitrag wie diesem nicht alle Perspektiven berücksichtigt und nicht alle Nuancen ausschattiert werden können; es ist unumgänglich, sich auf eine einzige Perspektive zu beschränken, und es erscheint für die Klarheit der These dienlicher, sie eher übermäßig zuzuspitzen als sie in ängstlicher Scheu vor kritischen Einwänden abzustumpfen und damit ihrer Aussagekraft zu berauben.

Die hier ausgewählte Perspektive zielt auf jene **Idee der Universität**, wie sie sich im Laufe des Mittelalters artikuliert und wie sie bei der Geburt der ersten mittelalterlichen Universitäten Pate gestanden hat. Meine - zugegebenermaßen gewagte - These lautet, daß die mittelalterliche Universität ihrer Idee nach eine paradigmatische Konzeption von Universität darstellt, an der gemessen die weitere Entwicklung der Universität eine krisenhafte Abfolge von Verfallserscheinungen und Niedergangsphänomenen durchläuft, welche ihrerseits immer wieder Versuche und Bemühungen hervorrufen, die niedergegangene Universität - entsprechend den jeweiligen Zeitumständen - zu reformieren und wieder auf ihre Höhe emporzuheben. Ich werde diese These in drei Schritten entfalten: Zuerst werden drei konstitutive Momente der mittelalterlichen Universitätsidee herausgestellt; sodann wird die Preisgabe bzw. der Verlust dieser Merkmale und das Verfallen in ihr Gegenteil als Niedergang der Universität beschrieben; und schließlich wird die Frage erörtert, wie die als niedergegangen diagnostizierte Universität angesichts der heutigen Herausforderungen wiederaufgerichtet und von innen heraus - eben aus ihrer ursprünglichen Idee - reformiert werden kann.

1. Die konstitutiven Momente der mittelalterlichen Universitätsidee

Wenn wir uns die mittelalterliche Universitätsidee vergegenwärtigen und dabei das Augenmerk auf ihre konstitutiven Momente lenken, dann lassen sich drei Merkmale nicht übersehen, die die Universität von Grund auf kennzeichnen: ihre **Universalität**, ihre **Autonomie** und ihre Entstehung aus einem **ursprünglichen Wissen- und Erkennenwollen.** Diese drei Charakteristika bedürfen einer kurzen Erläuterung.

Paul Oskar Kristeller und andere (Kristeller 1953) haben uns darüber belehrt, daß der Name **universitas** anfänglich nicht im Sinne der **universitas litterarum** gebraucht wurde - wie häufig irrtümlich angenommen wird -, sondern eine **societas** von Lehrern und Studenten meinte. Diese **universitas magistrorum et scholarium** oder **studentium** umschloß nicht nur Mitglieder aus allen sozialen Schichten und Ständen, sondern auch aus den verschiedenen europäischen Ländern und Völkern. Der internationale Charakter der Universitäten spiegelt sich in ihrer Binnengliederung nach Nationen; darüber hinaus war das Wandern von Universität zu Universität, und zwar über nationale Grenzen hinweg, eine Selbstverständlichkeit für Lehrer wie Studenten. Angesichts einer statisch-ständischen Gesellschaftsordnung war es in höchstem Maße außergewöhnlich, daß sich in dieser Einrichtung Männer des Adels mit Bürger- und Bauernsöhnen, Reiche und Arme, Vornehme und Namenlose unterschiedslos zu einer gemeinsamen Korporation verbanden. Das geschah immerhin zu einer Zeit, als selbst die Benediktinerabteien und die Klöster der Zisterzienser und Prämonstratenser fast ausschließlich für Adelige offenstanden, und selbst eine Frau vom Range einer Hildegard von Bingen war entrüstet über den Gedanken, Mönche oder Nonnen aus verschiedenen sozialen Ständen in einem Kloster zusammenleben zu lassen, wo man doch nicht einmal Esel, Schafe und Ziegenböcke in einen Stall zusammenpfercht. Schon in den ersten Universitäten gehörte ein großer Teil der Studenten zu den Armen (den **pauperes**), und die Reihe der Studenten, die aus ärmsten Verhältnissen kommend durch ihr Universitätsstudium zu höchsten Ämtern aufstiegen, ist lang - man denke nur an Enea Silvio Piccolomini, den späteren Papst Pius II., oder an den armen Fischersohn Nikolaus von Kues, der es zum Kardinal und Reichsfürsten brachte.

Die Universitäten waren aber nicht nur "universal" in dem Sinne, daß sie sich über die sozialen Unterschiede hinwegsetzten, sondern auch dadurch, daß sie die herkömmliche kirchliche Ständeordnung durchbrachen. Der mittelalterlichen Universität gehören Kleriker, Mönche und Laien nebeneinander an, denn sie ist, wie Thomas von Aquin 1255 in einem Gutachten schreibt, kein **collegium ecclesiasticum**, sondern ein **collegium scholasticum**. Am meisten fällt an den Universitäten freilich auf, daß sie ihre eigene Gerichtsbarkeit haben und damit eigentlich einen eigenen Stand neben den anderen Ständen bilden; wann immer die Freiheiten dieses Standes durch kirchlichen oder staatlichen Druck bedroht werden, ziehen es die Universitäten vor, ihren Unterricht einzustellen oder anderswo hinzuwandern.

Schon oft ist versucht worden, die Entstehung der abendländischen Universität aus sozio-ökonomischen Faktoren heraus zu erklären. Aber wie immer man die Dinge dreht und wendet - der nach den Kreuzzügen aufblühende Handel und Verkehr, die Anfänge der Geldwirtschaft und des Frühkapitalismus, das Emporkommen der Städte, die Verbesserung der Landwirtschaft mögen das Entstehen der Universität **begünstigt** haben, **verursacht** haben sie es nicht. Genausowenig waren aber auch neuerwachte Berufsinteressen oder die Notwendigkeit einer akademischen Berufsausbildung entscheidend. Ohne Zweifel besuchte man im Mittelalter (so wie noch heute) die Universität, um sich zum Juristen, Theologen oder Mediziner ausbilden zu lassen und mit diesen Kenntnissen und Fähigkeiten einen angesehenen und geldbringenden Beruf zu ergreifen. Insofern sind natürlich die mittelalterlichen Universitäten auch Stätten der Berufsausbildung. Aber der mit der Geschichte der Universität Vertraute weiß, daß schon immer viele Studenten die Universitäten besuchten, die gar nicht Mediziner, Theologen oder Juristen werden wollten. Und auch als sich später die Artistenfakultät vor diese drei höheren Fakultäten schob, drangen viele der Studenten überhaupt nicht bis zu diesen höheren Fakultäten vor, sondern beließen es bei dem Studium der Artes.

Sucht man nach dem wirklichen Grund für das Entstehen und nach dem Wesenskern der Universität als einer neuartigen Korporation, so wird man diesen nicht in irgendeinem staatlichen, kirchlichen oder sozioökonomischen Motiv finden und auch nicht bloß in dem Bedürfnis nach höherer Berufsausbildung. Das eigentliche Motiv für die Entstehung der mittelalterlichen Universität hat man in dem zu sehen, was Herbert Grundmann als "das gelehrte, wissenschaftliche Interesse, das Wissen- und Erkennenwollen" beschrieben hat (Grundmann 1957, 39). An zwei klassischen Beispielen weiß Grundmann dieses Motiv trefflich zu illustrieren: an der Wiederentdeckung des römisch-justinianischen Rechts in Bologna und an der Rezeption der aristotelischen Philosophie durch die Pariser Theologen. In beiden Fällen ging es nicht darum, irgendein professionelles Bedürfnis zu befriedigen oder irgendeinem praktischen Interesse zu genügen. Der Bologneser Magister Guarnerius und seine Schüler beginnen von sich aus und aus eigener Autorität, den seit Jahrhunderten kaum noch beachteten Codex des römischen Kaisers zu studieren. Als dann später diese Rechtsstudie in die Jurisdiktion deutscher und anderer europäischer Territorien eingehen, ist diese sogenannte europäische Rezeption des römischen Rechts eine Folge und keineswegs die Ursache des Rechtsstudiums an der Universität. Auch der Wissensdrang der Pariser Theologen griff weit über eine theologische Berufsausbildung hinaus. Ohne kirchlichen Auftrag erforschen sie die Widersprüche der Bibel, der Kirchenväter und des Kirchenrechts, und zwar - wie Abaelardus in seiner Schrift "Sic et non" formuliert - "ad maximum inquirendae veritatis", denn der einzige Schlüssel zur Wahrheit liegt für sie im häufigen und ständigen Fragen. Auch die für das ganze Abendland bedeutsame Aristotelesrezeption erfolgte nicht aus einem staatlichen, kirchlichen, professionellen oder überhaupt aus einem praktischen Interesse, sondern aus jenem ursprünglichen Wissen- und Erkennenwollen, das sich schwer genug gegen den einengenden Druck jener Interessen durchsetzen mußte. Nur wenn man die Entstehung der Universität aus diesem spontanen Wissen- und Erkennenwollen um der Wahrheit willen heraus versteht, wird es überhaupt erklärlich, daß das **Studium** als eine dritte Kraft selbständig und unabhängig neben das **Sacerdotium** und das **Regnum** treten konnte. Neben Staat und Kirche, neben Kaisertum und Papsttum, erhebt sich die Universität als eine Potenz gleichen Ranges, gleicher Bedeutung und gleicher Notwendigkeit für alle.

Universalität über soziale und nationale Grenzen hinweg, **Autonomie** gegenüber Staat und Kirche und die Entstehung aus einem **spontanen Wissen- und Erkennenwollen** kennzeichnen die ursprüngliche Idee der abendländischen Universität. Die Berufsvorbereitung spielt eine gewisse Rolle, ihr Gewicht reicht aber bei weitem nicht aus, um von daher das Entstehen der mittelalterlichen Universität zu begründen. Das Wissen- und Erkennenwollen äußert sich spontan, es bleibt aber nicht in sich verschlossen und kapselt sich nicht von der Welt ab, sondern es zielt auf ein besseres Verstehen der Welt und auf ein besseres Leben in dieser Welt, mit einem Wort auf **Praxis** (im aristotelischen Sinne), d.h. auf das in Freiheit und aus eigener Verantwortung geleistete **Handeln** des Menschen. Wenn gesagt wird, die Universität diente der Praxis, also dem freien und verantwortlichen Welthandeln des Menschen, so heißt das, sie stand nicht im Dienste bloßer kontemplativer Schau und einer Theorie um der reinen Theorie willen und genausowenig im Dienste der Poiesis, d.h. des herstellenden Machens und der technischen Utilitarität (Böhm 1985).

2. Die Verfallserscheinungen der Universität

Wenn wir uns dieser ursprünglichen Idee von Universität gegenüber fragen, worin denn der mögliche Verfall der Universität besteht und überhaupt nur bestehen kann, so ergibt sich eine relativ einfache Antwort: die Universität verfällt, wenn sie die drei für sie konstitutiven Merkmale - **Universalität**, **Autonomie** und **Erkenntnis** um der menschlichen Praxis willen - preisgibt und statt dessen in **Provinzialisierung**, **Politisierung** und **Utilitarisierung** abdriftet. Historisch gesehen zeichnet sich dieser Verfall bereits ab, als die großartige Synthese aus antiker Philosophie, natürlicher Theologie und christlicher Offenbarung, die das Herzstück der Scholastik gebildet hatte, auseinanderbröckelt, so daß die scholastische Methode bald zu einem bloßen Schematismus verkommt. Und dieser Verfall der Universität nimmt dort beinahe groteske Formen an, wo die Säkularisierung des mittelalterlichen Denkens zu einer Entleerung der scholastischen Denkweise führt und diese sich dann gegenüber allen neuen Kultur- und Denkbewegungen verschließt. Eine solche Entwicklung nahmen vor allem die Universitäten Frankreichs einschließlich der Universität von Paris. Als diese Universitäten in den Wirren der Französischen Revolution verschwanden, hatten sie längst aufgehört, Universitäten in dem vorhin gekennzeichneten Sinne zu sein. Die Ablehnung des Protestantismus durch die Sorbonne hatte gleichzeitig eine Ablehnung des Humanismus und ein "Verschlafen" der Renaissance bedeutet. Unter der Ägide einer reaktionären theologischen Fakultät hatte die Pariser Universität jede Neuerung im wissenschaftlichen und geistigen Leben abgelehnt. George Gusdorf zieht ein sehr treffendes Resümee: "Cette attitude systématiquement reactionnaire la condamné a la stérilité pour deux siècles et demi, jusqu'au jour de sa suppression par la Revolution française" (Gusdorf 1964). Wie der Humanismus so entfaltete sich auch die Philosophie der Aufklärung, der Aufschwung der exakten naturwissenschaftlichen Forschung im 18. Jh., der Entwurf eines rationalen Weltbildes und die Encyclopédie nahezu vollständig außerhalb der Universität, zum Teil sogar gegen sie. Die Universitäten waren dogmatisch und traditionalistisch erstarrt, und es genügt ein Blick in die Schriften D'Alemberts oder Diderots, um sich ein plastisches Bild von diesem Verfall machen zu können. Von Forschung und tätiger Wissensvermehrung waren kaum noch Spuren übrig. Der tatsächliche Wissensstand der Zeit und die Lehrinhalte der Universität klafften weit auseinander (Schriewer 1972). Über die stümperhafte Ausbildung der Ärzte und Juristen wurden heftigste Klagen geführt.

In Deutschland, wo die Universitäten von Anfang an fürstliche oder städtische Gründungen waren, war die Gefahr stets latent vorhanden, daß die Universitäten, wenn sie in ihren drei konstitutiven Stützen - Universalität, Autonomie und spontaner Wissensdrang - erschlafften und erlahmten, zu Instrumenten in der Hand des Fürsten oder des Staates würden. Wer sich ein lebhaftes Bild davon machen will, wie sehr diese Gefahr Wirklichkeit wurde, der braucht nur zu lesen, was Gottfried Wilhelm Leibniz oder Christian Thomasius über die preußischen Universitäten des 17. und 18. Jhs. geschrieben haben. Leibniz nennt sie mönchische Anstalten, die sich mit nichts als leeren Grillen beschäftigen, und Thomasius geißelt ihren akademischen Formalismus, der jegliche Berührung mit der Praxis des menschlichen Lebens verloren habe.

Wenn hier von der **Provinzialisierung** der Universität als einem Indiz für ihren Verfall gesprochen wird, dann meint Provinzialisierung ein zweifaches: einmal die Abschottung der Universität gegenüber der internationalen Geistesentwicklung und zum anderen die Beschränkung ihrer Aufgaben auf die Befriedigung nationaler oder gar nur lokaler Bedürfnisse, beispielsweise die Ausbildung von Verwaltungsbeamten und Staatsdienern. Ohne daß hier weitere Beispiele angeführt werden müßten, läßt sich unschwer einsehen, daß diese Gefahr die Universität in ihrer gesamten Geschichte bedroht hat und heute nicht nur nichts von ihrer Bedrohlichkeit verloren, sondern im Gegenteil eher dazugewonnen hat.

Die zweite Gefahr, die der Universität droht und ihren Verfall herbeiführt, ist die Utilitarisierung, d.h. die Orientierung von Forschung und Lehre an von außen vorgegebenen Zwecken, seien diese staatlicher, gesellschaftlicher, wirtschaftlicher oder ideologischer Natur. Eine besonders krasse Form der Utilitarisierung der Universität stellt dabei die **Professionalisierung** dar, d.h. die Beschränkung des Studiums auf die Vorbereitung zu bestimmten Berufen. Selbstverständlich soll die Universität nicht an den akademischen Berufen "vorbei" ausbilden, wohl aber stellt es eine kümmerliche Einengung und eine erschreckende Verarmung dar, wenn die universitäre Lehre auf Berufsvorbereitung reduziert und - das geht in der Regel damit Hand in Hand - die Forschung zugunsten der Lehre zurückgestuft wird. Daß diese Tendenz zur Professionalisierung sich verstärkt, je mehr Berufe in die Universität drängen und eine akademische Ausbildung begehren, liegt auf der Hand. Heute erscheint die Gefahr der Professionalisierung, d.h. ein Herabsinken der Universitäten auf das Niveau höherer Berufsschulen, besonders groß.

Die Bedingung der Möglichkeit für die Utilitarisierung der Universität liegt dabei in dem pragmatischen Charakter der neuzeitlichen Wissenschaft. Daß Wissen nützlich ist, ist unbestreitbar; aber diese globale Aussage muß doch sogleich durch die Frage differenziert werden, **welches** Wissen in **welchem** Sinne und zu **welchem** Zweck nützlich sei. Diese Frage verweist auf den substantiellen Unterschied zwischen technischem und praktischem (d.h. ethischem) Wissen. Technisches Wissen beruht auf der Frage nach den Prinzipien oder Gesetzmäßigkeiten, nach denen eine empirische Wirklichkeit abläuft. Der Nutzen dieses Wissens besteht vorwiegend darin, daß man mit Hilfe der Kenntnis solcher Prinzipien bzw. Gesetze Instrumente schaffen und Güter herstellen kann, die der Befriedigung materieller menschlicher Bedürfnisse dienen. Praktisches (ethisches) Wissen beruht auf der Frage nach Prinzipien, gemäß denen wir handeln sollen, falls wir unserer Existenz einen Sinn geben und unser Leben über bloßen Zufall und reine Beliebigkeit emporheben wollen. Der Nutzen dieses praktischen Wissens steht nur sehr begrenzt im Zusammenhang mit der Befriedigung materieller Bedürfnisse. Man kann sogar sagen, daß diese ethischen Fragen nach der Wahrheit, nach dem Sinn und nach der Menschlichkeit unseres Handelns die Bedürfnisbefriedigung selbst infragestellen, indem sie nämlich in Zweifel ziehen, ob Bedürfnisbefriedigung an sich der Sinn des menschlichen Lebens sein kann. In einer ethischen Perspektive ist zumindest zu fragen, welche Bedürfnisse eventuell zurückgestellt werden sollen. Die Utilitarisierung der Universität impliziert aber zwangsläufig eine Höherschätzung des technischen Wissens. Wenn aber das technische Wissen dominiert, und wenn die politische Gesellschaft, welche heute die **Big Science** finanziert, in ihrer faktischen Gestalt zur Instanz wird, die den gesellschaftlichen Nutzen des Wissens beurteilt, so gerät das ethische Wissen leicht in den Sog bloßer Machtpolitik, oder es versandet in bloßem Dezisionismus. Wissenschaft, Forschung, Studium und Lehre begründen sich dann aus einer symbolischen Rechtfertigung: der Steigerung und der gesteigerten Erfüllung der materiellen Bedürfnisse des Menschen. Wenn aber der Professor seinem Studenten nur noch als Agent des gesellschaftlichen Nutzens entgegentritt, werden Lehrende und Lernende notwendig einander entfremdet. Die Klagen, die man heute landauf landab hört, daß Lehrende und Studierende heute kein persönliches Verhältnis mehr zueinander haben, gründen vielleicht nicht so sehr in der Überfüllung der Universitäten, als vielmehr in dieser Utilitarisierung der Universität. Man braucht sich nur zu fragen, wie oft heute in der hochschulpolitischen Diskussion und in den Debatten über Studienreform noch von Wahrheit und Wahrheitssuche die Rede ist. Fern allem Zweifel herrscht die Meinung vor, das Studium diene dem Beruf, es habe "praxisnah" zu sein und die Forschung habe auf einen Nutzen zu zielen, der nicht nur auf dem "Markt der Eitelkeiten", sondern auch auf der Frankfurter Messe verkauft werden kann - und Geld bringt! Was aber haben Beruf, Praxisnähe und Nützlichkeit mit jener spontanen Erkenntnis- und Wahrheitssuche gemeinsam, aus der heraus die Universität entstanden ist? Die Universität scheint heute - wie es in einer kritischen Äußerung zur deutschen Universitätsgeschichte heißt - zu einem Organisationskoloß geworden zu sein, "der durch staatliche Geldtransfusionen und parteipolitische Mund-zu-Mund-Beatmung künstlich am Leben gehalten wird." (Roellecke 1984, 3-10)

Die dritte Verfallserscheinung der Universität ist in ihrer **Politisierung** zu sehen. Erinnern wir uns daran, daß die Universität als eine dritte Kraft autonom neben Staat und Kirche entstanden ist. Politisierung meint angesichts dessen die Preisgabe dieser Autonomie und die Unterjochung der Universität unter eine der beiden anderen Mächte: Staat und Kirche. Die Gefahr, daß die Universität unter das Joch der Kirche gebeugt wird, scheint heute geringer denn je. Für die Unterjochung der Universität durch den Staat bietet die Geschichte eine Überfülle an Beispielen, und es mag genügen, an die Universität des Faschismus und des Nationalsozialismus zu erinnern und für die Gegenwart den Blick auf die Universitäten in totalitären Staaten zu lenken. Als Politisierung muß man heute freilich auch jene Tendenz ansehen, die die Universität nicht der Kirche und dem Staat, sondern der Gesellschaft und den sog. gesellschaftlichen Interessen, Erwartungen, Bedürfnissen etc. etc. unterwirft. Wenn sich wissenschaftliche Forschung und Lehre ständig dadurch zu legitimieren hat, daß sie ihre gesellschaftliche Relevanz darlegt, dann steht es um jenes spontane Erkennen- und Wissenwollen, das den Lebensnerv der europäischen Universität ausmacht, mehr als schlecht.

3. Die Überwindung der Krise und die Reform der Universität

Wenn nun die Frage zu stellen ist, wie denn dieser Verfall aufgehalten und in einen Aufstieg zurückverwandelt werden kann, dann bietet sich als rasche Antwort an, man müsse nur die als negativ gekennzeichneten Destruktionserscheinungen ins Positive umkehren, so daß an die Stelle der Provinzialisierung die Internationalisierung zu treten hätte und statt Utilitarisierung und Politisierung der Universität die reine Wissenschaft um ihrer selbst willen - l'art pour l'art - zu pflegen wäre. Eine solche Antwort erwiese sich bei kritischer Prüfung jedoch als eine Täuschung. Die Universität als internationale Pflegestätte reiner Wissenschaft reicht nicht aus, um aus dem Dilemma ihres Verfalls herauszuführen. Man braucht sich nur die vielen kleinen in den letzten Jahren entstandenen Provinz- und Kleinstadtuniversitäten anzusehen, wie sie sich emsig um internationale Kontakte bemühen. Diese allerdings dienen in der Regel nur einer oberflächlichen Aufpolierung ihres Images; an der armseligen Substanz vieler dieser Universitäten ändern sie wenig. Aber man braucht eine solche internationale Einrichtung gar nicht erst zu schaffen; in den Naturwissenschaften und in der Medizin ist dieser Status längst erreicht.

Gegen eine Universität, die nichts anderes als die elitäre Pflegestätte der reinen Wissenschaft um ihrer selbst willen wäre, sprechen ganz andere Argumente. Eine solche Einrichtung stünde nämlich in der Gefahr, steril und unfruchtbar zu werden, weil sie sich den Rahmen ihrer Fragen selbst abstecken würde. Streng genommen könnte dieser Rahmen nur das augenblickliche Wissenschaftssystem selber sein, und diese Institution könnte **stricto sensu** nach gar nichts anderem fragen als nach ihrer eigenen Axiomatik, Logik und Kohärenz. Die in ihr gepflegte reine Wissenschaft würde so rein, d.h. purifiziert, daß sie jegliche Kraft der Welterklärung verlöre. In Wirklichkeit aber greift jede Wissenschaft Welt auf, um sie zu erklären, oder aber sie wird weltfremd und verdient es nicht, länger am Leben gehalten zu werden. Eine Universität als Pflegestätte dieser reinen Wissenschaft müßte aber für den Menschen geradezu lebensbedrohend werden, weil sie sich selbst nicht mehr Rechenschaft gäbe über ihre Folgen und Anwendungskonsequenzen. Wohin diese Gefahren führen können, das vermag die aktuelle Diskussion auf den Gebieten der Genetik und der Ökologie eindrucksvoll zu zeigen. Eine solche Universität müßte sich schließlich solipsistisch abkapseln und in ihr eigenes akademisches Schneckenhaus verkriechen, denn eine solche Wissenschaft wäre nicht mehr anschaulich zu machen und nicht mehr lehrbar; sie entbehrte der Ästhetik ebenso wie der Didaktik.

Die Antwort auf die Frage, wie dem Verfall der Universität entgegenzuwirken sei, kann also nicht auf diese Weise erfolgen, sondern muß einen anderen Weg suchen. Dieser Weg scheint mir darin zu bestehen, daß die Universität sich wieder als das versteht, als was sie entstanden ist: als ein autonomes Kulturphänomen. Wenn wir aber fragen, was das Wort Kultur in diesem Kontext meint, dann werden wir auf jenes uralte Ternar verwiesen, welches spätestens seit Aristoteles in den Begriffen des **verum, bonum et pulchrum** gefaßt wird und das Kant in den drei anthropologischen Grundvermögen des Erkennens, Handelns und Begehrens beschrieben hat. Unsere These lautet also, daß die Universität und die Tätigkeit jedes Wissenschaftlers einem dreifachen Anspruch zu genügen hat: sachwissenschaftlich dem **Wahren**, philosophisch-ethisch dem **Guten** und pädagogisch dem **Schönen**. Forschung und Lehre der Universität und der in ihr tätigen Wissenschaftler stehen also vor drei Problemen: **erstens** der Frage danach, was wahr, richtig und stimmig ist, was uns also Erkenntnis, Erklärung und Voraussage ermöglicht; **zweitens** der Frage nach dem **Cui bono**, eine Frage, die heute besser negativ gestellt wird: wem kann das schaden? wo wird Macht zur Gewalt? wo führt Wissenschaft zur Vergewaltigung der Natur, des Menschen und der Gesellschaft?; **drittens** dem Problem der Darstellung und Vermittlung von Wissenschaft; wenn Wissenschaft nicht mehr anschaulich (bekanntlich kommt Ästhetik von **aisthesis**) und nicht mehr schön ist, wenn sie nicht mehr **clare et distincte** vermittelt werden kann und eventuell fragwürdige Verschleierungen, affektive Blockierungen, Tarnungen des Ich enthält, wird sie nicht nur trocken und öde, sondern verkehrt sich gar in ihr eigenes Gegenteil.

Es sei an dieser Stelle erlaubt, die hier vorgetragene These durch zwei historische Verweise zu stützen, die aus zwei verschiedenen Kulturkreisen stammen, aber dem gleichen Zeitraum entnommen sind. Im ersten Jahrzehnt des 19. Jahrhunderts sehen sich Condorcet in Frankreich und Humboldt in Deutschland einer ähnlich desolaten Universität gegenüber. Obwohl beide nicht daran denken, die mittelalterliche Universität zu restaurieren, legen sie Reformentwürfe vor, die bei genauem Zusehen gerade das sichern wollen, was für die mittelalterliche Universitätsidee konstitutiv war: Universalität, Autonomie und die Wissenschaft als Forschungsprozeß.

In Condorcets vierfach horizontal gestuftem Bildungssystem wird die vierte Stufe - die Lycées - als eine umfassende Anstalt konzipiert, deren bestimmende Merkmale und Aufgaben sind: ihre durch nichts begrenzte Universalität; die vollkommen freie, ungehinderte Lehre und Forschung; die Tradierung des angesammelten Wissens, verbunden mit seiner ständigen Erweiterung und Erneuerung.

Wilhelm von Humboldt hat seine Gedanken zur Universitätsreform in einer 1809 verfaßten Denkschrift konzise vorgetragen. Ohne daß die Begriffe wörtlich auftauchen, sind Universalität, Autonomie und die Spontaneität des wissenschaftlichen Forschens die Kerngedanken seines Reformentwurfs. Die Aufgabe des Staates wird darauf reduziert, der Universität die materiellen Mittel und die äußeren Voraussetzungen zu schaffen, damit sie unabhängig und unbegrenzt forschen und lehren kann. Dem Staat wird versichert, daß er bloß hindert, wenn er sich einmischt, und daß die Sache ohne ihn viel besser funktioniert. Im Unterschied zur Schule, wo der Schüler fertige und petrifizierte Kenntnisse rezipierend lernt, geht es in der Universität um einen grundsätzlich unabschließbaren Prozeß des Suchens und Forschens, und der Begriff des Lernens im Sinne bloßen Rezipierens hat dort überhaupt keinen Platz. Im "Königsberger Schulplan" von 1809 bezeichnet Humboldt es als das Ziel des Universitätsstudiums, die Einheit der Wissenschaft zu begreifen und hervorzubringen, und er fügt erläuternd hinzu, daß auch das Einsehen der Wissenschaft als solcher in Wirklichkeit ein kreatives Hervorbringen ist (Menze 1959).

Einige unserer These eng verwandte Gedanken finden sich in José Ortega y Gassets Schrift "La misión de la universidad" (Ortega y

Gasset 1930). Auch Ortega y Gasset geht davon aus, daß die mittelalterliche Universität der Berufsbildung nur einen geringen Wert beigemessen hat. Im Zentrum dieser Universität hat ein System von Vorstellungen über Welt und Menschheit gestanden, ein Repertoire von Überzeugungen zur Lebensorientierung, mit anderen Worten: eine universale Kultur. In der Neuzeit ist dieses vitale System der orientierenden Ideen zum Großteil von der Wissenschaft ersetzt worden. Damit aber hat die Universität eine neue Inkarnation des Barbaren hervorgebracht: den gelehrten, aber ungebildeten Spezialisten und Fachmann. Das zentrale Problem, um das es Ortega y Gasset zu tun ist, betrifft die fundamentale und nicht nivellierbare Differenz zwischen Wissenschaft und Berufsausbildung. Während diese nach einer anwendbaren Lehre verlangt, heißt Wissenschaft immer Forschung am Problem. Wissenschaft ist deshalb immer Tendenz, aber niemals Besitz. Wenn Ortega y Gasset der Universität heute eine dreifache Aufgabe zuspricht - wissenschaftliche Forschung, Berufsausbildung und die Vermittlung einer universalen lebensorientierenden Kultur - dann fällt dabei auf, daß hier zwar ähnlich wie im mittelalterlichen Konzept von einer Dreiheit der Aufgaben gesprochen wird, diese drei Aufgaben aber ausdrücklich in ihrer Heterogenität gesehen werden. Damit beschreibt Ortega y Gasset sicherlich die Realität der Universität in unserem Jahrhundert. Denn ohne Zweifel hieße es, einer Utopie anhängen, wollte man heute noch von einer Einheit des Weltbildes ausgehen. Die abendländische Geschichte hat die drei möglichen Weltbilder - Kant würde sagen: die drei möglichen metaphysischen Weltentwürfe - bis zu Ende durchgespielt: das kosmozentrische, das theozentrische und das anthropozentrische. Das Weltbild der Gegenwart mag man, mit Romano Guardini zu sprechen, als die Krise am Ende der Neuzeit bezeichnen (Guardini 1950), welche die Fragwürdigkeit und die Grenzen des anthropozentrischen Weltbildes der neuzeitlichen Wissenschaft immer deutlicher macht. In einer Zeitsituation aber, wo es darum geht, nach einem neuen Weltbild und nach einer neuen universalen Kultur zu suchen, kommt der Universität im authentischen Sinne - also gekennzeichnet durch Universalität, Autonomie und spontanen Erkenntniswillen - eine gewiß entscheidende Bedeutung zu. Eines wird man in dieser Situation mit aller Entschiedenheit sagen können: je weniger die Universität Universalität, Autonomie und Erkennenwollen verkörpert und je weniger sie sich der kulturellen Dreiheit des **verum, bonum** et **pulchrum** verpflichtet weiß, desto weniger wird sie ihrer aktuellen Aufgabe gerecht werden können. Je provinzieller eine Universität, desto weniger dient sie der Provinz; je politisierter eine Universität, desto weniger dient sie der menschlichen Lebenspraxis; je utilitaristischer eine Universität, desto weniger nützt sie.

Literatur

BÖHM, Winfried: Theorie und Praxis, Würzburg 1985 (englischsprachige Ausgabe im Druck)

DENIFLE, Heinrich: Die Entstehung der Universitäten des Mittelalters bis 1400, Berlin 1885, Nachdruck Graz 1956

GRUNDMANN, Herbert: Vom Ursprung der Universität im Mittelalter, Berlin 1957, Darmstadt² 1964

GUARDINI, Romano: Das Ende der Neuzeit, Basel 1950

GUSDORF, George: L'Université en question, Paris 1964

KRISTELLER, Otto Paul: Die italienischen Universitäten der Renaissance, Krefeld 1953

MENZE, Clemens: Die Bildungsreform Wilhelm von Humboldts, Paderborn 1959

ORTEGA Y CASSET, José: La Mision de la Universidad, Madrid 1930

ROELLECKE, Gerd: Entwicklungslinien deutscher Universitätsgeschichte. In: Aus Politik und Zeitgeschichte, Bd. 3-4, 1984

SCHRIEWER, Jürgen: Die französischen Universitäten, Bad Heilbrunn 1972

SOLLA PRICE, J. Derek de: Little Science, Big Science. Columbia University Press 1963

VERGER, Jacques: Les universités au Moyen Age, Paris 1973

ELITEBILDUNG UND HOCHSCHULWESEN IN DEN USA: DIE PARTNERSCHAFT VON STRUKTUREN UND EINSTELLUNGEN

Hans N. Weiler

In der Vielzahl der Veröffentlichungen zu Fragen des Hochschulwesens, die jährlich in den USA erscheinen, fielen im vergangenen Jahr zwei Bücher besonders auf, und zwar nicht nur auf Grund ihrer Qualität, sondern auch deshalb, weil sie von unterschiedlichen Gesichtspunkten aus zwei der angesehensten Einrichtungen des amerikanischen Hochschulwesens untersuchen - Harvard und Stanford. Es handelt sich um Robert Klitgaards Buch **Choosing Elites** (Die Auswahl von Eliten) (1985) und um ein Buch von Herant Katchadourian und John Boli mit dem Titel **Careerism and Intellectualism Among College Students: Patterns of Academic and Career Choice in the Undergraduate Years** (Karrierismus und Intellektualismus bei College-Studenten: Tendenzen in der Fach- und Berufswahl in den Jahren des College-Studiums) (1985). Beide Bücher sind an und für sich bemerkenswerte Beiträge. Von besonderem Interesse aber sind die Einblicke, die sich aus einer Gegenüberstellung der beiden Untersuchungen ergeben. Klitgaards Buch beschäftigt sich mit dem Verfahren der Auswahl und Zulassung von Studienbewerbern an der Universität Harvard, und zwar sowohl am Harvard College wie auch an einigen der weiterführenden Fakultäten der Universität. Er analysiert eingehend die besonderen Schwierigkeiten eines Verfahrens, das die Auswahl der "Besten" aus einem bereits hochqualifizierten Bewerberpool zum Gegenstand hat. Das, was Klitgaard die "Auswahl am rechten Extrem" nennt, bezieht sich auf die Identifizierung einer relativ kleinen Anzahl erfolgreicher Bewerber aus einer sehr viel größeren Zahl hervorragender Kandidaten, die sich alle im Hinblick auf ihre wissenschaftlichen und geistigen Qualifikationen am äußersten rechten Ende der "normalen" Verteilungskurve finden. Angesichts der Eigenart des amerikanischen Hochschulsystems sehen sich dieser Aufgabe die Zulassungsämter aller derjenigen Hochschulen gegenüber, die aufgrund von Qualität und Prestige auf eine besonders sorgfältige Auswahl ihrer Studenten Wert legen. Deshalb ist Klitgaards Buch, auch wenn es sich konkret mit dem Auswahl- und Zulassungsverfahren nur einer einzigen Hochschule (Harvard) beschäftigt, für einen sehr viel weiteren Bereich des amerikanischen Hochschulwesens von Bedeutung. Am äußersten rechten Ende der Verteilungskurve geht es, laut Klitgaard, "bei der Auswahl um sehr viel mehr als nur um die Identifizierung künftiger Versager" (1985, 4), sondern um fundamentale Probleme im Verhältnis des Hochschulwesens zum sozialen Gefüge des Landes. Diese Probleme ergeben sich beispielsweise aus folgenden Umständen:

a) Die Zielsetzung des Auswahlverfahrens und die Kriterien zur Identifizierung erfolgreicher Bewerber sind relativ vage und variieren nicht nur von einer Hochschule zur anderen, sondern auch innerhalb einer einzigen Hochschule im Laufe der Zeit.

b) Die üblichen Indikatoren sowohl von vergangenem wie von zukünftigem Erfolg (u.a. Testergebnisse, Schulnoten und die Qualität der besuchten Schule) sind eher zur Messung von relativ großen Unterschieden als zur feineren Differenzierung in einer insgesamt hochqualifizierten Bewerbergruppe geeignet; sie werden dadurch für die "Auswahl am rechten Extrem" relativ nutzlos.

c) Schließlich spielt eine besonders wichtige Rolle, daß es in der Auswahl von Studienbewerbern im amerikanischen Hochschulsystem um einen besonders hohen Einsatz geht - für die Gewinner wie die Verlierer.

Vor dem Hintergrund dieser Probleme beschreibt Klitgaard das Auswahlverfahren für Harvard und durchleuchtet sodann kritisch die den Auswahlentscheidungen zugrunde liegenden Kriterien und Annahmen. Mit besonderer Sorgfalt nimmt er sich des Kernstücks in diesem Verfahren - des Zusammenhangs zwischen Erfolgsvorhersage und Auswahl - an und untersucht, auf welche Weise verschiedene Vorhersagen sowohl des akademischen wie des beruflichen Erfolgs eines Bewerbers die Auswahlentscheidung zu Beginn der akademischen Ausbildung bestimmen. Wir werden auf einige Ergebnisse dieser Untersuchungen noch zurückkommen.

Das Buch von Katchadourian und Boli beschäftigt sich ebenfalls mit nur einer Hochschule - Stanford University. Vor nunmehr hundert Jahren als regionale Einrichtung vor den Toren von San Francisco gegründet, hat Stanford inzwischen Eingang in die exklusiven Kreise der amerikanischen Spitzenuniversitäten gefunden und ist damit Harvard in vieler Hinsicht vergleichbar. Zum Unterschied von Klitgaard allerdings beschäftigen sich Katchadourian und Boli in ihrem Buch mit der Studentenschaft in der College-Stufe, und zwar speziell mit den Einstellungen, Interessen, Erwartungen und Wertvorstellungen der Studenten an dieser höchst selektiven Privatuniversität. Ohne den Anspruch zu erheben, über den Rahmen von Stanford hinaus gültige Aussagen von allgemeinerer Art treffen zu können, befassen sie sich doch mit einem Problem, das seit einiger Zeit in der Diskussion über das amerikanische Hochschulwesen eine wichtige Rolle einnimmt. Es geht dabei um die Behauptung, daß "Karrierismus" - d.h. eine besonders ausgeprägte Fixierung auf Karriere und zukünftige finanzielle und soziale Stellung - sich in der amerikanischen Studentenschaft im Anstieg befindet, während gleichzeitig das Interesse an intellektuellen und akademischen Herausforderungen zunehmend schwindet. Inzwischen liegen in der Tat recht umfangreiche Beweise dafür vor, daß - wie Katchadourian und Boli feststellen - "die Zielvorstellungen von Studenten um 1983 mehr und mehr von Karrieredenken und Erwägungen persönlichen Fortkommens bestimmt sind, während intellektuelle und soziale Erwägungen sehr viel weniger wichtig geworden sind" (1985, 13).

Angesichts der wichtigen Rolle, die die angeseheneren Einrichtungen des Hochschulwesens im sozialen, wirtschaftlichen und politischen Leben der Vereinigten Staaten spielen, kommt den Fragen der selektiven Zulassung zu diesen Hochschulen und der Einstellungen der in ihnen Studierenden besondere Bedeutung zu. Genau mit diesen beiden Fragen beschäftigen sich die beiden hier vorgestellten Untersuchungen, und es wird deutlich, daß es sich dabei um die zwei Seiten derselben Medaille handelt, um zwei eng miteinander verbundene Aspekte der Rolle, die die besonders selektiven Einrichtungen des privaten Hochschulwesens in der Elitebildung für die gegenwärtige amerikanische Gesellschaft spielen. Diese Rolle beruht auf "strukturellen" wie "kulturellen" Faktoren - den strukturell-institutionellen Merkmalen des Auswahl- und Zulassungsverfahrens sowie den kulturell-psychologischen Faktoren der studentischen Einstellungen und Wertvorstellungen. Um den Beitrag des amerikanischen Hochschulwesens zum Prozeß der Elitebildung und sozialen Schichtung in den USA verstehen zu können, bedarf es deshalb einer Analyse, die sich gleichzeitig mit den strukturell-institutionellen und den kulturell-psychologischen Faktoren befaßt.

Es muß an dieser Stelle angemerkt werden, daß sich die Rolle der amerikanischen Hochschulen im Prozeß der Elitebildung keineswegs auf den relativ kleinen Sektor der besonders selektiven privaten Universitäten beschränkt. Zugang zu den Spitzenpositionen der amerikanischen Gesellschaft ist auf vielfältige Weise möglich - über private sowohl als öffentliche, kleine wie große Hochschulen, Colleges und Voll-Universitäten, selektive und weniger selektive Einrichtungen, und gelegentlich auch völlig außerhalb der Einrichtungen des Hochschulwesens. Wenn sich diese Abhandlung ausschließlich mit dem Sektor der besonders selektiven privaten Universitäten beschäftigt, so aus folgenden Gründen:

a) Ungeachtet der Vielzahl der Zugangswege zu Elitepositionen in der amerikanischen Gesellschaft spielen die selektivsten unter den privaten Hochschulen des Landes nach wie vor eine unverhältnismäßig wichtige Rolle in der Bereitstellung erfolgreicher Kandidaten für gesellschaftliche Spitzenpositionen;

b) wenn sich auch die zentrale These dieser Arbeit - der Zusammenhang zwischen strukturellen und psychologischen Faktoren im Prozeß der Elitebildung - auf das gesamte Hochschulwesen der Vereinigten Staaten anwenden läßt, so stellt sich dieser Zusammenhang doch besonders deutlich in den extrem selektiven Hochschulen dar; das gilt im übrigen auch für die höchste Stufe derjenigen unter den öffentlich finanzierten Hochschulsystemen, die - wie das System der Staatsuniversität von Kalifornien - ein differenziertes Auswahlelement strukturell verankert haben;

c) der beschränkte Umfang dieses Beitrages macht es notwendig, sich im Interesse einer mehr als oberflächlichen Behandlung auf einen relativ eng begrenzten Bereich zu konzentrieren.

In dem komplexen Zusammenhang zwischen Hochschulwesen und sozialem Gefüge in den USA dienen die Verfahren von Auswahl und Zulassung, von denen Klitgaard in **Choosing Elites** berichtet, als das zentrale **strukturelle** und **institutionelle** Element, während die von Katchadourian und Boli sowie anderen untersuchten Erwartungen und Einstellungen von Studenten das entsprechende **kulturelle** oder **individuell-psychologische** Element darstellen. Die These dieses Beitrags besagt, daß diese beiden Elemente sich komplementär zueinander verhalten und sich dabei gegenseitig verstärken: Die unter der heutigen Studentenschaft vorherrschenden Werte und Einstellungen verstärken noch die Wirkung eines höchst selektiven Auswahl- und Zulassungssystems, und dieses System befördert seinerseits die Entwicklung entsprechender Einstellungen. Ich folge in der These der gegenseitigen Verstärkung dieser beiden Faktoren der Beobachtung von Alexander Astin, daß sich die Einstellungen von Studenten "analog" zum institutionellen Verhalten von

Hochschulen entwickeln (Astin 1985, xv). Nach meiner Einschätzung geht es hier allerdings nicht mehr nur um Analogie, sondern darum, daß sowohl studentische Wertvorstellungen als auch das Zulassungssystem einen integralen Bestandteil der Reproduktion bestehender Elitestrukturen in den USA bilden. Dabei mag einstweilen dahingestellt bleiben, ob dieser Sachverhalt als positiv oder negativ zu bewerten ist; wichtig ist die von Klitgaard und anderen inzwischen ausreichend dokumentierte Tatsache, daß zwischen dem elitären und selektiven Charakter der amerikanischen Spitzenuniversitäten und ihrem Beitrag zum Gemeinwohl ein komplexer, aber enger Zusammenhang besteht. Es ist offensichtlich, daß die Schlüsselrolle, die die führenden amerikanischen Forschungsuniversitäten sowohl in der reinen wie in der angewandten Forschung spielen, aufs engste mit dem Grad ihrer Selektivität verbunden ist. Gleichzeitig wird dann aber auch deutlich, daß diese enge "Partnerschaft von Strukturen und Einstellungen" in den führenden Universitäten bei der Verwirklichung von Programmen zur größeren Chancengleichheit im amerikanischen Hochschulwesen (siehe Newman 1985) keine besonders hilfreiche Rolle spielen dürfte - trotz durchaus ernsthafter Bemühungen im Stipendienwesen und bei der Eingliederung von Minderheiten.

Auswahl und Zulassung: Eingang zur Elite

Daß es sich beim amerikanischen Hochschulwesen um "eine höchst differenzierte Statushierarchie" (Astin 1985, 4) handelt, hat kaum Neuigkeitswert. Diese Hierarchie zeigt sich in nahezu allen Aspekten des Systems - von der Zulassung bis zum "Marktwert" der jeweiligen Abschlüsse, von der Berufungspolitik bis zu den Kriterien für Bestallung und Beförderung ("tenure"), von der Beschaffung von Drittmitteln bis zur allgemeinen Ausstattung der Institution und ihres Unterrichtsbetriebs, und vom Ausmaß der Auftragsforschung bis hin zur Mitgliedschaft des Lehrkörpers in nationalen und internationalen Gremien. All diesen Differenzierungen liegt die allgemein geteilte Vorstellung zugrunde, daß zwischen Prestige und Reputation einer Hochschule einerseits und ihrer (wie auch immer definierten) Qualität andererseits ein enger Zusammenhang besteht.

Auf jeden Fall aber ist der Rang einer Hochschule auf der Prestigeskala engstens mit der Strenge ihres Auswahlverfahrens für neue Studenten verknüpft. Dieser Grad an Selektivität wiederum spiegelt sich am deutlichsten in der wissenschaftlichen Befähigung der jeweils erfolgreichen Bewerber. Klitgaard erörtert ausführlich die Probleme, die sich bei der Definition und Messung solcher Befähigungen und bei der Vorhersage von zukünftigen wissenschaftlichen Leistungen stellen (Klitgaard 1985, Kapitel 4 und Anhang 1 und 2). Ungeachtet der sich ständig zuspitzenden Auseinandersetzung um die Qualität und den Nutzen solcher Indikatoren erweist sich nach wie vor das Durchschnittsergebnis der neu eintretenden Studenten im Scholastic Aptitude Test (SAT) des College Entrance Examination Board als bestes Indiz für die Selektivität einer Hochschule. Diese Feststellung, wie noch auszuführen sein wird, verträgt sich durchaus mit den Bemühungen verschiedener Hochschulen, im Rahmen des Zulassungsprozesses selbst auch andere Kriterien geltend zu machen (Willingham und Breland 1982; Willingham 1985). Nach wie vor ist jedoch die Entsprechung zwischen diesem einen Indikator der SAT-Resultate und der allgemeinen Einschätzung des Rangs einer Hochschule (wie auch den verschiedensten anderen Merkmalen) denkbar eng, wie die in Appendix 1 aufgeführten Daten deutlich zeigen.

Im Hinblick auf die Merkmale der in eine bestimmte Hochschule eintretenden Studenten ergibt sich eine deutliche Beziehung zwischen dem Selektivitätsgrad der jeweiligen Hochschule und dem prozentualen Anteil

a) von Studenten mit dem höchsten Notendurchschnitt in der Sekundarschule ("A" oder "A-") - von fast 80 Prozent bei den selektivsten bis zu etwa zehn Prozent bei den am wenigsten selektiven Hochschulen;

b) von Studenten, deren Eltern ein Jahreseinkommen von über $50.000 haben (47 Prozent gegenüber 7 Prozent) - und eine genau umgekehrte Beziehung zum Anteil der Studenten mit einem Familieneinkommen von unter $15.000 (7 zu 40 Prozent); und

c) von Studenten, deren Väter (84 gegenüber 21 Prozent) und Mütter (72 gegenüber 20 Prozent) einen College-Abschluß haben.

Die Beziehung zwischen SAT-Resultaten und dem Prozentsatz von Studenten mit besonders hohem Notendurchschnitt - in Klitgaards Buch ausführlich dokumentiert - ist deshalb besonders aufschlußreich, weil nach wie vor die Verbindung von Notendurchschnitt in der Sekundarschule und SAT-Resultat mit Abstand die beste statistische Vorhersage auf akademische Leistungen im College erlaubt (Klitgaard 1985, 108-115 und Anhang 1). Ungeachtet des in vieler Hinsicht problematischen Charakters der SAT-Messung und der darüber inzwischen ausgebrochenen lebhaften Debatte (siehe u.a. Owen 1985) erweist sich dieser Test immer noch als bemerkenswert widerstandsfähiger Indikator für diejenigen Studentenmerkmale, an denen die selektivsten Hochschulen besonders interessiert sind.

Mit dieser Darstellung der Rolle der SAT-Resultate soll allerdings keineswegs der Eindruck erweckt werden, als ob die Zulassungsstellen an den Hochschulen rein mechanisch diese Testergebnisse zur ausschließlichen Basis ihrer Entscheidungen machten. Tatsächlich bemühen sich viele Hochschulen, in ihrer Zulassungspraxis eine breitere Streuung von Persönlichkeits- und Tätigkeitsmerkmalen zu berücksichtigen und damit eine größere Vielfalt in der Zusammensetzung ihrer Studentenschaft zu erreichen. Diese Praxis richtet sich insbesondere auf diejenigen Bewerber, deren Testresultate unterhalb der Spitzenschicht, aber oberhalb der als nicht ausreichend angesehenen Werte liegen (Klitgaard, Kapitel 2). Neuere Untersuchungen des College Entrance Examination Board haben bestätigt, daß eine wachsende Zahl von Hochschulen sich um eine Diversifizierung ihrer Zulassungskriterien über SAT-Resultate und Notendurchschnitt hinaus bemüht (Willingham 1985). Einzelne Hochschulen sehen inzwischen auch davon ab, die Durchschnittswerte der SAT-Resultate ihrer jährlichen Eingangsklassen zu veröffentlichen, und benutzen stattdessen, etwa in ihren Informationen für Studienberater in den Sekundarschulen, die Bandbreite der Resultate. Trotz dieser Entwicklungen - und ungeachtet der anderslautenden Erklärungen verschiedener Hochschulvertreter - gilt jedoch, daß Testergebnisse in Verbindung mit schulischen Leistungsnachweisen (Notendurchschnitt oder Ranglistenplatz unter den Absolventen der Sekundarschule) nach wie vor gegenüber allen anderen Auswahlkriterien bei weitem den Ausschlag geben (Willingham 1985, 188). Darüber hinaus ist gerade für diesen Aufsatz besonders wichtig, daß das durchschnittliche SAT-Resultat einer College-Eingangsklasse - angesichts seiner hohen Korrelation mit allen anderen Selektionsfaktoren - eben doch als das weitaus beste Indiz für die Selektivität der jeweiligen Hochschule gelten kann (siehe die Daten in Appendix 1).

Hier muß allerdings noch angemerkt werden, daß die weiter oben festgestellte Beziehung zwischen Selektivität der Hochschule und der sozialen Herkunft ihrer Studenten in zweifacher Hinsicht zu qualifizieren ist. Zum einen halten die meisten der führenden amerikanischen Universitäten (und vor allem der Privatuniversitäten) bei der Zulassung von College-Studenten an einem Verfahren fest, das die finanziellen Mittel des Bewerbers und seiner Familie im Auswahlverfahren außer acht läßt und auf dem Stipendienwege allen erfolgreichen Bewerbern eine minimale Finanzierung der (erheblichen) Studienkosten sichert. Zum anderen sind schon seit den sechziger Jahren die meisten amerikanischen Hochschulen bemüht, auf dem Wege über "affirmative action"-Programme Angehörigen ethnischer Minderheiten in der amerikanischen Bevölkerung den Zugang zum Hochschulstudium zu eröffnen. Beiden Maßnahmen kommt eine nicht unbeträchtliche Bedeutung im Verhältnis von Hochschulwesen und Sozialstruktur zu, obwohl ihr Erfolg sehr unterschiedlich zu bewerten ist. Insgesamt bleiben Mittellosigkeit oder Zugehörigkeit zu Minderheiten oder die (häufige) Verbindung von beidem ein massives Hindernis auf dem Weg in die oberen Ränge des amerikanischen Hochschulwesens - gerade auch wegen der historisch gewachsenen engen Beziehung zwischen sozialer Herkunft und schulisch-akademischer Befähigung.

Noch auffallender jedoch als die Beziehung zwischen Selektivität und sozialer Herkunft der Studenten ist die zwischen Selektivität und dem Aufwand der jeweiligen Hochschule an Mitteln für den Unterrichtsbetrieb und sonstige akademische Zwecke. Je selektiver die Hochschule, desto höher der Aufwand pro Student, und zwar im Verhältnis von etwa drei zu eins zwischen der selektivsten und der am wenigsten selektiven Kategorie von Hochschulen. Eine ähnlich enge Beziehung besteht im Hinblick auf die Gehälter des Lehrkörpers, wo jedes Intervall von 75 Punkten auf der Skala der durchschnittlichen SAT-Resultate in etwa einem Gehaltsdifferential von zwischen $1.000 und $2.000 im Jahr entspricht. Am deutlichsten werden die Unterschiede jedoch da, wo es um die der Fakultät zur Verfügung stehenden Forschungsmittel geht; in diesem Punkt verhalten sich die selektivsten zu den am wenigsten selektiven Hochschulen wie etwa 55:1. Schließlich bleibt dann auch nicht weiter verwunderlich, daß dem Grad an Selektivität auch das Niveau der Studien- und sonstigen Gebühren entspricht: Im Studienjahr 1982/83 betrug das Verhältnis zwischen den Hochschulen am oberen und denen am unteren Ende der Selektivitätsskala etwa 10:1 (Astin 1985; 9; 40). Angesichts der Finanzierungsmodalitäten und des Marktcharakters des amerikanischen Hochschulwesens leuchtet diese komplexe, aber enge Verbindung zwischen der Selektivität einer Hochschule, den Studiengebühren, die sie für vertretbar hält, und den von ihr gebotenen Leistungen durchaus ein.

Um dieses Bild zu vervollständigen, bedarf es nun noch einiger Informationen über diejenigen Bedingungen, die den zukünftigen Erfolg eines Studenten nach Abschluß des College zu sichern scheinen. Auf welche Faktoren lassen sich einigermaßen verläßlich Erfolgskriterien wie Einkommen, sozialer Status oder berufliches Ansehen zurückführen? Klitgaard hat auch hier die Daten sorgfältig überprüft (1985, Appendix 2); in einem zusammenfassenden Urteil über eine Vielzahl von Studien zu dieser Frage kommt er zu dem Schluß: "Je besser die methodologische Qualität einer Studie, umso stärker ist die (statistische) Beziehung zwischen Noten und Testergebnissen und den verschiedensten Indikatoren späteren beruflichen Erfolges" (1985, 122). Für diese Arbeit besonders wichtig ist sein Nachweis, daß der Selektivitätsgrad des besuchten College in enger Verbindung nicht nur zum Grad der gesellschaftlichen Anerkennung (gemessen an der Aufnahme in biographische Nachschlagwerke wie **Who is who?**), sondern ebenso zur Höhe der persönlichen Einkünfte steht (Klitgaard 1985, 124; 212). In einem kurz vor der Veröffentlichung stehenden Aufsatz im **American Sociological Review** berichten Michael Useem und Jerome Karabel von ihrer Untersuchung des Bildungsprofils leitender Unternehmensmanager. Ihre Ergebnisse zeigen für eine umfangreiche Stichprobe, daß ein Studienabschluß an einem der führenden Colleges aufs engste mit dem erfolgreichen Eintritt in die Spitzenpositionen des amerikanischen Wirtschaftsmanagements verbunden ist (Useem und Karabel 1986). Ähnliche Ergebnisse von vor zehn Jahren liegen uns bereits in der Arbeit von David Wise vor (1975). Diese Daten bestätigen wiederum sowohl die öffentliche Meinung als auch andere Forschungsergebnisse, nach denen der Zugang zu, und der erfolgreiche Abgang von einem der selektivsten Colleges die Tür zu einem sehr viel wohlhabenderen und prominenteren Lebenslauf als dem der Abgänger von weniger selektiven Institutionen eröffnet. Dabei muß dahingestellt bleiben, wie viel von dieser Relation tatsächlich dem Einfluß der Hochschulbildung, den Vorteilen der vorhergehenden sozialen Privilegierung, den größeren Fähigkeiten und Motivationen beim Hochschuleintritt, oder aber einer Kombination all dieser Faktoren zuzuschreiben ist (Astin, 1985, 19-21; 83).

Das Gesamtbild, das sich aus dem bisher Dargestellten ergibt, erlaubt einige recht klare Schlußfolgerungen:

a) Die vorherrschenden Auswahl- und Zulassungsverfahren tendieren (absichtlich oder unabsichtlich) dahin, akademische Befähigung nach den Messungen des SAT oder ähnlicher Indikatoren als das wichtigste Korrelat der Zulassung zu den angesehensten Hochschulen erscheinen zu lassen.

b) Da andererseits akademische Befähigung eng mit sozialer Herkunft verbunden ist, genießen Kinder aus bessergestellten Familien einen beträchtlichen Vorteil im allgemeinen Zulassungswettbewerb; dieses Phänomen wird verstärkt dadurch, daß die meisten privaten Universitäten den Kindern ihrer eigenen Absolventen sowie, in einigen Fällen, den Absolventen privater Sekundarschulen besondere Vorteile einräumen (siehe Klitgaard 1985, 25-26; 28-29; 46). Obwohl diese Beziehung zwischen sozialer Herkunft und Zulassungschancen an besonders selektiven Hochschulen durch Maßnahmen wie "affirmative action" und Stipendien für erfolgreiche, aber mittellose Bewerber gemäßigt wird, so ist die ihr zugrundeliegende soziale Dynamik doch durchaus intakt.

c) Die Verbindung von hoher akademischer Befähigung und einem Studienabschluß von einem der besonders selektiven Colleges dient als entscheidende Hilfe auf dem Weg zu finanziellem und sozialem Erfolg und zum Elitestatus in der amerikanischen Gesellschaft.

Studenten und ihre Werte: Die Entstehung elitärer Kulturen

Unter den verschiedenen Indizien für die Annahme, daß sich in der amerikanischen Studentenschaft eine dramatische Verschiebung von Werten und Zielvorstellungen vollzogen hat, genießen die jährlichen Erhebungen des "Cooperative Institutional Research Program" (CIRP) an der University of California in Los Angeles in den Eingangsklassen ("freshmen") der amerikanischen Colleges besondere Aufmerksamkeit. Diesen Erhebungen zufolge hat seit dem Ende der sechziger Jahre der Anteil der neuen College-Studenten, denen finanzieller Erfolg als "wesentliches" oder "sehr wichtiges" Ziel ihrer College-Ausbildung gilt, ständig zugenommen - von 40 % bis auf nunmehr 70 %. Das Ziel, von Mitarbeitern anerkannt und geschätzt zu werden, folgt mit einigem Abstand, aber weist eine ähnliche Entwicklung über den gleichen Zeitraum auf. Gleichzeitig hat sich der Anteil derjenigen Studenten, die in ihrer College-Ausbildung eine Gelegenheit sehen, zu einem besseren Verständnis ihrer eigenen Existenz zu gelangen ("develop a meaningful philosophy of life"), ebenso deutlich verringert - von über 80 % vor fünfzehn Jahren bis auf etwa 45 % in den letzten beiden Jahren der Erhebung (CIRP 1984, 4; 53 und passim; cf. Hacker 1986). Auch wenn ein Teil des Anstiegs in "materialistischen" Neigungen möglicherweise dadurch zu erklären ist, daß der allgemeine gesellschaftliche Wertwandel das Eingeständnis solcher Einstellungen inzwischen erheblich erleichtert hat, so wäre damit allenfalls die bemerkenswert zentrale Rolle von materiellen Vorteilen in der Vorstellungswelt der Studentenschaft bestätigt.

Diese Einstellungsdaten variieren bis zu etwa zehn Prozent in beiden Richtungen je nach dem Typus der Hochschule. Studenten in besonders selektiven privaten Hochschulen ähneln ihren Kommilitonen in anderen Hochschulen in dem Wunsch nach sozialer Anerkennung, aber messen - was angesichts ihrer eigenen wirtschaftlichen Umstände nicht überrascht - den materiellen Aspekten ihres zukünftigen Daseins weniger Bedeutung bei. Während im Durchschnitt der gesamten Stichprobe rund 45 % der Studenten dem Verständnis ihrer eigenen "Lebensphilosophie" Priorität zugestehen, liegt dieser Prozentsatz bei den Studenten der Spitzenuniversitäten bei über 60 % (CIRP 1984, 53; 69). Ungeachtet dieser Unterschiede jedoch scheint der Trend in der Entwicklung dieser Einstellungen über die letzten anderthalb Jahrzehnte hinweg allen Hochschulen gemeinsam zu sein.

Eine parallele und ähnlich aufschlußreiche Entwicklung zeigt sich, wenn man die Wahl der Hauptfächer ("majors") bei College-Studenten der letzten zwanzig Jahre näher untersucht. Hier zeigt sich ein deutlicher Trend weg von "akademischen" Fächern im engeren Sinne hin zu Fächern mit sehr viel stärker berufsbezogenem und unmittelbar laufbahnrelevantem Charakter. Die Wahl geistes-, kunst- und sozialwissenschaftlicher Fächer ist deutlich im Abstieg (von etwa 35 % auf nunmehr fünfzehn Prozent), während Fächer wie Betriebswirtschaft, Ingenieurwissenschaft und Informatik einen entsprechenden Anstieg (von etwa 25 % auf 40 %) aufweisen. Von 1966 bis 1983 hat sich der Anteil der neuen College-Studenten, die Englisch als wahrscheinliches Hauptfach angeben, um mehr als 80 % reduziert, während sich die Zahl der Hauptfächler in Betriebswirtschaft nahezu verdoppelt hat (Astin 1985, 214-217); Katchadourian und Boli 1985, 15-18).

Eine ähnliche Situation zeigt sich in der Entwicklung der Berufswahl bei College-Studenten. Unter den neu eintretenden Studenten hat sich das Interesse an einer beruflichen Laufbahn in der Wirtschaft, im Ingenieurwesen und in der Informatik in den letzten fünfzehn Jahren fast verdoppelt. Im Gegensatz dazu verzeichnen die Sozialberufe - Lehrer, Krankenpfleger, Sozialarbeiter, Polizisten, Geistliche -, denen allen umfangreiche Ausbildungserfordernisse und relativ geringe Einkünfte gemeinsam sind, den schärfsten Abstieg in den Prioritäten der studentischen Berufswahl. Besonders dramatisch ist die Entwicklung im Falle der Pädagogik, wo sich der Anteil der am Lehrerberuf interessierten Studenten seit dem Ende der sechziger Jahre von über zwanzig auf etwa fünf Prozent reduziert hat (Astin 1985, 217-218; CIRP 1983, 2-6 und passim). Während ein Teil dieser Entwicklung sicherlich Veränderungen im Arbeitsmarkt widerspiegelt, so ist ihr Ausmaß wohl nur durch erheblichen Einstellungswandel zu erklären.

Diese starke Hinwendung zu angesehenen und lukrativen Berufen ist im allgemeinen bei Studenten in den selektivsten Hochschulen besonders stark ausgeprägt. Während für die gesamte CIRP-Stichprobe im Jahre 1984 unter den "wahrscheinlichen beruflichen Laufbahnen" nur der "Geschäftsmann" (11,9 %) und der "Ingenieur" (10,4 %) zweistellige Prozentwerte erreichten, kamen bei den Studenten der privaten Hochschulen diese beiden Karrieren auf höhere Werte (12,2 % bzw. 12,1 %) und auch die Berufe "Rechtsanwalt oder Richter" (10,1 %) und "Arzt" (13,1 %) auf zweistellige Prozentsätze. Die Sozialberufe, die sich bereits in der gesamten Stichprobe keiner besonderen Beliebtheit erfreuen, rangieren bei den Studenten der privaten Universitäten noch niedriger: 2,5 % für Krankenpflege (gegenüber 4 % in der gesamten Studentenschaft), 0,4 % für Sozialarbeit (1,3 % insgesamt) und 1,7 % (gegenüber 5,5 %) für Lehrerberufe (CIRP 1984, 50).

"Man lernt für's Geld" ("Learning is for earning") - so bringt Astin die vorherrschenden Einstellungen unter Amerikas College-Studenten auf einen kurzen Nenner (1985, 220). Obwohl sich hinter dieser vereinfachten Formel nicht nur ein sehr viel komplexerer Sachverhalt, sondern auch hier und da eine sich anbahnende Rückkehr zu mehr altruistischen und sozialen Verpflichtungen verbirgt, so ist damit doch die Hauptrichtung der Entwicklung in den letzten beiden Jahrzehnten treffend gekennzeichnet. Lasch spricht von einer historischen Entwicklung hin zu einem Begriff von "Bildung als Konsumgut" in einem von einer

"Kultur des Narzißmus" geprägten Zeitalter schwindender Erwartungen (1978, 151-153 und passim). Riesman beschreibt den Einfluß der "Vermarktung" der College-Ausbildung auf die potentielle "Kundschaft" des amerikanischen Hochschulwesens und spricht in diesem Zusammenhang von der "Konsumhaltung" der Studentenschaft; für ihn ist diese Entwicklung jedoch Teil eines größeren Zusammenhangs: "Insgesamt ist die Vorstellung, daß es in den Einstellungen von Studenten grundlegende Diskontinuitäten von einem Jahrzehnt zum nächsten gibt, größtenteils falsch. Die wirkliche Umwälzung liegt in dem heute vorherrschenden, überwältigenden Gefühl von Ohnmacht und dem daraus folgenden Zynismus; vor diesem Hintergrund nimmt sich die unbestreitbare Tatsache, daß Studenten, die sich den Luxus sozialer Mitarbeit leisten können, dazu nach wie vor in der Lage sind, besonders dramatisch aus." (1980, 321). Und obwohl Astin die massive Umorientierung in den Berufsabsichten amerikanischer College-Studenten hin zu mehr lukrativen Beschäftigungen als eine "unerhörte Verschiebung im amerikanischen Hochschulwesen" ansieht, so hält er doch die folgende Einschränkung für notwendig: "Die Feststellung, daß die heutige Studentenschaft materialistischer und weniger altruistisch sei, ist nicht als Kritik an den Studenten selbst gemeint. Im Gegenteil, die Wertvorstellungen der Studenten spiegeln in einem ganz erheblichen Maße die Werte der Gesellschaft wider, in der sie aufgewachsen sind." (1985, 221). Auf ähnliche Weise läßt sich auch ein Phänomen erklären, das auf den ersten Blick wie eine Verschiebung studentischer Einstellungen hin zu mehr konservativen politischen Werten aussieht; wie Green und Astin zeigen, erweist sich die scheinbare Bewegung zum rechten Ende des politischen Spektrums jedoch eher als der Versuch vieler Studenten, die "Ansammlung von 'Humankapital' oder Bildungsnachweisen, die ihnen in einer ungewissen wirtschaftlichen und sozialen Zukunft nützlich sein könnten," mit einer "noch nie dagewesenen Identifizierung mit liberalen oder progressiven Positionen in vielen sozialen Fragen" zu vereinbaren (1985, 36).

Vor dem Hintergrund dieser auf nationaler Ebene gesammelten Daten dürfte es nützlich sein, sich mit den eingehenderen Beobachtungen von Katchadourian und Boli bei College-Studenten der Universität Stanford zu beschäftigen. Diese Einengung des Blickfeldes müßte eine Antwort auf die Frage erlauben, wie denn das allgemeine Phänomen des "Karrierismus" sich an einer Hochschule manifestiert, die sowohl Professoren wie Studenten in besonderer Weise auf die Norm intellektueller Arbeit und Errungenschaft verpflichtet hat. Die Studie von Katchadourian und Boli unterscheidet die untersuchten Studenten in "Karrieristen", "Intellektuelle", "Streber" und "Ungebundene". Die Karrieristen und Intellektuellen nehmen entgegengesetzte Positionen ein; während die ersteren hohe Werte auf einer Einstellungsskala zum Karrierismus und geringe Werte auf der "Intellektualismus"-Skala erreichen, verhält es sich bei den letzteren umgekehrt. Die "Streber" ("strivers") erreichen hohe Werte auf beiden Skalen, während die "Ungebundenen" ("unconnected") auf beiden Skalen niedrig abschneiden (siehe Einzelheiten zu den beiden Skalen in Appendix 2).

Es ist problematisch, diese Kategorien mit denen in anderen Studien gleichzusetzen. Immerhin weisen die Kategorien des "Karrieristen" und des "Intellektuellen" jedoch beträchtliche Ähnlichkeit auf mit denen der "berufsbezogenen" und der "akademischen" Subkultur in der klassischen Studie von Trow und Clark (1966). Darüber hinaus hat die Typologie der Katchadourian/Boli-Studie eine deutliche, wenn auch keineswegs perfekte Ähnlichkeit mit den weiter oben bereits beschriebenen Kategorien der jährlichen CIRP-Erhebungen - "finanzieller Erfolg" und "gesellschaftliche Anerkennung" einerseits, und "besseres Verständnis der Lebenswelt" ("philosophy of life") andererseits (vgl. die Übersicht über andere Typologien in der Literatur bei Katchadourian und Boli 1985, 41, sowie bei Ellis et al. 1971).

"Karrieristen" werden in der Stanford-Studie wie folgt definiert: "... sie betrachten die College-Ausbildung in erster Linie als eine Gelegenheit zur Berufsvorbereitung. Sie sind nicht besonders an Bildung um ihrer selbst willen interessiert, und haben relativ wenige intellektuelle und soziale Interessen, die keinen Zusammenhang mit ihren beruflichen Plänen haben. Ihre Entscheidung für Stanford ist stärker bestimmt von den Vorteilen, die ihnen nach ihrem Studienabschluß ein Stanford-Diplom eröffnet, als von der Qualität der Ausbildung selbst." (Katchadourian und Boli 1985, 83) Während die Karrieristen einen Pol vertreten, finden sich die "Intellektuellen" am anderen Pol: "Für sie ist das College in erster Linie der Ort, an dem sie ihre vorhandenen akademischen Interessen erweitern, ihre intellektuellen Fähigkeiten entwickeln und neue Interessen und Herausforderungen finden können." (ibid., 119) Während sowohl die Intellektuellen wie die Ungebundenen weit unten auf der Karrierismus-Skala rangieren, sucht die "Streber"-Gruppe beide Ziele, Berufsvorbereitung und intellektuelles Wachstum, zu vereinigen - ein Unterfangen, dem, so Katchadourian und Boli, nur wenige wirklich gewachsen sind.

Es ist aufschlußreich, sich die Korrelate von Karrierismus in der Herkunft der Stanford-Studenten näher anzusehen (siehe auch Appendix 3). Geschlecht ist beispielsweise ein Faktor: Bei den Studentinnen liegt der Anteil der Intellektuellen doppelt so hoch wie der der Karrieristen: bei Studenten ist das Verhältnis genau umgekehrt. Der Anteil der Karrieristen ist etwa gleich hoch bei den Angehörigen der verschiedenen ethnischen Gruppen, aber die Minderheitsgruppen sind erheblich unterrepräsentiert bei den Intellektuellen und überrepräsentiert bei den "Strebern". Der soziale Stand des Elternhauses spielt eine erhebliche Rolle; Studenten mit wohlhabenderen und besser ausgebildeten Eltern neigen weniger zu Karrierismus als ihre weniger begüterten Kollegen. Manche dieser Relationen sind bimodal und zeigen Spitzenwerte an Karrierismus in der sozialen Mittelgruppe - einer Schicht, die bei Stanford-Studenten allerdings erheblich über dem nationalen Mittel liegt. Bei einer solchen Streuung läßt sich das obere Ende der Statistik noch relativ leicht erklären: Studenten aus den oberen sozialen Schichten haben relativ wenig Grund, sich um ihre wirtschaftliche Zukunft Sorgen zu machen. Demgegenüber zeigt sich bei den Studenten der Mittelgruppe, die - im Vergleich zu ihrem Elternhaus - eine immerhin beträchtliche potentielle Aufstiegsspanne haben, die intensivste Beschäftigung mit Fragen von Beruf und Karriere. Schwieriger zu erklären ist hingegen, weshalb dieser Grad von Besorgnis bei Studenten aus den unteren sozialen Schichten nicht in gleichem Maße anzutreffen ist.

Vor dem Hintergrund unserer Darstellung des Wandels in Fachinteresse und Berufswahl ist besonders aufschlußreich, wie eng in der Untersuchung von Katchadourian und Boli karrieristische Einstellungen mit eben diesen Entscheidungen über Hauptfach und Beruf verbunden sind (siehe Appendix 4). Die Verteilung von Karrieristen und Intellektuellen unter den Hauptfächlern in den Geisteswissenschaften (6 Prozent gegenüber 31 Prozent) ist genau umgekehrt von der in den Naturwissenschaften (18 Prozent gegenüber 8 Prozent) oder in den Ingenieurwissenschaften (23,5 Prozent gegen 8 Prozent). Eine ähnliche Beziehung besteht zwischen der Häufigkeit karrieristischer Einstellungen und der Berufswahl der Studenten, und zwar bei Studenten sowohl des ersten ("freshmen") wie des vierten ("seniors") College-Jahres: Die Zahl der Karrieristen übertrifft bei weitem die der Intellektuellen unter denjenigen Studenten, die sich (in etwa dieser Rangordnung) für Medizin, Ingenieurberufe, Wirtschaftsberufe oder Jura entschieden haben, während die Situation unter den Kandidaten für Lehrerberufe genau umgekehrt ist (Katchadourian und Boli 1985, 83-118; 287-310).

Wie auch immer man das Phänomen des Karrierismus in der Studentenschaft werten mag: Für unsere Zwecke gilt es festzuhalten, a) daß es sich hier um eine sehr weit verbreitete Erscheinung handelt, und zwar wahrscheinlich nicht nur an einer, sondern an den meisten Hochschulen, b) daß die Zahl der Karrieristen im Anstieg zu sein scheint, und c) daß schließlich die diesem Phänomen zugrundeliegende Einstellung, daß man "fürs Geld lernt", nicht nur mit der Herkunft der Studenten zu tun hat, sondern darüber hinaus mit einer ganzen Reihe von Entscheidungen - vor allem über Hauptfach- und Berufswahl -, die für den späteren Zugang des Studenten zu Elitepositionen in Wirtschaft und Gesellschaft von beträchtlicher Bedeutung sind.

Schlußbemerkung

Die Verbindung zwischen den Strukturen und Einstellungen im amerikanischen Hochschulwesen einerseits, und den Unterscheidungen in der sozialen Schichtung der amerikanischen Gesellschaft andererseits erscheint gefestigter als je zuvor: Extrem selektive private Hochschulen wählen sich aus einem ohnehin schon ausnehmend befähigten Bewerberpool sorgfältig eine Gruppe von Studenten aus, von denen viele aufgrund ihrer sozialen Herkunft bereits einen erheblichen Vorsprung vor ihren Altersgenossen haben. Diese Gruppe scheint für den Vormarsch auf die Elitepositionen der amerikanischen Gesellschaft in mehrerer Hinsicht geradezu prädestiniert zu sein - dank der sozialen und wirtschaftlichen Stellung ihrer Familien, ihrer akademischen Fähigkeiten, und der unschlagbaren Kombination von Reputation und Ressourcen ihrer jeweiligen Hochschule. In dem Maße, in dem gleichzeitig die Einstellungen und das Wertsystem dieser Studenten mehr und mehr vom Karrieredenken bestimmt werden, darf man erwarten, daß sie entschlossen und zielstrebig sich die sozialen und finanziellen Vorteile verschaffen werden, die aufgrund ihrer Zulassung zu einer der Eliteinstitutionen des amerikanischen Hochschulwesens in greifbare Nähe gerückt sind.

Das Bestehen, die Vormachtstellung und die Ressourcen besonders selektiver privater Hochschulen stellen in der Tat ein außergewöhnliches und, allen Anzeichen zufolge, ständig mächtiger werdendes Instrument der Elitebildung in der amerikanischen Gesellschaft dar. Bei aller Anerkennung der erheblichen Steigerung in der Qualität, der Reputation, den Mitteln und dem Status der Abgänger an den weniger prominenten Hochschulen der USA bleibt doch der Unterschied zwischen den oberen und den unteren Rängen des Systems so groß wie je zuvor und trägt nach wie vor zur Festschreibung und Legitimierung krass unterschiedlicher Zugangschancen zu Elitepositionen bei. Der Prozeß der gesellschaftlichen Reproduktion erfreut sich, mit anderen Worten, bester Gesundheit, und bedient sich nach wie vor der tatkräftigen Hilfe des Hochschulwesens. Dabei ist die Situation nicht frei von Widerspruch: Auf der einen Seite garantiert eben dieses System, in immer eindrucksvollerer Form und in der Forschung wie in der Lehre, die intellektuelle und wissenschaftliche Vorherrschaft des amerikanischen Hochschulwesens, zumindest in seinen Spitzeninstitutionen. Gleichzeitig aber, und ungeachtet manch ehrlicher und ernsthafter Versuche, die Mobilität unterprivilegierter Gruppen positiv zu beeinflussen, schreibt dieses gleiche System die enormen Unterschiede in Status, Einkommen, Berufschancen und Lebensqualität fort, die die moderne amerikanische Gesellschaft auf so nachhaltige und beunruhigende Weise bestimmen. Ist die eine Wirkung die andere wert? Bezahlt die amerikanische Gesellschaft einen zu hohen Preis in sozialer Gerechtigkeit und Gleichheit für den Weltrang von Hochschulen wie Harvard, MIT und Stanford? Der Autor dieses Beitrages sieht sich selbst in einem Dilemma: Einerseits weiß er die Vorzüge einer erstklassigen Forschungsuniversität wie Stanford für seine eigene wissenschaftliche Arbeit zu schätzen, während ihn dabei gleichzeitig die soeben gestellte Frage nach den gesellschaftlichen Kosten einer solchermaßen privilegierten Einrichtung - und die Schwierigkeit einer angemessenen Antwort - zutiefst beunruhigt.

Von solchen persönlichen Zweifeln abgesehen, muß aber am Ende dieser Betrachtungen doch eine weitergehende Befürchtung zum Ausdruck kommen: Wenn es zutrifft, daß sich das Wertesystem der amerikanischen Studentenschaft zunehmend an Kriterien des beruflichen und finanziellen Erfolges und weniger an Gesichtspunkten der intellektuellen und schöpferischen Leistung orientiert, dann könnte das bisher unangefochtene System der extrem selektiven Hochschulzulassung an den angesehensten Hochschulen des Landes Gefahr laufen, in den Augen der öffentlichen Meinung erheblich an Legitimation zu verlieren. Denn es wäre ja zumindest vorstellbar, daß eine Gesellschaft wie die der USA, wenn sie sich jemals als solche - und nicht nur durch ihre Eliten - äußern würde, sehr wohl eines Tages die Berechtigung der gesellschaftlichen Kosten von Institutionen wie Harvard und Stanford in Frage stellen könnte. Denn was würde solche Kosten weiterhin rechtfertigen und legitimieren, wenn diese und andere Hochschulen mehr und mehr zu Instrumenten würden, mit deren Hilfe besonders privilegierte und anspruchsvolle Studenten ihren Weg zu unverhältnismäßigen sozialen und wirtschaftlichen Erfolgen sicherstellen würden?

Anmerkung

Den nachfolgend aufgeführten Kollegen sowie den Teilnehmern des Heidelberger Symposiums bin ich für wertvolle und kritische Kommentare zu einer früheren Fassung dieses Beitrags zu herzlichem Dank verpflichtet: Alexander Astin, Jean Fetter, Herant Katchadourian, Donald Kennedy und Jon Reider. Für die in diesem Aufsatz vorgelegten Interpretationen und Schlußfolgerungen übernehme ich jedoch die alleinige Verantwortung.

Literatur

ASTIN, Alexander W.: Achieving Educational Excellence: A Critical Assessment of Priorities and Practices in Higher Education. San Francisco: Jossey-Bass, 1985

CLARK, Burton R. und Martin Trow: "The organizational context", in Theodore M. Newcomb and Everett R. Wilson (eds.), College Peer Groups: Problems and Prospects for Research. Chicago: Aldine, 1966, 17-70

Cooperative Institutional Research Institute (CIRP): The American Freshman: National Norms for Fall 1983. Los Angeles: UCLA/CIRP, 1983

Cooperative Institutional Research Institute (CIRP): The American Freshman: National Norms for Fall 1984. Los Angeles: UCLA/CIRP, 1984

ELLIS, Robert A., Robert J. Parelius und Ann P. Parelius: "The Collegiate Scholar: Education for Elite Status", Sociology of Education 44 (Winter 1971), 27-58

GREEN, Kenneth C. und Alexander W. Astin: "The Mood on Campus: More Conservative or Just More Materialistic?", Educational Record 1, 15 (Winter 1985), 33-36

HACKER, Andrew: "The Decline of Higher Learning", The New York Review, Februar 13, 1986, 35-42

KATCHADOURIAN, Herant A. und John Boli: Careerism and Intellectualism Among College Students: Patterns of Academic and Career Choice in the Undergraduate Years. San Francisco: Jossey-Bass, 1985

KLITGAARD, Robert: Choosing Elites. New York: Basic Books, 1985

LASCH, Christopher: The Culture of Narcissism: American Life in an Age of Diminishing Expectations. New York: Norton, 1978

NEWMAN, Frank: Higher Education and the American Resurgence (A Carnegie Foundation Report). Princeton, NJ: The Carnegie Foundation for the Advancement of Teaching, 1985

OWEN, David: None of the Above: Behind the Myth of Scholastic Aptitude. Boston: Houghton Mifflin, 1985

RIESMAN, David: On Higher Education: The Academic Enterprise in an Era of Rising Student Consumerism. San Francisco: Jossey-Bass, 1980

USEEM, Michael und Jerome Karabel: "Pathways to Top Corporate Management", American Sociological Review (im Druck, 1986)

WILLINGHAM, Warren W.: Success in College: The Role of Personal Qualities and Academic Ability. New York: College Entrance Examination Board, 1985

WILLINGHAM, Warren W. und Hunter M. Breland: Personal Qualities and College Admissions. New York: College Entrance Examination Board, 1982

WISE, David A.: "Academic Achievement and Job Performance", American Economic Review 65, 3 (Juni 1975)

APPENDIX 1

College-Eingangsklassen ("Freshman") und finanzielle Merkmale von Hochschulen mit unterschiedlicher Selektivität (1983)

Selective Level (Mean SAT Composite[2] for Entering Freshmen)	Characteristics of 1983 Freshmen: A or A-Average in High School (%)	Parental Income: 350.000 or More (%)	Parental Income: Less Than 515.000 (%)	Parents with College Degrees: Father (%)	Parents with College Degrees: Mother (%)	Characteristics of Institutions: Total Per-Student[b] Educational Expenditures[c] (1981-82)	Average Faculty Salary (1982-83)	Tuition and Fees (1982-83)
1300 or higher	79.2	47.1	6.8	83.7	72.3	$11.243	$34.056	$6.406
1225-1299	75.2	39.1	8.0	73.9	57.3	8.944	32.275	6.158
1150-1224	58.6	39.4	7.1	69.8	52.3	9.037	27.915	3.166
1075-1149	39.8	24.8	12.5	56.1	42.0	5.624	29.414	2.673
1000-1074	33.1	22.5	13.2	51.7	34.9	5.095	27.031	2.120
925- 999	22.3	17.0	15.7	42.0	27.4	4.183	25.769	1.337
850- 924	13.6	10.5	22.8	30.6	20.0	3.816	24.853	1.065
773- 849	12.7	10.4	25.7	26.9	18.5	3.474	23.073	546
below 775	10.0	7.2	40.1	21.1	19.6	3.676	21.979	640
All Institutions	20.7	15.2	16.0	36.3	25.5	4.418	25.350	1.291

2 ACT scores have been converted to SAT equivalents (see Astin, Christian, and Henson. 1978).

b Part-time students are counted as one-third full-time. Graduate and professional students are counted as three undergraduates.

c Includes expenditures for instruction, academic support, student services, administration, and physical plant.

Source: Unpublished data. Cooperative Institutional Research Program, Higher Education Research Institute, and National Center for Education Statistics, 1984.

Nach Astin 1985, 9

APPENDIX 2

Einstellungsskalen zu Intellektualismus und Karrierismus

Intellectualism Scale	Careerism Scale
Reasons for attending college:	
Learning to think critically.	Specialized preparation for future careers
Exposure to different viewpoints	Acquisition of marketable skills
General liberal education	Preparation for graduate/ professional school
Developing ethical and moral values	Establishing professional contacts for the future
Developing artistic and esthetic taste and judgment	Future financial security
Making friends	Acquiring technical/ preprofessional skills
Developing skills in dealing with people	
Characteristics desired in a major:	
Interesting subject	Step toward graduate school
Intellectually challenging	Useful in career field
Good teaching	Many career options
Departmental faculty accessible to students	
Characteristics desired in a career:	
Requires creativity and originality	Social status and prestige
Intellectually challenging	Job security
Service to others	High income
Opportunities to work with people	Public recognition

Nach Katchadourian und Boli 1985, 31

APPENDIX 3

Ausgewählte Herkunftsmerkmale und akademische Einstellungen bei College-Studenten (Stanford)

	Academic Orientation				
	Careerists	Intellectuals	Strivers	Unconnected	N
Gender					
Men	29.0%	15.3%	25.2%	30.5%	131
Women	16.2	34.3	25.7	23.8	105
Ethnicity					
Blacks/Chicanos	24.1	13.8	34.5	27.6	29
Asian Americans	21.4	14.3	35.7	28.6	14
Caucasians	23.7	26.0	22.0	27.4	186
SES Index					
Lower SES group	28.8	13.7	27.4	30.1	73
Middle SES group	28.1	26.3	22.8	22.8	57
Upper SES group	20.0	36.4	18.2	25.5	55
Father's Education					
Less than college	24.2	9.1	33.3	33.3	33
College graduate	27.5	27.5	20.3	24.6	69
Lower adv. degree	39.5	16.3	16.3	27.9	43
Higher adv. degree	10.0	34.0	32.0	24.0	50
Father's Occupation					
Skilled manual to lesser professional	29.9	14.9	26.9	28.4	67
Major professional, executive	23.2	28.8	23.2	24.8	125
Family Income					
Less than $39,999	23.2	11.6	33.3	31.0	69
$40,000 - $74,999	31.7	33.3	15.0	20.0	60
More than $75,000	24.2	27.4	22.6	25.8	62

Nach Katchadourian und Boli 1985, Appendix IV, Table 1

APPENDIX 4

Hauptfach- und Berufswahl und akademische Einstellungen bei College-Studenten (Stanford)

	School Division of Major					
	Humanities	Social sciences	Natural sciences	Interdept. programs	Engineer-ing/earth sciences	N
		Freshman Major Choice				
Careerists	4.0%	30.0%	28.0%	12.0%	26.0%	50
Intellectuals	34.6	25.0	7.7	19.2	13.5	50
Strivers	7.3	18.2	25.5	23.6	23.6	55
Unconnected	16.9	27.1	27.1	6.8	22.0	59
		Chi-square = 38.2		p = 0.1		
		Major at Graduation				
Careerists	5.9	35.3	17.6	17.6	23.5	51
Intellectuals	31.4	23.5	7.8	27.5	7.8	51
Strivers	12.3	24.6	15.8	26.3	21.1	57
Unconnected	27.3	23.6	18.2	16.4	12.7	55
		Chi-square = 25.8		p = .05		
		Major at Graduation by Gender				
Careerists						
Men	2.9	35.3	20.6	14.7	26.5	34
Women	11.8	35.3	11.8	23.5	17.6	17
		Chi-square = 2.9		p = n. a.		
Intellectuals						
Men	31.6	21.1	15.8	31.6	0.0	19
Women	31.3	25.0	3.1	25.0	12.5	32
		Chi-square = 5.7		p = n. a.		
Strivers						
Men	12.9	22.6	19.4	22.6	22.6	31
Women	11.5	26.9	11.5	30.8	19.2	26
		Chi-square = 5.7		p = n. s.		
Unconnected						
Men	18.6	25.0	18.8	18.8	15.6	32
Women	39.1	21.7	17.4	13.0	8.7	23
		Chi-square = 3.6		p = n. s.		

Career Categories

	Business	Law	Medicine	Engin- eering	Humanistic professions	Teach- ing	Public admin., social sci.	Natural sci., other health	N
Freshman Career Choice									
Careerists	20.8%	22.9%	22.9%	16.7%	6.2%	0.0%	2.1%	8.3%	48
Intellectuals	16.3	16.3	20.9	4.7	16.3	9.3	14.0	2.3	43
Strivers	21.3	21.3	17.0	10.6	12.8	4.3	4.3	8.5	47
Unconnected	6.0	14.0	22.0	10.0	14.0	10.0	8.0	16.0	50
Chi-square = 30.3 p = n. s.									
Senior Career Choice									
Careerists	39.2	19.6	21.6	11.8	2.0	2.0	2.0	2.0	51
Intellectuals	27.3	11.4	9.1	2.3	22.7	13.6	9.1	4.5	44
Strivers	36.7	18.4	8.2	10.2	8.2	8.2	8.2	2.0	49
Unconnected	19.6	17.6	11.8	5.9	15.7	13.7	9.8	5.9	51
Chi-square = 32.0 p = .10									
Senior Career Choice by Gender									
Careerists									
Men	37.1	20.0	22.9	17.1	0.0	2.9	0.0	0.0	35
Women	43.8	18.8	18.8	0.0	6.3	0.0	6.3	6.3	16
Chi-square = 10.0 p = n. s.									
Intellectuals									
Men	20.0	20.0	20.0	0.0	13.3	20.0	0.0	6.7	15
Women	31.0	6.9	3.4	3.4	27.6	10.3	13.8	3.4	29
Chi-square = 9.3 p = n. s.									
Strivers									
Men	41.7	20.8	4.2	8.3	12.5	8.3	4.2	0.0	24
Women	32.0	16.0	12.0	12.0	4.0	8.0	12.0	4.0	25
Chi-square = 4.5 p = n. s.									
Unconnected									
Male	22.6	19.4	9.7	9.7	16.1	9.7	6.5	6.5	31
Female	15.0	15.0	15.0	0.0	15.0	20.0	15.0	5.0	20
Chi-square = 4.6 p = n. s.									

Nach Katchadourian und Boli 1985, Appendix IV, Table 4

UNIVERSITÄT UND ELITENBILDUNG

Klaus von Beyme

Einleitung: Demokratie und Elitenbildung

Als Präsident Grévy eine Ausstellung eröffnete, fragte er nach den Erfolgen des Jahres: "Oh, nichts außerordentliches, aber ein guter Durchschnitt" war die Antwort. Der Präsident rieb sich die Hände und sagte erfreut: "Ein guter Durchschnitt, sehr gut, das ist's, was man in einer Demokratie braucht" (Zit. Thibaudet, 1927, S. 234). Knapper lassen sich die Vorbehalte gegen den Gedanken der Elitenbildung in einer Demokratie nicht formulieren. Demokratie ist vom Gedanken der Gleichheit bestimmt. Repräsentative Demokratie legte die Gleichheit aber nur für die politische Sphäre zugrunde. Die anderen Bereiche wie Wirtschaft und Kultur wurden einem Wettbewerb der Eliten überlassen, für den allenfalls Mißbrauchsklauseln regulierend eingeführt wurden.

Als die in ihrer Verfassung am stärksten demokratisierten Systeme in Deutschland und Spanien zusammenbrachen, wurde von Mannheim (1935, 1958^2, S. 103) bis Madariaga (1936, S. 56) diese Niederlage der Demokratie auf die Führungslosigkeit der spätliberalen Massengesellschaft zurückgeführt, die diktatorischen Gruppen eine Chance gäbe. Frucht solcher Enttäuschung mit der Demokratie war unter europäischen Emigranten wie Schumpeter (1942, 1950, S. 431) die Theorie des **demokratischen Elitismus.** Demokratie wurde nun vor allem als Konkurrenzkampf von Delegations- und Repräsentationseliten aufgefaßt. Es wurde als irrational angesehen, die Bürger in mehr als rechtlicher Hinsicht als gleich zu betrachten (Downs, 1957, S. 83).

Das radikale Konzept partizipatorischer Demokratie sah lediglich ein horizontales Problem. Repräsentative Demokratie hat immer auch die vertikale Dimension der Demokratie gesehen (Sartori, 1978, S. 63). Die antielitistische Demokratietheorie hat vor allem in der Zeit der Studentenrevolte unablässig gegen die Identifikation von Mikro- und Makrosystemen polemisiert und gegen die Uniformisierung aller Subsysteme der Gesellschaft nach den Regeln des politischen Systems Widerstand geleistet. Dies geschah nicht zuletzt in der Universität, weil nur hier eine ernsthafte Herausforderung vorlag. Das organisatorische Produkt dieser vorübergehend in die Defensive geratenen Leistungselite ist manchmal als "Professorenpoujadismus" apostrophiert worden.

Mit der Distanz von jener Propagierung radikaler Demokratiemodelle, die vor allem im Hochschulbereich überall eingemauert oder zurückgeschraubt wurden, werden die Friktionen zwischen Universität und Demokratie wieder nüchterner gesehen. Die Chancengleichheitspostulate der 60er und 70er Jahre werden durch Versuche, den Elitebegriff aus der Tabuzone herauszuführen, und die Debatte um Flitehochschulen, in die sich Kanzler und Außenminister nach 1982 einschalteten, verdrängt. Schlimmer als die Ratlosigkeit, die sich hinter der Diskussion um eine neue Elite verbirgt (Hofmann, 1985, S. 1), ist der Rückfall in das Denken in Termini von Substanzeliten.

Der sozialwissenschaftliche Elitenbegriff ist rein funktional gemeint, und bezieht sich auf Inhaber von Positionen. Allenfalls in der Debatte um "leadership" ließe sich eine wissenschaftliche Vermittlung finden, weil Führerschaft auf Verhalten und Interaktion zwischen Eliten und Nichteliten abhebt, während Elite ein relationaler Ausdruck für hierarchische Positionen ist (Welsh, 1979, S. 18). Bei der Untersuchung von Hochschulen in ihrer Funktion der Elitenbildung geht es zunächst um den relationellen Elitenbegriff zur Untersuchung von potentiellen Inhabern von Führungspositionen in den verschiedenen Sektoren.

Zwei Modelle der Elitenbildung lassen sich unterscheiden:

- Die Hierarchisierung der Universitäten und die Ausdifferenzierung von Elitenschulen, Akademien und Forschungseinrichtungen.
- Die Elitenauslese innerhalb des Universitätssystems.

Das erste System hat Varianten in den USA, der Sowjetunion, aber auch in Großbritannien und Frankreich. Das zweite entsprach der Tradition der deutschen Universität, die von großem Einfluß in der Welt war, aber sich im Ausland vielfach nur in den höheren Studienabschnitten und in der Graduiertenförderung durchsetzte.

Haben liberale Demokratien im politischen System Repräsentations- und Delegationseliten schon lange akzeptiert, so war es weit schwieriger, den egalitären Impetus bei der Ausgestaltung der Bildungssysteme zu begrenzen. Vielfach entstanden daher in westlichen Demokratien außerordentlich widerspruchsvolle Bildungssysteme, die auf das Ziel Chancengleichheit ausgerichtet waren, mit Einsprengseln von elitären Bereichen der Elitenausbildung durchsetzt.

1) Die Hierarchisierung der Universitäten und die Ausdifferenzierung von Elitenschulen, Akademien und Forschungseinrichtungen im Ausland

Universitäten sind älter als die Demokratie - wie diese 600-Jahrfeier belegt. Sie waren daher immer den verschiedenen Schritten der Demokratisierung (1848ff, 1871ff, 1918ff, 1945ff, 1968ff) nicht recht angepaßt, und dies ist für die innere Autonomie nicht nur ein Mangel gewesen. In kaum einem Bereich war das demokratisch eher spät entwikkelte Deutschland so stark Vorbild in der Welt wie im Bereich der Organisationen von Hochschulen - von Rußland bis Amerika. In kaum einem anderen Bereich hat Deutschland die Führungsrolle so gründlich verloren, und seinerseits nach anderen Modellen geschielt, vor allem nach dem amerikanischen.

Amerikanische Universitäten sind vielfach vor der Rezeption des deutschen Modells, ausgehend von Harvard und Johns Hopkins in den 1870er Jahren, gigantische "Mittelschulen", nicht selten konfessionell geprägt gewesen. Sie sind es weitgehend geblieben, wenigstens im Bereich der

Ausbildung von undergraduates und bei 80 Prozent der höheren Bildungseinrichtungen, wie vergleichende Untersuchungen (Flexner, 1967; Décsy, 1982, S. 132) zeigten und verschreckte Exponenten der Studentenbewegung in Auseinandersetzung mit der deutschen Hochschulreform nach "amerikanischem Modell" festgelegt haben (Leibfried, 1968, S. 99ff). Das deutsche Modell beschränkte sich in Amerika auf die Graduiertenausbildung und schuf so eine relativ natürliche Abstufung innerhalb der besseren Universitäten, neben dem Wettbewerb, in dem außerordentlich unterschiedliche Bildungseinrichtungen konkurrierten. Deutschland hingegen hielt an der Fiktion fest, daß jede Universität "gleich nah zu Gott" sei, die älteste (Heidelberg) wie die jüngsten (Bamberg, Passau oder Eichstätt). Nur bei den späteren Berufsaussichten ließen sich gewisse Unterschiede nicht übersehen. Aber bis heute gibt es kaum eine deutsche Universität, die in allen ihren Teilen als Eliteuniversität angesehen wird. Bis heute ist der Parnaß des Ansehens von Fakultät zu Fakultät recht verschieden. Die zweite Ausdifferenzierung - eher nach französischem als nach deutschem Modell - waren die "Advanced Studies" als eine Art "Graduate School der graduate schools" (Princeton, 1930 gegründet, 1933 eröffnet). In diesen beiden Möglichkeiten zur Elitenbildung innerhalb der Universität - oder lose verbunden mit einer Universität - lag ein gut Teil der Modellwirkung Amerikas.

Rußland war das andere Land, das viel vom deutschen System übernahm. Selbst vom sowjetischen System wurde übertreibend gesagt: "Die humboldtsche Staatsuniversität ist in ihren sozialen Aspekten nirgendwo in der Welt so konsequent verwirklicht und respektiert wie in der Sowjetunion" (Décsy, 1982, S. 150). Das trifft allenfalls für einige organisatorische Prinzipien und einen Teil der Nomenklatur zu. Vielleicht hat die sowjetische Universität mit ihrem "Kafedra"system die alte deutsche Ordinarienuniversität konsequent verwirklicht und bewahrt. Selbst in den wenig kritischen sowjetischen Zeitungen gibt es Enthüllungen über Professoren, die eine Prüfung mit einem Duell verwechseln (Révész, 1981, S. 55).

Eine ganz andere Richtung nahm jedoch die Elitenbildung in Rußland und vor allem in der Sowjetunion durch die Ausdifferenzierung einer in beispiellose Privilegierung gesteigerte Entwicklung des französischen Akademiesystems seit Peter dem Großen, welche zum Rückgrat aller ernsthaften Forschung der Sowjetunion geworden ist.

Die Einheit von Forschung und Lehre, Herzstück der deutschen Elitenbildung, sowohl für den wissenschaftlichen Nachwuchs als auch für die Studenten, die idealiter wenigstens passiv schon an der Genesis eines Räsonnements teilnehmen, hat es in Amerika und Rußland überwiegend nicht gegeben. In beiden späteren Supermächten lebte die vorhumboldtsche Tradition einer überwiegenden Lehranstalt fort.

Hat die Humboldtsche Universität aufgrund ihrer sozialen Beschränkung auf 5-8 Prozent der Bevölkerung in den 60er Jahren bei uns schwere Kritik auf sich gezogen, so war sie zwar sozial, aber nicht rechtlich gesehen im Zugang egalitär. Hierin sind deutsche Universitäten mit den wenigen NC-Ausnahmen, die unter dem Argusauge des Bundesverfassungsgerichts und einer ungeliebten Zulassungsbürokratie stehen, den alten Prämissen treu geblieben, darin eher Frankreich zu vergleichen, wo auch das **baccalauréat** noch als Zugangsberechtigung gilt. Restriktionen in Amerika wie die "affirmative action"-Klauseln, die die Wahrung von proportionalem Zugang für Minderheiten schützen sollen, kann man nicht mit Shils (in: Daalder/Shils, 1982, S. 445) als ein NC-Verbot werten. Der NC ist total und zentral in der Sowjetunion, er ist ziemlich umfassend, aber dezentral im Selektionsverfahren in den USA, auch Großbritannien kennt eine weite Autonomie in der Definition des Zugangs für seine Universitäten. Damit sind bereits für den tertiären Bildungsbereich Schleusen der Elitenselektion eingebaut, die vor allem in Großbritannien dank des sozialen Verstärkungseffektes einer für ein Industrieland überdurchschnittlich geschichteten Klassengesellschaft in **Public Boarding Schools** und **Oxbridge Colleges** außerordentlich stratifizierend wirken.

Eine andere Möglichkeit, staatliche Schleusenfunktionen auszuüben, zeigt das französische Modell. Prima vista ist dies das egalitärste und im Zugang unbeschränkteste Universitätssystem der westlichen Welt: eine gratis erhältliche Tertiärbildung ohne Zugangsbeschränkungen, außer der Manipulation der Einschreibedaten und der Selektion nach Orten ("sectorisation") (Tézenas, 1985, S. 102). Der Staat wacht über Einheitlichkeit und Gleichwertigkeit der Diplome. Eigentlich gibt es keine Universitäten wie Raymond Aron (1968, S. 54) einmal bemerkt: "Wir haben eine Universität ... unter einem Ministerium ... und daraus resultiert eine groteske Uniformität". Dies könnte eine Chance für Gleichheit sein. Das Gegenteil ist der Fall. Der freie Zugang ohne Numerus clausus führt keineswegs zu überdurchschnittlich hohen Studentenzahlen. Je größer die Zahl der Studenten in Frankreich jedoch wurde, umso selektiver wurde das System. Die Verbindung zum Arbeitsmarkt war immer gering. Ein **Concours**-System hat die Auslese auf die Zeit nach dem Studium verlagert. Die Universität ist zudem nicht Hauptausbildungsstätte der Eliten. Schon auf dem Lycée ist die crème der Lehrer nicht von der Universität, sondern von der Ecole normale supérieure ausgebildet worden. Was das französische Schulsystem an Durchlässigkeit zwischen sekundärem und tertiärem Bildungssystem gewann, weil auch die Elite der französischen Philosophie wie Bergson, Aron, Sartre oder Merleau-Ponty als Gymnasiallehrer gedient haben, ehe sie an die Sorbonne oder das **Collège de France** kamen (F. Bourricaud in: Daalder/Shils, 1982, S. 34), verlor es durch den Umstand, daß viele Exponenten dieser Lycée-Elite gelangweilt vom Schulunterricht, diese Tätigkeit immer nur als Durchgangsstadium betrachteten.

Die Elite der Ingenieure, Beamten und Universitätsprofessoren ist vielfach nicht von der Universität ausgebildet worden, sondern von den **grandes écoles**. Die Selektionswirkungen werden von Absolventen, Bewunderern und Gegnern des Systems gelegentlich ins Mystische überstiegert. Pompidou behauptete sogar: "Man ist **normalien**, wie man Prinz von Geblüt ist. Man wird nicht normalien, man ist als normalien geboren" (in: Peyrefitte, 1964, S. 9). "Der egalitäre Jacobinismus und der wissenschaftliche Aristokratismus" koexistieren auf bizarre Weise im französischen Bildungssystem (Bourdieu, 1984, S. 133). Ersterer im egalitären Hochschulzugang, letzterer im System der privilegierten Schulen und einem mörderischen Concours-System.

Trotz der elitären Selbstbeweihräucherung einzelner - wie in dem Zitat von Pompidou - war ein großer Teil der demokratischen Elite Frankreichs sich des Widerspruchs zwischen demokratisch-republikanischen Idealen und dem faktischen Elitarismus eines Teils des Systems bewußt.

Schon Renan (1871, S. 101) schrieb: "Wir müssen die spezialisierten Schulen, die école polytechnique, die école normale etc. abschaffen, die nutzlose Einrichtungen sind, wenn ein gutes Universitätssystem existiert, da sie die Universitäten an ihrer Entwicklung hindern. Diese Schulen tun in der Tat nichts anderes, als den Universitäten ihre besten Studenten zu stehlen". Ähnlich äußerte sich Hippolyte Taine und Emile Boutmy, was alle drei nicht hinderte, mit schlechtem Gewissen eine neue grande école zu gründen, die "école libre des sciences politiques", weil sie daran zweifelten, daß das verfahrene Universitätssystem sich in absehbarer Zeit reformieren ließe (Suleiman, 1978, S. 48ff). Jede neue französische Republik glaubte in Eile zu sein, um rasch regimetreue Kader heranzubilden. Die dritte Republik war anfangs gegen die latente monarchistische Mehrheit in Gefahr, die vierte Republik, das System mit der demokratischsten Verfassung der Geschichte Frankreichs, fügte 1945 die Krone aller elitären Schulen dem Kranz der grandes écoles hinzu, die ENA, Frankreichs berühmte Trainingsstätte der Verwaltungseliten. Die Meritokratie läßt sich in den Elitenstudien durch alle Systeme und Epochen hindurch als ziemlich konstant verfolgen (Birnbaum, 1978, S. 188). Frankreich wurde eine generelle Unfähigkeit zum kontinuierlichen Wandel nachgesagt. Meist geschahen die Modernisierungsschritte in Regimewechseln und revolutionären Einbrüchen. Daher kam es nicht zu einer kontinuierlichen Reformpolitik gegenüber dem Bildungssystem, um es den jakobinisch-egalitären Auffassungen anzupassen. Selbst im Wissenschaftsbereich geht die Elitenauslese stärker an der Universität vorbei als in anderen Ländern, seit die Forscherelite zunehmend im 1936 gegründeten CNRS vom Universitätsbetrieb abgekoppelt forscht.

Den Universitäten wird vorgeworfen, daß sie die Stärkung gegen die großen Schulen, in der Gesetzgebung seit der **loi d'orientation** von 1968, nicht wahrgenommen habe. Die Chancen für einen Wandel stehen jedoch schlecht in einem System, in dem nach Umfragen 66 % des bestehenden Establishments an dem System der großen Schulen nichts auszusetzen fand (Suleiman, 1978, S. 72).

Die Systeme der Elitenschulen anderer Länder sind ein Produkt der sich bürokratisierenden Nationalstaaten. Keine Nostalgie nach dem Mittelalter kann dieses zurückbringen, und so sagte einst Adolf Harnack (1905, S. 196), daß die mittelalterliche Uniformität Vorteile hatte, weil der berühmte Lehrer nicht an ein Land gebunden war, in Neapel, Bologna, Paris, Köln und Oxford las und die Studenten den Lehrern in der gleichen Mobilität nachziehen konnten. Da Deutschland am spätesten eine einheitsstaatliche Nationalstaatstradition verwirklichte, ist es wohl kein Zufall, daß hier sich am wenigsten gesamtstaatliche Elitebildungsanstalten herausbildeten. Nicht einmal das preußische Kadettencorps war ein Typ, der für alle deutschen Lande als Ideal verbindlich wurde.

In Deutschland entwickelte sich kein Elitenschulensystem. Allenfalls die Ausdifferenzierung von Forschung und Lehre durch Abwanderung in Max-Planck-Institute macht Fortschritte, hat aber die Geistes- und Sozialwissenschaften noch kaum erfaßt. Das funktionale Äquivalent der exklusiven britischen **public** schools und der französischen **grandes écoles** sind allenfalls die juristischen Fakultäten. Zwei Prozent der Professoren bilden noch immer über 50 % der Eliten vieler Sektoren in Deutschland aus (vgl. von Beyme, 1974, S. 51ff; Zapf, 1966, S. 176ff).

Nicht universitär Ausgebildete und Studienabbrecher haben selbst in der politischen Elite abnehmende Chancen. Die Akademisierung der Führungsgruppen ist weitgehend eine Notwendigkeit, nur in wenigen Bereichen tritt eine Scheinprofessionalisierung ein, die nicht notwendigerweise an das Studium und akademische Titel gebunden ist (Sahner, 1975, S. 102). Die Dominanz der deutschen Juristen schafft jedoch keinen Corpsgeist der Eliten wie in anderen Ländern. Diese Ausbildung ist höchst dispersiv über das Land verstreut und die Fiktion gilt, daß alle Diplome gleichen Wert haben, trotz aller Witze über den Dr. jur. Würz. Das politische Klima war nach der Zeit der Napolas und dem Mißbrauch des Wortes Elite in der NS-Zeit nicht günstig für die Schaffung neuer Elitenschulen. Die Verwaltungsakademie in Speyer wurde eine respektable und nützliche Schule mit hohem Rekrutierungswert für seine Schüler, aber eine ENA wurde sie nicht, trotz der unverkennbaren Anleihen bei dem Vorbild in Paris. Schon existierende Sondereinrichtungen, wie die Hochschulen für Politik in Berlin und Hamburg, wurden in das Universitätssystem eingegliedert. Ausdifferenzierungsversuche haben sich nur mit staatlicher Hilfe und sektoral bewährt, wie bei den Bundeswehrhochschulen. Hier ging es weniger um Elitenbildung als um die demokratische Einbindung einer sektoralen Elite, und dazu haben die Bundeswehrhochschulen einen wichtigen Beitrag geleistet. Die Bundeswehrhochschulen haben sich nicht elitär von der Universität abzuheben versucht, sondern eher danach gestrebt, sich so weit wie möglich den Universitäten anzugleichen (Jopp, 1982, S. 195).

Der Ruf nach Elitenschulen gewinnt in Deutschland wieder mehr Beifall. Aber es zeigt sich, daß gewachsene Strukturen eine starke Beharrungskraft haben. Die Privatuniversität Herdecke erweckte einige Spendenbereitschaft, aber es zeichnet sich bereits ab, daß sie auf die Dauer auf Staatsfinanzierung nicht weniger angewiesen ist wie fast alle anderen großen "Tendenzbetriebe". Die Koblenzer Hochschule für Unternehmensführung wird von der Wirtschaft mehr verbal als finanziell ermuntert (Gerbaulet, 1985). Genschers Improvisationen zur Elitenschule stießen auf Kritik in den eigenen Reihen und in seiner Koalition. Selbst die Wirtschaftsverbände leisteten einen Schwur auf die Staatsuniversität (Hilgenberg, 1985). Eine Publikation des Instituts der deutschen Wirtschaft, das Forschungsinstitut der Industrieverbände, kam nach einer Rundumschau auf die in der öffentlichen Debatte so häufig beschworenen Eliteschulenvorbilder in Frankreich, Großbritannien und Amerika zu dem Schluß, daß die aufgezeigten Modelle auf die Bundesrepublik nicht übertragbar seien (Wölke, 1978, S. 55).

Universität und Elitenbildung werden also auch künftig nicht nur durch diese Themenstellung als zusammengehörig betrachtet, selbst wenn es zu weiteren privaten Initiativen für Elitebildungsschulen kommen sollte. Deutschland hat nicht die amerikanische Tradition der "endowed chairs", die ca. 1,5 - 3 % der Lehrstühle ausmachen (Décsy, 1982, S. 129), und der ca. 25.000 Privatstiftungen, die Milliarden Dollar Einnahmen verzeichnen, während selbst der Stifterverband für die Wissenschaft in Essen Ende der 70er Jahre nur ca. 20 Millionen aufbrachte. Berufungen an die privaten Hochschulen werden von der Professorenelite mit Zurückhaltung aufgenommen. Man hat mehr Vertrauen zum staatlichen Universitätssystem, und wenn die Eliten nicht stärker an ihre Experimente glauben, kann dies von den Nichteliten kaum erwartet werden.

Die Naivität von gutgemeinten Vorschlägen zur Übertragung einzelner Einrichtungen aus dem Ausland zur Elitenbildung liegt auch darin, daß Ausbildungssysteme, Sozialstruktur und Beschäftigungs- und Karriereprofile in den Ländern so eng verwoben sind, daß nicht einzelne Einrichtungen geändert werden können. Mit Debatten über Eliteschulen sollen vielfach übertrieben wahrgenommene Mängel der Demokratisierung der Hochschulen kompensatorisch und schnell behoben werden. Angesichts der Skepsis gegenüber raschen Übertragungsversuchen richten sich die Bemühungen hauptsächlich auf die Einbindung der Elitenformation in die Universität. Nach vorherrschendem Konsens spricht man dabei nicht gern von Elitenbildung, sondern stellt die meritorische Seite stärker heraus in Ausdrücken wie "Förderung des Leistungsprinzips" oder "Begabtenförderung". Im Gegensatz zum System der Primar- und Sekundarbildung gibt es für die Universitäten weniger Bedenken, daß durch intensive Förderung gewisser Altersstufen oder Schülergruppen die soziale Ungleichheit in einem "umgekehrten Leistungsprinzip" sich noch verstärken könnte (Heckhausen, 1974, S. 130ff).

2) Elitenbildung innerhalb der Universität

Hauptproblem der Elitenbildung innerhalb der Universität scheint zu sein, daß das Ausbildungssystem und das Beschäftigungssystem nach der Ausweitung der tertiären Bildung noch weniger miteinander harmonieren als früher. Ursprünglich hatten allenfalls drei Berufsgruppen - Theologen, Juristen und Mediziner -, die Fakultäten hervorbrachten und fast 600 Jahre in der Universität Heidelberg dominierten, auch staatlich garantierte und geschützte Arbeitsmärkte. Alle anderen Fakultäten waren, vielleicht mit Ausnahme der Naturwissenschaften im 19. Jahrhundert, schmückendes Beiwerk mit propädeutischen oder ergänzenden Bildungsfunktionen (vgl. A. Flitner, in: Schulz, 1969, S. 10). Aber auch die Nachzügler in den Geisteswissenschaften sicherten sich vor allem staatliche Laufbahnen. Auf dem Höhepunkt der Expansion Anfang der 70er Jahre waren in Deutschland 54 % aller Akademiker mit Universitätsexamen im öffentlichen Dienst beschäftigt, bei den Fachhochschulabsolventen - eine Art Refugium für weniger privilegierte soziale Gruppen bis heute - nur 35 % (Peisert/Framhein, 1979, S. 116). Dahrendorf (1965, S. 108) dehnte das Bürgerrecht auf Bildung auf die Universitäten aus, obwohl er es schwächer formulierte als für den sekundären Bildungsbereich. Ökonomen warnten jedoch frühzeitig, daß das Grundrecht auf Bildung das schwächste Glied in der Kette werden müsse, weil die Wirtschaft kaum zur Expansion von Arbeitskräften gezwungen werden könne (Riese, 1968, S. 226). "Bildung als Bürgerrecht" schuf Elitebewußtsein allenfalls im Sinne von Laufbahnansprüchen, kaum im Sinne jener Eigenverantwortlichkeit, die einen amerikanischen Philosophieabsolventen notfalls eine Tankstelle eröffnen läßt, ohne daß er dem Staat grollt, der ihn nicht in Besoldungsstufe A 13 eingewiesen hat. Die vielfach geschmähte Tu-nix-Generation war dieser amerikanischen Flexibilität näher als die als brav gelobte Mehrheit der Angepaßten.

In Deutschland wurde das Bildungswesen erweitert, aber einige Determinanten des Erfolgs der Bildungsmaßnahmen wie Laufbahnwesen und Beamtenrecht wurden nicht entsprechend geändert. Die Bindung von Erwartungen an papierene Qualifikationen konnte daher nicht abgebaut werden.

Selbst sozialistische Länder kommen zunehmend in Schwierigkeiten, die berufliche Ausbildung und den Arbeitskräftebedarf aufeinander abzustimmen. Nur Polen hat jedoch den Weg einer gewissen Entkoppelung von Bildungs- und Beschäftigungssystem bisher beschritten (vgl. Anweiler, 1983, S. 54) mit der Folge freilich, daß es die schlechteste aller Welten, die sozialistische Zugangs- und Studiengangreglementierung mit kapitalistischer Akademikerarbeitslosigkeit nennenswerten Umfangs kombiniert.

Mit dem weitgehenden Scheitern mancher Bedarfsplanungen hat der soziale Nachfragesatz nicht völlig versagt. Die Akademisierung des Beschäftigungssystems hat nicht nur alte Strukturen in Frage gestellt, und nicht nur mehr Gleichheit produziert als das Beschäftigungssystem aufnehmen kann, sondern auch Ausweichbeschäftigungen geschaffen. Über die Hälfte der Akademiker im Beschäftigungssystem konnten nach einer Untersuchung mit anderen Studienabschlüssen oder durch Personen ohne Studienabschluß ersetzt werden (Goldschmidt, 1984, S. 204). Die Folgen für die geringer Qualifizierten waren katastrophal, wo nicht - wie in Teilen der Wirtschaft - eine Aversion der Personalabteilungen gegen akademisch Überqualifizierte aus Disziplingründen eine überflüssige Akademisierung verhinderte. Elitebildung wurde so weit demokratisiert und egalisiert, daß auch nach Meinung mancher Vorkämpfer der Hochschulreform die schlechteste Lösung für die Demokratie wie für Elitenbildung herauskam: "Weil wir die alten Elitehochschulen aufblähen und den Eliteanspruch des Akademikers alten Stils multiplizieren, anstatt die veränderte Rolle des Akademikers in einer demokratischen Gesellschaft zu akzeptieren" (Becker, 1976, S. 9).

Mit Zunahme der Akademikerarbeitslosigkeit Ende der 70er Jahre kam ein weiterer nicht vorhergesehener Mangel zutage, der sogenannte **"meritokratische Teufelskreis"**. Die Bildungsexpansion hatte die Beschäftigungsstrukturen verändert, löste aber nicht nur Nachfrage nach weniger Bildung aus wie bei jenem gewachsenen Teil der Abiturienten, die auf ein Hochschulstudium verzichten, sondern auch mehr Bildungsnachfrage, weil der verstärkte Andrang auf immer weniger werdende Positionen eine schärfere vertikale Stufung und Selektivität des Bildungssystems erzwingt (Lutz, 1979, S. 665). Elitenbildung findet also antizipatorisch schon durch verstärkten Wettbewerb im tertiären Bildungsbereich statt, nicht nur verschärft auf dem Arbeitsmarkt außerhalb der Universität.

Die deutsche Hochschulreform war - wie die Mitbestimmungsdebatte in den Arbeitsbeziehungen - typisch deutsch insofern, als sie exzessiv mit Partizipationsschlüsseln und Mitwirkungsrechten beschäftigt war, die man vielfach auch freien Verhandlungen der Gruppen im Rahmen von gesetzlichen Rahmenrichtlinien hätte überlassen können. Die inhaltlichen Probleme dagegen wurden vernachlässigt. Es herrscht vom Wissenschaftsrat bis zu den Hochschulbürokraten und Politikern eine seltsame Einigkeit, daß die Alternative Demokratisierung oder Elitenbildung falsch und daß beides zu verbinden sei.

Auch konservative Bildungspolitiker sehen keine Alternative zwischen Massen- und Elitenausbildung. Der Berliner Kultussenator Kewenig (in: Perkins/Burn, 1980, S. 13) definierte Öffnungspolitik als "Breitenausbildung und Eliteausbildung". Letztere wird auch bei der Mehrzahl der Konservativen vor allem im Rahmen der Universität angestrebt.

Aber selbst die Reformen, die von vielen Kennern der Materie empfohlen worden sind, unterblieben, selbst wenn sie nicht an Reformen der außeruniversitären Determinanten gebunden waren, die politisch gegen mächtige, durch das Grundgesetz geschützte Lobbies wie die Beamtenschaft nicht durchsetzbar erschienen.

Wenn ausländische Kritiker der deutschen Universität einen gewaltigen Leistungsabfall bescheinigen (Décsy, 1982, S. 222) und quasi unterstellen, man habe unter dem Vorwand einer Übernahme des amerikanischen Modells das sowjetische kopiert, so sind solche Pauschaläußerungen nicht ernster zu nehmen als die verschreckten Äußerungen konservativer Enttäuschter, die in angeblich antiindividualistischen und kollektiv-sozialistischen Lebensformen der Studenten eine Schranke gegen liberale Eliten erblicken (Schelsky, 1969, S. 47).

Es gab ein paar Ansatzpunkte der Diskussion, um Demokratisierung der Bildungschancen mit verstärkter Elitenausbildung oder Förderung der Leistung zu verbinden:

1) Eine **Hochschuleintrittsprüfung** mit zum Teil fachlich differenzierten, aber bundeseinheitlichen Maßstäben und mit Wettbewerbscharakter in dem Sinne, daß die vorhandenen Plätze den jeweils Besten zugewiesen werden, scheiterte auch an Erwägungen über die sozialen Folgen, trotz guter Vorschläge über einen zweiten Bildungsweg zur Hochschulzulassung (Löwenthal, 1971, S. 58). Ein ehemaliger Vorsitzender der Westdeutschen Rektorenkonferenz resignierte unlängst noch schärfer mit dem Argument, "daß man die deutsche Hochschulzugangsregelung nur mit der demokratisch pervertierten, starken ständestaatlichen Tradition der deutschen Universitäten erklären kann. Kurzum: Differenzieren läßt sich die Hochschullandschaft nur, wenn man die Zentrale Vergabestelle für Studienplätze in Dortmund so schnell wie möglich auflöst und Hochschulzugangsprüfungen einführt" (Roellecke, 1984, S. 10).

Zur generellen Entthronung der Schulen als Selektions- und Zeugnisagenturen hat man sich jedoch nicht entschließen können. Es ist in Amerika vermutet worden, daß die Arbeitgeber ein Zeugnissystem präferieren nicht weil sie so notengläubig sind, sondern weil sie an den nicht-kognitiven und disziplinierenden Funktionen der Schulen nicht weniger Interesse haben als an den kognitiven Fähigkeiten der Absolventen (Jencks, 1973, S. 170). Diese dürften in Deutschland dank strafferer, umfassenderer und längerer Schulbildung eher noch stärker sein als in Amerika. Eine Hochschulreform, die tiefe Eingriffe in das Schulsystem der Länder vornimmt, erscheint jedoch in Deutschland schwer durchsetzbar.

2) Der **generelle Numerus clausus** war durch ein System mit Verfassungsgerichtsbarkeit, das die Gleichheit bewachte, nicht durchsetzbar. Nur Frankreich und Italien zelebrierten die Offenheit des Zugangs zur Hochschule noch stärker demokratisch mit dem Erfolg, daß die italienischen Universitäten zu den chaotischsten der Welt gehören, die nur da-

durch überleben, daß ein großer Teil der Eingeschriebenen sich nicht blicken läßt (Auch bei uns sollen die Sozialversicherungsimmatrikulierten zunehmen, neben den Parkplatz- und Arbeitssuchestudenten.).

Italien will niemand kopieren, und auf Frankreich kann man sich nicht berufen, daß demokratische Egalität beim Zugang und Elitenbildung bruchlos vereinbar seien. Wie oben demonstriert, kann dort das offene Universitätssystem keinen Schaden bei der Elitenausbildung anrichten, weil sie andernorts außerhalb der Universität stattfindet.

Die frühen Bildungsreformer wagten noch von Begrenzungen der Studentenzahlen zu reden, weil sie sie regional auffaßten (Dahrendorf, 1965, S. 112). Die Hoffnung auf Neubau von Universitäten sollte die landesweite Nachfrage befriedigen. Nicht alle hatten dabei eine generelle Präferenz für die Zwerghochschule hinter dem Gartenzaun wie Wilhelm Hennis (1969, S. 62ff) unter Inkaufnahme, daß die Hochschullandschaft sich in amerikanischem Ausmaß hierarchisieren würde.

Neben der Selektion bei Studienantritt gab es Differenzierungswünsche in den Studiengängen:

3) In der Bundesrepublik blieb die **Differenzierung der Studienabschnitte** nach amerikanischem Vorbild tabu. Die Abfolge von Bachelor- und Magisterstudiengängen wie in Amerika wurde nicht ernsthaft erwogen. Egalität im Elitismus einer einheitlichen Universität blieb deutsche Devise.

Zur Realisierung wären wiederum noch tiefere Eingriffe in das Schulsystem notwendig. Das 13. Schuljahr und die an seine Existenz gebundene Oberstufenreform der Länder müßten infrage gestellt werden und würden die Widerstände all der Gruppen multiplizieren, die der Schule noch immer ein größeres Vertrauen in die prägende und disziplinierende Kraft entgegenbringen als der Hochschule.

Der Studienabschluß eines Magisters ist nur mit großen Anpassungsschwierigkeiten vom Arbeitsmarkt akzeptiert worden. Ein neuer Abschluß für ein Kurzstudium - wie immer er genannt würde - dürfte auf noch größere Widerstände bei den Abnehmern der Hochschulabsolventen stoßen.

Gegenüber den in Deutschland dank seiner Traditionen differenzierter Berufsbildung stark gefragten Fachhochschulabschlüssen hätte ein Kurzstudium nach Art des amerikanischen Bachelorstudienganges bei uns kaum Durchsetzungschancen.

Daher ist es wohl kein Zufall, daß es zur Verbesserung der Begabtenförderung und zur Selektion kaum Studierfähiger nur zu halbherzigen Kompromissen kam:

- Ein **Zwischenprüfungswesen** entfaltete nur bedingt selektierende Wirkung. In Frankreich hingegen ist der freie Zugang zum Hochschulstudium trügerisch. Die Selektion nach dem **"premier cycle"** ist rigoros, nach dem 2. Studienjahr bleiben über die Hälfte der Studenten auf der Strecke (Raiser, 1977, S. 249).
- **Kurzstudiengänge** neben Langstudiengängen erwiesen sich als undurchführbar, solange Laufbahnsystem und Besoldungsrecht nicht Chancen für die Kurzstudienabsolventen sicherstellten. Die innere

Bürokratisierung der Curricula hat zum Glück nicht ausgereicht, um solche Trennungen in den Seminaren zu implementieren. Der meritokratische circulus virtiosus macht die Aussichten, daß Kurzstudiengänge akzeptiert werden, zunehmend zunichte.

- Die **Graduiertenausbildung** - analog zur Ausbildung nach dem master's degree in Amerika - blieb weiterhin archaischen Doktorandenkolloquien mehr oder weniger aufgeklärter neohumboldtianischer Einzelprofessoren überlassen. Doktorandenkolloquien werden bei der Deputatsberechnung sogar geringer bewertet als ein Proseminar. An diesem Punkt setzen Vorschläge ein, die mehr Wettbewerb der deutschen Universitäten erzeugen möchten. Nur die in der Forschung Leistungsstärksten sollen das Recht erhalten, ein Graduiertenstudium aufzubauen (Kielmansegg, 1984). Die Maßstäbe zur Messung der leistungsstärksten Universitäten werden kaum konsensfähig sein. Die Ausdifferenzierung von Graduiertenlehrern und die Bereitstellung erheblicher Mittel für Tutorien, welche für die Realisierung der Graduiertenausbildung erforderlich wären, schafft bisher eine erfolgreiche Antikoalition von Sparstiftpolitikern und statusbedachten Hochschullehrern, die eine Differenzierung in Graduierten- und undergraduate-Professoren befürchten, welche die Verteidigungslinie an der Front "Einheit von Forschung und Lehre" noch stärker zum Bröckeln bringen würden. Daß ein ehemaliger Präsident der Westdeutschen Rektorenkonferenz prophezeit, daß die Professoren der alten philosophischen Fakultät durchweg Lehrprofessoren werden, weil sie sich nicht auf einen fachlich orientierten Berufsstand stützen können, um ihre Expertenprofessorenrolle zu verteidigen (Roellecke, 1984, S. 9), macht die Aussichten für viele nicht eben akzeptabler.

Auch der Trost, den Dahrendorf (1979, S. 223), ein Mann der ersten Stunde der Hochschulreform, zehn Jahre nach der Euphorie, bereithielt, wird kaum versöhnen: "Die Universität ist in gewisser Weise die moderne demokratische Form der alten aristokratischen Familie, die sich einen hervorragenden, manchmal brillanten Hauslehrer hielt, um die junge Brut nach Italien und zu den Lüsten von Cicero und Euklid zu führen. Er langweilte sich dabei natürlich, aber zumindest verdiente er seinen Lebensunterhalt ..." Noch kann der deutsche Professor nicht daran glauben, was von Amerika bis Rußland - Großbritannien und Frankreich nicht aussparend - überall schon immer überwiegende Realität war, daß die Einheit von Forschung und Lehre ein kurzer Traum zwischen der vorhumboldtianischen und der modernen Massenuniversität war, der nur in wenigen Ländern annäherungsweise Wirklichkeit geworden ist. Vorteil dieses Traumes war es, daß Elitenbildung durch Demonstration elitären Wissensdurstes verwirklicht wurde - mit durchaus gemischten Erfolgen, wie die Memoiren deutscher funktionaler Eliten des 19. Jahrhunderts zeigen. Ein Teil der deutschen Professoren wird sich mit dem Gedanken befassen müssen, daß Elitenbildung auch überwiegend Ausbildung sein kann, und wenig mit Forschung zu tun hat, wie das Beispiel der französischen Kollegen zeigt, die nebenbei noch an der ENA oder der "science po" unterrichten.

Resümee:

Die Untersuchung ist in drei Schritten angelegt:

Einmal muß die theoretische Vereinbarkeit von Demokratie und Elitenbildung gewährleistet sein, weil der Unvereinbarkeitsglaube in Zeiten demokratisch-partizipatorischer Massenmobilisierung ein Hauptgrund für das Auseinanderleben der beiden Prinzipien war und das schlechte Gewissen bei der Diskussion um die Notwendigkeit von Elitenbildung bis heute wachhält.

Zum anderen werden alternative Konzepte der Elitenbildung durch ausdifferenzierte Sonderhochschulen in den wichtigsten Industrieländern beleuchtet. Alle Konzepte erweisen sich - trotz des starken Einflusses, den das Humboldtsche Modell von Amerika bis Rußland im 19. Jahrhundert hatte - als nicht übertragbar, weil sie an Besonderheiten der Sozialstruktur, des Beschäftigungssystems sowie an ideologische Credos in diesen Ländern gebunden sind.

Zum Schluß werden die Ansätze zu einer leistungsorientierten Ausdifferenzierung des deutschen Hochschulsystems beleuchtet. Es zeigt sich dabei, daß nur halbherzige Schritte in diese Richtung unternommen worden sind, mit Resultaten, die den intendierten zum Teil konträr waren, weil die Folgen der weiteren Abkoppelung vom Bildungs- und Beschäftigungssystem in der Zeit der Euphorie des Bürgerrechts auf Bildung nicht voll antizipiert worden sind.

Die Gründe für diese Fehlschläge können hier nicht analysiert werden. Sie liegen vor allem im politischen System, im Immobilismus und der Möglichkeit, Vetopositionen durch föderale (bei den Ländern) oder funktionale Sonderrechte (bei den Beamten und anderen Statusgruppen, die einen Teil der Gewerkschaften umfassen) erfolgreich gegen eine Hochschulreform aus einem Guß zu verteidigen.

Literatur

ANWEILER, O. (1983): Bildungssysteme in Osteuropa. In: Aus Politik und Zeitgeschichte, B 7/83, S. 47-54

ARNOLD, R./ MÄRZ, F. (1979): Einführung in die Bildungspolitik. Stuttgart, Kohlhammer

BECKER, H. (1976): Die Kluft zwischen Bildungssystemen und Berufschancen. Die Zeit, Nr. 5, S. 9-10

BEYME, K. von (1974): Die politische Elite in der Bundesrepublik Deutschland. München, Piper, 2. Auflage

BIRNBAUM, P. u.a. (1978): La classe dirigeante française. Paris, PUF

BOURDIEU, P. (1984): Homo academicus. Paris, Editions de Minuit

DAALDER, H./ SHILS, E. (Hrsg.) (1982): Universities, Politicians, and Bureaucratics. Cambridge UP

DAHRENDORF, R. (1965): Bildung ist Bürgerrecht. Hamburg, Zeitbücher

DAHRENDORF, R. (1979): Lebenschancen. Frankfurt, Suhrkamp

DECSY, G. (1982): Die deutsche Universität im Schnittpunkte amerikanischer und sozialistischer Organisationsprinzipien 1965-1980. Bloomington/Indiana, Eurora (European Research Association)

DOWNS, A. (1957): An Economic Theory of Democracy. New York, Harper & Row

GERBAULET, S. (1985): Klasse sind nur die Preise. Koblenzer Privathochschule: Auf der Suche nach Elite. Die Zeit, Nr. 46, S. 49

GOLDSCHMIDT, D. u.a. Hrsg. (1984): Forschungsgegenstand Hochschule. Frankfurt, Campus

HARNACK, A. (1905): Vom Großbetrieb der Wissenschaft. Preußische Jahrbücher, H.1, S. 193-201

HILGENBERG, D. (1985): Um die Wette - aber wohin. Hochschulen sollen sich Konkurrenz machen, doch die Spielregeln sind unbekannt. Die Zeit, Nr. 47, S. 49

HOFMANN, G. (1985): Wir sind nicht auf den Hund gekommen. Hinter dem Geschwätz über eine neue Elite verbirgt sich viel Ratlosigkeit. Die Zeit, Nr. 34, S. 1

HECKHAUSEN, H. (1974): Leistung und Chancengleichheit. Göttingen, Hogrefe

HENNIS, W. (1969): Die deutsche Unruhe. Studien zur Hochschulpolitik. Hamburg, Wegner.

JENCKS, C. (1973): Chancengleichheit. Reinbek, Rowohlt

JOPP, M. (1983): Militär und Gesellschaft in der BRD. Das Beispiel der Bildungsreform in der Bundeswehr. Frankfurt, Campus

KIELMANSEGG, P. Graf (1984): Wie erreicht man und was vermag Wettbewerb an den Hochschulen. FAZ, 21.9.1984, S. 11

LUTZ, B. (1979): Die Interdependenz von Bildung und Beschäftigung und das Problem der Erklärung der Bildungsexpansion. In: Matthes, J. (Hrsg.): Sozialer Wandel in Westeuropa. Frankfurt, Campus

de MADARIAGA, Salvador (1936): Anarchie ou Hiérarchie. Paris

MANNHEIM, K. (1958): Mensch und Gesellschaft im Zeitalter des Umbaus. Darmstadt, Genter (1. Aufl. Leiden 1935)

PEISERT, H./ FRAMHEIN (1979): Das Hochschulsystem in der BRD. Stuttgart, Klett-Cotta

PERKINS, J.A./ BURN, Barbara B. (Hrsg.) (1980): Hochschulzugang in den USA und in der Bundesrepublik Deutschland. Göttingen, Vandenhoek & Ruprecht

PEYREFITTE, A. (Hrsg.) (1964): La Rue d'Ulm: chroniques de la vie normalienne. Paris, Flammarion, 2. Aufl.

RAISER, L. (1977): Aufgaben der Universität im europäischen Vergleich. In: Flitner, A./ HERRMANN, U. (Hrsg.): Universität heute. München, Piper, S. 245-265

RENAN, E. (1871): La réforme intellectuelle et morale. Paris, Michel Lévy

REVESZ, L. (1981): Studenten im Sozialismus. Wien, Europaverlag

RIESE, H. (1968): Theorie der Bildungsplanung und Struktur des Bildungswesens. Konjunkturpolitik

ROELLECKE, Gerd (1974): Hochschule und Wissenschaft. Stuttgart, Kohlhammer

ROELLECKE, Gerd (1984): Entwicklungslinien deutscher Universitätsgeschichte. Aus Politik und Zeitgeschichte, B 3/84, S. 3-10

SAHNER, H. (1975): Führungsgruppen und technischer Fortschritt. Meisenheim, Hain

SARTORI, G. (1978): Anti-Elitism Revisited. Government and Opposition, S. 58-80

SCHELSKY, H. (1969): Abschied von der Hochschulpolitik. Bielefeld, Bertelsmann UV

SCHULZ, G. (Hrsg.) (1969): Was wird aus der Universität. Tübingen, Wunderlich

SCHUMPETER, J.A.: Kapitalismus, Sozialismus und Demokratie. Bern 1950, Francke (engl. 1942)

SULEIMAN, E.N. (1978): Elites in French Society. Princeton UP

TEZENAS DU MONTCEL, H. (1985): L'université peut mieux faire. Paris, Seuil.

THIBAUDET, A. (1927): La république des professeurs. Paris, Grasset

WELSH, W.A. (1979): Leaders and Elites. New York, Holt, Rinehart & Winston

WÖLKE, G. (1978): Eliteschulen. Kommt die Demokratie ohne Eliten aus? Köln, Deutscher Instituts-Verlag

ZAPF, W. (1956): Wandlungen der deutschen Elite. München, Piper, 2. Aufl.

ALLGEMEINBILDUNG IN DER HEUTIGEN UNIVERSITÄT

Harold J. Noah

> "In modern times, people's views about education differ. There is no general agreement about what the young should learn either in relation to moral virtue or to success in life; nor is it clear whether education should be more concerned with training the intellect or the character. Contemporary events have made the problem more difficult, and there is no certainty whether education should be primarily vocational, moral or cultural. People have recommended all three. Moreover there is no agreement as to what sort of education promotes moral virtue." (Aristotle. **Politics**, VIII, 2.)

Äußere Einflüsse

Anfang dieses Jahrhunderts stellte Michael Sadler fest: "In studying ... systems of Education we should not forget that the things outside the school matter even more than the things inside the schools, and govern and interpret the things inside." (Sadler 1900). Heutzutage sind wir alle so mit diesen Gedankengängen vertraut, daß sie uns wahrscheinlich weniger Neues vermitteln als zu einer Zeit, in welcher der herkömmliche Begriff von Schule oder Universität einen Ort außerhalb der Gesellschaft bezeichnete, einen Freiraum, einen Zufluchtsort des Denkens und des stillen Genusses an den Freuden der Wissenschaft - eben den Elfenbeinturm.

Nur wenige Jahre vor Sadlers Ausspruch feierte die Universität Heidelberg ihren 500. Jahrestag. Im Zusammenhang mit den damaligen Feierlichkeiten erschien eine zweibändige Dokumentensammlung, welche die Universitätsgeschichte von ihrem Gründungsjahr 1386 bis 1818 nachzeichnete. Eduard Winkelmann gab die Sammlung unter dem Titel: **Urkundenbuch der Universität Heidelberg** heraus. Winkelmann schloß damals sein Vorwort mit folgenden Worten:

> "This work, as well as the celebration which is the occasion for its appearance, leads us to consider the past, and a backward glance impels us to compare the past with the present. And what is the result of such a comparison? During its long life, Heidelberg University has seen times of glory and times of decline; but never before has it enjoyed so steady a development, so unconstrained an unfolding of scholarly powers, and such many-sided influence, as the protection and support of Karl Friedrich and his successors have made possible" (Winkelmann 1886).

Wie recht doch Winkelmann hatte! Die Universität Heidelberg ist in der Tat durch Zeiten der Blüte und durch Zeiten des Niedergangs gegangen. Das Jahr 1886 markierte ohne Zweifel eine Zeit der Blüte für Heidelberg und für viele deutsche Universitäten allgemein. Die Welt blickte auf sie mit neidhafter Bewunderung; sie waren beispielhaft, wie James Morgan Hart in seinem Buch **German Universities: A Narrative of Personal Experience** bemerkte, in dem er das Hohe Lied der deutschen Hochschule sang. Damals war es keinem angehenden amerikanischen Wissenschaftler möglich, sich als zureichend gebildet zu bezeichnen, ohne die obligate Studienreise nach Deutschland. Dort wollte er etwas von dem Wissensreichtum und der Kultur erfahren, wie sie so eindringlich in Harts Buch gepriesen werden. Und noch heute empfehlen Richard Hofstadter und Wilson Smith den Hart als "standard reading for American students contemplating graduate study in Germany" (Hofstadter and Smith 1961, 569).

Im Gegensatz zu all diesem Glanz fand die nächste Festlichkeit, aus Anlaß des 550. Gründungstages im Jahre 1936, sicherlich in einer von Winkelmanns "Zeiten des Niedergangs" statt: Heidelberg war den anderen deutschen Hochschulen bei der Unterdrückung der Professoren und Mitarbeiter gefolgt, die in Hitlers Drittem Reich nicht erwünscht waren. Bereits in den 3 Jahren vor 1936 hatte die Universität ihrem Ruhme Abbruch getan, indem sie 44 Mitglieder ihres Lehrkörpers aus rassischen, religiösen und politischen Gründen entließ. Die Zahl entspricht einem vollen Viertel der Professorenschaft von 1933 (Robertson 1936). Weit davon entfernt ein Leuchtstern in der Welt der Wissenschaft zu sein, wurde die Universität zu einer Verstoßenen; ausländische Hochschulen blieben den Feierlichkeiten aus Anlaß des Gründungsjahres fern. Britische und amerikanische Universitäten, zusammen mit vielen Akademischen Vereinigungen, weigerten sich, Repräsentanten zu den Feierlichkeiten zu entsenden. Keine der kommenden Generationen, die sich in Heidelberg im Gedenken an die Universitätsgründung zusammenfinden, sollte es daher versäumen, neben den Glanzzeiten in der Universitätsgeschichte auch der Jahre des bedauernswerten Niedergangs zu gedenken. Es ereignete sich damals mehr als eine einfache Niederlage, herbeigeführt von Feinden außerhalb der Mauern der Universität. Es war eine hausgemachte Niederlage, weil die Universität ihre Unterwerfung selbst mitbetrieben hatte.

Die drangvollen Jahre des nationalsozialistischen "Reichs" stellen einen bsonderen Fall der Botschaft Michael Sadlers dar. Sie zeigen, daß es keinen Elfenbeinturm gibt, der in dunklen Zeiten Sicherheit bietet. Übergriffe auf die Universitäten durch die jeweiligen politischen Machthaber sind häufig genug, um sie als normale Gefahr für den akademischen Betrieb ausmachen zu können. Die Universitäten mögen ihr Haus noch gut bestellt haben, dies allein ist in stürmischem Wetter unzureichend. Selbst wenn der Wind nicht ganz so verheerend gegen die **Lern- und Lehrfreiheit** stürmen sollte wie vor 50 Jahren in Heidelberg, sind die Kräfte außerhalb der Universitätsmauern normalerweise mächtig genug, deren "innere Angelegenheiten" entscheidend zu prägen. Außerhalb des gesellschaftlichen Umfelds kann kein wichtiger Bestandteil universitären Geschehens richtig begriffen werden. Wenn dies vor 50 und 100 Jahren Gültigkeit hatte, so noch mehr heute. Entscheidende Komponenten wie Umfang, Zusammensetzung und Zielvorstellungen der Studentenschaft, die beruflichen Interessen der Professorenschaft, Kosten und

Nutzen der Hochschule sind durch gewandelte Außenbedingungen in Bewegung geraten. Gleichzeitig warfen diese Wandlungen Fragen bezüglich des gesamten Curriculums auf, einschließlich natürlich die der "general education" oder "Allgemeinbildung"(1). Sie ist das Thema meines Beitrags.

Das Hochschulcurriculum, so scheint es, befand sich immer "in der Krise". Man könnte mehrere Bücherschränke mit Veröffentlichungen füllen, die seinen jeweiligen Stand beklagen. Der Kritikerchor wird unüberhörbar, wenn vom Verfall des Prinzips und der Praxis der Allgemeinbildung und dem Siegeszug der Spezialisierung die Rede ist. Im Jahre 1977 verkündete die "Carnegie Foundation for the Advancement of Teaching", auf die Situation in den USA bezogen: "General education is a disaster area". Seit diesem vernichtenden Urteil hat es viele Diskussionen, Pläne und Aktivitäten gegeben, die nach den starken Angriffen auf die Allgemeinbildung seit den 60iger Jahren darauf abzielten, "general education" wiederzubeleben. Der vielleicht am meisten beachtete Versuch hierzu war die Neuformulierung eines für alle Studienrichtungen verbindlichen Basiscurriculums am Harvard College (Harvard University 1979). Einige Beobachter glauben sogar eine reale und breit angelegte Auferstehung der Allgemeinbildungsidee im Amerika von heute feststellen zu können. (Tachi and Ookura 1984). Ich bin nicht so hoffnungsvoll.

Begriffserklärungen

Ich habe vor, einige wichtige soziale und wirtschaftliche Faktoren zu benennen, die, hauptsächlich außerhalb der Universität wirkend, die Erwünschtheit, ja sogar die Möglichkeit beeinflussen, Studenten mit dem auszustatten, was verschiedentlich als "general education" oder "liberal education" bezeichnet wird. Doch bevor ich anfange, sind einige Bemerkungen zu den Begriffen selbst angebracht.

Oft gebrauchte Ausdrücke führen ein chamälionartiges Eigenleben. Sie durchlaufen in kurzen Zeitabständen Bedeutungswechsel, und es kommt vor, daß sie am Ende das Gegenteil ihrer ursprünglichen Bedeutung bezeichnen. Mit Sicherheit wechselt ihre Bedeutung mit dem kulturellen Umfeld. Es ist ein Gemeinplatz zu erwähnen, daß, wenn wir in Amerika oder England von "general education" sprechen, dieser Begriff etwas vollständig anderes bedeutet, als "Allgemeinbildung" in Deutschland oder "culture générale" in Frankreich (Lauwerys 1967, 11-23).

---

1 Anm. des Übersetzers: Der englische Ausdruck wurde zumeist beibehalten oder umschrieben, e.g. mit "fächerübergreifender Lernbereich im universitären Lehrplan", "die Idee der Allgemeinbildung" etc., um der unterschiedlichen Bedeutung und Reichweite des deutschen Begriffs "Allgemeinbildung" Rechnung zu tragen.

Diese Vieldeutigkeit ist nicht immer nur den Schwierigkeiten internationaler und interkultureller Vergleiche geschuldet. Innerhalb der Vereinigten Staaten erfreute und erfreut sich "general education" einer Vielzahl von Bedeutungen. Einige amerikanische Autoren bezeichnen mit "general education" schlicht eine Sammlung aller, den "undergraduate" Curricula gemeinsamen Bestandteile (Carlin 1964, 64). Andere erkennen in dem Begriff nur einen anderen Namen für "liberal education" (Thomas 1962, 1). Für wiederum andere ist "general education" das genaue Gegenteil von "liberal education" (Morse 1964, 8); eine Interpretation, die vielleicht der Entwicklungsgeschichte der Allgemeinbildungsidee in den Vereinigten Staaten am nächsten kommt. Morse vergleicht die beiden Konzepte mit den folgenden Worten:

> "Liberal education is considered to be subject centered, with a fairly mixed body of content material, logically organized. Its goal is also the stimulation of reflective thinking, with less emphasis on behavior, and it draws its clientele from the intellectual elite. It implies a concentration in depth with frequently a more intensive cultivation of one or two special fields of knowledge. It clings closely to tradition in the kinds of learnings it sanctions.
>
> General education, on the other hand, is more concerned with the learner than with the content, which may be organized or reshuffled with less regard to traditional fields. Its goals are individual development in its various aspects, and it places emphasis upon behaviour and social usefulness as well as upon intellectual development as an outcome of learning. It is a manifestation of the democratic spirit in higher education, for it admits a wider scope of abilities and a far broader clientele. In its fullest development it is decidedly not merely 'old wine in new bottles'." (Morse 1964, 11).

Wenn wir diesem Vergleich folgen, dann ist "general education" und nicht "liberal education" für die meisten College-Curricula in den Vereinigten Staaten typisch. Mit Morses Definition könnten heute in den USA nur wenige "undergraduate" Colleges gefunden werden, die "liberal education" praktizieren.

Optionen

Überall reflektiert das Curriculum Entscheidungen und Kompromisse, die explizit oder implizit eine Reihe von Fragen zur gewünschten Erziehungspolitik und -praxis beantworten. Morses Gegenüberstellung offenbart ein spannungsreiches Verhältnis zwischen verschiedenen Optionen im College-Curriculum wohl aller Nationalstaaten. Wie umfassend und detailliert sollte ein Ausbildungsgang geregelt werden? Soll es vielleicht gar keine Beschränkungen der Wahlfreiheit geben? Und falls doch, wie sollte die Verteilung auf die einzelnen Studienabschnitte aussehen; wie allgemein oder spezialisiert sollen sie gehalten sein? Wie groß soll das Gewicht der Grundkurse sein und wie groß die Angebotspalette außerhalb der Pflichtveranstaltungen? Sollte das Curriculum für die Studenten auf der Grundlage der Fachwissenschaften strukturiert werden, oder eher nach einem "Problem"- oder "Berufsfeld", einem "Bereich menschlicher Aktivität", nach einem "Thema"; inter- oder multidisziplinär? Wie gegenwartsbezogen sollte das Curriculum sein und in welchem Maße berücksichtigt es die Vorerfahrungen der Studenten? Soll die jeweilige Wissensdisziplin Grundlage des Curriculums sein, oder eher der Student mit seinen oder ihren individuellen Bedürfnissen? Sollte das Curriculum Fähigkeiten des Verstehens, der Abstraktion, der Verallgemeinerung und der theoretischen Bearbeitung fördern oder eher versuchen, den Studenten das Lösen von konkreten Problemstellungen zu erleichtern, d.h. sie in die Lage zu versetzen, in einer geschäftsmäßigen, pragmatischen Weise ihr Wissen anzuwenden? In welchem Maße sollte darauf geachtet werden, die vielen verschiedenen Fach-Curricula in eine Basiseinheit oder mehrere zu integrieren? Letztendlich und vielleicht am verwirrendsten für all diejenigen, denen diese Fragen wichtig sind: Ist die Entscheidung über den Gesamtlehrplan einer Hochschule wirklich so zentral, setzt er sich in der Praxis nicht eher aus Erfahrungen außerhalb der Seminarräume und Laboratorien zusammen? ist er nicht eher im Alltag der Studentenhäuser, der Burschenschaften, der Mensen, der Studentenviertel und -clubs, in den studentischen Vereinigungen zu finden? (Gaff 1983).

Nationale Differenzen

Wenn wir einige der einflußreicheren Organisationsformen von Hochschulbildung der Gegenwart betrachten, stehen wir einer beachtlichen Vielzahl von Antworten zu den eben aufgeworfenen Problemen gegenüber. Dabei unterscheiden sich die Resultate nicht nur unter den verschiedenen Hochschulsystemen, sondern auch innerhalb ihrer selbst. Nehmen wir beispielsweise die praktischen Lösungsversuche zum grundlegendsten der angeführten Probleme: Wie spezialisiert sollte eine Hochschulausbildung sein? Sei es in bezug auf die einzelnen Studiengänge, sei es bezüglich der wissenschaftlichen Disziplin selbst?

College Curricula in den Vereinigten Staaten beinhalten bedeutend mehr Bestandteile von "general education" als College Curricula in England oder der Sowjetunion. Es mag sogar möglich sein, Länder auf einer dementsprechenden Skala zu ordnen, vom Land mit einem wenig spezialisierten Curriculum bis hin zu dem mit einem weitgehend spezialisierten. Das College Curriculum eines Landes in Absehung von seinem Sekundarschullehrplan zu betrachten, ist jedoch kaum sinnvoll, da einige Nationen eine breit angelegte Sekundarschulausbildung haben, andere spezialisieren sie früh. Ich will ein Beispiel geben. Die Sekundarschulausbildung in den Vereinigten Staaten tendiert dazu, relativ breit angelegt zu sein. Auf sie folgen zumindest 2 Jahre nicht spezialisierten Studiums in einem College und selbst danach dominieren allgemeinbildende Inhalte, die wenig oder gar keine Verbindung zu dem zukünftigen Abschluß oder Fach des Studenten haben. Japan geht einen ähnlichen Weg.

England stellt das andere Extrem dar. Die Aufsplitterung in fachliche Schwerpunkte kann bereits im 14. Lebensjahr beginnen, sie ist normalerweise im 16. und 17. Lebensjahr des Studenten weit fortgeschritten. Sie wird während des gesamten Universitätsstudiums zur Norm. Auf die Frage, was hast du an der Universität studiert, antwortet man in England durch die Nennung des Fachgebiets, in dem man sich spezialisiert hat. In den Vereinigten Staaten mit der Nennung von Büchern und Artikeln, die ein Dutzend oder mehr Fächer betreffen.

Zwischen den beiden Extremen, Vereinigte Staaten und England, liegen die Sowjetunion, Deutschland und Frankreich. In diesen Ländern führt eine vergleichsweise breite Sekundarschulausbildung zu einem Fachstudium an der Hochschule. Der Sekundarschullehrplan der Sowjetunion stellt sogar noch weniger auf Schwerpunkte ab als der Frankreichs und Deutschlands. Die sowjetischen Jugendlichen durchlaufen ein breit angelegtes, stark vereinheitlichtes Curriculum bis zum Abitur, wohingegen sich französische und deutsche Schüler in der Oberstufe bis zu einem gewissen Grade spezialisieren können. Doch gibt es im sowjetischen System ein Gegengewicht zum allgemeinbildenden Ansatz während der Sekundarschulzeit. Auf der tertiären Ebene wird eine noch engere Spezialisierung verlangt, als es in Frankreich oder Deutschland üblich ist.

Nun können wir auf der einen Seite die europäische Lösung, ein hohes Maß an Spezialisierung in den nach-sekundären Ausbildungsabschnitten (normalerweise auf der Basis relativ allgemeinbildender Inhalte in den Sekundarstufen; eine Ausnahme stellt England mit seiner frühzeitigen Spezialisierung dar) von der amerikanisch/japanischen Lösung unterscheiden. Bei letzterer verschiebt sich die Schwerpunktbildung in die späten Collegejahre und selbst zu diesem Zeitpunkt wird nur eine leichte Form der Spezialisierung angestrebt.

Das wichtigste Spannungsmoment im universitären Curriculum liegt in der notwendigen Grundentscheidung über zwei Alternativen für das Lehrangebot: Die eine würde bedeuten, weitestgehend berufsbezogenes Wissen und die entsprechenden Fähigkeiten zu fördern, die andere würde mehr auf die allgemeinbildende, d.h. intellektuelle, kulturelle und persönliche Entwicklung der Studenten abzielen. Es ist wichtig, diesen Gegensatz nicht überzubewerten, da es Fächer gibt, in denen beiden Seiten Rechnung getragen wird. Doch das Problem besteht, und jedes Erziehungswesen birgt es in Abstufungen in sich, die sich kompromißhaft oder dezisionistisch auf beide Lehrinhalte beziehen. Die sozialistischen Länder haben die berufsvorbereitende Rolle der Hochschulausbildung betont, doch auch dort geht die Diskussion weiter. Y.P. Eliutin, Minister für das Berufsschul- und Hochschulwesen der UdSSR, behandelt in seinem 1980 erschienenen Buch **Higher Education in a Society of Developed Socialism** sehr präzise die beschriebene Kreuzwegsituation, wenn er fragt, was das beste Konzept für die Berufsbildung sei:

> "The discussion has gone back and forth for many years between the concepts of a "broad" and a "narrow" training profile; some point to the present-day abundance of specialists, while others say that contemporary specialists do not

know the concrete conditions of production and that they adapt to them slowly after completing higher education.

In our opinion, a productive synthesis should be adopted here too rather than the selection of an abstract alternative. Higher education is first and foremost academic education, and a specialist is obliged to combine broad, encyclopedic sophistication in the science and humanities with a profound understanding of the theoretical basis of his profession. On the other hand, higher education is professional school and must train professionals in the best sense of the world, and prepare authentic, practical contributors to scientific and technical progress. But to train professionals for our multi-branch economy in the 400 areas of specialization that are being studied by 5.2 million students is quite a job ... The whole conceptualization of higher education is that its content should be sufficient to train both a universally educated intellectual and a professional specialist in his own area, a researcher possessing methodology and experimental techniques, and a practical worker and organizer who has learnt his profession over its entire range, from the functions of a worker to the knowledge and skills required to manage an enterprise." (Eliutin 1985, 117-118).

Außerökonomische Gründe

Dennoch, trotz all dieser zwischenstaatlichen Unterschiede und innerstaatlichen Diskussionen, kann es keinen Zweifel daran geben, daß heute auf der gesamten Welt Allgemeinbildung in der Universität auf dem Rückzug begriffen ist. Dieser Rückzug hat stattgefunden, obwohl ein breites Bewußtsein davon vorhanden ist, daß wir etwas sehr Wertvolles sowohl für den einzelnen Studenten als auch für die Gesellschaft als einem Ganzen verlieren. Viele Gründe werden für die geduldete fortschreitende Schwächung der "general education" genannt. Wie wir sehen werden, reichen sie von sehr ins Generelle gehenden zu sehr sachbezogenen Begründungen.

Christopher Leschs kürzlich erschienene Wehklage kann als Beispiel für die mehr allgemein gehaltene Argumentation angesehen werden:

"... a deskilling, depoliticizing process ... the degradation of both work and politics has had ... a blighting effect on education. By draining both work and politics of their educative content and reducing them to technical activities conducted for the most part by technical experts, this process has not only destroyed the social need for general education, it has also undermined its ideological rationale. It has made the very idea of a general education increasingly incomprehensible. General education makes sense only if citizenship is defined as a character-building discipline in its own right, one that demands a great deal of worldly knowledge, a command of language, and a capacity and willingness to debate ... The power of discriminating judgement withers very quickly in a society that seeks to replace political debate with instrumental expertise and refers questions of war and peace, for example, to the military; economic questions to the economists; and moral questions, when it thinks of moral questions at all, to specialists in legal ethics, medical ethics, and other ethical technicians" (Lasch 1985, 10).

Auf einer nicht ganz so hohen Ebene ansetzend, kann man auf zwei von außen kommende Anforderungen an die Hochschulen hinweisen, die eng mit Veränderungen in ihrer Organisation zusammenhängen. Man kann sagen, daß Hoffnungen auf einen obligatorischen, allgemeinbildenden Lernbereich, der sowohl für verschiedene Studiengänge als auch in unterschiedlichen tertiären Bildungsstätten Gültigkeit beansprucht, durch zwei umfassende und andauernde Veränderungen in der modernen Gesellschaft zerstört werden; eine Veränderung ist quantitativer und die andere qualitativer Natur. Die erste betrifft die beachtliche Öffnung der Universitäten für Studenten aus unteren sozialen Schichten - wenn man sich die Zahlen anschaut, ist diese Entwicklung einzigartig -, eine Öffnung, die begleitet wurde von einem starken Anwachsen der in der Lehre, Forschung und Verwaltung tätigen Personengruppen. In dem Maße, wie sich die Studentenschaft "demokratisiert", ist es aber immer weniger realistisch zu erwarten, daß alle Studenten zu vertieften Kenntnissen in einem inhaltlich weitgehend homogenisierten Lernbereich geführt werden könnten, dazu noch auf einer allgemeinverbindlichen Stufe des Könnens. Die Hoffnung, daß alle Studenten im "gemeinsamen Lernen des Wertvollsten" zusammengeführt werden könnten, wird deshalb zumeist als unrealistisch abgetan.

Diese quantitativen Entwicklungen in der neuzeitlichen Universität sind durch eine qualitative Entwicklung verstärkt worden: In sich beschleunigendem Maße wurden in das Universitätscurriculum Wissenselemente aufgenommen, die nach außen weiterhin stark expandieren und sich nach innen ausdifferenzieren. Da heute selbst der beflissendste Wissenschaftler davon ausgehen kann, nur noch einen kleinen Teil von dem, was an der Universität gewußt und gelehrt wird, zu beherrschen, hat sich die Professorenschaft entlang fachspezifischer und innerfachlicher Grenzlinien aufgespalten. Ein Gemeinschaftsgeist der Wissenschaftler ist heute selbst da bemerkenswerterweise nicht mehr vorhanden, wo in verschiedenen Fachbereichen das gleiche Fach gelehrt wird. Darüber hinaus sehen sich Teile der Professorenschaft nicht länger in erster Linie als Lehrende. Stattdessen findet Lehre neben oder untergeordnet zu Forschung, Beratung, öffentlichen und privatwirtschaftlichen Dienstleistungen und ähnlichem statt. In der Folge der zahlenmäßigen Erhöhung ihrer Mitglieder und der Neubestimmung des Wissens und seiner Funktion verwandelt sich die **Uni**versität in eine **Multi**versität, um eine gelungene Formulierung Clark Kerrs zu gebrauchen.

Ökonomische Gründe

Alle vorangegangenen Begründungen für die Schwierigkeiten, denen sich die Idee der Allgemeinbildung in der heutigen Universität gegenübersieht, sind für sich überzeugend. Als Wirtschaftswissenschaftler will ich jedoch zusätzlich einige Bemerkungen dazu machen, wie grundlegende wirtschaftswissenschaftliche Begriffe und das dementsprechende Instrumentarium benutzt werden können, um die Vielzahl der auf Curriculumentscheidungen einwirkenden Kräfte zu analysieren. Wenn der Ökonom einen beträchtlichen Abfall in der Popularitätskurve der allgemeineren Bildung, und demgegenüber einen stetigen Anstieg der spezialisierten, technischen und berufsorientierten Ausbildung feststellt, ist er angehalten, eine Reihe von Grundfragen zu stellen: Haben sich die Kostenfaktoren, die das Angebot dieser zwei Arten von Curricula regeln, systematisch verändert? Haben sich die Nachfragebedingungen geändert und damit Wert oder Preis der "general education" gegenüber einer mehr auf Spezialisierung ausgerichteten Ausbildung beeinflußt? Und angenommen, es ließen sich entscheidende Modifikationen feststellen, wo liegt deren Ursache? Verstärken sich die Angebots- und Nachfragefaktoren gegenseitig oder setzt der eine den anderen außer Kraft? Welche Zukunftsperspektiven bestehen: Verlängern sich die gegenwärtig beobachtbaren Trends oder schwächen sie sich ab? Natürlich besteht kein Grund dafür anzunehmen, daß Veränderungen in den Grundvoraussetzungen entweder des Angebots oder der Nachfrage in ihren Auswirkungen einseitig seien. Und in der Tat werden wir sehen, daß einige Kostenfaktoren einen starken allgemeinbildenden Lernbereich favorisieren, andere gegen ihn sprechen. Die gleiche Zweideutigkeit läßt sich auch für die Nachfrageseite zeigen.

Was die Kostenfaktoren betrifft, so können wir zunächst einmal mit Sicherheit davon ausgehen, daß "general education" in der Tat eine große Aufnahmebereitschaft bei den Universitäten finden würde; ist sie doch billiger anzubieten als die spezialisierten, berufsorientierten Studiengänge (Bowen and Douglass 1971, 60-65). "General education", mit ihrem Schwergewicht auf den Geisteswissenschaften, verlangt im Gegensatz zu einer auf Spezialisierung abstellenden Ausbildung keine teueren Laboratorien, Ausrüstungen und Materialien. Darüber hinaus lassen sich Lehrende der allgemeinbildenden Fächer in der Tendenz zu geringeren Gehältern einstellen und halten, als ihre Kollegen in den meisten technischen und berufsbildenden Fächern. Erstere haben weniger alternative Beschäftigungsmöglichkeiten in Handel und Industrie als letztere und dieser Wettbewerbsnachteil drückt sich in ihrer üblicherweise niedrigeren Bezahlung aus. Obwohl stärker allgemeinbildende Studiengänge bessere Bibliotheken benötigen mögen, und diese können in der Tat teuer kommen, dürften die Universitäten unterm Strich bedeutende Kosteneinsparungen erwarten, wenn sie dieserart Lehrangebote fördern. Dies wäre insbesondere dann der Fall, wenn unter Beibehaltung eines substantiellen, allgemeinbildenden Kernbereichs Beschränkungen bezüglich der Veranstaltungsvielfalt und der Wahlfächer vorgenommen würden. Das Vermeiden der Aufsplitterung sich einschreibender Studenten in eine Masse von Kleinststudiengängen und Lehrveranstaltungen ist bekannterweise einer der ökonomischsten Wege, die Kosten pro Einheit unter Kontrolle zu halten. In einer sehr kostenbewußt gewordenen Welt favorisieren solche Überlegungen auf der Anbieterseite gestraffte, mehr allgemeinbildende Studiengänge, die sich auf ein fest umrissenes Basiscurriculum stützen. Auch sollte darauf hingewiesen werden, daß - paradoxerweise - das Ergebnis von zuviel Wahlfreiheit eher eine oberflächliche Halbbildung darstellt und nicht die gewünschte Entwicklung eines beruflichen Expertentums. Studenten würden von Veranstaltung zu Veranstaltung hetzen und die erforderlichen Scheine, aber keine Ausbildung erhalten. (Association of American Colleges 1985, 23)

Darüber hinaus gibt es auf der Nachfrageseite Faktoren, welche die Allgemeinbildungsidee unterstützen. Gestiegene Lohnzahlungen und vermehrter Reichtum sollten es mehr jungen Menschen ermöglichen, ein Curriculum zu durchlaufen, das vorher ein Vorrecht weniger war. Höhere Familien- und Nationaleinkommen lassen es zu, den Zeitpunkt im Studium hinauszuschieben, an dem eine Berufsorientierung zwingend wird. Die Notwendigkeit einer Ausbildung, die direkt zum Lebensunterhalt beiträgt, nimmt ab. Zweitens sollte von der Zunahme an Freizeit, welche die höhere Einkommensentwicklung begleitet, erwartet werden können, daß sie die Nachfrage nach einer Ausbildung fördert, die dazu beiträgt, die zusätzliche Freizeit angenehmer zu verbringen. Und drittens: Da "general education" normalerweise mit der besseren Fähigkeit von Hochschulabgängern verbunden wird, sich Unvorhergesehenem und auch Unvorhersehbarem anzupassen, sollte eine Zeit schneller und weitreichender sozialer und technischer Veränderungen die starke Nachfrage nach einer breiteren Bildung unterstützen, in der mehr die fundamentalen Elemente menschlichen Wissens und Verstehens betont werden. Die Nachfrage nach mehr technischer und wahrscheinlich eingegrenzter Ausbildung sollte demgegenüber zurückgehen. Robert McClintock, mein Kollege am Teachers College, hat diese Meriten der "general education" mit bewundernswerter Klarheit hervorgehoben:

> "Socrates held that Protagoras did not know what virtues should be taught ... All was possible; nothing was certain; every plan was subject to doubt: in the face of this contingency the wise man pursued the universal, that which would have value under all conditions ... In pedagogical practice, this pursuit of universals has put a premium on the mastery of principles. To learn to read with vigor, to write with power, to calculate with comprehension, to judge with prudence, to do all under all possible conditions: these have been the aims of the universal education". (McClintock 1974, 12).

Wenn es nun tiefgreifende Gründe sowohl auf der Angebots- als auch auf der Nachfrageseite dafür gibt, Erwartungen auf einen blühenden allgemeinbildenden Kernbereich zu wecken, warum können wir diesen dann nicht in der curricularen Wirklichkeit entdecken? Wahrscheinlich bestehen eine Anzahl stark gegenläufiger Tendenzen, und sie sind in der Tat nicht schwer aufzuweisen.

Die Nachfrage nach höherer Bildung stellt heutzutage das dar, was Ökonomen mit dem Begriff "abgeleitete Nachfrage" bezeichnen, d.h. höhere Bildung wird nicht um ihrer selbst Willen erfragt, sondern sie reflektiert und beantwortet die Nachfrage einstellender Institutionen und Firmen. Forschung, Entwicklung und Innovationen haben allesamt dazu beigetragen, die Produktivkraft Wissen in Bereiche hineinzutragen, die vorher weniger technologiebeherrscht waren. Diesen Trend können wir in allen Bereichen ökonomischer Aktivität beobachten. Im Dienstleistungssektor ist die Medizin das beste Beispiel technologisch begründeter, erhöhter Leistungsfähigkeit. Doch es ist nur eins unter vielen. Computer haben das Buchhaltungs- und Finanzwesen revolutioniert und verändern im schnellen Tempo den juristischen Alltag. Im güterproduzierenden Bereich expandiert die Werkstofftechnik so schnell, daß die Masse des im Entwicklungs- und Produktionsprozeß notwendigen Wissens, Arbeitskräfte mit immer ausgefeilteren Spezialkenntnissen und Fertigkeiten verlangt. Junge Leute, die den Arbeitsmarktanforderungen gerecht werden wollen, sehen ihre Zukunft in der Beherrschung zumindest von Teilbereichen dieser immer bedeutender werdenden, neuen Technologien.

Diese, einer "general education" entgegenlaufenden Tendenzen, werden durch einen wesentlichen Umstand auf der Nachfrageseite gestützt. Obwohl ein allgemeinbildendes Curriculum rentabler anzubieten wäre als spezialisierte und berufsvorbereitende, ist es absolut gesehen keineswegs billig und seine Kosten sind beträchtlich gestiegen. Das Bildungswesen im allgemeinen und das Hochschulwesen im besonderen hatten bei der Einführung neuer Technologien außergewöhnlich große Schwierigkeiten. Es ist ein Gemeinplatz zu sagen, daß die letzte wichtige, kostensenkende Innovation im Erziehungswesen die Erfindung der Buchdruckerkunst war, eine Innovation, die sich nun bald zum fünfhundertsten Male jährt. Auf der anderen Seite sind unsere unterrichtstechnologischen Grundlagen des Lehrens und Lernens noch weitgehend die der griechischen Akademie und der mittelalterlichen Universität. Doch während diese Zurückgebliebenheit in der Art und Weise, in der Hochschulbildung "produziert" wird, andauerte, sind andere Bereiche ökonomischer Tätigkeit durch revolutionierende Umwälzungen ihrer technologischen Basis zu einem gewaltigen Anstieg der Arbeitsleistung pro Beschäftigtem vorgestoßen. In der Folge haben sich die gesellschaftlichen Kosten (im Sinne von entgangener Produktion) für teuer ausgebildete, an der Universität tätige Einzelpersonen gewaltig erhöht. Diese Verteuerung hat sich in den Kosten einer Universitätsausbildung niedergeschlagen, werden sie nun vom Steuerzahler oder vom einzelnen Studenten und seiner Familie, wenn man den Fall von privatwirtschaftlich organisierten Institutionen heranzieht, getragen. (Baumol and Bowen 1966).

Angesichts der Kostensteigerungen hat sich der Nachdruck auf private und gesellschaftliche Erträge aus den hohen Aufwendungen verstärkt. Als Hochschulbildung relativ billig war, konnte man damit argumentieren, daß Ausgaben für die Universitäten vorrangig Konsumzwecken dienten. In den USA machen die direkten und die indirekten Ausgaben für die Hochschulen ungefähr 5 % des Bruttosozialproduktes aus (Bowen 1977, 3). Nachdem sich somit diese Ausgaben zu einer wirklich substantiellen Größe in den privaten und öffentlichen Haushalten summiert hatten, wurden sie sehr bald und fast unvermeidlich als Investitionen angesehen. Nun werden Investitionen getätigt, um einen Ertrag zu erwirtschaften; nicht nur **einen gewissen** Ertrag, sondern den höchstmöglichen, und zwar möglichst kurzfristig und nicht nur langfristig. Dieser Sachverhalt ist zweifelsohne die wichtigste, für den Niedergang der "general education" in der Universität von heute verantwortliche

Einzelursache, da allgemein die wohl richtige Auffassung vorherrscht, daß es die berufsvorbereitende und nicht die Allgemeinwissen vermittelnde Ausbildung ist, mit der sich ein höherer und zudem schnellerer Gewinn realisieren läßt. Wichtig wird in diesem Zusammenhang das Wörtchen "schneller", da es einen oben erwähnten, die Allgemeinbildungsidee stützenden Faktor - i.e., Allgemeinbildung fördert die Flexibilität der Arbeitskräfte - neutralisiert. Doch dieses Flexibilitätspotential wird vielleicht erst 10 Jahre nach Abschluß der Ausbildung abgerufen. Wenn wir nun einen Zinssatz von 10 % ansetzen, bedeutet das für unser Beispiel eine Reduzierung des heute möglichen Ertragswertes auf nur noch unter zwei Fünftel seines Nominalwertes.

Aus den genannten Gründen zieht der Wirtschaftswissenschaftler die Schlußfolgerung, daß die Befürworter eines Mehr an Allgemeinbildung in der heutigen Universität für übersehbare Zukunft schweren Zeiten entgegengehen. Der ungünstige Trend der abgeleiteten Nachfrage und die ungünstige Kostenentwicklung dieser beiden Tendenzen werden auf absehbare Zeit wirksam bleiben. Dagegen anzugehen wird den Verfechtern eines fächerübergreifenden Lernbereichs im universitären Curriculum in der Zukunft genauso schwerfallen wie in der Vergangenheit. Die Vervielfachung von Studiengängen, die berufsbildende Orientierung sowohl auf dem "undergraduate"- als auch auf dem "post-graduate"-Niveau und das Schwergewicht auf Studiengängen mit einem beträchtlichen und schnellen Kostenrücklauf sind Entwicklungen, die aller Erwartung nach weiterlaufen werden. Für die Vertreter eines allgemeineren Hochschulcurriculums gibt es demgegenüber zwei Alternativstrategien, um die sich beschleunigende Berufsorientierung des Lehrplans zu bremsen. Einerseits können sie sich gegen den Trend stellen und auf ihrem mehr strukturierten, eingegrenzten Curriculum bestehen, das Grundlagenwissen mit einer Ausbildung in Grundfertigkeiten verbindet. Andererseits könnten sie versuchen, Professoren und Studenten gleichermaßen dazu zu motivieren, **innerhalb eines jeden Faches und jeder Studienrichtung** diejenigen Elemente herauszuarbeiten, zusammenzustellen und zu betonen, die als grundlegendes Beispiel für die Art und Weise dienen können, wie Menschen Wissen geschaffen, genutzt und bewertet haben. Die erste Alternative hat prinzipiell viel für sich, doch hat sie praktisch wenig Erfolgsaussichten. Die Gegenkräfte sind übermächtig. Dies trotz aufrechten und beredtem Bemühens ihrer Vertreter in der Sache, wofür die kürzliche Veröffentlichung von **Integrity in the College Curriculum** ein beachtenswertes Beispiel darstellt (Association of American College 1985).

Die zweite Alternative fordert uns dazu auf, anzuerkennen, daß das einer Allgemeinbildung dienliche Wissen aus einem breiteren Kanon von Fächern gewonnen werden kann, als vorher angenommen: Fächer im übrigen, die nicht unbedingt zu den althergebrachten und gesellschaftlich anerkannten gehören müssen. Das ist natürlich kein neuer Vorschlag (cf., e.g. Yudkin 1969), aber einer, an dem wir in der Hochschule Tätigen arbeiten sollten, wenn wir den Graben zwischen Bildung und Ausbildung schließen wollen.

Die große Versuchung, einen ordentlichen, "sinnvollen" und wohlgeordneten Kanon für die Hochschulbildung schaffen zu wollen, besteht; einen, der nur eine Handvoll überzeugender und durchgängiger Grundsätze verkörpert. Einer dieser Grundsätze, vielleicht der faszinierendste, wird in dem Ruf nach einem Curriculum deutlich, in dem sich weitgehend die Art und Weise reflektiert, in der Menschen Wissen geschaffen, genutzt und bewertet haben, insbesondere solches, das jungen Menschen beim Eintritt ins Erwachsenenleben am meisten helfen kann. Dennoch, angesichts der Tatsache, daß es sich bei der Hochschulbildung nicht um eine **tabula rasa** handelt, sondern um eine ungeordnete Vielzahl überkommener Institutionen und Praktiken; daß die Studenten in Herkommen und Zielsetzungen verschieden sind, daß eine Wissensexplosion stattfindet, und daß gewichtige ökonomische Erwägungen gegen die Allgemeinbildungsidee sprechen, ist die Hoffnung auf eine kleine und feine Lösung sicherlich unbegründet. Wir sollten Pluralismus anstreben, nicht Einseitigkeit; Vielfalt, keine Stereotypen. Es geht darum, die Bedingtheit unserer heutigen Konstruktionen zu akzeptieren. Wir sollten uns vor dem für alle Zeiten und für jeden Ort gültigen Supersystem hüten.

Literatur

BAUMOL, William J. und William G. Bowen: Performing Arts: the Economic Problems Common to Theater, Opera, Music, and Dance. New York 1966

BOWEN, Howard R.: Investment in Learning: The Individual and Social Value of American Higher Education. San Francisco 1977

BOWEN, Howard R. und Gordon K. Douglass: Efficiency in Liberal Education: A study of comparative instructional costs for different ways of organizing teaching-learning in a liberal arts college. Berkeley, California 1971

CARLIN, Edward A.: "General Education for the Future", in Rice ed., General Education: Current Ideas and Concerns. Washington, D.C. 1964

ELIUTIN, V.P.: Vysshaia shkola obshchestva razvitogo sotsializma. Translated in Soviet Education 27 (September-Oktober 1985).

GAFF, Jerry G.: General Education Today: A Critical Analysis of Controversies, Practices, and Reforms. San Francisco 1983

HART, James Morgan: German Universities: A Narrative of Personal Experience. New York 1874

Harvard University: Report on the Core Curriculum. Cambridge, Mass., 1979

HOFSTADTER, Richard und Wilson Smith: American Higher Education: A Documentary History, Band II. Chicago 1961

LASCH, Christopher: "'Excellence' in Education: Old Refrain or New Departure?" **Issues in Education** 3 (Sommer 1985)

LAUWERYS, Joseph A.: "Opening Address," in General Education in a Changing World. Den Haag 1967

McCLINTOCK, Robert: "Alvin Toffler and His Futurologist Friends," in **The Chronicle of Higher Education** 8, 25. März 1974

MORSE, Horace T.: "Liberal and General Education: A Problem of Differentiation," in Rice ed., General Education: Current Ideas and Concerns. Washington, D.C. 1964

RICE, James G. (Hrsg.): General Education: current ideas and concerns. Washington, D.C. 1964

ROBERTSON, Charles Grant: Letter to **The Times** (London), 18. Februar 1936, reprinted in Heidelberg and the Universities of America. New York 1936

Association of American Colleges: Integrity in the College Curriculum. Washington, D.C. 1985

SADLER, Michael: "How Far Can We Learn Anything of Practical Value from the Study of Foreign Systems of Education?" Reprinted in **Comparative Education Review** 7:3 (Februar 1964), 310

TACHI, Akira und Kimiko Ookura: "The Revival of General Education in Contemporary America". Hiroshima, **Research in Higher Education** 13 (1984)

THOMAS, Russell: The Search for a Common Learning: General Education, 1800-1960. New York 1962

WINKELMANN, Eduard: Urkundenbuch der Universität Heidelberg. Heidelberg 1886

YUDKIN, Michael (Hrsg.): General Education: A Symposium on the Teaching of Non-specialists. London 1969

TRADITION UND REFORM DER UNIVERSITÄT
IM INTERNATIONALEN RAHMEN

AUS TRADITION IN DIE ZUKUNFT: UNIVERSITÄT HEIDELBERG

Eike Wolgast

Besondere politische Umstände ermöglichten die Gründung der Universität Heidelberg, und die Politik hat das Geschick dieser Universität immehr sehr viel stärker und einschneidender bestimmt als das anderer deutscher Hochschulen. Das große abendländische Schisma von 1378 vertrieb die deutschen Dozenten und Studenten von der Pariser Universität, als Frankreich sich für den avignonesischen Papst entschied, das Reich und die meisten Fürsten dagegen an seinem römischen Konkurrenten festhielten. Aus Paris kam auch der Niederländer Marsilius von Inghen, ausgewiesen als Lehrer der Philosophie und in der universitären Selbstverwaltung, den der Pfälzer Kurfürst Ruprecht I. zum Gründungsrektor der Universität in seiner Residenzstadt Heidelberg machte. Urban VI. genehmigte 1385 die Errichtung eines "studium generale ad instar Parisiensis"; die ersten Statuten richteten sich denn auch deutlich am französischen Vorbild aus. Die Stiftungsbriefe des pfälzischen Kurfürsten, die der Universität die üblichen Privilegien verliehen, stammten vom 1. Oktober 1386. Wenn auch bei Beginn des Lehrbetriebs am 19. Oktober 1386 nur drei Professoren anwesend waren, so zeigt die Zahl von 579 Immatrikulationen im ersten Jahr doch, daß die Gründung einer Hochschule auf deutschem Boden einem Bedürfnis entsprach.

Zuzug von Lehrern kam nicht nur aus Paris, sondern in größerem Umfang auch aus Prag, der ersten Universität auf dem Boden des Heiligen Römischen Reiches Deutscher Nation. Hier hatte die Niederlage der Deutschen im Streit mit den Tschechen 1385 zu einer Abwanderung geführt - mehr als zwanzig Magister kamen daraufhin aus Prag nach Heidelberg, darunter der berühmte Theologe Konrad von Soltau, später Bischof von Verden. Daß allerdings weder das Territorium Kurpfalz noch die Kleinstadt Heidelberg geeignet waren, die Hoffnungen auf ein "deutsches Paris" am Neckar zu erfüllen, bewiesen die nächsten Universitätsgründungen in den reichen Handelsstädten Köln (1389) und Erfurt (1392). Heidelberg blieb zwar die älteste deutsche Universität, wurde aber niemals zur größten und selten zur geistig bedeutendsten - an Studentenzahlen stand es immer weit zurück hinter den berühmten Universitäten Köln, Erfurt und Leipzig im Spätmittelalter, Wittenberg und Jena im 16. Jahrhundert, Halle und Göttingen in der Aufklärungszeit sowie Berlin und München im 19. Jahrhundert.

Durch Bereitstellung auswärtiger Pfründe, Erwerb von Einnahmen aus Zöllen und Zehnten, Gründung des Heiliggeiststifts in Heidelberg wurde die wirtschaftliche Fundierung der Universität sichergestellt - bis zum Beginn des 19. Jahrhunderts finanzierte sie sich ausschließlich aus ihren eigenen Einkünften ohne Zuschüsse des Staates.

Erstes geistiges Profil gewann die Universität in der Zeit der Kirchenreform und der Konzilien sowie in der Ketzerverfolgung. Einer ihrer berühmtesten Lehrer aus der Gründergeneration, Matthäus von Krakau, verfaßte, unterstützt von dem Juristen Job Vener, den Traktat "De squaloribus curiae Romanae", in der er die Reformunwilligkeit des päpstlichen Hofes anprangerte und Reformen verlangte. Theologen und Juristen der Universität zählten zu den Hauptberatern des deutschen Königs Ruprecht von der Pfalz. Auf den großen Konzilien des 15. Jahrhunderts war die junge Universität mit eigenen Gesandtschaften vertreten.

Bis ins 18. Jahrhundert hinein pflegte sich die Universität neuen geistigen Strömungen zunächst einmal zu versperren, mußte aber in diesem Punkt mehrfach korrigierende Eingriffe durch den Landesherrn hinnehmen. So verlieh Kurfürst Friedrich I. 1452 gegen den Willen der Korporation der Magister den Realisten die gleichberechtigte Lehrbefugnis neben den bis dahin in der Nachfolge des Marsilius alleinherrschenden Nominalisten. Auch der Humanismus fand nur sehr langsam Resonanz an der Universität, trotz nachhaltiger Förderung durch Philipp von der Pfalz und seinen Kanzler Johann von Dalberg, die den Heidelberger Hof zu einem Zentrum des deutschen Frühhumanismus machten. Immerhin lehrten dann gegen Ende des 15. Jahrhunderts so bedeutende Humanisten wie Rudolf Agricola und Jakob Wimpfeling für kürzere oder längere Zeit an der Universität.

Pest und Krieg haben im ersten Jahrhundert neben der wachsenden Konkurrenz neuer Universitäten die Entwicklung Heidelbergs mehrfach negativ beeinflußt. Besonders schädlich wirkte sich in der beginnenden geistigen Umbruchsphase der bayerisch-pfälzische Erbfolgekrieg von 1505-1507 aus. Die Verwüstung der Kurpfalz und ihre Schuldenlast als Folge dieses Krieges verhinderten, daß bedeutende Gelehrte für eine intensive Pflege der modernen Wissenschaften gewonnen werden konnten, obwohl die Artistenfakultät mehrfach auf eine Verstärkung des humanistisch-philosophischen Unterrichts drängte. Die niedrigen Gehälter verlockten aber niemanden, sich dauerhaft an Heidelberg zu binden. An den großen geistigen Auseinandersetzungen des Reformationszeitalters nahmen Heidelberger Professoren nicht teil. Die große Mehrzahl von ihnen hielt in der langen Zeit der Pfälzer Vorreformation zwischen Luthers Auftreten auf dem Heidelberger Kapitel der Augustinereremiten 1518 und dem Regierungsantritt Ottheinrichs 1556 am katholischen Bekenntnis fest, während die Studenten entweder ausblieben oder die Lehrveranstaltungen der wenigen evangelischen Dozenten besuchten. Als Ottheinrich begann, die Reformation in der Kurpfalz einzuführen, wählte der Senat demonstrativ einen prominenten Vertreter des alten Glaubens zum Rektor. Der Kurfürst, Wissenschaften und Künsten gegenüber außerordentlich aufgeschlossen, berief nicht nur Evangelische auf die wichtigen Lehrstühle, sondern modernisierte die Universität auch in ihrem geistigen Zuschnitt. Die Scholastik wurde jetzt endgültig von humanistisch-philologischen Studien abgelöst, die juristischen Professuren vom katholischen Kirchenrecht zum römischen Recht umgewidmet. Die Mediziner sollten die Ausbildung der Studenten praxisnäher gestalten. Ottheinrichs Statuten von 1558 sind in ihren Grundzügen über zweihundert Jahre verbindlich geblieben. Mit der Schenkung seiner kostbaren, an Manuskripten und seltenen Büchern reichen Bibliothek lieferte er der Universität auch das unentbehrliche geistige Rüstzeug.

Auf dieser inneren und äußeren Modernisierung aufbauend, gelangte die Universität in den folgenden Jahrzehnten zu ihrer ersten großen Blüte und nahm für sechzig Jahre eine unverwechselbare Stellung unter den deutschen Hochschulen ein. Nachdem unter Friedrich III. die Pfalz seit 1560 vom Luthertum zum Calvinismus übergegangen war, wurde die Universität zum "deutschen Genf", das Studenten reformierten Bekenntnisses aus ganz Europa anzog; vor der Verfolgung geflüchtete Gelehrte aus Frankreich und Italien fanden Aufnahme in den Lehrkörper. Der von Kaspar Olevianus und Zacharias Ursinus verfaßte Heidelberger Katechismus von 1563 ist bis heute das am weitesten verbreitete Erzeugnis Heidelberger Professoren und Druckereien geblieben. Das Collegium Sapientiae wurde zur weithin bekannten Pflanzstätte für den reformierten Pfarrernachwuchs der Pfalz und darüber hinaus. Allerdings blieb der Pfälzer Calvinismus gemäßigt. Gegen allzu hochgespannte kirchenregimentliche Ansprüche nach Genfer Muster kämpfte der bekannte Mediziner und eifrige Laientheologe Thomas Erastus, dessen "Explicatio" mit der Lehre der Unterordnung der Kirche unter den Staat in der Folgezeit vor allem in den angelsächsischen Ländern große Wirkung ausübte. Mit ihrer Öffnung zur reformierten Welt entsprach die Universität der Westeuropa-Politik Friedrichs III., der seine verfolgten Glaubensgenossen mit Hilfe der Universität nicht nur literarisch unterstützte, sondern zu ihren Gunsten auch mit Waffengewalt in die französischen Bürgerkriege und in den niederländischen Aufstand eingriff.

Am Vorabend des Dreißigjährigen Krieges war Heidelberg eine angesehene und blühende Universität, wenn sie ihrer Studentenzahl nach auch damals nur zu den mittelgroßen deutschen Hochschulen zählte. Bedeutende Gelehrte wie David Pareus (Theologie), Dionysius Gothofredus (Jurisprudenz), Petrus de Spina (Medizin) und Jan Gruterus (Philologie) waren zu jener Zeit Professoren in Heidelberg. Diese Glanzzeit fand durch die Katastrophe des böhmischen "Winterkönigs" Friedrich V. von der Pfalz, eines Schwiegersohnes Jakobs I. von England, ein jähes Ende. Die Pfalz wurde von gegnerischen Truppen besetzt, die weltberühmte Bibliotheca Palatina mit mehr als 3500 Manuskripten und fast 9000 Bänden erhielt der Papst 1623 zum Geschenk. Die reformierte Universität wurde aufgehoben, die stattdessen errichtete katholisch-jesuitische Anstalt verfiel rasch wieder. Erst vier Jahre nach Kriegsende konnte der Kurfürst Karl Ludwig 1652 die Universität neu eröffnen. Sein Streben nach konfessionsüberwindender Offenheit und Toleranz fand ihren deutlichsten Ausdruck in der Berufung von Spinoza auf einen Lehrstuhl für Philosophie; aus Mißtrauen gegen die Grenzen der ihm zugesagten "libertas philosophandi" lehnte Spinoza es jedoch ab, nach Heidelberg zu kommen. Mit Johann Heinrich Hottinger, Samuel Pufendorf und Johann Konrad Brunner waren jedoch andere bedeutende Geister in der zweiten Hälfte des 17. Jahrhunderts kürzere oder längere Zeit in Heidelberg tätig.

Der neue Aufschwung wurde durch die zweite Katastrophe der Kurpfalz im 17. Jahrhundert vernichtet. Im Orléansschen Krieg verwüsteten französische Truppen das Land; mit der Vernichtung von Stadt und Schloß 1693 hörte auch die Universität faktisch auf zu existieren. Es war, wie sich dann zeigte, das Ende der reformierten Universität Heidelberg überhaupt, denn der Neuanfang nach 1700 stand unter dem Vorzeichen einer verspäteten, aber entschiedenen Gegenreformation, nachdem eine katholische Dynastie die Regierung der Pfalz übernommen hatte. Das "deutsche Genf" wurde zur mittelmäßigen Jesuitenuniversität, an der in Zukunft mit wenigen Ausnahmen alle Professoren katholischen Bekenntnisses sein mußten; außerdem wurden Pfälzer Landeskinder bei der Besetzung vakanter Stellen bevorzugt. Zwar ist das 18. Jahrhundert den deutschen Universitäten insgesamt wenig günstig gewesen, aber seit 1737 lieferte Göttingen das Muster einer modernen Universität, an dem sich zunehmend auch katholische Universitäten wie Erfurt, Mainz und Würzburg orientierten. In Heidelberg herrschte dagegen konfessionelle und provinzielle Enge; Aufklärung und geistige Modernisierung ging an der Pfälzer Universität vorüber, ohne wesentliche Spuren zu hinterlassen. Die Verlegung der Residenz nach Mannheim 1720 brachte Stadt und Universität außerdem um die Vorteile höfisch-barocker Kultur wie Theater, Kunstgalerie, Naturalienkabinett. 1798 formulierte der Rektor Franz Anton Mai als Fazit der Entwicklung im 18. Jahrhundert: "Die Hohe Schule zu Heidelberg hat die Gebrechen des höchsten Alters: Stumpfheit und Untätigkeit." Der Verlust aller Einkünfte in den linksrheinischen Gebieten durch die Revolutionskriege stürzte die Universität zusätzlich auch noch in den finanziellen Bankrott.

Den geistigen und materiellen Ruin der Universität zu beseitigen, war eine schwierige Aufgabe nach dem Übergang der rechtsrheinischen Pfalz mit Heidelberg an Baden. Die Universität wurde 1803 zu der vom Staat finanzierten Anstalt, die sie seither geblieben ist. Eine gezielte Berufungspolitik, wie sie vor allem Sigismund von Reitzenstein betrieb, schuf die Voraussetzungen für eine neue geistige Blüte. Mit Friedrich Creuzer kam ein bekannter Philologe nach Heidelberg, ein Freund von Brentano und Arnim, die mit Görres und den Brüdern Boisserée zu den Säulen der kurzen Zeit der Heidelberger Romantik zählten. Mit dem Juristen Anton Friedrich Justus Thibaut wurde der Grundstein für den besonderen Ruf, den Heidelberg als Juristenuniversität im ganzen 19. Jahrhundert besaß, gelegt. Bis zu zwei Dritteln aller Studierenden waren zeitweise in der juristischen Fakultät eingeschrieben. Im Gegensatz zu Freiburg, der zweiten badischen Universität, galt Heidelberg als norddeutsch-protestantisch geprägt, weltoffen und liberal, von ausländischen Studenten gern besucht. Mit Friedrich Christoph Schlosser und Ludwig Häusser war insbesondere die Geschichtswissenschaft politisch erzieherisch im Sinne des Freiheits- und Einheitsgedankens tätig, wie überhaupt Heidelberg im 19. Jahrhundert zunehmend einen besonderen Rang als Stätte der nationalen Bewegung und der freiheitlichen Gesinnung gewann. Das machte sich auch in der wissenschaftlichen Ausrichtung geltend; so verfügte die theologische Fakultät, angefangen mit Gottlob Eberhard Paulus und fortgeführt von Richard Rothe, immer über einen festen Stamm liberal-positivistischer Professoren.

Neben den Juristen trugen in der zweiten Hälfte des 19. Jahrhunderts vor allem die Naturwissenschaftler zum Ruhm Heidelbergs bei; hier ist besonders an die Jahre der Zusammenarbeit von Robert Bunsen mit Gustav Kirchhoff und Hermann Helmholtz zu erinnern. Die Chemie blieb auch nach dem Ausscheiden Bunsens ein Forschungsschwerpunkt der Heidelberger Universität. In der Medizin hatte schon frühzeitig Maximilian von Chelius eine bis heute weiterwirkende chirurgische Tradition begründet, während die philosophische Tradition, die nach dem nur zweijährigen Aufenthalt Hegels von Eduard Zeller und Kuno Fischer gestiftet worden war, von Wilhelm Windelband, dem Haupt des südwestdeutschen Neukantianismus, und seit 1916 seinem Schüler Heinrich Rickert weitergeführt wurde und sich über Karl Jaspers mit Hans Georg Gadamer bis in die Gegenwart erstreckt.

Nach der Reichsgründung ging die besondere nationale Rolle, die bisher Heidelberg im deutschen Südwesten innegehabt hatte, auf die neugegründete Universität Straßburg über. Zudem verlor Heidelberg zahlreiche Professoren an die Universität Berlin, die nach 1870 großzügig ausgebaut wurde. Dafür wurde Heidelberg gegen Ende des 19. Jahrhunderts zu einer Fluchtburg für diejenigen, die dem Wilhelminismus abgeneigt waren. Nicht zuletzt aus dem Protest gegen die politisch-gesellschaftlichen Zustände des Kaiserreiches heraus entstand ein besonderer "Heidelberger Geist", der gekennzeichnet war durch das intensive Gespräch und den interdisziplinären wissenschaftlichen Austausch. Der Kreis um Max Weber mit Ernst Troeltsch und Eberhard Gothein war ebenso Repräsentant dieser spezifischen Heidelberger Geistigkeit wie wenig später - auf der ganz anderen Ebene dichterischer Überhöhung der Wirklichkeit - der Kreis um Stefan George.

Der Heidelberger Geist erlebte eine Nachblüte in der Weimarer Republik, personifiziert in Friedrich Gundolf und Karl Jaspers, stärker soziologisch-politisch akzentuiert von Alfred Weber. Politisch galt Heidelberg nach 1918 als Hochburg des neuen Staates. Besonders die juristische Fakultät mit Gustav Radbruch und Gerhard Anschütz und das Institut für Sozial- und Staatswissenschaften unter Alfred Weber und Emil Lederer waren Konzentrationspunkte der Bejahung der parlamentarischen Demokratie. Weltoffenheit und Liberalität kennzeichneten das geistige Klima, neue Forschungsansätze brachen sich Bahn, so in der Medizin Ludolf Krehls Lehre vom Kranken als Gesamtperson und Subjekt, nicht Objekt des Heilens.

Das Dritte Reich erstickte den "lebendigen Geist", dem die aus amerikanischen Spenden 1931 errichtete Neue Universität auf Vorschlag Gundolfs gewidmet worden war, und ersetzte ihn durch einen absolut verstandenen "deutschen Geist". Heidelberg sollte zur braunen Musteruniversität umgestaltet werden. Aus rassischen und politischen Gründen wurden über ein Drittel der ordentlichen Professoren entlassen - Heidelberg stand damit in der Größe der Vertreibungsverluste hinter Berlin und Frankfurt an dritter Stelle unter den deutschen Universitäten. Das Verhalten der Zurückbleibenden war durch opportunistische Anpassung an die Ideologie des Nationalsozialismus, durch Ausweichen mit nur verbalen Konzessionen oder durch Verstummen gekennzeichnet. Als Repräsentanten der nationalsozialistischen Universität Heidelberg galten der philosophische Autodidakt Ernst Krieck und der einst berühmte Nobelpreisträger Philipp Lenard mit seiner antisemitischen deutschen Physik.

Nach dem Zusammenbruch des Dritten Reiches gingen von Heidelberger Professoren wie Jaspers und Weber wichtige Impulse zur geistigen und gesellschaftlichen Neuorientierung aus, auch wenn der Neuaufbruch wie überall rasch von der Routine und vom Willen zur Wiederherstellung früherer Zustände überwältigt wurde. Zum wissenschaftlichen Ansehen Heidelbergs in der Nachkriegszeit trugen vor allem die Naturwissenschaften, insbesondere die Physik, und die Theologie - die theologische Fakultät war zeitweise die angesehenste Deutschlands - bei. Die Krise der späten sechziger Jahre hat in Heidelberg besonders kräftigen Ausdruck gefunden, ohne daß jedoch die sogenannte Studentenbewegung das geistige Potential der Universität auf Dauer zerstören konnte. Die Lehrsituation ist, wie an den meisten deutschen Universitäten, auch in Heidelberg durch ein starkes Anwachsen der Studentenzahlen gekennzeichnet - gegenwärtig sind nahezu 28.000 Studenten immatrikuliert. Die Forschungsarbeit an der Universität wird durch außeruniversitäre Institutionen befruchtet, unter denen die Max-Planck-Institute und die Hochschule für Jüdische Studien genannt seien. Ihre sechste Zentenarfeier hat die Universität unter das verpflichtende, zu steter Einbeziehung und Überprüfung überkommener Positionen aufrufende Motto gestellt: "Aus Tradition in die Zukunft". Damit ist die Devise des Rektorsiegels von 1386 "Semper apertus" (zu ergänzen: liber = das Buch ist immer geöffnet) ins Moderne und Zukunftsweisende übertragen.

Literatur

TOEPKE, G.: Die Matrikel der Universität Heidelberg, 7 Bde. Heidelberg 1884-1916

THORBECKE, A.: Statuten und Reformationen der Universität Heidelberg vom 16. bis 18. Jahrhundert. Leipzig 1891.

WINKELMANN, E.: Urkundenbuch der Universität Heidelberg, 2 Bde. Heidelberg 1886,

\- - - - -

DOERR, W. u.a. (Hrsg.): Semper apertus. Sechshundert Jahre Ruprecht-Karls-Universität Heidelberg 1386-1986, 6 Bde. Heidelberg 1985

DRÜLL, D.: Heidelberger Gelehrtenlexikon 1803-1932. Berlin-Heidelberg-Tokyo 1986

HÄUSSER, L.: Geschichte der Rheinischen Pfalz, 2 Bde. Heidelberg 1845 (letzter Neudruck Speyer 1978)

HAUTZ, J.F.: Geschichte der Universität Heidelberg, 2 Bde. Mannheim 1862-64

Heidelberger Professoren aus dem 19. Jahrhundert, 2 Bde. Heidelberg 1903

KELLER, R.A.: Geschichte der Universität Heidelberg im ersten Jahrzehnt nach der Reorganisation durch Karl Friedrich (1803-1813). Heidelberg 1913

KREBS, H./ SCHIPPERGES, H.: Heidelberger Chirurgie 1818-1968. Berlin-Heidelberg-New York 1968

PRESS, V.: Calvinismus und Territorialstaat. Stuttgart 1970

RITTER, G.: Die Heidelberger Universität Bd.1: Das Mittelalter. Heidelberg 1936

SCHNEIDER, F.: Geschichte der Universität Heidelberg im ersten Jahrzehnt nach der Reorganisation durch Karl Friedrich (1803-1813). Heidelberg 1913

STÜBLER, E.: Geschichte der medizinischen Fakultät der Universität Heidelberg 1386-1925. Heidelberg 1926

WEISERT, H.: Die Verfassung der Universität Heidelberg. Überblick 1386-1952. Heidelberg 1974

WOLGAST, E.: Die kurpfälzische Universität. Das bürgerliche Zeitalter. Das zwanzigste Jahrhundert. In: W. Doerr, Semper apertus Bd. 1, S. 1-70; Bd. 2, S. 1-31; Bd. 3, S. 1-54

DER EINFLUSS DER UNIVERSITÄTSIDEE HUMBOLDTS AUF DIE UNIVERSITÄTEN IN DEN USA

Hermann Röhrs

Jede Auseinandersetzung mit der gegenwärtigen Universität wird bei ihrer klassischen Konzeptualisierung, ihrer Übertragbarkeit und Gestaltungsfähigkeit unter den gewandelten Verhältnissen in der Gegenwart, anzusetzen haben. Seit der Gründung der Berliner Universität durch Humboldt, Schleiermacher, Fichte hat die akademische Welt aufmerksam nach Deutschland geblickt, so daß die dort realisierte Universitätsidee einen international bedeutenden Einfluß nehmen konnte. Unter diesem Aspekt soll die Frage der (Weiter-)Wirkung der Universitätsidee eine Erörterung erfahren. Angesichts des weltweiten Feldes ist eine Begrenzung notwendig. Dazu sollen in internationaler Sichtweise die Verhältnisse in den USA hinsichtlich der führenden Universitäten berücksichtigt werden.

In seiner Studie "Any Person, Any Study" betont Eric Ashby: "The literature on American higher education already weights tons" (1971, 1). Daher bedarf selbst diese spezielle Fragestellung der kategorialen Konzentration auf ein spezielles Problem. Das soll dadurch geschehen, daß das Kernstück der klassischen Universitätsidee - die Einheit von Forschung und Lehre unter Anleuchtung der weiteren relevanten Themen, wie akademische Freiheit, Allgemeinbildung und staatspolitische Relevanz der Studien - zum Bezugspunkt der Darstellung gewählt wird. Dazu erscheint es ratsam, neben Eric Ashby auch Abraham Flexner, Joseph Ben-David und Clark Kerr, den ehemaligen Präsidenten der University of California, der seine Godkin Lectures in Harvard seinem Buch "the Uses of the University" zugrunde legte, kritisch zu befragen. Die Gründe mag im Falle Kerrs Robert Paul Wolff, sein Kollege, nennen: "Kerr's book is one of those rare productions which in its fusion of style and argument, form and content, perfectly exemplifies its subject of discourse" (1969, 28).

Nach Ashby wurde Ben-David (Hebräische Universität Jerusalem) als zweiter von der "Carnegie Foundation on Higher Education" nacheinander um jeweils zwei grundsätzliche Stellungnahmen zur Higher Education in den USA gebeten. Das Hauptverdienst der daraus erwachsenen Untersuchung erblickt Clark Kerr, der zu beiden Büchern das Vorwort schrieb, in einem ungewöhnlich kenntnisreichen Aufweis der vorherrschenden Probleme und einem Spürsinn für mögliche Lösungen: "Finding alternatives to the politicalisation of the campus. - Achieving a better balance between teaching and research. - A renovating of general education. - Reducing the impact of the 'intellectual bohemian proletariat' on the campus" (Ben-David 1981, VIII).

Tatsächlich hat Ben-David die leitenden Probleme der Universität an der Schwelle der Studentenrevolte im Übergang zur Multiversität aufgewiesen, deren Signalisation bereits ein erster Schritt zur Lösung ist. Übersehen sei indessen nicht, daß Ben-David - im Gegensatz zu Flexner, Kerr, Ashby - sich nicht zentral mit den Ideen Humboldts auseinandersetzt, wenngleich er dessen leitende Probleme - insbesondere die Autonomiefrage - stets vor Augen hat.

Eine historische Vergewisserung

Die "Gleichheit der gesellschaftlichen Bedingungen", die schon Tocqueville als das ihn am tiefsten beeindruckende Erlebnis während seines einjährigen Aufenthalts 1832 in den Vereinigten Staaten nennt, setzt notwendig das gleiche Recht auf Erziehung voraus. Alle Demokratien haben sich seit der französischen Revolution mit diesem Problem auseinandersetzen müssen. Die aus dem Pionier-Geist der Gründerjahre herausgewachsene Welthaltung bietet indessen günstige Voraussetzungen für einen echten geistigen Ausgleich und für ein "gewisses mittleres Bildungsniveau", wie Tocqueville schreibt: "alle Geister haben sich ihm angeglichen, die einen nach oben, die anderen nach unten" (Tocqueville 1956, 38). Der common man als die Gestalt des tatkräftigen und urteilsfähigen Bürgers ist in einem zutiefst demokratischen Sinne der Orientierungspunkt für alle Bildungsinstitutionen bis zu den selbstkritischen Stellungnahmen der Gegenwart geblieben.

Allerdings hatte schon Tocqueville sowohl in Erinnerung an die Postulate der französischen Revolution und ihre besondere Geschichte als auch im Hinblick auf seine Erfahrungen in Amerika die innere Spannung des Gleichheitsprinzips erkannt: "die geistige Ungleichheit kommt unmittelbar von Gott, und der Mensch wird nicht verhindern können, daß sie sich immer wieder einstellt." Alle Erziehung ist jedoch zutiefst geistiger Art und zielt auf geistige Mündigkeit, die sich naturgemäß in ihren Wegen und Ergebnissen unterscheidet. In uniformer Auslegung vermag sich daher die Forderung nach "equal chances for everybody" dann selbst aufzuheben, wenn die Geistesbildung, die letztlich trennend wirkt, durch das einende Band der praktischen und mitmenschlichen Forderungen der Stunde verdeckt wird. Concorcet hatte daher schon 40 Jahre vor seinem Landsmann Tocqueville die Erörterung dieses Problems in seinem Entwurf "Rapport sur l'instruction publique" für die gesetzgebende Versammlung die notwendigen Grenzen dieser Gleichheit vor den Interessen des Ganzen betont. Einheit im Vielfältigen ist daher das dem Einheitsschulsystem aufgegebene Problem. Den Maßstab liefert aber nicht das technisch und organisatorisch Mögliche, sondern das Ziel der Erziehung, das primär in der inneren geistigen Freiheit des einzelnen im Interesse des Ganzen liegt (Röhrs 1968, 192).

In der Auseinandersetzung mit diesem Fragenkreis setzt die Gründungsphase der Higher Education in den USA ein. Es sind zwei gewichtige Faktoren, die die Universitätsentwicklung vorangebracht haben: Einmal der von Abraham Lincoln 1862 unterzeichnete Morrill Act, der durch die Bereitstellung von Land private und staatliche Universitätsgründungen großzügig förderte und zum anderen die Phasen der Industrialisierung, die durch die Konkurrenz auf dem Weltmarkt sowie durch zwei Weltkriege unerhört intensiviert wurden. Die dynamische Expansion wiederum erhöhte die Bedeutung übergreifender geistiger Prinzipien zur Gliederung der wachsenden Universitäten. So erlangte die deutsche Universitätsidee bereits zusammen mit dem Morrill Act als philosophische Triebkraft einen bedeutenden Einfluß. Er wurde beispielhaft durch George Ticknor ausgeübt, der Harvard seit 1825 nach dem Göttinger Modell, das er während seiner Studien in Deutschland kennengelernt hatte, zu reformieren suchte.

Diese Ansätze wurden in Harvard von Charles W. Eliot fortgeführt und wiederum von Francis Wayland modifiziert, der die deutsche Universitätsidee in der Brown-University zu verwirklichen begann. Ähnliche Wege beschritt Henry Tappan in Michigan, das wohl am stärksten von der deutschen Konzeption geprägt wurde. Dagegen gründete Jefferson die Universität von Virginia unter starkem Einfluß der Ideen der französischen Aufklärung; aber bei der Einführung der Wahlfächer (electives) ist eine Nähe zum Humboldtschen Gedanken der Lern- und Lehrfreiheit spürbar. Diese Ära der bedeutenden Universitätspräsidenten hatte mit Daniel Coit Gilman einen Höhepunkt, der die gerade gegründete Johns Hopkins Universität 1876 übernahm und durch den bewußten Ausbau der graduate school die Forschung (in Orientierung an dem deutschen Universitätskonzept) in den Mittelpunkt zu stellen versuchte.

Erst die Einrichtung der graduate school - allen voran an der Johns Hopkins University 1876 und an der University of Chicago 1891 - erweiterte das amerikanische College durch die Transformation der Humboldtschen Ideen zur Universität. Grundsätzlich ist zu sagen, daß die graduate schools der etwa 500 amerikanischen Universitäten in ihrer forschungsbezogenen Arbeit durchaus an der Humboldtschen Idee der Einheit von Forschung und Lehre orientiert sind. Diese Auslegung, daß die Idee einer Einheit von Forschung und Lehre die Entwicklung der graduate school als "improved versions of German undergraduate education" entscheidend beeinflußt hat, bestätigt auch Ben-David (1977, 26).

Diese Einflußnahme hat Abraham Flexner, der Gründer des Institute for Advanced Studies an der Princeton Universität, vor Augen als er 1928/29 die deutschen Universitäten besuchte. Unter dem Eindruck des Buches von Kardinal Newman: "The Idea of a University", das selber noch von Humboldt in seiner Sichtweise beeinflußt ist, war sein Blick für die Strukturen der traditionellen deutschen Universität geschärft. Dort wurde gerade in den 20er Jahren unter der kraftvollen Initiative von C.H. Becker die klassische Universitätsidee mit ihrem Konzept der "Einheit von Forschung und Lehre" wieder zum verbindenden Mittelpunkt für die weitere Entwicklung gewählt. Wenn Becker formulieren konnte: "Der Kern unserer Universitäten ist gesund" (1919, 17), so vor allem wegen der gewahrten inneren Kontinuität. Diesen Zusammenhang betont auch Flexner unter dem Eindruck seiner Reise als eigentliche Gestaltungskraft der deutschen Universität: "Humboldt conceived the salvation of the German nation as coming from the combination of teaching and research, and time has proved him right" (1968, 312).

Auf dem Hintergrund dieser Erfahrungen schreibt er das einleitende Grundsatzkapitel mit dem bezeichnenden Titel: "The Idea of a Modern University". Er will damit zum Ausdruck bringen, daß trotz der Kontinuität der Universitätsidee die Institution im gesellschaftlichen Wandel steht und somit spürbare Veränderungen über sich ergehen lassen muß. In diesem Zusammenhang ist es wichtig, daß die Universität diesen Prozeß kritisch mitgestaltet und sich nicht bloß treiben läßt - sonst ist die Gefahr der nivellierenden Eingliederung und Anpassung nicht gering. Nicht ohne Einfluß der Fichteschen Idee des staatspolitischen Wächteramtes ermutigt er die moderne Universität, gesellschaftliche Orientierungshilfen zu vermitteln: "Universities must a time give society, not what society wants, but what it needs" (1968, 5). Um diese gesellschaftliche Führungsrolle als geistiges Amt ausüben zu können, bedarf die Universität selber - unter Wahrung ihrer geistigen Grundprinzipien - der Neugestaltung, ein Ziel, das Flexner als Aufgabe vorschwebt. Soweit dieser Akt zukunftsorientiert gelingen soll, setzt er einen sorgfältigen internationalen Vergleich voraus, um aus gediegener Kenntnis des Wißbaren gestaltet zu werden.

Die Einheit von Forschung und Lehre in der Multiversität

Die Universität muß mehr sein als ein Zentrum der modernen Wissensindustrie oder ein neues Ideopolis. Im Zentrum der Wissensindustrie stehend, unterliegt die Multiversität der großen Gefahr, zur wissenschaftlichen Agentur für gesellschaftliche Bedürfnisse und Zwecke zu werden, zu einer "service station for the public", wie Kerr formuliert. Die amerikanische Universität hat sich stets diesen Anforderungen gegenüber offen gezeigt, aber sich auf ihre relative Autonomie besonnen. Die kritisch distanzierte Diskussion beginnt nicht hinsichtlich der Übernahme von Forschungsaufträgen aus der industriellen Welt, sondern ausschließlich hinsichtlich des Ausmaßes, das zu einer Entfremdung von den spezifisch akademischen Aufgaben führen kann.

Dazu gehört auch die fortlaufende Reflexion über das Verhältnis von Forschung und Lehre. Beide - Forschung und Lehre - können völlig auseinanderdriften. Das ist einmal dadurch möglich, daß das ausschließliche Augenmerk auf die Forschung gelegt wird. Diese Auffassung kann dazu führen, daß die Lehre vernachlässigt wird und jene, die sich ihrer annehmen, kein hohes akademisches Ansehen genießen. Vollends problematisch wird diese Entwicklung, wenn die Publikationen schlechthin als Maßstab für das akademische Gewicht angesehen werden. "Publish or perish" ist in den USA und in vielen Universitäten Europas zu einer gefährlichen Alternative geworden, die in manchen Anekdoten karikiert wird. Eine davon berichtet Rudolph: "The transfer of emphasis from teaching to research was nowhere better revealed than in a conversation that was reported ...: 'I took occasion not long ago', said one observer of the educational scene, to ask a college dean who was the best teacher in his institution. He named a certain instructor. This conversation followed: What is his rank? - Assistant Professor. - When will his appointment expire? - Shortly. - Will he be promoted? - No - Why not? - He hasn't done anything'" (1962, 403).

Daher ist es wichtig, das Verhältnis beider hinsichtlich der Möglichkeiten und Gefahren zu bestimmen. Diesen Prozeß des Abwägens haben Halsey und Trow in einer Untersuchung des Britischen Systems vorgenommen, wobei sie die amerikanische Entwicklung durchaus berücksichtigen. Dazu heißt es: "From one point of view, research activities are a distraction, and necessary reduce the time and attention a man can give to his teaching" (1971, 305). Dahinter steht die (häufig von der Administration vertretene) Auffassung, daß die Forschung von den vielfältigen Aufgaben der Lehre abhält. Forschung ist aus dieser Sicht ein notwendiges Übel, das während der Semesterferien toleriert wird, aber nicht positiv hinsichtlich seiner personellen und finanziellen Erfordernisse eine Unterstützung erfährt.

Dem steht die eigentlich akademische Auslegung gegenüber, die die Einheit von Forschung und Lehre als den Mittelpunkt der Universität betrachtet. "On the other side, it may be argued that unless a man carries on some of his research activities during the term his students are not likely to get a sense of the nature of research activity, and of its difficulties, frustrations and rewards, but are restricted to reading about its results. The assumption here is that research enriches teaching and that the detriment of both" (Halsey/Trow 1971,305).

Das Verhältnis zwischen Forschung und Lehre (und damit zwischen undergraduate und graduate education) hat sich seit Ende des Zweiten Weltkrieges grundsätzlich geändert. Früher besaß die Lehre in der Mehrzahl der Hochschulen ein Übergewicht, so daß auch die Finanzierung der Universität weitgehend auf diesem Wege gesichert wurde. Dieses Verhältnis erfuhr seit dem Zweiten Weltkrieg eine grundsätzliche Veränderung. Die Forschung blieb nicht länger ein bloßer Überbau der Lehre, sondern erlangte eine eigene Bedeutung, so daß auch deren Finanzierung eigengewichtig wurde. Unter diesen neuen Voraussetzungen erfährt die alte Wahrheit ihre Bestätigung, daß die Lehre im Kontext der Forschung die größere Resonanz findet - insbesondere bei jenen, die selber diesen Weg gehen wollen. "The principle of the Unity of teaching and research is, therefore, no mere ideology. It expresses something inherent to all real learning, and it is well worth preserving" (Ben-David 1981, 107/113).

Die Wechselwirkung zwischen beiden ist auch in der angelsächsischen Welt der ideale Orientierungspunkt. Dennoch hat die reale Entwicklung in den Universitäten - insbesondere unter dem Gesetz der efficiency - Unterschiede erwirkt, die sich nicht übersehen lassen. Der angesehene Forscher, zumal wenn er in wichtige Unternehmungen eingebunden ist, zeigt eine Neigung, die Lehre kurz zu halten und sich als "nonteacher" zu verstehen. In diesem Kontext sind die Klagen über das "teaching load" häufig vernehmbar. Eric Ashby kritisiert diese Einstellung folgendermaßen: "A convenient starting point is a phrase frequently heard nowadays: the burden of teaching, you hear this more commonly than you hear doctors refer to the burden of healing or lawyers to the burden of litigation" (1974, 25). In anderem Zusammenhang hatte er diesen Zustand aus englischer Sicht, aber unter Einbezug der ihm wohl vertrauten amerikanischen Universitäten so charakterisiert: "They used this freedom to preserve the medieval concept of the university as a guild of masters, each master (in the modern jargon of the left), doing his own thing!" (1974, 75).

Unter diesen Voraussetzungen besteht die reale Gefahr, daß sich innerhalb einer Fakultät unterschiedliche Gruppen bilden: "Those who do research, those who only teach (and they are largely in an auxiliary role), and those who still do some of both" (Kerr 1982, 43). Diese Unterschiede können zu einer Hierarchisierung mit gewichtigen Auswirkungen führen, die nur schwer rückgängig zu machen sind: "The higher a man's standing, the less he has to do with students" (Kerr 1982, 42). Unter diesen Umständen erhält auch die Lehrfreiheit eine eigene Auslegung, die nicht in erster Linie auf die Wechselwirkung von Forschung und Lehre zielt, sondern dem arbeitsökonomischen Kalkül einer Erhöhung des Freiraums für die eigene Forschung dient. Somit kann die Doktrin von der Lehrfreiheit, die ihre akademische Bedeutung erst aus der Solidarität gegenüber der Forschungsgemeinschaft der Lehrenden und Lernenden empfängt, zu einer Deckformel für die Ausweitung des eigenen Forschungsspielraumes werden, der sich mehr und mehr im universitären Rahmen verselbständigt.

Diese einseitige Betonung der Forschung unter Abwertung der Lehre ist eine Verzerrung des Prinzips der Einheit zwischen beiden. In natürlicher Wechselwirkung beider ist die Lehre kein notwendiges Übel, sondern Bewährung und Bereicherung der Forschung zugleich, weil gerade der Dialog mit jungen kritischen Menschen befruchtend wirkt. Während die Lernfreiheit in der amerikanischen Universität durch das elective curriculum im Ansatz verwirklicht ist, bleibt die Lehrfreiheit für den Universitätslehrer ein wichtiger akademischer Orientierungspunkt: "The right to study and to report on his findings in an atmosphere of consent" (Rudolph 1962, 412). Komplexer als in Deutschland besteht in den USA die Tendenz, die Öffentlichkeit in diese Form geistiger Freiheit einzubeziehen. Dadurch wird die Hochschule zu einer geistigen Zitadelle, die nicht nur die Freiheit wissenschaftlich erhellend verteidigt, sondern sie auch als das höchste menschliche Gut der Öffentlichkeit erschließt. Durch die Überwindung des Gegensatzes von innerer Freiheit und äußerer Begrenzung ("to break down the distinction between inner freedom and outer restraint") verliert sie ihr Stigma der Exklusivität im Sinne des deutschen Idealismus und beginnt ein Gemeingut der Öffentlichkeit zu werden. Darin besteht einer der wichtigsten Gründe dafür, daß die amerikanische Universität gemeindeoffen ist und die Möglichkeiten einer Kooperation mit der community jederzeit aufgreift, soweit sie beiden Seiten dienen kann.

Die amerikanische Universität hat keine Berührungsängste gegenüber der industriellen Welt; vielmehr sucht sie geradezu diese Kooperation. In den USA wird daher seit langem dieser Weg beschritten; er findet - trotz der heftigen Kritik an der Drittmittelforschung - zunehmend eine Nachfolge in einigen unserer Universitäten, die eine engere Kooperation mit der Industrie und Wirtschaftswelt anstreben. In den USA wird dieser Prozeß z.T. von Industrie und Wirtschaftswelt dadurch gefördert, daß von dieser Seite frühzeitig Kontakt aufgenommen und Kooperationsangebote unterbreitet werden. "Sometimes industry will reach into a university laboratory to extract the newest ideas almost before they are born. Instead of waiting outside the gates, agents are working the corridors" (Kerr 1982, 89/90). Dieses Verhältnis kann dazu führen, daß den in der Kooperation bekannt gewordenen Studierenden Berufspositionen angeboten werden.

Dennoch darf nicht verkannt werden, daß auch in den USA manche unterschwelligen Vorbehalte gegenüber der angewandten bzw. praktischen Forschung bestehen; sie offenbaren bei genauerer Erörterung häufig Einflüsse des europäischen Wissenschaftsbegriffs. Dennoch bleibt die "applied research" als Dominante in der Forschungslandschaft unangefochten. Daher charakterisiert die Aussage Ben-Davids "applied research can be scientifically as interesting as basic research" (1981, 44) weitgehend die Grundeinstellung, die zusätzlich entscheidend bestimmt wird durch ein wissenschaftliches Erfolgsdenken im Kontext realer Universitätspolitik.

Die Spitze dieser Entwicklung wird wohl durch das Konzept "Research for Sale" verkörpert, das im Batelle Institute an der Ohio State University (Columbus) praktiziert wird. In einem interdisziplinären Verbund offerieren verschiedene (vorwiegend technologisch-naturwissenschaftliche) Institute ihre Forschungskapazitäten der Wirtschaftswelt, so daß "angewandte Forschung nach Maß" aufgrund vertraglicher Sicherung zum Einsatz kommen kann: "To benefit mankind by the advancement and utilization of science" (Batelle 1984, 1). Weitere bekannte Beispiele sind die Kooperative der Stanford University mit der "high technology", die sich im nahen "Silicon Valley" etabliert haben. In Stanford wurde 1982 ein "Center for Integrated Systems" (CIS) gegründet, das die engere Zusammenarbeit von Physik, Elektrotechnik und Computerforschung u.ä. zur Entwicklung von Micro-Chips zum Ziel hat. Eine durchaus verwandte Entwicklung industrieller Kooperation zeichnet sich an den Universitäten von Minnesota und Dallas ab. Was in den privaten Universitäten ohne Schwierigkeiten realisierbar ist, setzt in den staatlichen Institutionen Sonderregelungen voraus, die eine Mitbeteiligung am Gewinn sichern. Vorangetrieben wird dieser Prozeß von der Forderung nach accountability, die den Universitäten von seiten der Öffentlichkeit auferlegt wird.

Dieser Funktionswandel verleiht dem Amt des Professors selber managerielle Züge: Erweiterung der Forschungspotenzen durch Anstellung neuer Mitarbeiter, Ausbau der apparativen Ausstattung, Formulierung neuer Projekte; so diktiert das Gesetz der profitability einen immer schneller werdenden Kreislauf. Die Figur des "affluent professor" hat ihren äußeren Machtzuwachs und universitären Einfluß aber weitgehend mit dem Verlust der akademischen Muße und Freiheit erkauft.

Am Ende dieses Prozesses steht der charakterisierte akademisch gut situierte und arrondierte Gelehrte, dessen Wohlstand sowohl das eigene Einkommen als auch den Kreis der Mitarbeiter und die Forschungsmittel umgreift. Unter dem Einfluß zweier gewichtiger Entwicklungsfaktoren - "efficiency and pursuit of excellence" - wird die entstandene Hierarchie, wenn auch nicht ohne Kritik, toleriert. Die Multiversität muß sich angesichts des breiten Spektrums der Anforderungen selber pluralistisch verstehen. "Devoted to equality of opportunity, it is itself a class society!" (Kerr 1982, 19). Dieser Wandel ist in der Multiversität im Rahmen der industriellen Gesellschaft unaufhaltbar. Dennoch hat sich die Multiversität ihre Fragwürdigkeit angesichts der klassischen Universitätsidee immer wieder in der Selbstanalyse bewußt zu machen, um die ideellen Triebkräfte der "community of scholars and students" und der "educational equality" nicht aus dem Auge zu verlieren.

An der Schwelle dieser Entwicklung hat Abraham Flexner bei seinem Besuch der deutschen Universitäten Ende der 20er Jahre als das Herzstück der Universität ("the very heart of the university") den Privatdozenten erkannt. Das Freisein von ökonomischen Erwägungen, das ausschließlich der Wissenschaft Verpflichtetsein, erschien ihm die wirksamste Voraussetzung für die Wahrheitserkenntnis zu sein: "The Privatdozent represented, to my thinking the sheerest and purest form of the academic type; his choice of the career embodied attitude toward life, an absorbing interest in knowlegde and ideas" (1968, 358).

Sicherlich ist es das Faszinosum des ganz Anderen, das ob der Vorteile einer vermeintlichen innerweltlichen Askese die Nachteile zu übersehen hilft, die, soweit kein Privatvermögen vorhanden ist, zur nebenhergehenden Berufstätigkeit zwingen. Diese zusätzlichen Arbeiten vermitteln zwar einen gewichtigen Lebenseinblick und die dazugehörende Erfahrung, aber lassen die offenbar intendierte asketisch-meditative Einstellung nicht aufkommen. Diese Lage beurteilt Ben-David sehr viel nüchterner: "The status of extraordinary professors and the Privatdozenten implied the recognition of a person as an independent teacher and researcher, but it was also unsatisfactory because these ranks were poorly remunerated and the appointments were risky, from the point of view of a further career" (1981, 89).

Bemerkenswert an der Stellungnahme Flexners ist indessen die hohe Einschätzung der Universitätsidee, die Professoren und Studenten zusammen führen soll. Dagegen ist aus der während der letzten Jahre immer wieder erhobenen Kritik an der Multiversität und den hohen Studentenzahlen stets das Bedauern herauszuhören, daß auf diese Weise die geistigen Werte des Studiums nicht entfaltet werden können. Die Interessen richten sich in erster Linie auf die Erlangung der akademischen Diplome und Grade.

Diese Tendenzen haben Clark und Trow 1963 vor Beginn der Studentenunruhen kritisiert: "Hundreds of thousands of students from culturally impoverished backgrounds and with narrow vocational interests enter college for the many jobs and occupations which now call for college diplomas, without any marked enthusiasm, curiosity, originality, or involvement with ideas and learning". Mit dem Hineindrängen breitester Gruppen hat sich die Struktur der Population und somit der intendierten Gemeinschaft der Forschenden und Lernenden grundsätzlich verändert. Neben dem "academic" gibt es nunmehr auch den "vocational", den "Berufsstudenten". Dennoch wäre es oberflächlich, die "Berufsstudien" schlechthin mit einer Pragmatisierung des Studiums gleichzusetzen. Der Beruf ist in der modernen Gesellschaft, in der es keine elitären Lebensformen gibt, zum Zentrum menschlicher Existenz schlechthin geworden. Daher wird die Universität die Berufsidee und die von ihr umgrenzten Berufsfelder als forscherische Gegenstandsgebiete einzubeziehen haben.

Ohne Friktionen sind derartige Wandlungen selten möglich. Somit ist es nicht ohne innere Folgerichtigkeit, daß die seit Beginn der 60er Jahre einsetzende Expansion der Universität in die Studentenunruhen mündete, die Engpässe und Mißstände durch Proteste zu signalisieren versuchten. Da die gesellschaftlichen Konstellationen als der eigentliche Ursprungsort ausgemacht wurden, trugen die Protestaktionen einen starken gesellschaftspolitischen Akzent.

Daher ist es wohl auch kein bloßer Zufall, daß die Protestbewegung der Studenten Mitte der 60er Jahre ihren Ausgang von Berkeley, einer der angesehensten Universitäten des Landes, nahm. Berkeley gehört mit dem Gründungsjahr 1868 nicht nur zu den ältesten Universitäten, sondern auch zu den leistungsfähigsten. So steht Berkeley in der halboffiziellen Wertung, die in jedem Jahr durch Umfragen vom "American Council of Education" vorgenommen wird, in der Spitzengruppe der Ivy League. Diesem hohen Rang steht in den 60er Jahren mit 40 % vorzeitigen Studienabgängern, die aus den verschiedensten Gründen ihr Studium abbrechen, eine ungewöhnlich hohe drop-out-Zahl gegenüber. So ist es auch situativ begründet, daß in den letzten Jahren neben der Darstellung der glanzvollen Geschichte Berkeleys und seiner Bedeutung im Rahmen der Higher Education zugleich eine breite Literatur über die Studentenunruhen in Berkeley erschienen ist.

Um diesen Fragen nachzugehen, wurde 1969 im Rahmen der "Research and Development Centers" ein spezielles "Center for Research and Development in Higher Education" an der Universität Berkeley gegründet (Röhrs 1977, 22, 86). Das Center findet seine Aufgabenstellung weitgehend in der Klärung der Lage der "neuen Studenten" (new students) - insbesondere der sozial benachteiligten Gruppen. Daher entstand ein "Center for black studies", das den sozialen Schwierigkeiten dieser Gruppe, ihren Studienbedingungen und Interessen, aber auch ihrer spezifischen Kultur - beispielhaft für die Minoritätenproblematik in der Universität - nachzugehen versuchte.

Auf dem Hintergrund des Free Speech Movement und der ersten Sit-ins in Sproul Hall galten die Forschungen der Neustrukturierungen des Beziehungsgefüges in der Universität - insbesondere des Verhältnisses zwischen Lehrenden und Lernenden. In diesem Kontext entstanden Untersuchungen über die Wirksamkeit des akademischen Unterrichts sowie die Erarbeitung entsprechender Kriterien. Die Evaluation erfolgte in Berkeley unter Einbezug des Campus von Santa Barbara und der Davies University. Aufschlußreich an den Ergebnissen ist die hohe Übereinstimmung in der Bewertung des besten und des schlechtesten Lehrers aus der Sicht der Studenten und der Dozenten (Hildebrand, Wilson, 1970, 8). Wie so häufig in den zentralen Existenzfragen zeigt sich auch hier nach gemeinsamer Objektivierung der Bewertungskriterien ein erstaunlicher Konsens. Hochschulpädagogisch ließe sich der Sachverhalt noch schärfer formulieren: Soweit die Gruppen der Forschenden und Lernenden die akademischen Lebensfragen in Kooperation objektivierend zu lösen versuchen, wird in gemeinsamer Verantwortung die Übereinstimmung reifen.

Lernforschung bleibt ein permanentes Postulat, wenn die empirischen Voraussetzungen für die unter wechselnden Umständen realisierbare Einheit von Forschung und Lehre geklärt werden soll. Permanent muß sie darum bleiben, weil gerade der Wandel Kontinuität in der Entwicklung der Universität stiftet, soweit er wissenschaftstheoretisch unter Kontrolle gebracht wird. Es ist wohl das Geheimnis der Universität, daß sie - als Zitadelle des Wissens - im Zentrum des Wissensflusses steht und die Welt bewegt, aber selber in sich ruhend verharrt oder wie Kerr diese Wechselwirkung hinsichtlich der amerikanischen Universität ausdrückt: "Universities have a capacity for riding off in all directions and still staying in the same place, as Harvard has decisively demonstrated" (1982, 17).

So ist Harvard wiederholt der akademische Ruin vorausgesagt worden, soweit nicht eine distanzierte Umwandlung der vielen professionellen Institute, wie etwa der "Graduate School of Business" zu einer "Boston

School of Business" erfolgen würde. Seit Abraham Flexner ist diese Kritik immer wieder geübt worden. Dennoch haben Harvard wie die University of California oder Michigan als Multiversität - bei relativer Autonomie der Institute - deren Integration erwirkt.

Der komplexe Grundzug der Multiversität wirkt sich notwendig auf die erforderliche Einstellung der Administration aus - mag es sich um den Rektor, Präsidenten, Kanzler oder eine Verbindung dieser Funktionsträger handeln. Dazu schreibt Clark Kerr: "It is sometimes said that the American multiversity president is a two-faced character. This is not so. If he were, he could not survive. He is a many-faced character, in the sense that he must face in many directions at once while contriving to turn his back on no important group" (Kerr 1982, 29). Die Multiversität fordert geradezu den machtvollen Präsidenten, der erfindungsreich und zielstrebig die Vielzahl der universitären Potenzen zu einer relativen Einheit fügt.

Die daraus resultierenden Gefahren sind mehrfach beschrieben worden: "Legally speaking, American university presidents are Hobbesian sovereigns" (Chapman 1983, 13). Eine Rechtfertigung findet diese Einstellung darin, daß sie die Wahrung der akademischen Freiheit als wichtigste Aufgabe betrachtet, die es durch klare organisatorische Formen und Bereitstellung der Mittel zu sichern gilt.

Die Multiversität umgreift ein äußerst komplexes Feld von Aufgaben, Angeboten und Anforderungen. Obgleich Wissenschaft und Reflexion die Pole sind, spielen Fragen der Organisation, Kooperation, der akademischen Freiheit sowie die damit verbundenen Rechte und Pflichten in einer wirtschaftlich gesicherten Position, die in den USA durch das "tenure" gewährt wird, eine Rolle. Die Gestaltungsfähigkeit und Tragfähigkeit der akademischen Freiheit hängt entscheidend von der akademischen Moralität und wissenschaftlichen Integrität des einzelnen ab - insbesondere bei der Bewilligung des "tenure". "The principles of corporate autonomy and neutrality are the foundations on which are erected the institutional right to academic freedom and institutionalized privilege of academic tenure, the specifically academic form of professional autonomy" (Chapman 1983, 7). Wenn der wissenschaftliche Geist die Mitte der Universität bleiben soll, dann darf die lebenslange Anstellung nicht zum Handelsobjekt werden, das durch hochschulpolitische Strategien und Taktiken gesichert werden kann, wie es teilweise mit dem "tenure track" geschieht.

Die akademische Freiheit muß immer wieder von ihrer Idee und möglichen Funktion durchdacht und vorgelebt werden, damit sie das lebendige Unterpfand für die wissenschaftliche Progression bleiben kann. "In the university both moral and intellectual integrity depend on their effective presence" (Chapman 1983, 13). Unter diesem Aspekt betrachtet, wird auch die originäre Humboldt-Fichtesche Konzeption wieder spürbar, die neben das Recht auch die hohe Verpflichtung in moralischer und staatlicher Hinsicht setzt. Das geschieht in beispielhafter Form in der (in den USA immer noch diskutierten) Studie "The Academic Freedom in our Time" von MacIver, der über die Grundfunktion der akademischen Freiheit schreibt: "It is a service to the country, a service to civilization, a service to mankind" (New York 1955, 10). Es ist sicherlich diese staatspolitische Orientierung der Hochschulbildung, die dazu führte, daß die Schriften von MacIver im Rahmen der Rekonstruktion des

Hochschulwesens in Westdeutschland nach dem Kriege eine besondere Resonanz fanden.

Wenn dieses forscherische Ethos in der Hochschule bestimmend bleiben soll, dann muß größter Wert darauf gelegt werden, daß die Erneuerungspolitik nicht von wissenschaftlichen Allianzen und schulischen Interessengruppen bestimmt wird, denn ein vermeintlich selbstloses Argument findet sich schnell für jede Hauspolitik, soweit sie gruppenstrategisch abgesichert ist. Als "nepotistic preferentialism" ist diese Art der Hochschulpraxis in den USA gebrandmarkt worden, aber sie wurde dennoch nicht völlig überwunden.

General education - ein Stilprinzip der Universitätsidee

In Abhebung von der Multiversität ist es immer wieder notwendig, die universitäre Grundidee, der der Charakter der Gelehrtenrepublik eigen ist und die die Studenten durchaus einbegreift, hervorzuheben. So gesehen ist die Universität ein Raum meditativer Stille, der innerhalb der Dynamik der modernen Welt innere Sammlung als Voraussetzung für schöpferische Leistungen erlaubt: "A Sanctuary of Scholarship", wie Robert Wolff nach eingehender Auseinandersetzung mit der Konzeption Kerrs formuliert: "Quiet, contemplative, frequently celibate, it is enlivened by bookish disputed of remarkable virulence in which a footnote can wound as deeply as a sword and a book review crush with fatal force. The truly great scholars are men of enormous stature within the world of the university" (Wolff 1969, 4). In distanziert humoriger Diktion sind hier menschlich-allzumenschliche Anfechtung und stille Größe, die keineswegs im Verhältnis natürlicher Folge stehen müssen, aber Wesensseiten des akademischen Heiligtums ausmachen, trefflich beschrieben.

Damit seien kontrapunktisch zu dem Konzept der Multiversität einige Grundzüge der klassischen Universität vergegenwärtigt. Gegenüber den vermeintlich hinzugekommenen akademischen Funktionen, die in ironischer Distanzierung gern "training camp for the Professors and Social Service-Station" genannt werden, ist die Rückbesinnung auf die Forschungsidee, die innere Sammlung voraussetzt, lebensnotwendig. Sie wird auch bei der weiteren Ausdehnung und Einbeziehung neuer Aufgaben, die über die Kontinente hinweg in den Weltraum reichen können, innere Kontinuität stiften müssen. Die Perspektive dazu hebt sich deutlich ab: "The University of California will probably have a branch operation on the moon before the century is out" (Wolff 1969, 29). Die Konzepte des "floating campus" (Kelley 1969, 9) und des "international diversified campus" werden folgerichtig ihre Ergänzung durch einen "world space campus" finden.

Soweit diese globale Dimension der Grundidee des Forschens und Lehrens dienend verpflichtet bleibt und sich nicht in selbstzwecklicher Mobilität löst, ist diese Entwicklung durchaus folgerichtig. Exemplifiziert sei dazu der erstere Fall des "floating campus": Die Verlagerung eines Seminars über international komparative Fragen - sei es im Rahmen der Wirtschaftspolitik, der Geographie, der Internationalen Pädagogik

- auf ein Schiff, das die entsprechenden Länder anläuft und gut vorbereitete Begegnungen ermöglicht, kann durchaus eine wichtige hochschuldidaktische Variante sein, wenn alles gründlich geplant ist und die Reise selber als Studienzeit aktiv einbezogen wird.

Dem pluralen Grundzug dieses Lösungsmodells entsprechend gibt es keine **einzige** Formel für den immer wieder zu leistenden Integrationsprozeß. Dazu bedarf es vieler akademischer Elemente als Ergebnis des internationalen Vergleichs, der seit Horace Mann und Abraham Flexner stets lebendig blieb, aber nunmehr zu einem gewissen Abschluß gekommen ist. Eine diesen Anforderungen entsprechende Formel liefert Kerr, wenn er schreibt: "A university anywhere can aim no higher than to be as British as possible for the sake of the undergraduates, as German as possible for the sake of the graduates and the research personnel, as American as possible for the sake of the public at large" (1982, 18).

Als ein wichtiger Orientierungspunkt in diesem Akt der Vergewisserung der akademischen Balance hat sich die Diskussion um die Allgemeinbildung (general education) erwiesen. So etwa durch die Beiträge von Eric Ashby, dem Leiter des Clare College an der Universität Cambridge und vorzüglichen Kenner des amerikanischen Hochschulwesens. Sein Buch "Any Person, Any Study: an Essay on Higher Education in the United States" bildet eine aufschlußreiche Analyse der Möglichkeiten und Grenzen der Higher Education in der Form des Essays. Der Haupttitel wurde in Analogie zur Formulierung von Ezra Cornell gewählt: "Ich würde eine Institution gründen, in der jeder Mensch in jedem Fach unterrichtet werden kann". Eines der zentralen Themen stellt daher die Allgemeinbildung dar. Es geht um die alte Frage, ob die Universität dazu bereit und fähig ist und ob die Allgemeinbildung eine unverbindliche Erweiterung des Grundwissens, eine philosophische Grundlegung des Wissensstandes oder aber eine philosophische Durchdringung der fachwissenschaftlichen Arbeit zu sein habe. Eric Ashby distanziert sich von dem Versuch einer unverbindlichen Erweiterung des Grundwissens, soweit er nicht zu einer Durchdringung des fachwissenschaftlichen Ansatzes führt: "Even at its best (as at Harvard) general education has disappointed its creators; and at its less than best ... it may be counterproductive, for it provides information without understanding, and this is liable to destroy a student's intellectual self-confidence. It is better to be ignorant than to have undigested knowledge lumbering one's mind" (1971, 34).

Diese Konzeption ist nicht ohne Analogie zu den Ideen Whiteheads thematisiert, der als englischer Mathematiker und Philosoph von 1924 bis zu seinem Tode an der Harvard University wirkte. Er schreibt: "Culture is activity of thought and receptiveness to beauty and humane feeling ... what we should aim at is producing men who possess both culture and expert knowledge in some special direction" (Whitehead 1970, 1). Ein Lösungsansatz für diese Bemühungen um die Allgemeinbildung könnte die "high culture" sein, wie sie Martin Trow genannt hat, wenn sie die philosophische Durchdringung des Fachbereichs mit der Persönlichkeitsbildung verbindet und nicht einer kleinen Elite vorbehalten bleibt. Soweit aber alles nur äußerlich aufgesetzt wird - sei es durch bloße Erhöhung des Grundwissens oder durch Anreicherung philosophiegeschichtlicher Fakten - besteht die Gefahr der Korrumpierung der gesamten hochschulmäßigen Allgemeinbildung.

Der Entwicklungsstand der General Education läßt sich am klarsten an Harvard ablesen: Einmal, wenn es die älteste und angesehenste Universität ist, die 1636 nach dem Modell des Emmanuel College in Cambridge gegründet wurde, und zum anderen, weil die dort geführten Grundsatzdiskussionen stets im ganzen Lande eine große Resonanz fanden. Dazu ist es notwendig, die Vorgeschichte in aller Kürze zu erwähnen.

Nachdem George Ticknor Harvard nach dem Vorbild von Göttingen reformiert hatte, fand Charles W. Eliot gute Voraussetzungen für seine weitergehenden Pläne vor, die er während seiner ungewöhnlich langen Amtsperiode als Präsident von 1869-1909 verwirklichte. Angesichts des geringen Interesses an Universitätsstudien, das zu Beginn der industriellen Pionierzeit in der zweiten Hälfte des 19. Jahrhunderts vorherrschte, suchte er durch den Ausbau der Graduate School im Zusammenhang mit einer Professionalisierung und durch die Einführung der electives, der Wahlfächer, das Studium attraktiver zu machen. Durch das Wahlsystem (elective system) konnten die Studierenden weitgehend ihren Interessen entsprechend die Studienschwerpunkte wählen. Der Nachteil dieses Verfahrens ist die hochgradige Spezialisierung von Wissenschaft und Studium. Nachdem dieses Konzept von Cornell, Michigan, Minnesota, Wisconsin, Stanford, Columbia und anderen Universitäten aufgenommen wurde, fand die Spezialisierung ihren Ausdruck im Ausbau der Fächer und Institute. Die strukturierende Rückwirkung dieser (im Namen der akademischen Freiheit eingeleiteten) Entwicklung kennzeichnet Kerr folgendermaßen: "If students were to be free to choose their courses (one aspect of the Lernfreiheit of the early nineteenth-century German university), then professors were free to offer their wares (as Lehrfreiheit the other great slogan of the developing German universities of a century and a half ago, essentially assured)" (1982, 14).

Die Rückwirkung dieser kommerziell anmutenden Auslegung der Freiheit von Forschung und Lehre ist als sehr nüchtern abwägende Haltung der Studierenden zu registrieren. Es ist Max Weber gewesen, der diese realistische Einstellung der Studenten gegenüber ihren Lehrern während seines USA-Besuchs 1904 trefflich beschrieben hat: "The American students conception on the teacher who faces him is: he sells me his knowledge and his methods for my father's money" (Gerth, Mills 1970, 149). Trotz vieler Änderungen ist die Grundhaltung, daß der College-Professor sein Erziehungsprogramm zu verkaufen hat, geblieben, wie auch Ben-David, der diese Anekdote anführt, bestätigt.

Auf dem Hintergrund dieser Entwicklung fand die Forderung nach einer grundlegenden und ergänzenden Allgemeinbildung mit innerer Notwendigkeit eine Stärkung. Als ein früher Ansatz zur Entfaltung der General Education muß John Erskine erwähnt werden. Er begann seit 1917 an der Columbia university mit der Einrichtung allgemeiner Kurse zur Lektüre und Diskussion der "Klassiker" ("great books") als Ergänzung zum Fachstudium.

In Harvard wurde diese Initiative von A. Lawrence Lowell (1909-1934) aufgrund eines stärkeren Ausbaus des Undergraduate College mit dem speziellen Auftrag einer Vertiefung der Allgemeinbildung eingeleitet. Unter diesem Aspekt ist auch der erste große Harvard-Report zu verstehen, der in Fortführung der Bemühungen Lowells den gesamten Fragenkreis "General Education in a Free Society. Report of the Harvard Committee" (1949) erörtert. Es geht den Initiatoren, zu denen die bedeutendsten Pädagogen gehören, auf der Grundlage einer verstärkten Allgemeinbildung um ein gründliches Fachstudium, das sich trotz aller notwendigen Spezialisierung am gesamten Fach und seiner Einbettung in größere Zusammenhänge orientiert. Damit wird bereits lange vor der Challenge des Sputnik-Komplexes in freier Verantwortung das Verhältnis von grundlegender und fachlicher Bildung und ihrer Effizienz in Wechselwirkung von High School und University grundsätzlich erörtert (Röhrs 1968, 207).

Wissen (knowledge) und Forschung (research) sind seit den 70er Jahren nicht mehr ohne weiteres die Leitpunkte für das Studium. War bis dahin das Gentleman-Ideal und der Educated Man ein weithin verbindliches Bildungsziel, so ist in dieser Hinsicht eine Änderung eingetreten. Die Intellektuellen der USA erblicken nicht länger ihre geistige Heimat in Europa, vielmehr entwickeln sie bewußt ihr Selbstverständnis als Amerikaner, wenn auch nicht ohne Selbstkritik. Dazu schreibt Ben-David: "But instead of a list of 'great books' or events that one had to be acquainted with in the old ideal of general education, there is now a fixed list of issues with which one has to be 'concerned', and about which one has to 'do something' - such as a race issue, the Vietnam War, air pollution, and poverty. The issues are similarly canonized as the great books of Hutchins were supposed to be. There is a binding consensus about what is and what is not an important issue, and there are standard ways of evaluating them. This new trend is, therefore, another search for a 'general education' that is supposed to mold the 'whole man', rather than teach him some specialized knowledge" (1981, 84).

Die Überprüfung der Rückwirkung dieser Bestrebungen auf die amerikanische Erziehungswirklichkeit bleibt ein eigenes Aufgabenfeld, dessen Lösung umso schwieriger ist, als das Bildungswesen der Zuständigkeit der Bundesländer untersteht und der Bund keine realpolitische Weisungsbefugnis besitzt. Erst 1980 wurde in Washington ein "Office of Education" aus dem "Department for Health, Education and Welfare" herausgelöst und verselbständigt. Somit kann es nicht erstaunen, daß die zweite Diskussion des Fragenkreises Ende der 70er Jahre unter der Thematik "Harvard Reform" ohne eigentliche Aufarbeitung der Erfahrungen aus der Vorgeschichte in den Universitäten der einzelnen Bundesländer ablief. Die Dringlichkeit des Problems zeigt sich allein darin, daß das Angebot an "electives" sich seit dem "Harvard Report" vervielfacht hatte und somit die Spezialisierung verwirrende Formen (nach dem Prinzip des super market) angenommen hat. Dem versucht die Harvard-Reform durch die Entwicklung eines "core curriculum" entgegenzuwirken. Die Diskussion der strittigen Frage, ob das durch Klärung der grundlegenden Prinzipien der Allgemeinbildung oder durch Sicherung begründeter Verfahren, die zu ihrem Erwerb führen können, zu geschehen habe, fällt die Entscheidung zugunsten der Methodenfrage - der "approaches to knowledge". Zweifellos wird durch die Methodenproblematik ein Brückenschlag zum Fachlichen gesichert.

Die Diskussion um die General Education wurde in Harvard durch einen Brief von Dean Henry Rosovsky im Oktober 1974 angeregt: "Letter to the Faculty on Undergraduate Education". Nach einer Kritik an der bisherigen unsystematischen Arbeit wurde dazu aufgefordert, die Aufgaben und Methoden der liberal education neu zu durchdenken. "The philosophy of the Core rests on the conviction that every Harvard graduate should be broadly educated, as well as trained in a particular academic speciality. It assumes that students need some guidance in achieving this goal, and that the faculty has an obligation to direct them toward the knowledge, intellectual skills, and habits of thought that are the hallmarks of what Harvard commencement ceremonies grandly call 'the company of educated men and women'" (Introduction to the Core Curriculum, o.J.o.S.(1)).

Die Fakultät beschloß, nach einer Definition der Arbeitsziele und -standards ein Curriculum zu entwickeln. Zur Konkretisierung der Diskussion versuchte Dean Rosovsky eine Begriffsbestimmung dessen, was eine gebildete Person (an educated person) in der Schlußphase des 20. Jahrhunderts ausmache: "the Core is, simply, an attempt to say what it means to be broadly educated in the 1980s" (Introduction, o.S.(3)). Dazu wurden fünf Kriterien entwickelt, die zugleich maßgebend für das zu entfaltende Curriculum werden sollten. Wegen der Bedeutung der Punkte seien sie stichwortartig angeführt:

"1. An educated person must be able to think and write clearly and effectively.

2. An educated person should have achieved depth in some field of knowledge. Cummulative learning is an effective way to develop a student's powers of reasoning and analysis, and for our undergraduates this is the principal role of concentration.

3. An educated person should have a critical appreciation of the ways in which we gain and apply knowledge and understanding of the universe, of society and of ourselves. Specifically, he or she should have an informed acquaintance of science, literature and the arts: with history as a mode of understanding present problems and the processes of human affairs; with the concepts and analytic techniques of modern social science; and with the mathematical and experimental methods of the physical and biological sciences.

4. An educated person is expected to have some understanding of, and experience in thinking about moral and ethical problems. It may well be that the most significant quality in educated persons is the informed judgement which enables them make discriminating moral choices.

5. Finally, an educated American, in the last third of this century, cannot be provincial in the sense of being ignorant of other cultures and other times. It is no longer possible to conduct our lifes without reference to the wider world within which we live. A crucial difference between the educated and the uneducated is the exent to which one's life experience is viewed in wider contexts" (Report 1979, 3).

Die schlüsselhafte Bedeutung der Leitsätze für das Curriculum besteht darin, daß sie, ausgehend von der Überlegung, was in der modernen Welt die konstitutiven Merkmale des Gebildetseins ausmachen können, die Frage nach der Struktur der Allgemeinbildung grundsätzlich und nicht nur pragmatisch stellen. Hinsichtlich der Planung aus der Sicht des Studierenden wird die das Fachstudium begleitende und vertiefende Funktion betont: "The Core requirement is a graduation requirement; you are expected to complete it over the Course of your full four years at Harvard. Freshmen should not rush frantically into Core courses trying to complete the requirement as soon as possible. We hope Core courses will broaden your intellectual horizons and enrich your education during each of your years in college" (Introduction, o.J., o.S.).

Wegen ihres prinzipiellen Ansatzes betrifft die Diskussion um die Allgemeinbildung das Universitätsstudium überall auf der Welt. Abgesehen davon, daß alle fünf Punkte fundamental wichtig sind, haben zwei eine ausgesprochen zukunftsweisende Bedeutung: die ethische sowie die interkulturelle Fragestellung. Zusammengehalten werden die einzelnen Komponenten durch eine übergreifende pädagogische Zielgebung: Harvard education (Dean's Report 1978-1979, o.S.(3)). Es ist schon einmalig in der Universitätsgeschichte, daß die Bildungsfrage zum Orientierungspunkt für das Studium gewählt wird, wie Dean Rosovsky auch in seinem nächsten Report in Übereinstimmung mit der Fakultät formuliert: "I think that departments need more education in the workings of the system and a deeper understanding of its flexibilities" (Dean's Report 1979-1980, o.S.(7)).

Hinsichtlich der inhaltlichen Gestaltung werden fünf Fachbereiche genannt: 1. Literature and the Arts; 2. Historical Study; 3. Social analysis and Moral Reasoning; 4. Science; 5. Foreign Cultures. Aus der Sicht der Harvard Reform sind damit die konstitutiven Elemente für die Allgemeinbildung bereitgestellt. In der Tat sichert das "core curriculum" ein ausgewogenes fachliches Spektrum, das neben dem schöngeistigen und historischen Aspekt die moralische Urteilsfähigkeit sowie die Kenntnis fremder Kulturen umfaßt. Damit ist die pragmatisch-spezialistische Einstellung zugunsten einer moralisch bewußt verantwortbaren Haltung (im Dienste des educated man) überwunden worden. Fundamental wichtig erscheint der Einbezug fremder Kulturen und Sprachen, der durch das Studium der soziokulturellen Situation anderer Völker die internationale Perspektive als selbstkritisches Korrektiv in die spezialwissenschaftlichen Studien hineinnimmt.

Das Core Curriculum der fünf allgemeinbildenden Themen wird wiederum in ein Angebot von etwa 100 speziellen Themen umgesetzt, was viel didaktisches Gespür erfordert, um die Mitte zwischen der Lernfreiheit (den individuellen Interessen entsprechend) und der thematischen Spezialisierung zu finden. Soweit dieser Prozeß nicht behutsam abwägend vorgenommen wird, könnte die Gefahr einer relativ sinnleeren Spezialisierung im Bereich der Allgemeinbildung wiederkehren, obgleich sie gerade als Gegenmittel wirken soll (Report 1979).

Von grundlegender Bedeutung ist in diesem Rahmen die Betonung der ethischen Frage - insbesondere der professional ethics. Nicht schon die Philosophie allgemein - am wenigsten wirkungsvoll wohl in historischer Ausrichtung - sondern die philosophisch-ethische Durchdringung des eigenen Fachbereichs vermag mit dem vertieften Urteilsvermögen auch Verantwortungsbereitschaft zu wecken. Ethik der Medizin, der Ingenieurwissenschaft, der Rechtssprechung und nicht zuletzt auch der Politik sind Themen, die den Generalien statt eines allgemeinbildenden Dekors - eine humane Rückbindung zu vermitteln vermögen; sie könnte der Dynamik des Machbaren als Merkmal der modernen Welt anthropologisch gesicherte Haltepunkte vermitteln.

Bildung durch Wissenschaft

Die innere Dialektik ist ein notwendiges Begleitphänomen eines Bildungssystems, das durch Wissenschaft bewußt dem Leben dienen will. Dieser Entwicklungsprozeß ist seit der dem Morill Act folgenden Gründungs- und Ausbauzeit zu einem bedeutenden Abschluß gelangt. Die amerikanischen "Zitadellen des Lernens" (Conant) haben in ihren gelungensten Lösungsmodellen die alles zentrierende Forschungsidee stets mit einem pädagogisch motivierten Demokratisierungsprozeß zu verbinden gewußt. Trotz äußerer Geschäftigkeit sind Harvard, Berkeley, Columbia, Princeton, Stanford, Boulder Orte meditativer Stille geblieben, die die gesellschaftliche Entwicklung nicht nur vorangetrieben, sondern auch entscheidende Maßstäbe für diesen Prozeß bereitgestellt haben. Als Ergebnis dieses Prozesses zeigt sich ein eigenständiges Universitätsmodell, einmalig in der freien Entfaltung der pluralen Forschungs- und Studienmöglichkeiten und ihrem interdisziplinären Zusammenspiel: "an institution unique in world history, an institution not looking to other models but serving, itself, as a model for universities in other parts of the globe" (Kerr 1982, 86). Daher kann man in Asien und Afrika nationale Varianten dieser amerikanischen Universität kennenlernen, die von der Möglichkeit der Transformation universitärer Grundrezepte zeugen. Überhaupt erweisen sich die Universitäten als wahrhaft internationale Institutionen - sowohl hinsichtlich der Transferierbarkeit ihrer Grundideen als auch ihrer Lebensformen. Die Universitäten sollten diesen Prozeß einer natürlichen Kosmopolitisierung und Internationalisierung im Dienste einer wissenschaftlich begründeten und daher ideologiefreien Pazifizierung sehr viel bewußter, aber auch in internationaler Kooperation voranbringen.

Angesichts dieser Eigenständigkeit der amerikanischen Universität kann es nicht erstaunen, daß die Bezüge auf Humboldt in der neueren Diskussion seltener werden. So sucht man seinen Namen beispielsweise in dem Standardwerk "The American University" von Talcott Parsons und Gerald M. Platt vergebens. Die Einflüsse der klassischen Universitätsidee werden vielmehr recht allgemein dargestellt: "The graduate school adapted to the American system was a modified and syngraded version of the one American scholar had experienced while studying in Germany" (1974, 352). Die Gründe, die diese durch Horace Mann (und Abraham Flexner) vermittelten Einflüsse unverbindlicher werden lassen, sind das vertiefte Selbstverständnis des Undergraduate und Graduate College. In sich gefestigt kann die amerikanische Universität viele der in der Bundesrepublik immer noch tabuisierten Themen weitaus direkter ansprechen und lösen. Dazu gehört auch das Gesetz der Efficiency oder zumindest die Kritik daran, daß es nicht ausreichend genug zur Geltung gebracht wurde. Die Grundeinstellung bleibt dennoch der Versuch, die demokratische Erziehungsfunktion selbst im Rahmen der Multiversität wahrzunehmen: "The creation of a relatively classless society, with the doors of opportunity open to all through education"

(Kerr 1982, 47). In Verlängerung dieser Bestrebungen kommt die alles umgreifende Aufgabe der Veränderung und Verbesserung der Gesellschaft durch die Schärfung des Bewußtseins für das gesellschaftspolitisch Notwendige in den Blick, und die amerikanische Universität hat sich zu dieser demokratischen Zielsetzung stets bekannt.

Das alles umgreifende Ziel sollte die Persönlichkeitsbildung sein. Nach der Vergewisserung der fundamentalen Bedeutung der ethischen Grundeinstellung in der Forschung erhält gerade die Persönlichkeitsbildung eine besondere Relevanz. Insofern stehen Forschung und Allgemeinbildung in unmittelbarer Wechselwirkung und sind nicht zu trennen. Gerade der allgemeinbildende Ansatz im Rahmen der Forschung dürfte der wirksamste sein. Das gilt für die Anlage der Forschungsarbeit und die vorauflaufende Berücksichtigung des soziokulturellen Kontextes; es gilt aber auch für den Kreis der Mitwirkenden und für die Studierenden, denn die Wissenschaft in Aktion, die das Signum der Allgemeinbildung trägt, ist weitaus überzeugender und wirksamer als Propädeutika und Sonderkurse. Die Art und Weise wie die Allgemeinbildung als integrierender Teil im akademischen Alltag in Forschung, Gespräch und Umgang ihren Ausdruck findet, stellt gleichsam ein Exempel ihrer Echtheit und Lebenskraft dar.

Dazu bedarf es einer gewissen Beispielhaftigkeit, die bereits durch ihr Sosein Nachahmung und Nachfolge erheischt. Die organisierende Mitte des so Wirkenden ist sein Charakter. Frederick Rudolph schreibt in seinem bedeutenden Werk "The American College and University": "In the mythology of American education the old-time college professor, if nothing else, was a character. Beloved or unbeloved, tyrannical or permissive, stern or playful, tall or short, skinny or fat, young or old - he might be any of these things, but one thing for sure, he was a character" (1962, 394). Selbst wenn es wie das Ausweichen in den emotionalen, empirisch schwer kontrollierbaren Bereich wirken sollte, so muß die Forderung in generalisierender Form wiederholt werden: Der Forscher muß ein Charakter sein, d.h. ein "academic man", der auf seine persönliche Weise ein Beispiel setzt, indem er nicht nur bekennerhaft Stellung nimmt, sondern wie es die Grundbedeutung seiner Berufsbezeichnung - profiteri - erfordert, zu seinem eigenen Wort steht, es selber hält und (dar-)lebt. Das Grundmotiv dieser Einstellung findet in dem folgenden Motto trefflich seinen Ausdruck: "Let knowledge grow from more to more, and thus be human life enriched". Die Formulierung dieses Mottos, das sich die Universität Chicago gewählt hat und das seit den 20er Jahren als ein Grundmotiv der Higher Education in den USA schlechthin gilt, wird Hutchins zugeschrieben (Rudolph 1962, 481).

Eine charaktervolle Persönlichkeit werden, bildet nicht nur das übergreifende Kernstück in der Wechselwirkung von Forschung und Lehre für alle Beteiligten, sondern es stellt auch die bildungstheoretische Grundvoraussetzung für die Verwirklichung der Humboldtschen Idee in der Multiversität dar. Das Ziel ist die Erarbeitung der Erkenntnisse der Wissenschaft in gemeinsamer Verantwortung, so daß das Wissen Teil der Persönlichkeitsbildung wird. Dennoch läßt sich die einleitend aufgewiesene fundamentale Bedeutung der Wissenschaft für die moderne Gesellschaft erst artikulieren, wenn gleichgeordnet zur Dimension der Bildung auch die internationale Verantwortung verwirklicht wird.

Auf Grund dieser Tradition kann es nicht erstaunen, daß die Charakterbildung auch im Namen der neuen Programme zur General Education sich als eine verbindliche Erziehungsidee erweist. Diese Zusammenhänge betont auch Ben-David: "Although many of the protagonists of general education and liberal culture were opposed to the idea of moral character as conceived in the old-time college, what they had in mind differed from that idea only in the content of the desired moral character. Formally the aim was the same: shaping the mind and their habits of the student according to a preconceived ideal" (1981, 63).

Der Versuch, abschließend die Einflußlinien der klassischen Universitätsidee auf das Feld der Higher Education in den USA stichwortartig zusammenzufassen, müßte folgende Punkte aufweisen:

1. Der Gedanke der universitären Autonomie, wie auch derjenige der Einheit von Forschung und Lehre, ist bis in die Gegenwart von den Ideen Humboldts und seines Kreises beeinflußt.
2. Das Ziel, die Allgemeinbildung im Rahmen der Universität zu stärken, ist zunächst amerikanischen Ursprungs. Nach Humboldts Auffassung ist die Allgemeinbildung Aufgabe des Gymnasiums. Aber bereits Schleiermacher konnte sich angesichts einer Ausdehnung der Universität jener Fragestellung nicht entziehen. Die Studierfähigkeit und akademische Urteilsfähigkeit der jungen Studierenden wurden in der Folgezeit ein permanentes Problem, das im Kontext der Aufgabenstellung des College im Erfahrungsaustausch zwischen der deutschen und amerikanischen Hochschulwirklichkeit seine Erörterung fand.
3. Selbst die Frage der Charakterbildung, die in diesem Zusammenhang in den USA als übergreifendes Bildungsziel gewichtig wird, findet sich bereits bei Humboldt. Die Bildung der Individualität setzt für Humboldt die Formung des Charakters voraus. Dennoch ist das Ziel der Charakterbildung in den amerikanischen Universitäten weniger von Humboldt als von dem Pioniergeist der Anfangszeit der USA übernommen worden. High culture als das Ziel der Studien besitzt ihren Haltepunkt in dem geformten Charakter, die beide zusammen die akademische Bildung im Sinne der amerikanischen Universität ausmachen.

Literatur

AHRENS, R. (Hrsg.): Amerikanische Bildungswirklichkeit heute. Hildesheim 1981

AHRENS, R.: Das amerikanische Universitätssystem und die "Harvard Reform". In: H.A. Glaser (Hrsg.): Hochschulreform - und was nun? Frankfurt a.M. 1981, 397-423

AHRENS, R.: Die "Harvard Reform" und der neue Trend zur Allgemeinbildung. In: Mitteilungen des Hochschulverbandes. 6/1982, 311-316

ALTBACH, P.G. und Berdahl, R.D. (Hrsg.): Higher Education in American Society. Buffalo (New York) 1978

ASHBY, E.: Any Person, Any Study. New York 1971

ASHBY, E.: Adapting Universities. American, English, German. With a new introduction by Clark Kerr. London, Oxford, New York 1968, 2. Aufl.

ASHBY, E.: Adapting Universities to a Technological Society. San Francisco 1974

ANGER, H.: Probleme der deutschen Universität. Tübingen 1960

BATELLE: A profile. Annual Report 1984

BECKER, C.H.: Gedanken zur Hochschulreform. Leipzig 1919

BEN-DAVID, J.: American Higher Education. New York 1972

BEN-DAVID, J.: Trends in American Higher Education. Chicago und London 1981, 2. Aufl.

BEN-DAVID, J.: Centres of Learning. Britain, France, Germany, United States. New York 1977

BUSCH, A.: Die Geschichte des Privatdozenten. Stuttgart 1959

CHAPMAN, J.W. (Hrsg.): The Western University on Trial. Berkeley, Los Angeles, London 1983

CLARK, R.C./ TROW, M.: Determinants of College Student Subculture. Unveröffentlichtes Ms. Center for Study of Higher Education. University of California, Berkeley 1963

CONANT, J.B.: The Citadel of Learning. New Haven 1956

CONANT, J.B.: My several lives. Memoirs of a Social Inventor. New York 1970

CONDORCET, U.J.A. de: Rapport sur l'introduction publique. Hrsg. G. Comayré. Paris 1983

DAALDER, H./ SHILS, E. (Hrsg.): Universities, Politicians and Bureaucrats. Europe and the United States. Cambridge University Press 1982

DRAPER, H.: Berkeley. The New Student Revolt. New York 1965

FINKENSTADT, T.: Humboldts Erben? In: Mitteilungen des Hochschulverbandes 32 (1984), 311-319

FLETCHER, B.: Universities in the Modern World. Oxford, London, Edinburgh 1986

FLEXNER, A.: Universities. American, English, German. With a new Introduction by C. Kerr. London, Oxford, New York 1986, 2.Aufl.

GEHLSEN, J.: Vom Professor zum Unternehmer. Wissenschaftstransfer und Eigeninitiative am Beispiel Stanford. In: Deutsche Universitätszeitung. 11 (1982). 16-17

GERTH, H.H./ MILLS, W. (Hrsg.): From Max Weber: Essays in Sociology. Oxford University Press 1970, 7th ed.

GOLDSCHMIDT, D.: Transatlantic Influences: History of Mutual Interactions between American and German Education. State University of New York Press, Albany 1983

HALSEY, A.H. und Trow, M.A.: The British Academics. London 1971

Harvard University: Report on the Core Curriculum. Revised May 1979

Harvard University: Introduction to the Core Curriculum 1982

Harvard University: Core Curriculum 1984-85

Harvard University: Faculty of Arts and Science. Dean's Report 1978-79

Harvard University: Introduction to the Core Curriculum. A Guide for Freshmen (o.J.)

HILDEBRAND, M./ WILSON, R.C.: Effective University Teaching and its Evaluation. Berkeley 1970

HUMBOLDT, W. von: Über die innere und äußere Organisation der höheren wissenschaftlichen Anstalten in Berlin. In: Die Idee der deutschen Universität. Darmstadt 1956, 375-386

KELLEY, V.H.: Education upon the Seven Seas. In: F. Paulsen (Hrsg.): Changing Dimensions in International Education. Arizona Press 1969

KERR, C.: The Uses of the University. Harvard University Press 1982, 2. Aufl.

MacIVER, R.M.: The Academic Freedom in our Time. New York 1955

National Commission on Excellence in Education (Eds.): Nation at Risk. The Imperative for Educational Reform 1982

NEWMAN, J.H.: Vom Wesen der Universität. Mainz 1960

NOLTE, E.: Sinn und Widersinn der Demokratisierung der Universität. Freiburg i.Br. 1968

PARSONS, T./ PLATT, G.M.: The American University. Harvard University Press 1974

RICE, A.K.: The Modern University. London, New York 1970

RÖHRS, H.: Die amerikanische Schule in der gegenwärtigen Diskussion. In: Froese, L. (Hrsg.): Aktuelle Bildungskritik und Bildungsreform in Deutschland. Heidelberg 1968, 191-211

RÖHRS, H.: Berkeley und die Higher Education. In: Ders.: Modelle der Schul- und Erziehungsforschung in den USA. Frankfurt a.M. 1972, 86-96

RÖHRS, H.: Die Wissenschaft als Orientierungspunkt der Universitätsreform. In: Perspektiven der Philosophie. Bd. XII 1986, 261-292

RUDOLPH, F.: The American College and University. New York 1962

RUDOLPH, F.: The Great Core Curriculum Debate. Education as a Mirror of Culture. New Rochelle 1979

RÜEGG, W.: Konkurrenz der Kopfarbeiter. Universitäten kommen besser an: Ein internationaler Vergleich. Zürich 1985

SCHELSKY, H.: Einsamkeit und Freiheit. München 1963

THEIS, A./ GRAUMANN, W./ OPPERMANN, Th. (Hrsg.): Wissenschaftstransfer zwischen Universität und Wirtschaft. Baden-Baden 1986

TOQUEVILLE, A. de: La Démocratie en Amérique; deutsch: Frankfurt/M. und Hamburg 1956

WHITEHEAD, A.N.: The Aims of Education. New York 1929, 7. Aufl. (1970)

WOLFF, R.: The Ideal of the University. Boston 1969

TRADITION UND REFORM DER KARLS-UNIVERSITÄT ZU PRAG

Miroslav Cipro

Das historische Fundament und bis heute auch eines der Hauptglieder des Hochschulsystems der CSSR bildet die Karlsuniversität zu Prag, die älteste und zu bestimmten Zeiten auch die bedeutendste Universität Mitteleuropas. Ihre von Kaiser Karl IV. herausgegebene Gründungsurkunde trägt das Datum 7. April 1348. Noch zu Lebzeiten Karls erreichte die Universität ein solches Niveau, daß sie von Studenten aus ganz Europa aufgesucht wurde. Auch wenn sie vor allem und ausdrücklich für die Bewohner des Königreichs Böhmen bestimmt war, so studierten hier Studenten aus dem Heiligen Römischen Reich Deutscher Nation, aus Skandinavien, Polen, Ungarn, Frankreich, England, den Niederlanden und aus Italien. In den sechziger Jahren war diese große europäische Universität schon mit allen Privilegien und materiellen Mitteln ausgestattet. Sie besaß alle damals existierenden Fakultäten: die Artistenfakultät als grundlegende Fakultät und drei höhere: die theologische, die medizinische und die juristische.

In dem Maße, wie das tschechische Element zahlenmäßig an der Universität anwuchs, entstanden Probleme hinsichtlich dessen Einflusses auf die Leitung der Universitätsangelegenheiten. Dieser Einfluß war traditionell auf nur eine Stimme beschränkt gegenüber drei Stimmen der übrigen Nationen: der bayerischen, der sächsischen und der polnischen. Dieses Mißverhältnis wurde noch kompliziert durch die aufkeimenden religiös-ideologischen Widersprüche, die mit dem Kampf um die Wiclifsche Lehre begannen und sich später in eine Konfrontation der vom Volk unterstützten Reformbemühungen von Hus und des orthodoxen, von der hohen klerikalen Hierarchie verfochtenen Katholizismus verwandelten. König Václav (Wenzel) IV. löste die Situation durch die Herausgabe des Dekrets von Kutná Hora (Kuttenberger Dekret) im Jahre 1409, welches den Tschechen drei Stimmen und den Fremden eine Stimme zuerkannte. Es begann die Epoche der "Hussitenuniversität" (1409-1436), als der von Magister Jan Hus, Magister Hieronismus von Prag und zahlreichen anderen Anhängern geführte Kampf gegen Prasserei, Unmoral und Hoffart einiger klerikaler Würdenträger den Unwillen des Volkes entfachte. Das Volk ließ sich nicht durch die Verbrennung seiner Führer auf dem Scheiterhaufen einschüchtern, sondern organisierte sich in der mächtigen Kraft der Hussitenbewegung, die zum erstenmal in der Geschichte Europas die Grundlagen des Feudalsystems erschütterte. Diese alte Tradition zeigt sehr gut, wie die auf dem Boden der Universität geformten und unter den Volksmassen verbreiteten Ideen den Gang der Geschichte beeinflussen können.

Die nach der Hussitenzeit folgende Epoche läßt sich durch das Eindringen des Humanismus und der Reformation in das Leben der Universität charakterisieren. Die Universität verdrängte ganz seit der Herrschaft des Königs Jiří von Podebrad (Georg von Podiebrad) das katholische Element, und für einen Zeitraum von mehr als 150 Jahren bewahrte sie die ausschließlich nicht-katholische und zugleich ausschließlich tschechische Linie. Damit hängt allerdings auch die Reduzierung ihres Aktionsradius und die Einschränkung der Zahl der Magister und Schüler zusammen. Auch wenn Prag unter Rudolf II. wieder für eine Zeitlang Residenzstadt des habsburgischen Nationalitätenstaates und zu einem Gelehrte anziehenden Zentrum wurde, hat die Universität davon nicht sehr profitiert, denn diese Gelehrten konzentrierten sich mehr am Hofe Rudolfs II. als im Karolinum. Viele Magister wurden auch vom traditionellen Zölibat und der bescheidenen materiellen Sicherheit, manchmal auch von der Eifersucht des Professorenkollegiums, das ungern Persönlichkeiten von überdurchschnittlichem Format in seine Reihen aufnahm, abgehalten. Aber es scheint ein gesamteuropäisches Problem gewesen zu sein. Hat doch auch die berühmte Pariser Sorbonne damals an Autorität eingebüßt und ist von dem mehr humanistisch orientierten Collège royal in den Schatten gestellt worden.

Das Unterrichtssystem hat sich seit der vorhussitischen Zeit nur allmählich geändert. Bis zum Beginn des 17. Jahrhunderts hatte im Studieninhalt die Interpretation der Werke von Aristoteles das entscheidende Übergewicht. Das Studium zur Erringung des Titels Bakkalaureus dauerte nur 6 Monate, was zweifellos durch die Existenz gut funktionierender partikulärer höherer Schulen ermöglicht wurde. Nach der schnellen Erringung des Grades eines Bakkalaureus mußte der zukünftige Magister allerdings noch vier bis sechs Jahre studieren, um sein Ziel zu erreichen.

Ein typischer Vertreter des tschechischen Universitätshumanismus war Magister Jan Kampanus (1572-1622), der mehr ein gelehrter Dichter sein wollte als ein Gelehrter und es auch war. Im Bereich der Naturwissenschaften ist der berühmte Tadeus Hájek aus Hájek-Nemicus (1525-1601) ein Vertreter der neuen Etappe. Er erwarb in Italien den Titel eines Doktors der Medizin und wirkte drei Jahre lang an der Prager Universität, wo er das bekannte "Oratio de laudibus geometriae", unsere erste systematische Übersicht der Geschichte der Mathematik, vortrug. Eine Pioniertat war auch seine Arbeit im Bereich der Astronomie. Professor und Rektor der Karlsuniversität wurde auch der berühmte Leibarzt Rudolfs II., Jan Jesenius, der in Prag die erste öffentliche Sezierung demonstrierte.

Durch den gerade 200 Jahre nach dem Kuttenberger Dekret herausgegebenen Majestätsbrief Rudolfs II. (1609) wurde die Prager Universität zum erstenmal in ihrer Geschichte der Staatsmacht, dargestellt durch das Kollegium der Defensoren, unterstellt. Ein Ausdruck dieser Abhängigkeit waren auch die Wahlen adliger Studenten in die Funktion des Rektors der Universität.

Ab 1562 erwuchs dem Karolinum eine ernsthafte Konkurrenz in der Prager Jesuitenakademie - dem Klementinum, das schrittweise alle Universitätsrechte erwarb, so daß eine bestimmte Zeitlang zwei Universitäten nebeneinander bestanden, das Karolinum und das Klementinum. Als dann die Schlacht am Weißen Berge 1620 das Ende des legalen tschechischen Protestantismus bewirkte, verschmolzen das Karolinum und das Klementinum in ein organisatorisches Ganzes, das innerlich so differenziert war, daß das Klementinum die theologische und die philosophische Fakultät, das Karolinum die juristische und die medizinische Fakultät umfaßte. Durch das Dekret Ferdinands III. aus dem Jahre 1654 wurde die Einheit beider Teile erneut bestätigt und die gemeinsame Institution

Karl-Ferdinand-Universität genannt. Mit diesem Dekret wurde eine neue Funktion, die des Superintendenten der Universität, eingeführt, der als Vertreter der landesherrlichen Macht das entscheidende Wort bei der Leitung der Universität hatte. Und so entsteht statt zweier älterer Universitätsgruppen - der mittelalterlichen autonomen Korporation und der Lehranstalt des Jesuitenordens - ein dritter Typ: die von dem sich stärkenden Staatsabsolutismus beherrschte Universität.

Von den fünfziger Jahren des 18. Jahrhunderts an wurden an die Spitze der Fakultäten von der Regierung beauftragte Studiendirektoren mit breiter Machtbefugnis gestellt, die fortan wesentlich die Wirksamkeit der Jesuiten einschränkte. Mit Hilfe des Leibarztes von Maria Theresia, des aufgeklärten Holländers van Swieten (1700-1772) breiteten sich auch an der Prager Universität aufklärerische Ideen aus, und es kam zur ausdrucksvolleren Entfaltung der wissenschaftlichen Forschung. Die Theresianischen Reformen, die den Einfluß des Staates auf die Erziehung der Studenten festigten, setzte auch Josef II. fort, unter dessen Herrschaft 1784 an der Prager Universität eine neue Studienordnung eingeführt wurde, die die Ansprüche an die Vorbereitung künftiger Staatsbeamter und Fachleute erhöhte. Die pädagogischen Aufgaben der Universität begannen aber über die wissenschaftlichen zu dominieren. Die wissenschaftlichen Aufgaben verschoben sich auf den Boden der wissenschaftlichen Gesellschaften.

Anfang der neunziger Jahre des 18. Jahrhunderts wurde die Leitung der Fakultäten dem Professorenkollegium anvertraut - aber nicht lange danach - aus Furcht vor dem ideologischen Einfluß der großen französischen Revolution - wurde sie wieder in den Händen der Studiendirektoren zentralisiert.

Laut Studienordnung aus dem Jahre 1804 waren an der philosophischen Fakultät Pflichtfächer Religion, Philosophie, Mathematik, Physik und Geschichte. Die Funktion des an der Universität drei Jahre andauernden Philosophie-Vorbereitungskurses erfüllten auch zwei Jahre dauernde Philosophiekurse an einigen Lyzeen. Das Medizinstudium wurde auf fünf Jahre verlängert und gleichzeitig ein Pflichtpraktikum der Medizinstudenten in Krankenhäusern eingeführt. In die medizinische Fakultät wurde auch das Studium der Pharmazie einbezogen.

Der wissenschaftliche Geist der Universitäten wurde aber unterdrückt im Sinne des geflügelten Ausspruchs des Kaisers Franz: "Ich brauche keine Gelehrten, sondern gehorsame Beamte". Wer sich nicht an die vorgeschriebenen Lehrbücher hielt, mußte die Universität verlassen. Das war auch der Fall des aufgeklärten Philosophen, des berühmten Mathematikers und beliebten Pädagogen Bernardo Bolzano (1781-1848).

Erst nach den revolutionären Stürmen des Jahres 1848 (durch das Gesetz aus dem Jahre 1849) wurde die Konzeption der Universität als selbständige Rechtsperson mit eigener Selbstverwaltung und relativer Freiheit der wissenschaftlichen Äußerung der Professoren realisiert. Laut Studienordnung aus dem Jahre 1850 wurde die philosophische Vorbereitungsklasse dem Gymnasium als achte Klasse angeschlossen und vom eigentlichen philosophischen Universitätsstudium abgetrennt, welches so auf das Niveau der übrigen Fakultäten erhöht wurde. In jener Zeit wuchs auch die Bedeutung der wissenschaftlichen Tätigkeit der Fakultäten, besonders der philosophischen Fakultät, die gleichzeitig auch ihre wichtigste Aufgabe erfüllte - Mittelschulprofessoren für klassische und moderne Philologie, Geschichte, Mathematik, Naturgeschichte, Chemie und weitere Fächer auszubilden.

Zur Stärkung der wissenschaftlichen Qualität der Universität wurden einige Spitzenkräfte aus Deutschland gewonnen, allerdings nahm schrittweise auch die Zahl der tschechischen Professoren zu. So kam z.B. 1850 der berühmte tschechische Physiologe J.E. Purkyne aus Breslau an die Prager Universität, und im gleichen Jahr wurde auch der tschechische Historiker W.W. Tomek aus Wien nach Prag berufen.

Die schnelle Entfaltung der tschechischen Nationalkultur in den sechziger und siebziger Jahren, u.a. auch die wissenschaftliche Tätigkeit der Gelehrten - Gesellschaft, des Tschechischen Museums, des Vereins der tschechischen Mathematiker und Physiker, des Juristenvereins Vsehrd, des Vereins der tschechischen Philologen, des Vereins der tschechischen Medizinstudenten, des Historischen Klubs und des Naturwissenschaftlichen Klubs - ermöglichte das Heranwachsen neuer wissenschaftlich-pädagogischer Kader tschechischer Nationalität. Weil auch die Zahl der tschechischen Studenten allmählich die Zahl der deutschen Studenten bedeutend übertraf, kam es 1882 zur Teilung der Universität in eine tschechische und eine deutsche. Denn auch die deutschen Professoren waren lieber an einer eigenständigen Universität als in der Minderheit an einer gemeinsamen Universität.

An der tschechischen Universität hatte die philosophische Fakultät den komplexesten Charakter; sie umfaßte bis zum Jahre 1920 human- und naturwissenschaftliche Fächer. Schwerpunkt der Lehre waren hier Vorlesungen. Ein Professor hielt mindestens fünf Stunden wöchentlich Vorlesung, ein Student absolvierte minimal zehn Stunden Vorlesung pro Woche. Unter den ersten Professoren der philosophischen Fakultät ragten die Philosophen J. Durdík und T. Masaryk, der Pädagoge G.A. Lindner, der Ästhetiker O. Hostinský, der Historiker J. Goll, der Philologe J. Gebauer, der Literaturhistoriker J. Vlcek und andere heraus. Die wissenschaftliche Autorität der Fakultät wuchs und stellte auch die Tätigkeit der Königlich-tschechischen Gesellschaft der Wissenschaften und des Museums in den Schatten. Es bestätigte sich erneut - diesmal im umgekehrten Sinne als unter Rudolf II. -, daß das Niveau der Institution nicht auf der Würde ihres Namens beruht, sondern auf der wissenschaftlichen Qualität ihrer Gelehrten und Forscher.

An der juristischen Fakultät gab es bedeutende Freiheit, denn die Studenten hatten nicht die Pflicht, Vorlesungen und Seminare zu besuchen, so daß viele von ihnen individuell studierten, oft sogar neben ihrer beruflichen Tätigkeit. Die Prüfungen waren allerdings anspruchsvoll. Einige Studenten waren nur mit dem Ablegen des Staatsexamens vor einer staatlichen Prüfungskommission zufrieden, die sie für den Staatsdienst qualifizierte. Das Rigorosum war die Voraussetzung für die Erwerbung des akademischen Grades - des Doktorats. Inhaltlich war es im wesentlichen identisch mit den Staatsexamen, deshalb legten die meisten Studenten beide Prüfungen ab. Unter den ersten Professoren der juristischen Fakultät ragten A. Randa, L. Heyrovský, B. Rieger, A. Bráf, J. Kaizl u.a. heraus.

Eine Epoche der Konjunktur erlebte zu dieser Zeit auch die medizinische Fakultät, an der der Physiologe V. Tomsa, der Pathologe Spina, der Anatom Hlava, der Chirurg Kukula, der Neurologe Haskovec und weitere wirkten.

Seit 1891/92 wurde die tschechische Universität noch durch die theologische Fakultät ergänzt, deren Bedeutung sich aber nur auf das enge Interesse der Kirche beschränkte. Die Zahl ihrer Studenten überschritt nie 200 und betrug in der Regel etwas mehr als hundert.

Soweit es um die deutsche Universität geht, litt sie vor allem unter der Fluktuation der Professoren, denn viele sahen sie nur als eine Übergangsstation an die Wiener Universität an. Das war z.B. das Ziel des bekannten Physikers und Philosophen Ernst Mach, der hier im ersten Jahrzehnt dieses Jahrhunderts wirkte. Nicht ganz zwei Jahre (1911-1912) hielt an der Prager deutschen Universität auch der geniale Albert Einstein Vorlesungen.

Nach dem Zerfall Österreich-Ungarns wurde die tschechische Universität als "Fortsetzerin der altehrwürdigen Lehre Karls" legitimiert, das Karolinum, das Archiv, die Insignien und weitere Denkmäler, die der Universität vor dem Jahre 1882 gehörten, zu besitzen. Aus dem Schoß der philosophischen Fakultät wurde die neue naturwissenschaftliche Fakultät abgeteilt.

Im pädagogischen Prozeß erlangten besonders an der philosophischen Fakultät Seminarübungen größere Bedeutung als in der Vergangenheit. Schwerpunkt des Studiums war hier auch weiterhin die Vorbereitung auf den Beruf des Mittelschulprofessors, aber die Zahl derer, die sich auf den Erwerb der Doktorwürde ausrichteten, nahm zu. Zu den bedeutendsten Professoren dieser Fakultät gehörten in der Zeit zwischen den beiden Weltkriegen der bekannte Literaturkritiker F.X. Salda, der Historiker und Musikologe Z. Nejedly, der Philosoph und Psychologe F. Krejcî u.a. An der juristischen Fakultät, an der die meisten Studenten eingeschrieben waren, wirkten die hervorragenden Professoren E. Svoboda, V. Hora, A. Hobza und weitere. Ein Anwachsen des wissenschaftlichen Niveaus verzeichnete auch die medizinische Fakultät, die durch eine Reihe ihrer Vertreter internationale Reputation erlangte. Die naturwissenschaftliche Fakultät machte besonders Jaroslav Heyrovský, der Begründer der Polarographie, berühmt, der von Studenten aus der ganzen Welt aufgesucht und an seinem Lebensabend mit dem Nobelpreis belohnt wurde.

Auch wenn wir neben der Karlsuniversität schon seit 1919 zwei weitere Universitäten (in Bratislava und Brno) und eine Reihe anderer Hochschulen mit Spezialausrichtung besaßen, war dennoch die Karlsuniversität während der ganzen ersten Republik das Zentrum, das ungefähr die Hälfte aller unserer Hochschulstudenten konzentrierte. Im Jahre 1925/26 waren es 42 %, im Jahre 1935/36 mehr als 50 %.

Auch an der deutschen Universität in Prag gab es, obwohl viele Professoren und Studenten der Epidemie des Nazismus unterlagen, fortschrittliche und tapfere Menschen, die Rückgrat besaßen und sich den gesunden Menschenverstand bewahrten. Zu ihnen gehörte besonders der bedeutende Physiker Philipp Frank. Als die Nazis begannen, aus ihren Universitäten viele ihrer Gegner zu vertreiben, fanden an der deutschen Universität in Prag der Philosoph Emil Utitz und der Jurist Hans Kelsen Zuflucht. Wegen ihrer antifaschistischen Haltung wurden später die Professoren Alfred Kohn, Fr. Slotty, J. Boehm verfolgt.

Die Hitlerokkupation riß die deutsche Universität in Prag brutal aus dem Verband des "Protektorats"schulwesens heraus und erklärte sie als Reichsuniversität, die direkt dem nazistischen Schulministerium unterstellt war. Dadurch wurde ihr Untergang prädestiniert, denn nach 1945 bestand kein Grund für ihre weitere Existenz.

Die tschechische Karlsuniversität wurde bald nach der Besetzung unseres Landes durch die Nazis und nach der Proklamierung des Protektorats gemeinsam mit den übrigen Hochschulen geschlossen. Über 1.200 Studenten wurden in das Konzentrationslager Sachsenhausen verschleppt und neun von ihnen wurden hingerichtet. Hart wurde auch das Lehrerkollegium der Karlsuniversität getroffen. 23 seiner Mitglieder wurden hingerichtet oder zu Tode gefoltert und weitere 28 eingekerkert.

Nach Beendigung des Krieges begann die Epoche der Rekonstruktion, in der sehr bald der Kampf um das neue Profil der Universität entbrannte. Die nach dem Februar 1948 realisierte Reform brachte vor allem diese prinzipiellen Änderungen: 1. Intensivierung der erzieherischen Arbeit mit den Studenten, 2. Einführung einer geplanten Anzahl Pflichtvorlesungen an allen Fakultäten, 3. ein genauer Studienplan in allen Fachrichtungen der philosophischen und der naturwissenschaftlichen Fakultät und 4. Ersetzung der Staatsexamina und Rigorosa durch Teilprüfungen und eine komplexe Abschlußprüfung an allen Fakultäten.

Was die innere Organisation betrifft, machte die Karlsuniversität eine Reihe Änderungen durch, deren Ergebnis die heutige, insgesamt 13 Fakultäten und das Institut für Marxismus-Leninismus umfassende, Organisationsstruktur ist. Die Universität hat die folgenden Fakultäten: die juristische, die philosophische, die pädagogische, die mathematisch-physikalische, die naturwissenschaftliche, die Fakultät für Journalistik, die Fakultät für Körpererziehung und Sport, die Fakultät für Allgemeinmedizin, die Fakultät für Kinderheilkunde, die Fakultät für Hygiene, die medizinische Fakultät in Pilzen, die medizinische Fakultät in Hradec Králové und die pharmazeutische Fakultät in Hradec Králové.

Ihre Spitzenstellung verlor die Karlsuniversität auch nicht nach der Gründung der Tschechoslowakischen Akademie der Wissenschaften im Jahre 1952, mit der sie eng zusammenarbeitet. Unter den ersten 52 Mitgliedern dieser Akademie waren 31 Professoren der Karlsuniversität.

Die Karlsuniversität wird auch weiterhin für die bedeutendste Hochschule der CSSR gehalten, und das nicht nur wegen ihrer berühmten Tradition, sondern auch wegen der Breite und der Bedeutung ihrer gegenwärtigen wissenschaftlich-pädagogischen Aufgaben, wegen der zahlenmäßigen Stärke ihrer Studenten und Lehrer, ihrer Fakultäten, Studentenwohnheime (12) und Mensen (7). Nichtsdestoweniger ist sie bei weitem schon nicht mehr unsere einzige Hochschule, wie das noch im alten Österreich war, aber auch nicht eine so ausdrucksvolle Dominante, die die Hälfte unserer Hochschulkapazität deckt, wie das noch in der ersten Republik war. Heute ist sie eine von unseren fünf Universitäten und eine von 36 Hochschulen, die nach mindestens vierjährigem Studium, das an die vollständige Mittelschule mit Abitur anknüpft, eine gleichwertige Hochschulqualifikation gewähren. Sie haben heute annähernd 180.000 Studenten, so daß die Karlsuniversität mit ihren 20.000 Studenten ungefähr ein Neuntel der Gesamtkapazität des tschechoslowakischen Hochschulwesens darstellt.

Zum Unterschied zu einigen anderen Ländern gibt es in der CSSR keine Hochschulen, die sich auf niedrigerem Niveau als dem der Universität befinden. Der Terminus "Hochschule" ist mit seinem Bildungswert dem Begriff "Universität" gleichwertig, der logisch darin eingeschlossen ist. Deswegen beziehen sich auch alle prinzipiellen Regelungen des Hochschulstudiums gleichermaßen sowohl auf die Universitäten als auch auf die Hochschulen technischer, künstlerischer, landwirtschaftlicher und ökonomischer Ausrichtung. Eine detailliertere Gliederung unseres ganzen Hochschulsystems wird aus der Struktur der Fakultäten, in die sich in der Regel die einzelnen Hochschulen gliedern, ersichtlich: Am zahlreichsten sind die pädagogischen Fakultäten (12), weiter die medizinischen (6 + 3 eng spezialisierte), Fakultäten für Maschinenbau (7), elektrotechnische Fakultäten (6), philosophische (5), naturwissenschaftliche (5), juristische (4), Baufakultäten (3), chemisch-technologische (3), betriebsökonomische (3), agronomische (3). Wir haben je zwei Fakultäten für Körperkultur und Sport, pharmazeutische, volkswirtschaftliche, veterinärmedizinische Fakultäten, je zwei Fakultäten für Hüttenwesen, Handel, Lenkung und Leitung, Mechanisierung, Forstwirtschaft, Theaterkunst und bildende Kunst. Außerdem existieren noch 17 spezielle Fakultäten.

Jede Fakultät gliedert sich in Lehrstühle, die das Grundglied in der Organisationshierarchie und zugleich das Hauptelement der inhaltlichen Differenzierung der wissenschaftlich-pädagogischen Tätigkeit der Hochschulen bilden.

Die Tätigkeit der Universitäten und aller übrigen Hochschulen wird in der CSSR durch ein Gesetz geregelt, das schon eine dreimalige Abänderung durchmachte. Soweit es den eigentlichen Unterricht und das Studium betrifft, war unser erstes Hochschulgesetz aus dem Jahre 1950 noch sehr lakonisch. Es betonte nur, daß die Studenten entsprechend ihrer Fähigkeiten aufgenommen werden und daß mit Rücksicht auf die Bedürfnisse des Staates die Studien- und Prüfungspläne von den Ministerien aufgestellt werden und daß der Student durch die Ablegung der Abschlußprüfung das Grundstudium an der Hochschule beendet und eine fachliche Befähigung erwirbt. Die Novelle aus dem Jahre 1956 brachte eine wichtige Neuerung dahingehend, daß sie das Hochschulstudium ohne Unterbrechung der Berufstätigkeit legalisierte. Das Gesetz aus dem Jahre 1966 hat dann diese Form des Studiums erneut unterstrichen. Das gegenwärtige System der Kategorisierung verschiedener Studienformen ist im Gesetz vom Jahre 1980 kodifiziert. Dieses Gesetz behält die Unterscheidung in ordentliches und außerordentliches Studium bei, allerdings wird als ordentliches Studium nicht nur das Direktstudium angesehen, sondern auch das Studium während der Berufstätigkeit, und zwar als Abend-, Fern- und externes Studium, eventuell als wirksame Verbindung dieser Studienformen. Der Begriff des außerordentlichen Studiums erhält neuen Inhalt: es ist damit das Studium einzelner Fächer an einer oder mehreren Fakultäten gemeint. Als dritter Typ des Hochschulstudiums wird das postgraduale Studium eingeführt, welches die Absolventen der Hochschulen für eine engere fachliche Spezialisierung vorbereiten oder sie mit neuen wissenschaftlichen Erkenntnissen in den entsprechenden Fachbereichen bekannt machen soll.

Eine weitere Entwicklungstendenz im Bereich des pädagogischen Prozesses richtet sich besonders auf die Betonung der Einheit seiner erzieherischen und unterrichtlichen Seite und auf die engere Verknüpfung des theoretischen Unterrichts mit der praktischen Ausbildung. Diese Prinzipien sind im Gesetz aus dem Jahre 1980 abgesichert, was ermöglicht, daß ihre Realisierung konsequent gefördert und kontrolliert wird.

Was die wissenschaftlichen und künstlerischen Titel angeht, sind diese nach dem Charakter des entsprechenden Studiums wie folgt festgelegt: Doktor der Medizin (MUDr.), Ingenieur (Ing.), Ingenieur-Architekt (Ing.arch.), Doktor der Veterinärmedizin (MVDr.), akademischer Maler, akademischer Bildhauer, akademischer Architekt, Doktor der Rechte (JUDr.), Doktor der Naturwissenschaften (RNDr.), Doktor der Philosophie (PhDr.), Doktor der Pädagogik (PaedDr.), Doktor der Pharmazie (PharmDr.) und Doktor der sozialpolitischen Wissenschaften (RSDr.).

Ein höherer wissenschaftlicher Grad ist (seit 1956) der Grad Kandidat der Wissenschaften, auf den sich der Hochschulabsolvent drei Jahre während einer internen Aspirantur vorbereitet. Der höchste wissenschaftliche Grad ist dann das Doktorat der Wissenschaften, das sich auf die erfolgreiche Verteidigung der Doktordissertation gründet. Hochschulprofessoren werden in der Regel nur aus den Reihen der Doktoren der Wissenschaft ernannt, bei Dozenten wird mindestens der Grad Kandidat der Wissenschaften vorausgesetzt. Neben diesen beiden höchsten Kategorien der Lehrer wirken an den Hochschulen noch diese vier niedrigeren Kategorien: Lektoren, Oberassistenten, Assistenten und Fachinstruktoren.

Damit die weitere Entwicklung der Universitäten und der übrigen Hochschulen voll den Bedürfnissen unserer Gesellschaft entspricht, sind sie der Gegenstand der Theorie und Praxis, mit denen sich die Hochschulpädagogik im makroskopischen Maßstab (Theorie und Erforschung der gesamten Organisation des Hochschulsystems) und im mikroskopischen Maßstab (Theorie und Erforschung des Inhalts und der Methoden konkreter wissenschaftlich-pädagogischer Tätigkeit) befaßt.

Aus einer ganzen Reihe allgemeiner Prinzipien unseres gegenwärtigen Hochschulwesens verdienen besondere Aufmerksamkeit folgende: 1. das Prinzip der Verbindung der Wissenschaft mit der Lehre, 2. die Einheit von Bildung und Erziehung, 3. die Einheit der Allgemein- und der Spezialbildung, 4. die Verbindung der Hochschulen mit der Praxis und 5. das Prinzip der Demokratisierung und Auswahl des Hochschulstudiums. Widmen wir nun jedem davon wenigstens ein paar Bemerkungen.

1. Die Verbindung von Wissenschaft und Lehre ist grundsätzlich eine wichtige Bedingung dafür, daß das Niveau der Universitäten und der übrigen Hochschulen die Vorbereitung solcher Fachleute garantiert, die fähig sind, wissenschaftlich zu denken und kreativ an die Aufgaben ihrer Arbeitsstätten herantreten. Das wissenschaftliche Denken ist das Wertvollste, was die Hochschule ihren Absolventen geben kann, denn nur dieses ist die Garantie dafür, daß sie nicht in enge fachliche Routine verfallen, sondern sich aktiv um die ständige Entfaltung der Praxis und Theorie ihres Fachbereiches bemühen werden. Deswegen haben die Lehrer der Hochschulen nicht nur das Recht, sondern auch die Pflicht, wissenschaftlich zu arbeiten und die Ergebnisse dieser Arbeit in Vorlesungen und Seminaren zu nutzen. So wie die Lehre an den Hochschulen erfolglos wäre, wenn sie nicht unmittelbar aus der wissenschaftlichen Forschung schöpfen würde, so würde sich auch die Wissen-

schaft nicht normal entfalten können, wenn sie sich nicht bemühen würde, ihre Erkenntnisse den Hochschulstudenten zu übergeben, sei es, daß sie nach Beendigung des Studiums in die Praxis übergehen oder sich theoretischen Arbeiten im Fachgebiet widmen.

2. Auch die Universitäten und übrigen Hochschulen sind Erziehungseinrichtungen, wo die Studenten nicht nur in den Wissenschaften ausgebildet werden sollen, sondern auch zu hoher moralischer Verantwortlichkeit erzogen werden müssen. Mit dem Maß der Bildung wächst nämlich auch das Maß der gesellschaftlichen Verantwortung der akademisch gebildeten Bürger, die ihre Arbeitskollektive führen und ihnen als gutes Beispiel vorangehen sollen. Deswegen wird von allen Hochschullehrern gefordert, daß sie gleichzeitig mit dem Lehren ihres Fachgebietes auch erzieherisch auf die Studenten einwirken und so mit ihrer hohen Autorität zur Formierung des Charakters, der bewußten Moral und der humanistischen Beziehung zu den Menschen beitragen. In dieser Hinsicht soll den Lehrern auch die Hochschulpädagogik hilfreich zur Seite stehen, für die die Erarbeitung der Einheit von Lehre und Erziehung eine der Hauptaufgaben darstellt. Die Pflicht der Hochschule besteht darin, positiv auch verschiedene außerschulische Aktivitäten der Studenten zu beeinflussen und sie dazu zu führen, daß sie sich selbst aktiv als Subjekt ihrer eigenen Selbsterziehung äußern. Dafür sind an der Hochschule günstige Bedingungen dadurch gegeben, daß die Studenten an ihrer Leitung teilhaben und über Grundfragen ihrer Tätigkeit mitentscheiden können.

3. Die Hochschulbildung ist eine Synthese von Allgemein- und Spezialbildung. Auch wenn die Allgemeinbildung vorwiegend eine Angelegenheit der Mittelschulen ist, die auf das Universitätsstudium vorbereiten, so ist es nicht möglich, sich an den Universitäten oder jedweden anderen Hochschulen nur noch auf die fachliche Komponente zu konzentrieren. Unsere Hochschulen sind nicht organisatorisch untergliedert in eine selbständige niedere Stufe der allgemeinen Vorbereitung und eine höhere Spezialstufe. Die Beziehung zwischen der allgemeinbildenden und der speziellen Komponente der Lehre ist mehr eine Beziehung zweier paralleler Linien. Es steht fest, daß mit der Allgemeinbildung die schulische Erziehung des Menschen beginnt und daß die Spezialvorbereitung erst in einer bestimmten Etappe daran anknüpft: erst nach Beendigung der Grundschule, die Hochschulspezialausbildung dann in der Regel erst nach Beendigung der Mittelschule. Allerdings wesentlich ist, daß es nicht um die Ablösung der Allgemeinbildung durch die Spezialausbildung geht, sondern um deren Verbindung, in der die allgemeinbildende Komponente - wenn auch in begrenztem Umfang - weiterhin einen wichtigen Platz einnimmt. Es handelt sich vor allem um die wissenschaftliche Philosophie und Methodologie, das Studium von Sprachen und die Körpererziehung, die in das Studienprogramm aller Studenten eingegliedert sind, ohne Unterschied ihrer Spezialisierung. Diese allgemeinbildende Komponente verleiht allen Hochschulen Universitätscharakter. Auch die Ingenieure, die in der heutigen Welt eine verantwortliche und einflußreiche Aufgabe haben, erwerben ebenfalls die grundlegende philosophische und gesellschaftswissenschaftliche Bildung und also auch eine ähnliche Grundlage der Humanwissenschaften, wie sie die Universitäten klassischen Typs, die an die pansophischen Traditionen Komenskýs und die humanistische Konzeption Humboldts anknüpfen,

gewähren.

4. Weder die moralische Erziehung der Studenten noch die zielbewußte Entfaltung der wissenschaftlichen Arbeit wäre zu verwirklichen, wenn nicht konsequent die Tätigkeit der Universität und der übrigen Hochschulen mit der Praxis verknüpft wäre, wenn es nicht die enge Zusammenarbeit mit den Produktionsbetrieben und Institutionen gäbe, für die die Studenten herangebildet werden. Diese Verbindung besitzt zwei untereinander korrespondierende Linien. Sie beruht hauptsächlich auf der Kooperation der wissenschaftlich-pädagogischen Mitarbeiter bei verschiedenen theoretisch-praktischen Problemen und Aufgaben der entsprechenden Werke und Institutionen. Es ist wünschenswert, daß die wissenschaftlichen Teams der Hochschulen verschiedene Forschungen und Projekte auf Bestellung der Institutionen und Betriebe durchführen und durch diesen unmittelbaren Kontakt mit der Praxis auch zur Entwicklung der Praxis durch ihre eigene Wissenschaft beitragen. Die zweite Linie der Zusammenarbeit der Hochschule mit dem Leben ist das Fachpraktikum (Arbeits-, Produktionspraktikum) der Studenten in den Betrieben, Werken und Institutionen des entsprechenden Fachbereichs. Dieses Praktikum soll ein integrierender Bestandteil ihres Studiums und eine der Bedingungen für dessen erfolgreiche Absolvierung darstellen.

Zwischen beiden Formen der Zusammenarbeit gibt es keine scharfe Abgrenzung, denn das Praktikum reiferer Studenten muß nicht immer den Charakter der Einführung in bewährte Betriebsabläufe tragen, sondern kann schon schöpferischen Charakter haben, wenn es zum Beispiel mit der Vorbereitung von Diplomarbeiten verbunden ist, die auf die wissenschaftliche Lösung konkreter Aufgaben der entsprechenden Arbeitsstelle gerichtet sind.

5. Zu den Hauptprinzipien der Hochschule sozialistischen Typs gehört ihr demokratischer Charakter, der vor allem auf der gerechten Gewährleistung des Zugangs zum Hochschulstudium für die Jugend aller sozialen Schichten beruht, und zwar im ungefähr der Anzahl ihrer Angehörigen entsprechenden Verhältnis. Wir gehen davon aus, daß Talente gleichmäßig in allen sozialen Gruppen vorhanden sind und daß deren größte Anzahl in den zahlenmäßig stärksten Gruppen zu finden sind. Die Universitäten und Hochschulen müssen oft ihre Studenten aus einer größeren Zahl Bewerber auswählen, wenn die Zahl der Interessenten die geplante Quote überschreitet, denn die Einhaltung der Zahl der Studenten nach dem Volkswirtschaftsplan ist notwendig, um dem Überschuß oder im Gegenteil dem Mangel an jungen Fachleuten in verschiedenen Berufszweigen vorzubeugen. Außerdem erfordert ein anspruchsvolles Studium auch eine anspruchsvolle Auswahl der Bewerber unter dem Gesichtspunkt ihrer Befähigung zum Studium. Schon Komenský war sich dessen bewußt, daß "die Arbeit der Akademie leichter und erfolgreicher sein wird, wenn an sie nur Jünglinge erlesener Begabung geschickt werden" und "jeder solle sich dem Studium widmen, zu dem er - wie es sich aus bestimmten Anzeichen erkennen läßt - durch seine Natur bestimmt ist." Deswegen ist auch heute eine Aufnahmeprüfung erforderlich, die komplex die allgemeine und spezielle Begabung, das Leistungsgefälle des Bewerbers und dessen moralische Reife beurteilt. Selbst denen, die nicht zum Direktstudium aufgenommen wurden, ist

die weitere Bildung nicht verschlossen. Sie können sich zum Studium neben ihrer Berufstätigkeit anmelden oder in verschiedenen Formen der Erwachsenenbildung studieren.

Zum Abschluß läßt sich sagen, daß die Universitäten und die übrigen Hochschulen gegenwärtig ein Subsystem zweier großer Systeme bilden: des Schulsystems (gemeinsam mit allen übrigen Schultypen und -stufen) und des wissenschaftlichen Systems (gemeinsam mit den wissenschaftlichen und Forschungsinstitutionen der Akademie, Ministerien und Betrieben). Aus dieser Realität entwickeln sich dreierlei Kooperationen: a) unter den Hochschulen untereinander, b) mit den niedrigeren Gliedern des Schulsystems, hauptsächlich mit den Mittelschulen und c) mit den übrigen wissenschaftlichen Institutionen.

Was die innere Kooperation unter den Hochschulen betrifft, kann sie sich einerseits auf der territorialen Linie (Zusammenarbeit von Hochschulen eines bestimmten Ortes oder Gebietes), andererseits auf der fachlichen Linie (Zusammenarbeit und Partnerschaft der Schulen, Fakultäten und Lehrstühle ähnlicher Fachrichtung, eventuell auch im internationalen Maßstab) verwirklichen. Die Zusammenarbeit mit den Mittelschulen ist von großer Bedeutung für die richtige Orientierung der Schüler auf geeignete Fachrichtungen des Hochschulstudiums und für die Garantie einer nahtlosen Anknüpfung dieses Studiums an die Mittelschule. Schließlich und endlich ist die Zusammenarbeit mit den wissenschaftlichen Institutionen im Interesse der Komplexität der Entwicklung der entsprechenden Wissenschaftsdisziplinen, der Ausnutzung der wissenschaftlichen Kader für die Lehre und die qualitätsgerechte Vorbereitung des wissenschaftlichen Nachwuchses erforderlich.

Literatur

CIPRO, M.: Die Idee der Hochschule, Prag 1981

KAVKA, F. und Kollektiv: Kurze Geschichte der Karlsuniversität, Prag 1964

KOMENSKY, J.A.: Große Didaktik, Brno 1948

DIE AUFGEGEBENE TRADITION

Bogdan Suchodolski

Ich komme aus einem Land, dessen älteste Universität in Krakau entstand, im Jahre 1364. Vor 22 Jahren begingen wir feierlich den 600. Jahrestag ihrer Gründung. Eine ähnliche Feier begeht heute unser jüngerer Bruder in Lehre und Forschung, die Universität in Heidelberg. Ihr gelten meine Ehrerbietung und die besten Wünsche, die ich im Namen der Krakauer Universität überbringe.

Diese Universität, nach den Jagiellonen benannt, war meine Universität, dort verbrachte ich einen Teil meiner Studienzeit. Und daher hatte ich ständig im Gedächtnis und behalte immer in meinem Bewußtsein die gewaltige, jahrhundertealte historische Perspektive, angesichts derer Wissenschaft sich entfaltete und ganze Generationen sich formten.

Und oft stellte ich mir die Frage, was für eine Universitätstradition das war, ob wir ihr treu waren, ob sie reicher geworden ist oder - vielleicht - ungerechtfertigt aufgegeben wurde. Ich glaube, daß viele Professoren und Studenten alter, seit Jahrhunderten wirkender Universitäten sich heute solche Fragen stellen. Wie formten sich die Traditionen dieser alten Universitäten? Wir zeigen es am Beispiel der Entstehung und Entwicklung der Jagiellonen-Universität.

Die Entstehung der Universität

In der Mitte des 14. Jahrhunderts war Polen in einem politischen und wirtschaftlichen Durchbruch begriffen, der in der Konsequenz auch die Bildung einbezog. Der König Kasimir - die Nachwelt gab ihm das Attribut "der Große" - vereinigte den polnischen Staat, das große Konzept Corona Regni Poloniae entwerfend - als Doktrin der Einheit von Staat und Macht. Er brach den Widerstand der Feudalherren auch im gesellschaftlichen Bereich, nach Schaffung einheitlicher Gesetzgebung und allgemeiner Gerechtigkeit strebend. Unter der Herrschaft Kasimirs entstanden 65 neue Städte und ca. 500 neue Dörfer. In der Mitte des 14. Jh. wuchs die Bevölkerungsdichte im Vergleich zum 11. Jh. um ca. 70 %. Das war ein erheblicher Anstieg, von Bedeutung für das Wirtschaftsleben und die gesellschaftlichen Verhältnisse.

Gleichzeitig vertiefte sich der Konflikt mit den Kreuzrittern, dessen Lösung nicht nur Waffenstärke forderte, einen leistungsfähigen Apparat der Staatsgewalt also, sondern auch juristische Fachkompetenzen, weil ja der Streit zwischen Polen und dem Kreuzritterorden das Konzil und die päpstlichen Gerichte beschäftigen sollte.

Unter diesen Umständen hörten Auslandsstudien und inländische Kirchenschulen auf, den Erfordernissen zu genügen; die Schaffung eines eigenen Studium Generale in der Hauptstadt wurde notwendig, um den vielfältigen Bedürfnissen des Landes gerecht zu werden. Langwierige Bemühungen wurden vom Erfolg gekrönt, und so entstand im Jahre 1364 eine Universität in Krakau.

In der königlichen Stiftungsurkunde hieß es: "Wir, Kasimir (...) heiß begehrend, so wie es unsere Pflicht ist, daß Nutzen und jegliches Wohlergehen der menschlichen Gattung anwächst, achtgebend darauf, was Güte stiftet, und nicht einen Zweifel hegend, daß dies der Geistlichkeit und den Untertanen unsers Königsreiches Nutzen bringt, faßten wir den Entschluß, in unserer Stadt Krakau eine Stätte einzurichten, an der jede gewünschte Fakultät in allgemeiner Schule aufblühen kann ... Sie soll also die Perle der allmächtigen Wissenschaften sein, sie soll Männer hervorbringen, welche reifen Rat spenden, welche mit Tugenden herrlich geschmückt und in vielen nützlichen Künsten geübt: möge sich diese Quelle der Erquickung öffnen, und mögen alle nach Wissen Durstenden aus ihrem Reichtum schöpfen."

Auf diesem königlichen Privileg stützte sich das Recht der Stadt Krakau, das auch am 12. Mai 1364 verkündet wurde. "Denn es geziemt der Res publica - lesen wir in diesem Privileg - daß sie, um ihren Stand fester zu machen, gelehrte Männer hat, im Recht geübt, im Beherrschen von Wissenschaft herrlich und weisen Rates fähig."

Die Entstehung der Universität zeugte nicht nur von Umfang und Intensität der politischen und gesellschaftlichen Bedürfnisse im Staate des Kasimir, sondern auch von dem schon relativ hohen intellektuellen Niveau der Gesellschaft. Wohl waren die ersten Jahre nach der Gründung nicht leicht, und ein erheblicher Teil der Professoren kam aus fremden Ländern - übrigens war das eine in Europa übliche Erscheinung -, so verlief doch der Prozeß der Stärkung und Entwicklung dieser Lehrstätte als auch ihrer Polonisierung sehr rasch. Ebenso schnell wuchs die Universität in die breiteren Kreise der polnischen Gesellschaft hinein.

Waren noch bis in die Anfänge des 15. Jh. die Einwirkungen der Kultur, hier verstanden als Ergebnis von Ausbildung, auf die dem Hofe nahestehenden Kreise, vor allem auf die höheren Ränge der geistlichen Hierarchie beschränkt, so breitete sich im 15. Jh. dieser Einfluß auf die weltlichen Kreise aus, wobei die Muttersprache immer häufiger als Medium fungierte.

Die soziale Zusammensetzung der Krakauer Studenten ist heute nicht einfach zu bestimmen. Wir haben aber Gründe zur Annahme, daß mehr als die Hälfte der studierenden Jugend bürgerlicher Herkunft war, wobei ein beträchtlicher Teil aus den ärmeren Schichten der Stadt stammte. Zu den Studierenden gehörten ebenfalls Söhne der Bauern, wenn auch wenige nur.

Die Gesamtzahl der Studenten war relativ gesehen sehr hoch. In der ersten Hälfte des 15. Jh. gingen über 7.000 Studenten durch die Universität. Diese Zahl werden wir richtig einzuschätzen wissen, wenn wir uns vor Augen führen, daß um das Jahr 1350 in ganz Polen nur 50 Personen mit höherer Bildung lebten. Man muß aber auch in Erinnerung behalten, daß damals die Zahl der geistlichen und weltlichen Würdenträger auch nicht groß war.

Die Krakauer Universität im Dienste des Staates

Die Krakauer Universität, ins Leben gerufen, um Bedürfnisse des Landes zu befriedigen, begann diesen Dienst, indem sie mit Würde und wirkungsvoll das Programm verwirklichte, das König Jagiello - auf den Stiftungsakt zurückgreifend - gezeichnet hat, als er im Jahre 1400 das Privileg von König Kasimir erneuert hat. Für die kirchliche und staatliche Aktivität - erklärte Jagiello - ist "Hilfe und Zusammenwirken derer" sehr wichtig, "deren Geist durch Weisheit und Wissen reichlich ausgezeichnet ist, das heißt derjenigen, die mit Grundlagen des Schrifttums vertraut und in seine Geheimnisse eingeweiht, durch deren Rat der Königliche Thron an Stärke gewinnt, und an tugendhaften Taten derer die Res publica gesundet und an Kraft zunimmt."

Und an das Beispiel anderer Länder und anderer Universitäten anknüpfend - wie Paris, Padua, Prag, Oxford - forderte er, daß "der Glanz gebildeter Personen und ihrer Lehren die Nöte und Schatten" des Polnischen Königreiches beseitigt.

Schon in den ersten Jahrzehnten des Bestehens der Universität wurde ihre wertvolle gesellschaftliche Rolle deutlich sichtbar. Sie entwickelte sich zum Bildungszentrum für das urpolnische Kernland als auch für die litauischen und ruthenischen Gebiete. Dank der Universitätsstudien erhöhte sich das Bildungsniveau der Geistlichkeit; die Ausbildung in Theologie erlaubte den Polen die Teilnahme an den wichtigsten geistigen Auseinandersetzungen der Epoche als auch die Ausarbeitung eigener Standpunkte in vielen wichtigen Problembereichen. Ohne den Weg der Ketzerei zu betreten, behielt die Universität - oder wenigstens ein Teil ihrer Professoren - Kontakte mit der Prager Universität und verdammte nicht die "Häresie" von Hus. Letztendlich stand die Universität dem König im Konflikt mit dem Kreuzritterorden mit Rat und Hilfe bei - arbeitete Denkschriften aus, bereitete Argumente auf, formulierte fortschrittliche Theorien im Bereich des Staatsrechts und der internationalen Politik.

Der Standpunkt der Universität in großen und wichtigen Belangen wurde wiederholt von ihren herausragenden Professoren präsentiert. Dieses z.B. hatte Mateusz von Krakau in einer seiner Predigten gegen Ende des 14. Jh. über den Menschen zu sagen:

> "es ist ein entsetzlicher Zustand, wenn hoher Rang
> mit mäßigem Geiste sich verflechtet,
> höchste Würde mit niederträchtigstem Lebenswandel,
> Großmut in den Worten mit Unlust in den Taten,
> Hohe Kunst des Redens mit grausamer Leere der Worte,
> Ehrfurcht im Antlitz mit unsittlichem Tun,
> Autorität der Macht mit gänzlichem Leichtsinn im Handeln".

Und seine Warnungen weiterführend, stellte Mateusz von Krakau fest:

> "jenen also, der von Missetaten gezeichnet, kannst nicht als Menschen ehren, den Plünderer fremdes Besitzes nennst einen Wolf, den Menschen, der wild und in Worten maßlos, stellst neben einen Hund, von dem Räuber, der im Hinter-

halt lauert, um fremdes Gut fortzureißen, sagst, das ist ein Fuchs. Der in seinem Zorn ungehalten, hat die Natur des Löwen, der Furchtsame und Ängstliche hat die Seele des Hirschen, der Faule und Dumme führt ein Leben des Esels ...
Der Mensch, der seine Würde nie erfahren, gleicht einem Ochsen im Joch".

Den Bereich der zeitgenössischen Gesellschaftsproblematik sprach in markanter Weise der Rektor Jan von Ludzisk an. Am 25.04.1447, den König Kasimir Jagiellonczyk begrüßend, sagte er: "Besondere Ehre gebührt der Heimat der Polen; sind andere Länder herrlich, so nur dieses eine für mich bewundernswert ... doch ist das Landvolk in ihm von schlimmster Unfreiheit bedrückt"; diesen Sachverhalt feststellend brachte er die Hoffnung zum Ausdruck, daß der neue König der "Heuchelei der Mächtigen ein Ende bereitet, welche so angewachsen und so sehr dem Königreich schadet, ... die bäuerliche Unfreiheit beendet, welche ist von allem Unglück das schlimmste Übel für die Freien, schwerer als härteste Strafen; und dem christlichen Volk die Freiheit wiedergibt, da Natur die Menschen als Freie schuf".

Eine besonders wichtige Rolle spielte die Universität in der Zeit des Konfliktes zwischen Polen und den Kreuzrittern. Sie lieferte nicht nur Argumentationshilfen in diesem Streit, sondern formulierte auch bestimmte allgemeinere Theorien für den Bereich der internationalen Politik und des internationalen Rechts. Zwei Namen verdienen, daß an sie erinnert wird: Stanislaw von Skarbimierz und Pawel Wlodkowiec.

Stanislaw von Skarbimierz, Rektor der von Jagiello erneuerten Universität, griff in seiner Predigt "Über gerechte Kriege" - die eigentlich eine philosophische und juristische Abhandlung war - die zeitgemäße und für Polen wichtige Frage auf, die die Beziehungen mit den Kreuzrittern betraf. Der Kreuzritterorden versuchte seine Sache als die Verteidigung des Katholizismus hinzustellen und berief sich dabei auf die Tatsache, daß auf polnischer Seite nicht nur Litauer, sondern auch ruthenische Abteilungen, orthodoxe also, oder gar Heere aus Samogetien und die Tataren kämpften. Stanislaw von Skarbimierz bestimmte die Bedingungen für einen "gerechten Krieg", als einen Verteidigungskrieg, und lehnte den Krieg als Mittel der Vorteilsnahme und des Raubes ab. Er sprach besonders der These die Richtigkeit ab, daß der Krieg gegen Heiden immer ein gerechter Krieg sei. Er ließ dagegen die Möglichkeit zu, daß ein Krieg gegen die Christen ein gerechter Krieg sein kann, wenn die Christen Gewalttaten begehen und nach der Zerstörung von Völkern streben, die von der Natur und durch Gottes Willen das Recht aufs Dasein haben.

Pawel Wlodkowiec griff dieses Thema auf und stellte es in einer ausführlichen Abhandlung unter dem Titel "Über die päpstliche und kaiserliche Macht im Verhältnis zu den Heiden" auf dem Konzil in Konstanz im Juli des Jahres 1415 vor. Das Auftreten der Kreuzritter gegenüber Polen und Litauen kritisierend, versuchte er davon zu überzeugen, daß:

a) keiner dem anderen antun darf, was er selber nicht empfangen will,

b) man aus Liebe handeln soll, nicht aus Zorn,

c) die Rechte der Völker auch für Heiden gelten,

d) Heiden auch zur Herde Gottes gehören, man ihnen also kein Unrecht antun darf,

e) sie selber mitstreben müssen nach dem Glauben, und man ihnen diesen nicht aufzwingen darf,

f) man nur für begangene Gewalttaten strafen darf".

Der Standpunkt von Pawel Wlodkowiec wurde zum Thema langer und wichtiger Beratungen in Konstanz. Sie waren von großer Bedeutung für die weitere Entwicklung der grundlegenden politischen Konzepte.

Die Universität engagierte sich gleichzeitig in Diskussionen über die Kirchenreform und verteidigte entschieden die Prinzipien des Konziliarismus. Einige der Professoren - so z.B. Mateusz von Krakau - gingen noch einen Schritt weiter und unterzogen die Verhältnisse, die in der Römischen Kurie herrschten, einer sehr kritischen Analyse. Unabhängige legten noch größeren Mut an den Tag, als sie in ihren theologischen Überlegungen häretische Inhalte aufgriffen, welche die Tätigkeit von Wiclif und Hus betrafen. Die husitische Bewegung fand in Polen lebhaften Widerhall, vor allem unter der armen Stadtbevölkerung und den Bauern, aber traf auch auf Interesse bei den Intellektuellen.

Andrzej Galka, Professor der Krakauer Universität, der die Verteidigung der Ansichten Wiclifs verfolgte, wandte sich im Jahre 1449 an Zbigniew Oleśnicki mit den Worten: "Einige von seinen Behauptungen scheinen mir so wahr, daß keiner, auch nicht ein Doktor, Widerspruch vorbringen kann". Die Modernität und Richtigkeit dieser Lehren erkennend, verurteilte Galka in scharfen Worten die Beschränktheit und Rückständigkeit jener Professoren an der Fakultät Freier Künste, die "behaupten, sie lehrten das Volk freie Künste, von denen sie selber keine Vorstellung haben".

Die Universität als Zentrum der Wissenschaft

Schauen wir jetzt auf die Rolle der Universität in der Entwicklung der Wissenschaft. Schon im 13. Jh. hatten Polen einen bedeutenden Beitrag zur Wissenschaft der damaligen Welt geleistet, so z.B. Witelon, ein hervorragender Physiker und Mathematiker, Marcin Polak, der Autor der Schrift zur Geschichte der Päpste und der Kaiser und ein hervorragender Kenner des kanonischen Rechts, Benedykt Polak, Teilnehmer der ersten Expedition nach Asien.

Als besonders schöpferisch zeigte sich der Krakauer Aristotelismus, sowohl im Bereich der Gesellschafts- als auch der Naturwissenschaften. Die Entstehung der Universität schuf sehr förderliche Bedingungen für die Entwicklung der Philosophie, der Wissenschaften. Es waren die großen Namen des 14. bis 15. Jh.: Mateusz von Krakau - ein Theologe, der neuen Konzepten im Bereich der Kirchenreform und der Organisation der Kirche im Geiste des Konziliarismus Anstoß gab; Stanislaw von Skarbimierz, Pawel Wlodkowiec, Marcin Król, Marcin Byliza, Wojciech von Brudzew - alles hervorragende Mathematiker und Astronomen.

Ausbildung der Kader

Wenn man die gesellschaftliche Rolle der Universität analysiert, muß man beobachten, daß sie für den Staat Fachkader vorbereitete. In dem Zeitabschnitt 1470-1520, in einem halben Jahrhundert, betrug die Anzahl der eingeschriebenen Studenten 14.326, jährliche Immatrikulationszahlen betrugen in jener Zeit 200 bis 400 Studenten, nach einigen Jahren überschritten sie 500. Diese Zahlen waren sehr hoch, wenn man bedenkt, daß die Bevölkerung Polens in jener Zeit um die 3-4 Millionen zählte. Krakau hatte ca. 20.000 Einwohner.

Die Zahlen der Absolventen waren ebenfalls bedeutend. Gegen Ende des 15. Jh. wurden jährlich ca. 50 wissenschaftliche Titel vergeben. In den Anfängen des 16. Jh. besetzten ca. 1.300 Universitätsabsolventen hohe Ränge im weltlichen und kirchlichen Dienst. Es waren ca. 280 Universitätsprofessoren, 147 Woiwoden (regionale Statthalter) und Kastellanen (Burggrafen), 215 Notare, Mediziner und Drucker, 335 Geistliche.

Diese vielschichtige Funktion der Universität charakterisierte Franciszek von Brzeg ganz richtig, als er sagte: "Dank unserer Universität werden nicht nur den Bewohnern von Krakau, sondern auch den fremden Nachbarvölkern verschiedene Wohltaten zuteil. Denn jener, obgleich er ein Laie und plumper Mensch ist, kann, wenn er gut dieses Studium zu nutzen weiß, in seinen Sitten reifen, sich der Tugenden rühmen und geübt sein in vielen Sachen; er kann sogar Achtung genießen wie ein Prophet; jener andere, der aus sich selbst dem Fehler der Blindheit erlegen wäre, erhebt sich dank Gottes Hilfe im Erkennen der Wahrheit, so daß er zum Lehren anderer bestimmt ist. Und oft ist er so nützlich, berühmt und bedeutend, daß die Mächtigen ihn zum Regieren auffordern, denn Regieren ist eine Sache der Weisen".

Die Synthese

Auf diese Weise erlebte Polen im 15. Jh., an der Schwelle zur Neuzeit einen Aufschwung des Kulturlebens. In der immer noch dominierenden Theologie gewannen die "modernistischen" Strömungen an Bedeutung; von ihr unabhängig entwickelten sich Naturwissenschaften, die dem europäischen Niveau entsprachen, wovon am Ende des Jahrhunderts die Studien von Kopernikus zeugen werden. Die Staatswissenschaften und die internationale Rechtslehre waren führend im damaligen Europa. Die Intensität des geistigen Lebens - aber auch des künstlerischen Gestaltens -, die immer breitere Kreise der Gesellschaft auszeichnete, wurde zum Nährboden für neue, moderne Strömungen.

Der Herbst des Mittelalters wurde unmittelbar zum Frühling der Renaissance. Als Zeuge dessen steht Dlugosz, als Historiker, als Geograph und auch als königlicher Lehrer. Dies wird auch bestätigt durch Grzegorz von Sanok und den Kreis um Kallimach.

So war es vor Jahrhunderten. Und heute?

Jeder soll Antwort geben im Einklang mit seinem Gewissen. Das gilt insbesondere für den Intellektuellen, der in dieser geteilten Welt fast verloren scheint, und doch für ihr Schicksal verantwortlich ist. Ich bin nicht der Meinung, daß solch eine Bilanz besonders erbaulich ist. An den heutigen Universitäten ist die Tradition der Vorbereitung von Fachkadern geblieben, obwohl es eine Gefahr darstellt, daß Universitäten in höhere Berufsschulen umgeformt werden. Und dies noch trotz der Tatsache, daß ein Universitätsdiplom eine immer kleinere Gewähr für die der Ausbildung entsprechende berufliche Anstellung bietet.

Im Bewußtsein der Repräsentanten der Universität bleibt die Wissenschaft als Auftrag und hohe Würde der Universität bestehen. Aber es ist schwer zu übersehen, daß sich die Forschungsarbeiten in einem immer größeren Maße in außeruniversitären Zentren konzentrieren, wobei sie manchmal unmittelbar aus den Mitteln finanziert werden, welche für die Rüstung vorgesehen sind. Diese dramatische Frage, ob die Wissenschaft den Menschen oder dem Vernichtungswerk dienen soll, dringt tief in die Universitätsgemeinschaft.

Und zuletzt noch ein Blick auf die großen intellektuellen Strömungen der Epoche. Entstammen sie den universitären Quellen? Ob die Tradition überlebt hat, die so lebendig in Deutschland war, die Tradition der Lehrstühle an den Universitäten, die durch lebende Ideengeschichte geschaffen wurden, Lehrstühle wie jene von Kant, Fichte oder Hegel?

Und die großen ideologischen Strömungen, wurden sie außerhalb der Universitäten geboren? So entstand doch der Marxismus, ähnlich auch die Romantik, und in unserer Zeit ebenso der Existentialismus, obwohl die deutschen Universitäten hierbei ihren Beitrag leisteten, die französischen aber schon nicht mehr.

Und heute? Heute, wenn das Licht besonders gebraucht wird, um die erdumhüllende Finsternis zu vertreiben, wenn die Welt vor dem Scheideweg steht, wenn so viele Gefahren unsere Zivilisation bedrohen, wenn das Bewußtsein den drastischen Konflikten der modernen Entwicklung nicht folgen kann - wer wird sagen, wie diese Welt verbessert werden und unser Leben gelebt werden soll, ein würdiges und auch ein glückliches Leben, falls das Wort "Glück" noch einen Sinn hat. Wer kann es sagen?

ANSICHTEN AUS OXFORD ÜBER TRADITION UND REFORM DER BRITISCHEN UNIVERSITÄT

David Phillips

Es handelt sich in diesem Beitrag um die britischen Universitäten und nicht um das ganze Hochschulgebiet. In Großbritannien existiert neben den Universitäten ein wichtiger staatlicher Hochschulsektor (**polytechnics, colleges of higher education**), der seine eigenen Aspekte und Probleme hat; sein Existieren ist ein Beitrag zur Vielfalt des Hochschulwesens in Großbritannien, die traditionell eine der Stärken des Bildungssystems ist. Ich werde aber jene traditionellen Aspekte der Universität behandeln, die verallgemeinert werden können und sie aus der Perspektive eines Vertreters betrachten, der an der Universität Oxford, der ältesten Universität Großbritanniens, unterrichtet, auch wenn diese Universität als nicht repräsentativ betrachtet werden kann.

Wenn Institutionen Stagnation vermeiden wollen, müssen sie sich weiterentwickeln. Universitäten bilden hier keine Ausnahme. Da sich die Bedürfnisse einer Gesellschaft ändern, überrascht es nicht, daß eine Regierung von den Universitäten erwartet, daß sich diese den wechselnden Bedürfnissen anpassen, etwa wie man erwartet, daß die Curricula der Schulen angeglichen werden. Das Hauptproblem hier ist jedoch, daß sich die Universitäten mit einer universellen Vielheit befassen: sie bieten Lehre und Gelehrsamkeit an, welche nicht für die Launen des Wechsels empfänglich sind und die einzig und allein dem Streben nach Wahrheit verpflichtet sind. Die grundlegende Idee der Universität ist in Frage gestellt, wenn äußere Kräfte von Zeit zu Zeit unangemessen auf diese Einfluß nehmen können. Unter anderem wird dieser Beitrag das Ausmaß untersuchen, in dem traditionelle Aspekte der Universitäten zugleich bewahrt werden und gefährdet sind.

Einige britische Universitäten, insbesondere solche wie Salford, die in den letzten Jahren verheerende Kürzungen ihrer Finanzierung erfahren haben (im Fall von Salford lagen die Kürzungen in der Größenordnung von 40 %), mußten sich notgedrungen sehr schnell auf eine neue Arbeitsweise umstellen, was zum Beispiel eine enge Verbindung zur Industrie einschloß. Bis hier ist es möglich, von 'Reform' zu sprechen. Aber, so wird man sagen, Evolution und Entwicklung wären vielleicht im britischen Zusammenhang passendere Begriffe als 'Reform', selbst wenn eine solche Veränderung durch andere Einflüsse herbeigeführt worden ist. Insgesamt gesehen wird eine Änderung innerhalb der britischen Universitäten von diesen selbst ausgehen.

Die britischen Universitäten haben im Regelfall vor dem Druck zurückgescheut, Hochschulabsolventen zu 'produzieren', die zweckausgebildet für eine bestimmte Tätigkeit sind - und die Arbeitgeber ihrerseits haben keine übermäßigen Beschränkungen auferlegt, was die Qualifikationen ihrer zukünftigen Angestellten angeht. Dies ist ein Zeichen ihrer traditionellen Unabhängigkeit. Ein ehemaliger Tutor von mir konnte in den sechziger Jahren (zur Zeit des Franks-Berichts über die Universität Oxford) folgendes schreiben:

> "The only proper function of a university, as a place of learning, is to stimulate and satisfy the mental curiosity of those who can benefit from academic discipline. [...] An employer may find in one of our graduates the qualities he is looking for, but we are under no obligation to 'produce' employees for him.
>
> [...] We do not wish to become a breeding ground for any but a scholarly elite."

Und trotz der scheinbaren Arroganz dieser Bemerkung wird eine solche Auffassung der Rolle einer Universitätsausbildung auch heute noch energisch verteidigt, obgleich es vielleicht passender wäre, eher von einer 'gebildeten' als von einer 'akademischen' Elite zu sprechen, eine, die, wie in der Tradition von Balliol College, die 'zukünftigen Führer in Kirche und Staat' stellt.

Historisch ist diese Auffassung in der Idee verwurzelt, die vor allem in Oxford vorherrschte, daß der Student von 'Greats' (d.h. klassischer Philologie, Philosophie und alter Geschichte) **durch seine akademische Schulung** darauf vorbereitet wurde, seinen Platz im öffentlichen Leben einzunehmen. Lord Stockton, der ehemalige Harold Macmillan, selber ein Absolvent dieser klassischen Oxford-Ausbildung - er las später den **Prometheus** von Aischylos in Griechisch in einem Minenunterstand während heftiger Kämpfe im ersten Weltkrieg (Macmillan 1966, S.88) - ist ein vorzügliches Beispiel eines erfolgreichen Ergebnisses einer klassischen, zeitlosen und sicherlich nicht zweckgebundenen Erziehung. Der britische Beamtendienst zog traditionsgemäß Absolventen der klassischen Philologie und Historiker dazu heran, die Geschicke des Landes zu lenken. In Großbritannien ist die Verantwortlichkeit der Universitäten gegenüber der Nation (neben der Heranbildung einer akademischen oder gebildeten Elite) ein Thema, das in den letzten Jahren zunehmend behandelt worden ist.

Dieses Referat wird Tradition und Reform betrachten und dann die Bedeutung der zunehmenden Rolle, die der Staat in Universitätsangelegenheiten in Großbritannien spielt, darlegen und die Konsequenzen derselben für die Zukunft diskutieren.

1. Tradition

In Deutschland muß jede Diskussion der Tradition der Universität mit Humboldt und seinen Vorstellungen von Forschung und Lehre beginnen: der Anerkennung der Doppelrolle des Professors in den Bereichen Lehre und Forschung (die beide der Förderung der Wissenschaft gewidmet sind), und der Lehr- und Lernfreiheit, Freiheiten, die durch die wohlwollende Protektion des Staates garantiert werden. Matthew Arnold erfaßte die Stärken der deutschen Tradition in einer berühmten vergleichenden Beurteilung:

> "The French university has no liberty and the English universities have no science; the German universities have

both." (Arnold 1868, S. 232)

Die traditionellen Stärken der britischen Universitäten, insbesondere der von Oxford und Cambridge, liegen jedoch auf dem Gebiet des Lernens. Die enge Verbindung des Universitätslehrers mit seinen Studenten, eine Beziehung, die durch die Beibehaltung eines niedrigen Lehrkörper-Student-Zahlenverhältnisses ermöglicht wird (mit der zugehörigen Zwangsauflage der begrenzten und selektiven Aufnahme), und der hochentwickelten Vorstellung eines gelenkten Universitätskurses haben bisher bedeutet, daß die britischen Universitäten normalerweise innerhalb von drei Jahren Studenten ausbilden können, deren Arbeit streng überwacht und geprüft worden ist durch jene, die innerhalb einer bestimmten Institution für ihre akademische Schulung verantwortlich sind. Kleingruppenunterricht, auf den ich im weiteren Verlauf im Zusammenhang mit Oxford zu sprechen kommen werde, bleibt ein teurer, jedoch effektiver Vorzug der britischen Universität.

In Großbritannien ist der Zugang zur höheren Bildung eher ein Privileg als ein Recht. Im Gegensatz zu Ländern, in denen das Schulabgangszeugnis (Abitur, baccalauréat) dem Oberschüler ein automatisches Recht zu studieren zugesteht, ist dies in Großbritannien nicht der Fall gewesen. Obwohl die kleineren Zahlen in der höheren Bildung (ungefähr 500.000 Ganzzeit- und weitere 200.000 Halbzeit-Studenten in beiden Bereichen) neidvoll von Ländern betrachtet werden, in denen die Massenuniversität die Norm geworden ist, so ergibt sich in Großbritannien immer die beunruhigende Folge, daß jedes Jahr eine große Zahl von qualifizierten jungen Leuten keinen Studienplatz erhalten. Die Universitäten entscheiden selbst, wer zugelassen wird: In der Praxis heißt das, daß einzelne Fachspezialisten die Entscheidungen auf der Basis von tatsächlichen oder voraussichtlichen ('conditional offer') Prüfungsergebnissen und/oder einem Interview treffen. In Oxford beginnt das enge Verhältnis des Bewerbers zu seinem College (oder zu seiner 'society' wie es in der Oxford-Terminologie heißt) einige Zeit vor Beginn seines Studiums. Auch in anderen Universitäten besuchen die Bewerber normalerweise die in Frage kommende Institution und werden für einen Studienplatz interviewt. Der 'Universities Central Council on Admissions' (UCCA) erfüllt die Funktion einer Verrechnungsstelle, von der aus Bewerbungen weitergeleitet werden und nicht als eine Einrichtung, die Plätze vergibt. Die Universitäten (und auch die Polytechnischen Hochschulen des öffentlichen Bereichs, wie erwähnt werden muß) behalten sich das Recht vor, die Aufnahme zu ihren eigenen Bedingungen zu gewähren oder zu verweigern.

Die wichtigsten Aspekte der Universitätstradition im britischen Zusammenhang (wie schon im Zulassungsverfahren beispielsweise angedeutet) sind die Freiheit und die Autonomie der Universitäten. Wie wir sehen werden, ist diese, vielfach hochgeschätzte Besonderheit der Universität zur Zeit (1986) auf beträchtliche Weise gefährdet.

Universitäten sind sich selbst regierende Körperschaften, die Freiheit von staatlicher Kontrolle und Einfluß in einem Maße genießen, das wiederum häufig Gegenstand des Neides in Ländern ist, in denen die Gegenwart des Staates deutlicher zu spüren ist. Ein moderner Kommentator hat die Vorteile ihrer Autonomie mit den folgenden Worten umrissen:

> "It encourages freedom of thought and initiative, makes for economical administration, conserves standards and takes academic controversy out of the political world by putting it where it belongs, in senates and other university bodies. It means that university teachers are judged by their colleagues, not by officials, that decisions on admission, promotion, appointment and distribution of work are taken within the proper terms of reference, and that patronage and influence do not intrude, at least intrude less than they otherwise would."
>
> (Carswell 1985, S. 50)

Dies hört sich gut an. Die Frage, die sich jedoch sofort stellt, lautet: Bis zu welchem Grade können Institutionen, die von staatlicher Unterstützung abhängig sind und sich indirekten Einschränkungen unterwerfen, die von Zeit zu Zeit von der Regierung auferlegt werden können (durch Angelegenheiten wie Gelder für Universitäten, Beihilfen für Studenten, die Festlegung der Beitragshöhe für einheimische und für Überseestudenten, Voraussagen der Zahl der benötigten Lehrer usw.) ein so hohes Maß an Unabhängigkeit bewahren? John Carswell betrachtet diesen Punkt in seiner exzellenten Studie **Government and the Universities in Britain:**

> "Despite occasional royal and governmental interventions the British universities are not emanations of the state, though in a way they form part of it. Constitutionally speaking they and their components are and always have been self-governing corporations with their own incomes and property, employing their own staff and choosing their own students. But that they should not be part of the state [...] is in the broadest sense impossible. The qualifications they offer, their influence on the whole system of education, and above all the inevitable influence of their graduates in every field over long periods, cannot fail to make them public institutions." (Carswell 1985, S. 9)

Es ist gerade darum, weil sie unweigerlich öffentliche Institutionen sind, daß sie zunehmend aufgefordert werden, rechenschaftspflichtig zu werden, etwa wie es Einrichtungen im staatlichen Bereich sind. Ihre traditionelle Unabhängigkeit wird heute zunehmend als fragwürdig angesehen.

Die Universitäten erhalten die meisten ihrer Gelder vom Staat. Aber es ist ihnen auch möglich gewesen, ihren Abstand von der Hand, die sie füttert, zu bewahren durch das Vorhandensein des University Grants Committee (UGC), dessen Leitsätze folgende sind:

- die Untersuchung der finanziellen Bedürfnisse der Universitätsausbildung in Großbritannien;
- Beratung der Regierung bezüglich der Anwendung jeglicher finanzieller Unterstützung, die vom Parlament gegeben wird und ihrer Verwendung;
- Informationen bezüglich der Universitätsausbildung im Vereinigten Königreich zu sammeln, zu untersuchen und

zugänglich zu machen;

- und in Beratung mit den Universitäten und anderen betroffenen Körperschaften bei der Vorbereitung und Ausführung von solchen Plänen für die Entwicklung der Universitäten zu helfen, wie es von Zeit zu Zeit nötig sein kann, um sicherzustellen, daß sie den nationalen Ansprüchen voll genügen.

In anderen Systemen unterlägen solche Aufgaben der direkten Verantwortlichkeit des Staates. In Großbritannien hat das UGC die Funktion einer Pufferzone zwischen der Regierung und den Universitäten. Seine Mitglieder, die vom Minister für Bildung und Wissenschaft ernannt werden, kommen selber von den Universitäten und anderen verwandten Gebieten(1), und ein Großteil ihrer Arbeit wird durch Unterausschüsse (für Technologie, Bildung, Naturwissenschaften, Kunst usw.) ausgeführt. In den letzten Jahren hat sich das UGC jedoch in der peinlichen Situation befunden, daß es die Kürzungen der Regierung bezüglich der Finanzierung der Universitäten ausführen mußte, mit allen begleitenden Konsequenzen - nicht zuletzt die Verdächtigung, daß es der Handlanger der Regierung geworden ist. Zur selben Zeit mußte es für künftige Kürzungen planen. In der Vergangenheit war es ihm möglich gewesen, den Plänen der Regierung solche finanziellen Einschränkungen aufzuerlegen, Widerstand entgegenzusetzen. John Carswell berichtet, wie 1931 der damalige Vorsitzende des UGC, Sir Walter Buchanan Ridell, von Schottland, wo er Moorhühner schießen war, ein Telegramm an die Regierung sandte, in welchem er die Ansicht äußerte, daß eine Kürzung der laufenden finanziellen Zuwendungen für die Universitäten undenkbar sei. Die Kürzungen wurden nicht durchgeführt (Carswell 1985, S. 13). Solcher Art war traditionell die abgeschlossene Selbständigkeit der Universitäten gewesen. Ich verwende das Wort 'abgeschlossen' nicht im Sinne einer Elfenbeinturm-Mentalität, sondern als einen Hinweis auf den Status, welchen die Universitäten durch ihre Unabhängigkeit hatten. In gewissem Sinne schien eine Einmischung in ihre Angelegenheiten nicht im mindesten wahrscheinlich zu sein.

Ein weiteres charakteristisches Merkmal des Universitätslebens ist der permanente Lehrauftrag. Carswell beschreibt, wie zur Zeit des Robbins Berichts über die höhere Bildung die Tradition des permanenten Lehrauftrages so selbstverständlich schien, daß es kaum der Erwähnung bedurfte. In den letzten Jahren jedoch haben die Universitäten einen harten Kampf gekämpft, um das Prinzip des permanenten Lehrauftrags zu erhalten, ein Prinzip, das traditionell eine weitere Garantie für

---

1 Zur Zeit (1986) besteht das UGC aus einem Vorsitzenden, der zuvor Direktor eines Cambridge-Colleges war, elf Professoren (aus den Bereichen Geschichte, Medizin, Metallurgie, Physik, Geographie, romanische Philologie, Mathematik, Wirtschaft, Mikrobiologie, Computersysteme und Financial Management), zwei Repräsentanten aus der Industrie, einem Bankfachmann, dem stellvertretenden Direktor einer polytechnischen Hochschule, einem Direktor für Bildungsfragen einer örtlichen Bildungsbehörde (local education authority) und einer ehemaligen Direktorin einer Gesamtschule.

akademische Freiheit gewesen ist.

Der Begriff 'Tradition' kann jedoch auch herangezogen werden, um die Weitergabe von jenen Leitprinzipien zu verdeutlichen, die die Idee der Universität in einer bestimmten Nation verkörpern. Es hängt mit jenen Besonderheiten des Universitätslebens zusammen, durch welche die Institutionen ihr individuelles Gepräge erhalten. Es hat mit dem weitverbreiteten Bild zu tun, das die Universitäten der Öffentlichkeit präsentiert haben, von dem, was Universitätsleben beinhaltet, zum Beispiel die 'alte Burschenherrlichkeit' im deutschen Zusammenhang und das studentische Gemeinschaftsleben von Oxford und Cambridge (auch aber von anderen Universitäten) in England.

Wenn wir Oxford als Beispiel heranziehen, so sind die offensichtlichsten Aspekte von Tradition schon in der Umgebung selbst offenbar: alte Gebäude ('diese Ruinen sind bewohnt', soll ein Besucher einmal bemerkt haben); die mehr als dreißig Colleges, von denen jedes seine eigenen Eigenschaften hat; die Zeremonien und anderen Ereignisse im Laufe des Universitätsjahres.

Aber es wäre irreführend, sich noch weiter bei der Wichtigkeit solcher Tradition aufzuhalten: Oxford befindet sich durchaus auch in der Welt der praktischen Realität. Die Vorbereitung für alle Bereiche des öffentlichen Lebens ist ein Nebenprodukt des akademischen Lebens der Universität: Sie hat ihren Anteil an Nobelpreisträgern und Mitgliedern der Royal Society; sie bringt sowohl in den Natur- wie auch in den Geisteswissenschaften hervorragende Wissenschaftler hervor; ehemalige Studenten befinden sich überall in der Welt in wichtigen Positionen. Oxford ist also weitaus mehr als nur pittoresk und malerisch - Eigenschaften, die den Lesern von Reiseführern und Anhängern von Ruderregatten geläufig sind. Sie ist gleichzeitig eine moderne wie auch eine traditionsreiche Universität. Ein leitender Funktionär der Universität hat kürzlich von 'zwei Universitäten' gesprochen, 'welche den Namen Oxford tragen':

> "One is a growing scientific establishment, whose professors are deeply involved in collaboration with outside institutions, in raising the funds necessary for research, and who think of money in terms of £K. The other is an ancient and traditional arts university, not dependent on such enormous sums of money; it is barely able to afford adequate secretarial assistance and word processors, and it can scarcely conserve the plant that it has, let alone build new centres. Yet it retains its pre-eminence in the world of scholarship nonetheless."(2)

Es ist diese Vorrangstellung, nach der Erhaltung derselben die Universität strebt und für welche sie sich über alle anderen Erwägungen hinwegsetzt.

---

2 Siehe **Oxford University Gazette**, Nr. 4026, Jahrg. CXVI, 17.4.86, S. 638.

Wie wir gesehen haben, wird dem akademischen Unterricht große Bedeutung beigemessen. Das Oxford Tutorium, wo jeder Student seinen Lehrer einmal pro Woche trifft - normalerweise im Zimmer des Lehrers im College - und wo der Student einen Aufsatz laut vorliest, welcher dann kritisiert und diskutiert wird, ist ein typisches Merkmal des Unterrichtsstils der Universität, über den man sich häufig wundert. Dieses Tutorium soll nicht einfach nur Wissen weitergeben - dies kann auch durch Vorlesungen und private Studien erreicht werden -, sondern es soll ein Treffpunkt der Meinungen sein. Der Student nutzt seinen Tutor als Resonanzboden für seine Ideen und ihm wird durch die Reaktionen des Tutors bei der Weiterentwicklung seiner Ideen geholfen: gemeinsam erforschen sie die Möglichkeiten des gerade zur Diskussion stehenden Themas.

Dies ist natürlich eine sehr aufwendige Lehrmethode - aufwendig im Sinne von Zeit und Geld zum Nutzen für den einzelnen Studenten. Und gerade weil sie so teuer ist, hat man sie von Zeit zu Zeit kritisch betrachtet. In ihrer Idealform handelt es sich um eine Lehrmethode, der nichts Vergleichbares entgegenzustellen ist; sie kann jedoch, besonders in einer Universität, wo keine Anwesenheitspflicht bei Vorlesungen besteht, ein Ersatz werden für die Vorarbeit, die schon bei der Vorbereitung für das Tutorium hätte geleistet werden sollen. Der Student sollte auf keinen Fall zu seinem Tutorium erscheinen, um dort etwas Grundsätzliches über, sagen wir, die **Poetik** von Aristoteles zu erfahren: Er sollte mit den notwendigen Fakten voll vertraut sein, den Text und die zugehörige Sekundärliteratur gelesen haben und bereit sein, ihn kritisch zu diskutieren. Wenn dies nicht der Fall ist, dann beginnt das Tutorium seine Daseinsberechtigung zu verlieren, und man kann dann argumentieren, daß Klassen und Seminare mit größeren Gruppen dasselbe Ziel erreichen.

Andere moderne Universitäten arbeiten mit Klassen und Seminaren, ohne daß sie deshalb merklich das enge Verhältnis zwischen Lehrer und Schüler opfern, welches, wie wir gesehen haben, eine der Stärken der britischen Universitäten ist. Der Student einer Provinzuniversität würde zum Beispiel erwarten, daß er sowohl den gesamten Lehrkörper, der für sein bestimmtes Fach zuständig ist, kennt, wie auch, daß die Lehrenden ihn kennen; daß seine Studien streng überwacht werden; und daß er sich nicht verloren und isoliert vorkommt. Das College System, das dem Studenten das Gefühl gibt, zu einer Gemeinschaft zu gehören, wo der Einzelne seinen Teil leisten muß und wo für sein Wohlbefinden Sorge getragen wird, ist nach wie vor sehr stark in Oxford.

Die Colleges sind nicht einfach Wohnheime mit ein paar Extras; sie haben sich durch die Jahrhunderte hindurch entwickelt, sie sind stolz auf ihre individuelle Identität und ihre individuellen Bräuche und bedingt durch eine einzigartige innere Zusammensetzung fahren sie fort, den Rahmen jenes Gemeinschaftslebens zu bilden, welches das Erbe der mittelalterlichen Tradition einer Gemeinschaft von Scholaren ist.

2. Reform

Als eine Delegation der britischen Association of University Teachers zu Beginn des Jahres 1947 die deutschen Universitäten der britischen Besatzungszone besuchte - ein Besuch, dessen Ergebnis ein höchst kritischer Bericht war - machten sie eine sehr offene Erklärung zum Thema 'Reform':

> "We feel that we should place in the forefront of our Report our strong and unanimous impression that no radical and lasting reform of the universities which we have visited is likely to come about on the sole initiative of the universities themselves."(3)

Diese Ansicht betont einen wichtigen Unterschied zwischen Erwartungen, wie sie in einem System, das traditionell vom Staat kontrolliert worden ist, herrschen, im Unterschied zu Erwartungen innerhalb eines Systems, das ein hohes Maß an Eigenständigkeit besitzt. Ganz offensichtlich hatten die britischen Delegierten angenommen, daß man von Universitäten ganz einfach erwarten müsse, daß sie sich selbst reformieren. Obwohl dieselbe Ansicht, wie sie im Bericht der Delegierten zum Ausdruck kommt, gelegentlich auch im britischen Zusammenhang geäußert worden ist - 1837 sagte Lord Melbourne im Zusammenhang mit der Reformdebatte betreffend Oxford und Cambridge, daß Universitäten

> "never reformed themselves; [...] everyone knew that there was too much competition and jealousy, too many and varied motives, constantly in play, to prevent the desired effect"
>
> (Green 1969, S. 58-9)

- so haben die britischen Universitäten jedoch dazu geneigt, sich von innen heraus zu verändern, d.h. sich zu reformieren.

Aber genau hier stellt sich die Frage, ob 'Reform' das richtige Wort ist. Der Begriff 'Reform' beinhaltet radikale Veränderung, Neuformung, Neuorientierung, und er schließt auch ein gewisses Maß an Uniformität dieser Veränderung mit ein, wenn man ihn im Zusammenhang mit Institutionen verwendet. In Großbritannien ist es nicht so einfach, sich Reformen vorzustellen, die alle Institutionen betreffen würden.

Erstens - die Autonomie der Universitäten vorausgesetzt - gibt es nur wenig Spielraum für eine zwangsweise Auferlegung von Veränderungen - obwohl es, durch das Committee of Vice-Chancellors and Principals, zum Beispiel, und in zunehmendem Maße durch das UGC, eine allgemeine Einigung über eine Entwicklung geben kann. Zweitens neigen Institutionen, die in der Kultur und Gesellschaft einer Nation wurzeln, eher dazu, sich langsam zu verändern, als plötzlicher Veränderung

----

3 'The Universities in the British Zone of Germany', **The Universities Review**, Jahrg. 19, Heft 3, Mai 1947, S. 204. Der Bericht ist kürzlich neu veröffentlicht und analysiert worden in: Phillips (1983).

zugänglich zu sein.

Wenn ich dennoch fortfahre, von 'Reform' zu sprechen, so geschieht dies im Sinne von allmählichem Wechsel von innen heraus und in der Bedeutung von Evolution und Entwicklung und nicht so sehr im Sinne von radikaler Veränderung, die von außen auferlegt wird.

Lassen Sie uns ein oder zwei Beispiele von Oxford betrachten. Oxford war, besonders im 19. Jahrhundert, Gegenstand königlicher Untersuchungsausschüsse gewesen, die über die Angelegenheiten der Universität Nachforschungen anstellten. In den 60er Jahren des 20. Jahrhunderts, im Kielwasser der Nachkriegsexpansion im Bereich der höheren Bildung und durch die Veröffentlichung des Robbins-Berichts wurde es dann klar, daß Oxford nicht mehr lange unbetroffen bleiben würde. Daher gründete der Hebdomadal Council, das oberste Regierungskomitee der Universität, einen Untersuchungsausschuß unter dem Vorsitz von Lord Franks, dem damaligen Vorsteher von Worcester College, der eine detaillierte Studie aller Aspekte, die die Arbeit der Universität betrafen, durchführte, und in der er Reformvorschläge machte. Der Umstand, daß eine solche Initiative von der Universität selbst kam, stand im Einklang mit der Tradition von Autonomie und Selbstregierung und wurde als ein beeindruckendes Beispiel verantwortungsvoller und kritischer Selbstanalyse angesehen. Viele der Franks-Vorschläge wurden angenommen; jene, die nicht erfolgreich waren - zum Beispiel Versuche, die Ansichten der Colleges durch einen Collegerat zu koordinieren - haben, auch wenn sie fallengelassen wurden, keinen übermäßigen Schaden angerichtet, obwohl viele es immer noch bedauern werden, daß diese Versuche nicht ausgeführt wurden. Noch jüngeren Datums ist die Reform des Zulassungsverfahrens, das die Universität - wieder auf Initiative aus den eigenen Reihen hin - eingeführt hat, um mehr Schulabgängern größere Chancen zu geben. Cambridge hat diesen Schritt auf eigene Weise mitgemacht.

Reform im weiteren Sinne des Wortes wird sich in Oxford und anderswo als Ergebnis sich häufender Versuche der Regierung, Einfluß zu nehmen auf das, was an den Universitäten geschieht, ergeben. Das **Green Paper** vom Mai 1985, ein Schriftstück, das in weiten Kreisen der Universitäten auf großen Widerstand gestoßen ist, verlangte mehr Rationalisierung und mehr Gegenwert für Geld. Das Department of Education and Science (Ministerium für Bildung und Wissenschaft) wird fortfahren, Druck auszuüben, und die Universitäten werden notgedrungen antworten müssen. 'Reform' ist vielleicht immer noch ein zu starkes Wort für das, was vielleicht kommen wird, aber eine Entwicklung innerhalb der von der Regierung gegebenen Richtlinien ist praktisch unvermeidbar.

'Reform' ist daher, abgesehen von seiner geschichtlichen Manifestation, ein Begriff, dessen Gebrauch unter Umständen die Äußerungen, denen die britischen Universitäten in absehbarer Zukunft unterliegen werden, übertreibt. Eine Gleichförmigkeit des Wechsels, außer in Angelegenheiten, auf die von außen direkt Druck ausgeübt werden kann, ist in einem so individualistischen und autonomen System jedenfalls unwahrscheinlich.

3. Intervention des Staates

Es kann ohne Übertreibung gesagt werden, daß die britischen Universitäten in den letzten Jahren mehr von staatlicher Intervention betroffen worden sind als dies vorher der Fall war. Die konservativen Regierungen unter Premierministerin Margaret Thatcher sind fest entschlossen, die Entwicklung der höheren Bildung in beiden Bereichen, zum großen Teil durch finanzielle Maßnahmen, aber auch durch andere Mittel, zu beeinflussen. Ein angesehener Kommentator sagt hierzu:

> "For the first time the intellectual preferences of the Secretary of State for Education and Science and his cabinet colleagues are seen as legitimate consideration in deciding priorities in higher education." (Scott 1986, S. 145)

Die Traditionen der Universität, besonders im Hinblick auf ihr bemerkenswertes Maß an Autonomie und in solchen Angelegenheiten wie dem permanenten Lehrauftrag, sind betroffen: Alarmierender ist jedoch die Tatsache, daß 'intellektuelle Vorlieben' auch Vorurteile beinhalten. (So zum Beispiel das Gefühl, daß die Sozialwissenschaften keine akademischen Wissenschaften seien: Es gab Versuche, den Social Science Research Council abzuschaffen.)

1985/86 führte das UGC im Zusammenhang mit der Bestimmung der Zuschüsse für die einzelnen Universitäten eine Planung aus, welche unter anderem einen Forschungsquerschnitt von jedem 'Kostenzentrum' der einzelnen Universitäten verlangte. Die Paragraphen des Forschungsquerschnittes der Oxforder Antwort auf den Rundbrief umfassen etwa 130 Seiten.(4) Die Planung war Teil der Kostenwirksamkeit, der 'Mehr-Gegegenwert-fürs-Geld'-Einstellung, und am Ende stand die selektive Forschungsfinanzierung als Ergebnis, die herausragende wissenschaftliche Leistung in Betracht zog, wie sie aus den Antworten der Universitäten hervorging. Die Finanzierung durch die Regierung schließt auch das Element der Forschung ein: 'Was,' so möchte die Regierung wissen, 'bekommt sie für ihr Geld?' Die Universitäten machten einen mutigen Versuch, ihre Forschungsproduktion zahlenmäßig zu kalkulieren - aber die alleinige Aufzählung der neu veröffentlichten Bücher sagt wenig. Welcher Schluß kann zum Beispiel aus der Tatsache gezogen werden, daß die Fakultät der Rechtswissenschaften in Oxford seit 1980 83 Bücher und 468 Artikel publiziert hat und die Fakultät der Geographie 308 Veröffentlichungen zählte? Wer im UGC oder irgendwo sonst bemerkte wohl, daß ein Buch häufig den Höhepunkt der Forschung vieler Jahre auf höchstem Niveau darstellt und daß dieses Buch einen wesentlichen Beitrag zum Wissensstand auf einem bestimmten Gebiet leistet, während fünf andere, die im selben Zeitraum von Kollegen derselben Fakultät herausgebracht worden sind, vergleichsweise unbedeutend erscheinen mögen?

----

4 Siehe: University of Oxford: **Planning for the Late 1980s. Response to UGC Circular Letter 12/85**, Oxford (University of Oxford), November 1985.

Aber die Universitäten erstellten die Materialsammlung, und die Entscheidungen sind auf der Basis der Aussagen, die gemacht worden sind gefällt worden. Es kann nur wenig Trost bedeuten, wenn man sich daran erinnert, daß das **Green Paper** der Regierung vom Jahre 1985, in welchem nachdrücklich die Funktion und der Zweck der höheren Bildung im Zusammenhang mit der wirtschaftlichen Leistung der Nation hervorgehoben werden, feststellt, daß, insbesondere in den Geisteswissenschaften 'education for pleasure and general culture and **the financing of scholarship and research as an end in itself'** nicht länger finanziert werden können, es sei denn, daß sich die wirtschaftliche Leistung der Nation verbessert. (Betonung des gegenwärtigen Verfassers; **Green Paper**, Paragraph 1.2.).

Natürlich gibt es keinen Grund **a priori** anzunehmen, daß der Staat in den Angelegenheiten, in die er sich auf so dramatische Weise einzumischen vorgenommen hat, besser bewandert ist. Wir sind vielleicht bereit zu glauben, daß die Nation mehr Ingenieure braucht und wir begrüßen in der Tat Maßnahmen der Regierung, die Anzahl der zur Verfügung stehenden Plätze zu erhöhen, aber es gibt keine Garantie dafür, daß zusätzliche Plätze auch mehr und bessere Ingenieure bedeuten werden.

Und was zum Beispiel die Forderung nach engerer Verbindung zur Industrie angeht, trotz aller guten Seiten, die dies haben mag, so sollte die Regierung nicht einfach annehmen, daß hierdurch die Forschung automatisch verbessert würde. Wie W. D. Halls (1985) schreibt:

> "The nature of the university ... precludes it from developing anything more than an 'arm's length' relationship with the State or the economy. It must have great freedom not to conform if it is to succeed - indeed, it is in the ultimate interest of all concerned for this kind of liberty to prevail. In Mill's words, it must be able to follow the argument wherever it may lead, both in its teaching and its research. However unorthodox or remote these activities may seem - and the 'lost cause' argument will always surface - by so doing it may serve not merely one community at any particular conjuncture but the universal society".

Es ist diese Betrachtungsweise der Rolle der Universität, eine Ansicht, die in freien Gesellschaftssystemen als übereinstimmend anerkannt wird mit den höchsten Idealen dieser Institution, welche wir in Großbritannien in Gefahr sind, aus den Augen zu verlieren. Die Tradition der Universität ist gemeinhin stark genug, um den Launen einzelner Regierungen standzuhalten (im britischen Zusammenhang sind es eher die Regierungen als die Staatsmaschinerie, die die Probleme verursacht) und, besonders in einer Universität wie Oxford, Sicherheit in Zeiten des Drucks zu bieten. Selbstzufriedenheit würde jedoch eine große Gefahr bedeuten. Es ist klar, daß die Universitäten sich weiterentwickeln müssen; 'aus Tradition in die Zukunft', das Motto des 600. Jubiläumsjahres der Universität Heidelberg, bietet ein passendes Leitmotiv.

Literatur

ARNOLD, Matthew (1968): Schools and Universities on the Continent, London (Macmillan & Co.).

CARSWELL, John (1985): Government and the Universities in Britain. Programme and Performance 1960-1980, Cambridge (Cambridge University Press).

FRANKS, Lord (1966): Report of Commission of Inquiry (The Franks Report), Oxford (Clarendon Press).

GREEN, V.H.H. (1969): The Universities, Harmondsworth (Penguin).

Green Paper (1985): The Development of Higher Education into the 1990s, Cmnd 9524, London (HMSO).

HALLS, W.D. (1985): 'Universities, the Policy and the Market Place', Oxford Review of Education, Vol. 11, No. 3 (special issue on 'Higher Education, the State and the Economy', Hrsg. Oskar Anweiler & David Phillips).

MACMILLAN, Harold (1966): Winds of Change, 1914-1939, London (Macmillan).

PHILLIPS, David (1983): Zur Universitätsreform in der britischen Besatzungszone 1945-1948, Köln/Wien (Böhlau).

ROBBINS, Lord (1964): Committee on Higher Education (The Robbins Report): Higher Education. Appendix Five: Higher Education in Other Countries, London (HMSO).

SCOTT, Peter (1986): 'Autonomy to Accountability', in: Finch, Janet & Rustin, Michael (Hrsg.): A Degree of Choice? Higher Education and the Right to Learn, Harmondsworth (Penguin).

DIE GROSSE UMWÄLZUNG DES UNIVERSITÄTSWESENS IN DEN 60ER JAHREN IN FRANKREICH

Michel Soëtard

Unter den vielseitigen Interpretationen der Ereignisse vom Mai 1968 in Frankreich weist man auf einen tiefgreifenden Bruch der kulturellen Grundlage hin, die bisher unsere französische Gesellschaft getragen hatte. Die Universität wurde zum Brennpunkt dieser Erschütterung; als Symbol galt der Ansturm auf die Sorbonne, der "Bastille des bürgerlichen Wissens", durch junge Menschen, die gern ihre Position im Namen eines "Zurück zur Natur" wieder verlassen hätten, und hie und da tatsächlich verlassen haben.

Achtzehn Jahre nach dem riesigen Happening der französischen Gesellschaft wirkt die Stoßwelle immer noch weiter: Die zerstückelte Sorbonne läuft ihrem Schatten nach, und die Teile wetteifern miteinander, um das große Erbe der alten Dame für sich allein zu beanspruchen. Von einer Reform zur anderen, die, kaum hat sie das Tageslicht gesehen, schon wieder vom Tode bedroht wird, bleibt die französische Universität auf der Suche nach ihrer Stabilität. Es ist darum bezeichnend, daß die neuere Literatur über die Universität immer noch den Wortschatz des Unbehagens, der schweren Krankheit, sogar des nahenden Todes und des baldigen Endes benutzt (Maschino 1984; Tezenas du Montcel 1985,45).

In diesem Beitrag soll zunächst die dreifache Krise der französischen Universität skizziert werden, dann die drei Widersprüche, mit denen sie zu kämpfen hat und schließlich eine Analyse der drei Mißverständnisse, die die große Diskussion über Sinn und Bedeutung des höheren Bildungswesens immer wieder verdunkeln. Wenn der Trinitätsgedanke diesen Vortrag beherrscht, sei es ein Zeichen des baldigen Auftauchens des heiligen Geistes über den Trümmern des verhängnisvollen Kampfes zwischen Geist und Leben. Also ein Zeichen der Hoffnung.

Die dreifache Krise der Universität

In der Tat hat unser französisches Universitätswesen Rückschläge durch drei in Ursprung, Umfang und Bedeutung verschiedene Krisen erlitten:

1. Die erste tiefere Krise verband sich mit dem allgemeinen Phänomen des Studentenzuwachses in den 60er Jahren. Zwischen 1960 und 1980 stieg der Anteil der aufeinanderfolgenden Generationen, die ihre Reifeprüfung (Baccalauréat) bestanden hatten, stark an, und zwar von 11 auf 26 %. Da in derselben Zeitspanne die Übergangsrate vom Sekundar- zum höheren Schulwesen über 90 % geblieben ist, kann man sich die Folgen einer solchen "Explosion" vorstellen, die nur teilweise demographisch erklärt werden kann. Zwischen 1960 und 1980 hat sich tatsäch-

lich die Studentenzahl vervierfacht.

Trotzdem stellt man im Vergleich mit den anderen Industrieländern einen Rückgang der Einschulungsrate der 20- bis 24jährigen fest: Frankreich ist zwischen 1960 und 1975 vom 3. auf den 7. Rang der OECD-Länder zurückgegangen. Im Jahre 1975 hatten die Vereinigten Staaten für diese Altersklasse eine Einschulungsrate von 21,6 %, Japan von 14,5 % und Frankreich von 9 %. Ein weiteres Anzeichen: während in Frankreich zwischen 1965 und 1977 der Anteil einer Generation, der ein erstes Diplom erwarb, eine Zunahme von 63 % aufwies, erreichte dieser Prozentsatz 111 % in der Bundesrepublik Deutschland, 152 % in Japan und 695 % in Dänemark. Es wird von allen Seiten wiederholt, daß Frankreich zu wenig Studenten habe: Die Zahlenexplosion, obgleich wichtig, bleibt geringer als in den übrigen Industrieländern (Jeantet 1983, 467).

2. Die zweite Krise betraf die Inhalte. Die erzwungene Demokratisierung hat den traditionellen kulturellen Elitenkonsens zugrundegerichtet. Die klassischen Fächer, die die Grundlage der höheren Bildung sicherten, wurden marginalisiert, und die Philosophie verlor ihre Schlüsselstellung im ganzen System. Mit dem massiven Eintritt von Studenten, die schon im Gymnasium den Glauben an die Kulturwerte der älteren Generationen verloren hatten, drangen in die Universitäten neue Bedürfnisse, neue Nachfragen, deren Befriedigung von der Alma Mater schwer zu erfüllen war. Als Beispiel könnte man den ganzen Bereich der modernen Kommunikation anführen: Von jeher kannten die Akademiker nur ein Kommunikationsmittel, das Wort, und bereits die Einführung des Bildes erschien ihnen als ein kultureller Niedergang.

Unter pädagogischem Gesichtspunkt gesehen, handelt es sich darum, eine Werkstatt des Wissens in einen Betrieb der Kenntnisübermittlung zu verwandeln: Weder die Räume, noch das Personal, vom vorhandenen Professor bis zur Raumputzerin, noch die Methoden waren vorhanden, dieser Lage zu begegnen. Neue Lehrkräfte wurden in aller Eile rekrutiert, ohne genauere Nachprüfung ihrer Forschungskapazität. Die mutigsten unter den Professoren liefen ans Feuer, verließen ihre eigene Arbeit und übernahmen riesige Verwaltungspflichten, während die erschrockensten und skeptischsten ihre Zuflucht in den höheren Sphären des Unterrichts oder in Forschungsinstituten suchten. Mit Sehnsucht liest man schöne Erinnerungen an die gute alte Zeit der Universität: die Massen-Universität ist aber zu einem gemeinsamen Phänomen in allen entwickelten Ländern geworden.

3. Die dritte Krise, die schwerste, die folgenreichste, betraf die Stellung der Universität in der französischen Gesellschaft, die Grundlage ihrer Glaubwürdigkeit vor den Augen der Nation. Wenn man die Geschichte unseres französischen Universitätswesens überblickt, bemerkt man leicht, daß die französische Gesellschaft im allgemeinen kein großes Interesse für ihre Universität entwickelt hat, daß diese meistens Gleichgültigkeit, Skepsis und Mißtrauen auf seiten der Politiker weckt und letztlich die große Vergessene der Reformbestrebungen geblieben ist (Prost 1968, 224). Die Mai-Ereignisse haben unter den schlechtesten Umständen den Scheinwerfer plötzlich auf die Universität gerichtet: ihre Unfähigkeit, die innere Krise zu überwinden, wurde ihr vorgeworfen sowie ihre späte Anpassung an die neuen Verhältnisse, und ihre un-

geheuren Unterhaltungskosten ... Man verlangte auf einmal grundsätzliche Reformen, neues pädagogisches Verhalten und Rentabilität. Als Gegenbeispiel verwies man auf die "Grandes Ecoles", die außerhalb der großen Erschütterung geblieben waren und ihre Arbeit in allem Ernst weiterführten. Dazu entstand in einem bisher selbstbewußten Lehrkörper der große Zweifel an der demokratisierenden Mission der Universität. Man darf nicht vergessen, daß die Ereignisse vom Mai 1968 von den beiden Büchern von Bourdieu und Passeron, **Les Heritiers** (1968) und **La Reproduction** (1970), begleitet wurden, die bohrende Fragen über Sinn und Bedeutung der Universität im demokratischen Prozeß gestellt haben. In der ersten Hälfte des Jahrhunderts hatte man sich vor allem bemüht, Struktur- und Kulturfragen zu stellen, wie z.B. "Wie kann man den Zugang zur Kultur demokratisieren?" oder "Wie könnte man die Kulturinhalte verbessern?" ... Jetzt ist es, als hätte die französische Gesellschaft eine Scheidungsklage gegen die Hauptträgerin ihrer kulturellen Ziele eingereicht. So ist die französische Universität mit dieser dreifachen Krise in eine Turbulenzzone eingetreten, in der sie mit grundsätzlichen Widersprüchen immer noch zu kämpfen hat.

Die drei Widersprüche der Universität

Seit ihrer Gründung, vor allem seit ihrer staatlichen Organisation am Ende des vorigen Jahrhunderts, hat das französische Universitätswesen immer wieder Spannungen erlebt, die aber in einer relativ stabilen Gesellschaft überwunden werden konnten. Man war sich im allgemeinen über die humanistische Zielsetzung der Universität einig. Die große Krise des französischen Staates in den 60er Jahren hat die Grundlage dieses humanistischen Konsensus tief erschüttert, sogar zerbrochen, und die dauernden Spannungen sind zu verhängnisvollen Widersprüchen geworden.

1. Der erste große Widerspruch betrifft den Autonomiegedanken und die dauernde Zentralisation in den Händen des Staats. Das Hauptresultat der Mai-Ereignisse, das in das Orientierungsgesetz für das Universitätswesen vom 12. November 1968, das sogenannte "Faure-Gesetz" integriert wurde, war die Anerkennung der Autonomie der Universitäten: einer administrativen, pädagogischen und finanziellen Selbständigkeit. Wenn die Universitätspräsidenten tatsächlich dadurch eine bemerkenswerte Stärkung ihrer Macht erfuhren und meistens ein großes Verantwortungsgefühl erweisen konnten, sind die Schranken dieser Autonomie dennoch eng geblieben. Die finanzielle Selbständigkeit ist stets problematisch, da die meisten Hilfsquellen weiterhin vom Staat abhängig sind und die Zentralverwaltung die Oberhand über die Mittelverteilung, die Personalanwerbung, die Habilitationen usw. behält. Jeder Umstand kann leicht benutzt werden, um in die inneren Angelegenheiten der Universitäten einzugreifen, und die klügsten haben seit langem verstanden, wie wichtig es bleibt, einen ständigen Sitz im Wartezimmer des Ministers, und noch bequemer im Schatten eines Kabinettsmitglieds zu besitzen.

Die Hauptbeschränkung der pädagogischen Autonomie ist in der Bewahrung des nationalen Charakters der Diplome begründet. Die Logik des Autonomiegedankens hätte zum Universitätsdiplom führen müssen, aber die in der Tradition verankerte Einteilung der republikanischen Garantie blieb stärker. Da aber die einzelnen Anstalten stets dazu angeregt werden, ihre eigenen Diplome zu schaffen, wird der Kompromiß zwischen der nationalen Regelung und den lokalen Initiativen immer schwieriger. Es kommt nicht selten vor, daß eine Universität, die aus eigenen Kräften einen neuen Bildungsgang aufgebaut hat, das Verbot bekommt, die höhere Stufe dieser Bildung weiter zu organisieren.

Man muß auch gestehen, daß die Akademiker sich nicht wohl fühlen mit der Aufforderung zur Autonomie, so daß sie den alten Weg der Einförmigkeit und der allen gemeinsamen Formeln oft mit Vergnügen bevorzugen. Dieses grundsätzlich konservative Verhalten, das die Beziehungen zwischen den Gruppen und dem Staat in unserem Lande kennzeichnet, bleibt am stärksten bei den Hütern des höchsten Wissens, das mit dem staatlichen Wissen identifiziert wird, und bildet eines der Haupthindernisse für die Praxis der Autonomie in einer Gesellschaft, in der sie sonst sehr wenig praktiziert wird (Remond 1976; Mayeur 1977). Es ist aber bemerkenswert, daß in letzter Zeit der Begriff der "Freien Universität" unter der Feder von Persönlichkeiten, die nicht als extremliberal bekannt sind, aufgetaucht ist, und daß immer mehr Stimmen sich erheben, um eine Vollendung des Selbständigkeitsprozesses zu verlangen.

2. Eine zweite Problematik entwickelt sich um die vorberufliche Funktion der Universität. Das ist eine Bewegung, die das Orientierungsgesetz von 1968 schon angebahnt hatte, die weiter zum Grundpfeiler des Orientierungsgesetzes vom Januar 1984, des sog. "Savary-Gesetzes", geworden ist und die von der neuen politischen Welle nicht widerrufen wurden. Man ging von der Tatsache aus, daß ein sehr starker Anteil der Studenten die Universität nach dem ersten und dem zweiten Jahre verläßt, ohne die mindeste Idee über ihre zukünftigen Berufsaussichten zu haben. So gleichen die beiden ersten Jahre einem Parkplatz, auf dem die jungen Leute auf Godot warten und den sie sich beeilen zu verlassen, sobald sie etwas "Interessantes" gefunden haben. Da man auf irgendeine Form der Selektierung am Eingang der Universität verzichten wollte, sah man die Lösung in einer Verbindung zwischen der höheren Bildung und dem Beruf.

Die Universitäten sind also gebeten worden, den Übergang von der akademischen Logik zu einer auf der Logik des aktiven Lebens gegründeten Bildung anzubahnen. Dieser neue Bildungsgang sollte sich in zwei nachfolgenden Perioden organisieren: die erste als vorberufliche Orientierungsperiode, die zweite, die die Vorbereitung auf einen Beruf erlauben könnte. Die höhere Bildung sollte nach den großen Tätigkeitsbereichen des ökonomischen Lebens des Landes organisiert werden, und man verlangte eine neue Verteilung der Fächer, die mit der alten akademischen Logik brach (Jeantet 1983). Im Savary-Gesetz bekamen die Universitäten die typische Kennzeichnung als "wissenschaftliche, kulturelle und berufliche Anstalten", und sie wurden angeregt, enge Beziehungen mit der ökonomischen Umwelt anzuknüpfen.

Gegen diese vom Staat beschleunigte Entwicklung sind aber große Einwände erhoben worden. Man darf zunächst nicht vergessen, daß ein

Teil der höheren Bildung, wie die Medizin und die Ingenieurhochschulen, schon auf Berufe eingerichtet sind. Was die übrigen Fächer betrifft, so verlangen sie meistens eine längere theoretische Vorbereitung, und es wäre zu befürchten, daß eine übertriebene und voreilige Spezialisierung zur Bildung von Techniken mit beschränkten Horizonten führt und Leute "produziert", die unfähig sind, ihre berufliche Tätigkeit zu beherrschen und gegebenenfalls auf einen anderen Sektor umzuschalten. Die größte Gefahr bleibt aber, daß die Fächer, die die Grundlage aller Kultur bilden, zum Opfer dieser vorberuflichen Tendenz werden und als bloße Hilfsmittel "konkreter Bildung" dienen (Merle 1983).

Diese Einwände sind zu beachten. Aber jeder fühlt, daß die Zeit vorbei ist, wo die Studenten eine reine Wissenschaft genießen konnten, weit entfernt vom Lärm des tätigen Lebens. Die neuere Betonung der ökonomischen Funktion der Universität stellt die Alma Mater vor einen verhängnisvollen Widerspruch: nach ihrer Tradition vermittelt sie theoretische, abstrakte, weltferne Kenntnisse; unsere Gesellschaft fordert aber die Vermittlung und die Vertiefung technischer, nützlicher Kenntnisse. Inwiefern soll also die Universität ihren alten traditionellen Standpunkt verlassen und sich auf den neuen Weg der beruflichen Orientierung wagen? Diese Frage bleibt bei uns das Thema einer großen Auseinandersetzung.

3. Wenn das Schiff eine andere Richtung einschlagen muß, dann braucht es einen entschlossenen Kapitän, eine fest verbundene Mannschaft und klare Befehle. Mit der heutigen Leitung der Universitäten sind wir weit vom Ziele: die Demokratisierung, die das letzte Orientierungsgesetz noch verstärkt hat, führt zu einer Lähmung der Entscheidungskapazität in den verschiedenen Anstalten. Die neuen Chefs der einzelnen Abteilungen und Institute sperren sich auf ihrem Gebiet wie die Lehnsherren im Feudalsystem auf ihren Besitztümern, und die Gescheitesten zögern nicht, über den Kopf des Universitätspräsidenten hinweg, sich direkt ans Ministerium zu wenden. Es ist übrigens meistens der beste Weg, da nur Eingeweihte in der Lage sind, sich in einem Verwaltungslabyrinth zurechtzufinden, wo Kompetenzstreitigkeiten und Rollenverwirrung Kurantgeld sind: zwischen dem Studenten und dem Minister hat man nicht weniger als 14 beratende Instanzen gezählt. So verwendet ein Teil der Lehrkräfte seine beste Zeit nicht einmal in der Verwaltung, sondern in Beratungen über die Verwaltung. Das alles führt zur Entmutigung der individuellen Initiativen (Merle 1983).

Dazu kommt ein ständiges Mißtrauen gegenüber den Akademikern, die als unfähig erklärt werden, den neuen Bedürfnissen entgegenzukommen. Als Druckmittel benutzt man dann eine verstärkte Vertretung der Nichtprofessoren bzw. des Verwaltungspersonals, und die Einführung "externer Persönlichkeiten", die die Stimme der "tätigen Welt" zur Geltung bringen sollen.

So stoßen wir auf den dritten Widerspruch: Es wird von den Universitäten eine neue Wirksamkeit im sozialen Leben verlangt, während ihnen innere Strukturen aufgezwungen werden, die jede Wirksamkeit stark verhindern.

Drei Mißverständnisse

Diese Analyse der Krisen und der Widersprüche, die unsere französische Universität hin- und herziehen, sollte uns nicht zum Pessimismus führen: Die würdige Dame hat ihren alten Sessel verloren, sie muß aufstehen und vorwärts gehen. Sie hat - ich würde sagen: endlich - das Interesse der Nation geweckt und ist zu einem Thema der öffentlichen Diskussion geworden. Hinsichtlich dieser Diskussion sei es eben einem Akademiker erlaubt, seine Wissenschaft zu benutzen, um einige Mißverständnisse aufzuhellen, die diese Debatte meistens verdunkeln.

1. Das erste Mißverständnis betrifft den Autonomiegedanken, genauer: den politischen Weg seiner Verwirklichung. Darf ich hier an das Pestalozzische Prinzip erinnern, daß der Mensch zur Selbständigkeit nur gelangen kann, insofern ein Unterschied besteht zwischen den allgemein geltenden Entfaltungsmitteln seiner Natur und deren Anwendung. Die Autonomisierung erfolgt wirklich, wenn die Interessierten imstande sind, die Mittel ihrer Verwirklichung in die Hände zu nehmen, insofern diese Mittel keine bloße Anwendung der allgemeinen Regel sind. Die Freiheit bleibt ein Traum, solange die Institutionen wie die Individuen nicht über die Mittel ihrer Realisierung verfügen.

Das ist das große Mißverständnis über die Autonomie unserer französischen Universität. Sie wird zwar im Gesetz immer wieder anerkannt, aber dann so fein organisiert, so präzise beschrieben, daß die Partikularität überhaupt nicht frei atmen kann und sich nur als eine Anwendung des Allgemeinen verstehen läßt. Die Logik der allgemeinen Gesetzlichkeit führt unvermeidlich zur Behinderung der handelnden Personen durch fesselnde Regeln, zum Versiegen der Initiativen, zur Kristallisierung der Konservatismen. Die Logik der Autonomisierung setzt im Gegenteil das Prinzip der freien Verfügung über die Anwendungsmittel voraus, indem die vom Staat vertretene Allgemeinheit die Rolle der kantischen Idee in Beziehung auf den empirischen Prozeß spielen sollte: formale Orientierung, Abbau der inneren Widersprüche, Ansporn zur empirischen Weiterentwicklung ...

Es bleibt das große Mißverständnis der Mai-Ereignisse: "Durch eine Revolution, so schrieb Kant, wird vielleicht wohl ein Abfall von persönlichem Despotismus und gewinnsüchtiger oder herrschsüchtiger Bedrückung, aber niemals wahre Reform der Denkungsart zu Stande kommen; sondern neue Vorurteile werden, sowohl als die alten, zum Leitband des gedankenlosen großen Haufens dienen". Die moralische Autonomie der Universität ist über die gesetzliche hinaus bei uns noch zu vollenden. Wiederum Kant: "Es ist aber so bequem, unmündig zu sein".

2. Die vorberufliche Funktion des akademischen Wissens gibt Anlaß zu einem neuen Mißverständnis. Man spricht, als hätte das bisher in den Universitäten erteilte Wissen überhaupt kein Verhältnis zum wirklichen Leben gehabt. In der Tat aber hat dieses Wissen nicht aufgehört, eine soziale Rolle zu spielen, traditionell als privilegierte Vorbereitung der künftigen Lehrkräfte, und im allgemeinen insofern als der Besitz dieser höheren Kultur an und für sich genügte, unabhängig von deren Anwendungsmitteln im tätigen Leben, um ein interessantes Amt in der Gesellschaft zu bekleiden. Wir lebten in einer Kulturgesellschaft, in

der die Fähigkeit, ins wirkliche Leben einzugreifen, am Grad des abstrakten Wissens gemessen wurde: daher die fortdauernde Minderstellung des Berufs- und Fachschulwesens.

Das neu auftauchende Phänomen ist jetzt nicht so sehr eine eigentliche Umsetzung des akademischen Wissens in den Beruf als die Sorge, ihm Gestaltungskraft zu geben. Ein gutes Beispiel dafür ist die neue Form des Wissens zum Lehrerberuf: indem man vorher voraussetzte, daß das akademische Wissen natürlicherweise eine Pädagogik, einen Vermittlungsprozeß in sich einschloß, wird man sich immer klarer bewußt, daß dieses Wissen spezifische Mittel braucht, um sich pädagogisieren zu lassen, daß seine Anwendungsmittel im Bereich des Unterrichts nicht als einfacher Ausfluß seines inneren Wesens betrachtet werden dürfen, sondern zum Objekt eines neuen praktischen Wissens werden müssen.

Handelt es sich also nicht um die Gestaltung eines neuen reinen Wissens? Ich glaube nicht. Wir haben in der Tat den Bereich der platonischen **Theorie** (die übrigens auf das Tun eingerichtet war) verlassen, um in den Bereich der aristotelischen **Praxis** einzutreten. **Praxis**, nicht aber **Poiesis**, insofern die Universität keine direkte Vorbereitung zu bestimmten Berufen übernimmt, übernehmen kann und übernehmen soll, aber dennoch in die praktische Dimension jeden Wissens einzuleiten hat.

Ist das ein Verrat der traditionellen Mission der Universität? Es sei daran erinnert, daß die Universitäten sich ständig bemüht haben, einen sozialen Typ zu bilden: Der Theologe oder der Jurist, den die alte Sorbonne ausbildete, bekleidete Schlüsselstellungen in der damaligen Gesellschaft. Was implizit war, wird jetzt explizit: Das höhere Wissen enthüllt sich durch die berufliche Frage **Wozu?** als soziales Wissen, als praktisches Wissen, aber immer wieder als ein Wissen, das seine praktische Dimension zu beherrschen hat.

3. Das alles führt zur Notwendigkeit für die Universität, ihre Umgestaltung aus eigenen Kräften zu durchdenken und durchzusetzen. Diese Entwicklung bleibt wiederum eine Frage des Wissens, eine **akademische** Frage, keine bloß technische, auch keine bloß politische. Auch wenn das akademische Wissen die berufliche Dimension in Betracht ziehen muß, bleibt es ein Wissen außerhalb der realen Lage: das "Leben" knüpft mit dem "Geist" neue Bande, es verlangt von ihm eine erneuerte Aufmerksamkeit für die Verwurzelung des Wissens in der Realität; aber das "Leben" bleibt an und für sich blind, die neue Sinndeutung kann nur durch den Geist und im Geiste gebildet werden. Es wäre also das dritte Mißverständnis, wenn die aktuelle Gegenüberstellung von Leben und Geist im bloßen Schlagwort "Mehr Nützlichkeit" aufgehoben würde.

Das bleibt aber die Achillesferse der französischen Universität: sie verfügt nicht in ihrem eigenen Kreise über einen privilegierten Ort, wo diese Grundfragen über ihr Schicksal, d.h. über die neue Gestaltung des Wissens frei erörtert werden könnten. Unsere Philosophie, deren Hauptaufgabe es wäre, die neue Lage geistig zu beherrschen, bleibt in cartesianischer Abstraktheit befangen oder erschöpft sich in einer sinnlosen Kritik. Die sogenannten Erziehungswissenschaften, die bei uns sehr jung sind, suchen immer noch nach ihrer Identität; in einer blinden Praxis laufen sie nach den vereinzelten Erziehungsphänomenen, ohne die Bildungsidee geistig zu beherrschen. Ich glaube nämlich, daß die Lösung unserer Grundprobleme in einer erneuerten Verbindung zwischen Philosophie und Bildung zu finden sei: in einer Bildungsphilosophie, die den ursprünglichen Sinn der Bildung in unserer modernen Welt wieder ernst nähme.

Bei diesem Jubiläum erleben wir, daß die Reform der Universität nur aufgrund eines Zurück zur Tradition erfolgen kann, inwieweit sie aus ihrer eigenen Überlieferung schöpfen kann, um den neuen Schritt vorwärts zu vollziehen. Die großen Systeme der pädagogischen Theorie sind bestimmt überholt, die Krise unserer abendländischen Kultur hat den Systemgeist endgültig überwunden. Aber die große Bemühung einer Überlegung des höchsten Wissens über sich selbst sollte nicht dabei verloren gehen. An diese europäische Tradition könnte unsere Universität in dieser verhängnisvollen Übergangsphase bestimmt mit dem besten Gewinn wieder anknüpfen. Die Heidelberger Universität hat also ihre Vergangenheit vor sich!

Literatur

ANTOINE, G. und PASSERON, J.-Cl.: La réforme de l'université. Paris 1966

COLL.: L'université demain. Paris-Bruxelles 1974

ESPRIT (revue): Faire l'université, dossier pour la réforme de l'enseignement supérieur. Mai-juin 1964

ESPRIT (revue): Universités ... Nov-déc. 1978

JEANTET, Cl.: Missions nouvelles pour l'enseignement supérieur. Revue "Etudes", avril 1983

MASCHINO, M.T.: Savez-vous qu'ils détruisent l'université. Paris 1984

MAYEUR, J.-M.: Les universités neuf ans après 1968. Revue "Etudes", octobre 1977

MERLE, M.: Quel avenir pour l'université française. Revue "Etudes", avril 1983

MICHAUD, G.: Révolution dans l'université. Paris 1968

PERRET, J.: Inquiète Sorbonne. Paris 1968

PROST, A.: Histoire de l'enseignement en France. Paris 1968

TEZENAS DU MONTCEL, H.: L'université peut mieux faire. Paris 1985.

WEIL, E.: L'éducation en tant que problème de notre temps, in "Philosophie et réalité". Paris 1982

WEIL, E.: Les Etudes humanistes, leur objet, leurs méthodes et leur sens, in "Philosophie et réalité". Paris 1982

TRADITION UND REFORM DER UNIVERSITÄT IN ISRAEL

Chaim Schatzker

Wie jede Ausführung über das israelische Hochschulwesen knüpft auch dieses Referat an die grundlegenden Arbeiten des israelischen Soziologieprofessors an der Hebräischen Universität, Joseph Ben David, an, die auch nach seinem Tode vor einigen Monaten, wegweisend für die künftige Forschung bleiben.

Der Weg zur Gründung der Hebräischen Universität

Für den Anlaß unseres Kolloquiums nicht unbedeutend ist es, daß die erste Initiative zur Gründung der Hebräischen Universität in Jerusalem und mithin zum Beginn des sekularen jüdischen Hochschulwesens überhaupt, von dem Heidelberger Mathematikprofessor Zwi Hermann Schapira ausging. Der Gedanke, in Jerusalem eine Hochschule zu gründen, beschäftigte Schapira seit Ende der siebziger Jahre des 19. Jahrhunderts, als er der zionistischen Bewegung beitrat. Er legte diesen Gedanken in zwei Artikeln in der, in hebräischer Sprache erscheinenden Zeitung "Hameliz" dar und erklärte, daß er seinerseits bereit sein würde, einen Lehrauftrag an dieser Hochschule zu übernehmen.

Diese Initiative blieb zunächst unbeachtet, im damaligen Palästina fehlten die Voraussetzungen, die zionistische Bewegung befand sich in ihren Anfängen und die jüdische Öffentlichkeit war zu der Zeit mit den Auswirkungen der Pogrome gegen die Juden in Rußland beschäftigt. Schapira wandte sich seiner wissenschaftlichen Tätigkeit zu und seine Stimme wurde in den folgenden zehn Jahren in der jüdischen Publizistik nicht mehr vernommen. Im Jahre 1897 stellte Schapira erneut den Antrag an den ersten zionistischen Kongreß, auch diesmal erfolglos; er mußte sich sagen lassen, daß seine Idee verfrüht und unausführbar wäre. Ein Jahr danach starb Schapira, sein letzter Artikel, der nach seinem Tode erschien, war mit den Worten unterzeichnet: "Ein Zion-Gefangener, der Tag für Tag darum betet, mit Gottes Hilfe sein Volk in dem, der Wissenschaft und Weisheit gewidmeten Tempel unterweisen zu können, den zu errichten uns gegeben sein möge."

In den letzten Lebensjahren scharte sich um ihn ein Kreis ostjüdischer Studenten, die in Deutschland und in der Schweiz studierten und die danach im Rahmen der "Demokratischen Fraktion" innerhalb des fünften zionistischen Kongresses und in Opposition zu seiner Führung, die Initiative Schapiras zur Gründung einer Hebräischen Universität weiterführten.

In den kommenden Jahren wurden jedoch innerhalb der zionistischen Bewegung Stimmen laut, die die Gründung einer Universität in Jerusalem befürworteten. Eine Universität, so wurde geltend gemacht, würde das bereits im Lande bestehende jüdische Erziehungswesen krönen und vermeiden, daß dessen Absolventen ihre weitere Ausbildung nur im Ausland erwerben könnten. Ferner würde die Universität ein Anziehungspunkt für potentielle Einwanderer bilden und das kulturelle Leben im ganzen Lande entscheidend beeinflussen. Auch Nichtzionisten, die sich jedoch zu der Idee einer Hebräischen Universität bekannten, würden durch sie zum Lande hingezogen und die Universität mithin ein Bindeglied zu den Juden in der Diaspora werden.

Im Jahre 1913 beschloß dann auch der elfte zionistische Kongreß, mit den Vorbereitungen für die Errichtung der Universität zu beginnen.

Jüdische Tradition und das Humboldtsche Ideal

Seit dem Beschluß, die Vorbereitungen voranzutreiben, wurden die Initiativen von zwei Hauptrichtungen bestimmt.

Die eine, vertreten durch Vladimir Ze'ew Jabotinsky, Begründer der aktivistischen zionistischen revisionistischen Bewegung (Staatszionismus) und Joseph Klausner, danach Professor für hebräische Literatur an der Universität, sah - mit der Vision eines künftigen jüdischen Staatswesens in Palästina - die Aufgabe einer solchen Universität in konkreten Dienstleistungen an die sich bildende Gesellschaft, wie die Schaffung einer Bürokratie, einer Verwaltung und eines Erziehungswesens. Ferner sollten die Tore der Universität all denjenigen Kandidaten offenstehen, die, als Juden, in europäischen Universitäten nicht angenommen wurden.

Selbstverständlich sollte die zu errichtende Universität sofort ihre Lehr- und Ausbildungstätigkeit aufnehmen, um ihren Aufgaben gerecht zu werden und sie mit Forschung zu verbinden.

Die zweite Richtung entsprach dem, mit dem Namen Achad Ha'am (Asher Ginsberg) verbundenen Kulturzionismus, der seine Hauptaufgabe in der Errichtung eines kulturellen Zentrums in Palästina sah, das zum geistigen Mittelpunkt des Judentums werden sollte. Mit der Vision der Regeneration des Judentums, bewirkt und bedingt durch eine Neubelebung der Wissenschaft des Judentums, sollte die geplante Universität mit Augenmerk auf das Judentum eher als auf die Judenheit - auf eine weitliegende Zukunft mehr als auf eine naheliegende (kaum vorhandene) ökonomische und gesellschaftliche Infrastruktur ausgerichtet sein, in der die für einen normalen Lehrbetrieb erforderlichen Voraussetzungen wie Studienkandidaten, Lehrkräfte und -mittel und sogar Räumlichkeiten nicht gegeben waren. Mithin sollte die Universität zunächst die Forschung innerhalb zu errichtender Forschungsinstitute fördern und erst allmählich zu einer, in Fakultäten gegliederten, Lehrtätigkeit übergehen.

Es entsprach durchaus der Tradition des Judentums, das in der "Lehre" und dem "Lernen" abstrakter, jeglicher realitätsbezogener Belange entbehrenden, Denk- und Glaubensstrukturen über Jahrhunderte hindurch göttliches Gebot und absolute - nicht zweckgebundene - höchstbewertete Lebenserfüllung des Juden sah und Juden in aller Welt zusammenhielt, die reine Forschung über angewandte Wissenschaft zu stellen. Es sollte die säkularisierte religiöse Auffassung von Lehre sein, die verbunden mit dem Humboldtschen Ideal von der Einheit von Forschung und Lehre, die Hebräische Universität in Jerusalem in ihren ersten Jahren entscheidend prägten.

So wurden noch vor der offiziellen Eröffnung der Universität im Jahre 1924 zwei naturwissenschaftliche Institute für Chemie und Mikrobiologie und das Institut für die Wissenschaften des Judentums gegründet. Erst im Jahre 1929 wurde die geisteswissenschaftliche und im Jahre 1936 die mathematische und naturwissenschaftliche Fakultät gegründet.

Schon allein die Namen der deutschen oder der in deutschen Universitäten ausgebildeten Wissenschaftler, die den "Vorbereitenden Ausschuß der Universität" bildeten - Paul Ehrlich, Frankfurt / Warburg, Berlin / Landau, Göttingen / Martin Buber, Achad Ha'am und Chaim Weizmann - weisen auf den entscheidenden Einfluß deutscher Traditionen auf die Begründung der Hebräischen Universität hin.

Das gleiche gilt auch für die im Jahre 1924 in Haifa gegründete technische Hochschule, das Technion, das der Ausbildung von Ingenieuren und Architekten dienen sollte. Beide Institute orientierten sich, wie Ben David, Iram, Lew, Barschai und andere eindeutig feststellten, am Vorbild der deutschen Universitäten und technischen Hochschulen, die damals als die besten der Welt galten, und mit deren Tradition sich die Juden der Neuzeit in Europa am meisten verbunden fühlten. Am Haifaer Technion wurde sogar Deutsch als Unterrichtssprache vorgesehen, ein Vorschlag, der nur als Folge des von hebräischen Schullehrern und Seminaristen angeführten "Sprachenstreits", fallengelassen wurde.

Ausführlich beschreibt Ben David den Einfluß und die Prägung des deutschen Hochschulmodells auf die Lehrpläne, den institutionellen Aufbau, die akademische Verwaltung der Hebräischen Universität und auf das von ihr hochgehaltene Prinzip von Lehr- und Forschungsfreiheit und stellt zusammenfassend fest:

> "Angesichts dessen darf angenommen werden, daß die Hebräische Universität um 1940 mehr dem Humboldtschen Ideal von der Einheit von Forschung und Lehre entsprach, als es je eine andere Hochschule (einschließend der deutschen) getan hatte." (Ben David, 1980, 366)

Englische und amerikanische Einflüsse

Es sollte und konnte natürlich nicht dabei bleiben und es nimmt nicht wunder, daß die britische Mandatsperiode und das Überhandnehmen amerikanischer Einflüsse auf alle Lebensgebiete einerseits und eine immer größer werdende Abhängigkeit von Spenden aus diesen Ländern andererseits, allmählich auch zur Übertragung englischer und amerikanischer Muster auf das Hochschulwesen der jüdischen Gemeinschaft führten.

Organisatorisch orientierte sich die Hebräische Universität in ihren ersten Anfängen am Vorbild der amerikanischen Privatuniversitäten, wenn auch der Präsident der Universität nicht die Befugnisse und Kompetenzen eines amerikanischen Universitätspräsidenten erhielt und sein Aufgabenbereich eher dem eines deutschen Kurators entspricht.

Wie Yaacov Iram treffend beschreibt, stand das Hochschulwesen unter dem Einfluß drei dominanter Systeme, des deutschen, englischen und amerikanischen, die jeweils in der organisatorischen Struktur, im akademischen Bereich, im Studienplan, im Verhältnis von Lehre und Forschung und in der Zielsetzung der Universität zum Ausdruck kamen.

Obwohl keine scharfen Grenzen gezogen werden können, sind die verschiedenen Einflüsse auf die jeweiligen Entscheidungen der Universität im Laufe ihrer Entwicklung deutlich erkennbar. Dies insbesondere am Beispiel von drei grundsätzlichen Entscheidungen der Hebräischen Universität: die bereits erwähnte Entscheidung bezüglich der Errichtung von Forschungsinstituten im Jahre 1925, die Einbeziehung von neueren Disziplinen wie die Erziehungswissenschaften im Jahre 1935 und die Reform des Studiumaufbaus im Jahre 1950. Von weiteren Reformen der letzten Jahre soll danach noch die Rede sein.

Die Errichtung einer pädagogischen Abteilung an der Hebräischen Universität war verbunden mit der Entwicklung des jüdischen Erziehungswesens in Palästina und mit dem daraus entstehenden Bedürfnis nach wissenschaftlicher und pädagogischer Ausbildung einer großen Anzahl von Studienräten. Die Universität zeigte zunächst wenig Neigung, diesen von außen an sie herangetragenen Forderungen entgegenzukommen, insbesondere waren es finanzielle, aber auch grundsätzliche akademische Bedenken, die sich der Errichtung einer erziehungswissenschaftlichen Abteilung in den Weg stellten. Beide wurden jedoch durch deutlich erkennbare Einflüsse englischer und amerikanischer Vorbilder überwunden. Das finanzielle Problem wurde mit Hilfe des "American National Council for Jewish Education" insofern gelöst, als dieses im Juni 1933 die Finanzierung der neuen Abteilung für die ersten drei Jahre übernahm. Auch die grundsätzlichen Zweifel, ob es überhaupt die Aufgabe der Universität sei, Lehrer auszubilden, und ob Erziehungswissenschaften als eigenständige akademische Disziplin zu erachten seien, wurden durch das Vorbild der diesbezüglichen "changes in attitude" in England und Amerika letztlich zerstreut und die Abteilung im akademischen Jahr 1935-36 eröffnet.

Auch die "Reform" der Einführung eines "Liberal Arts Program" mit dem zum B.A.-Titel "undergraduate studies" und erst danach dem zum M.A. führenden spezialisierten Fachstudium verlief eindeutig nach zunächst englischem und seit den fünfziger Jahren immer mehr amerikanischem Muster.

Die Professoren Magnes, Duschkin, Roth und Dinur, die sich für die Reform einsetzten, waren allesamt mit der englischen und amerikanischen Tradition vertraut, und es besteht kein Zweifel daran, daß der Geist des "Harvard Reports" (General Education in a free Society. Report of the Harvard Committee) bei dieser Reform Pate stand. Die Hebräische Universität nahm den Plan zur Reform im Jahre 1947 an, konnte ihn infolge des Unabhängigkeitskrieges 1948-49 erst im Studienjahr 1949-50 einführen.

Es waren jedoch nicht lediglich äußere Einflüsse, sondern gesellschaftliche Gegebenheiten, Anforderungen und Zwänge, die sowohl zu einer Erweiterung des Hochschulwesens, als auch zu den sich schnell häufenden Reformen führen sollten und finanzielle Notstände, die in den letzten Jahren einschneidende Maßnahmen im israelischen Hochschulwesen bewirkten.

Die Ausbreitung des Hochschulwesens

Seit der Gründung des Staates Israel erweiterte sich das Hochschulwesen, das bisher auf die Hebräische Universität und das Technion in Haifa beschränkt war. Neugegründet wurde das Weizmann-Institut in Rehovot (1949), die Bar-Ilan Universität in Ramat Gan (1955), die Universität Tel-Aviv (1956), die Universität Haifa (1972) und die Ben-Gurion-Universität in Beer Sheva (1972). Das Weizmann-Institut widmete sich anfangs nur der Forschung, verleiht aber seit 1958 auch akademische Grade; Bar Ilan gilt als Hochschule für die religiöse Bevölkerung, und die anderen Institute entstanden alle aus Lokalinitiativen. Die Universitäten von Tel-Aviv, Haifa und Beer Sheva entwickelten sich aus Abendinstituten oder lokalen Forschungsinstituten unter Leitung, wenn auch nicht in jedem Fall mit Wohlwollen, der älteren Hochschulen.

Ben David betont die Ähnlichkeit all dieser Neugründungen, deren Lehrer Absolventen der alten Universitäten waren und die in den ersten Jahren teilweise unter deren Aufsicht standen und versuchten, sie nachzuahmen. Andererseits bestanden auch wesentliche Unterschiede, die nach dem Anfangsstadium dieser Neugründungen zu ihrer Emanzipation von den Mutteruniversitäten führten und ihren Sonderweg bestimmten.

Der Gründung der Universität Tel-Aviv lagen vornehmlich vier Überlegungen zugrunde:

1. Die Sorge um das Erziehungswesen und den damals herrschenden Lehrermangel, den es zu beheben galt.
2. Die Sorge um weniger bemittelte Studienanwärter, die aus finanziellen Gründen nicht an ein Studium an der ohnehin überlaufenen Hebräischen Universität in Jerusalem denken konnten.
3. Die Sorge um die Stadt und ihre Umgebung, die fast die Hälfte der Bevölkerung Israels umfaßt und die, als wichtigstes wirtschaftliches und industrielles Ballungszentrum, auf lange Sicht nicht ohne eine eigene Universität und von einer entfernten Hochschule abhängig bleiben kann.
4. Die Sorge um das Wohl des Staates, um dessen wirtschaftliche und technologische Entwicklung, um die Aufnahme der Einwanderer und deren produktive Integrierung in das Wirtschafts- und Geistesleben des Staates. (Efrat, 1971, 5-6)

Ähnliche Gesichtspunkte waren auch bei der Gründung der Universitäten Haifa und Beer Sheva entscheidend, wobei im Falle Haifas die Überlegung hinzukam, der Bevölkerung im Norden des Landes, darunter die Mehrheit der israelisch-arabischen Einwohner, das Hochschulstudium der Geistes- und Sozialwissenschaften zugänglich zu machen, eine Überlegung, die sich auch, wie die Entwicklung der Universität zeigte, als richtig erwies.

Im Falle Beer Sheva erstreckten sich die gleichen Bestrebungen auf den Negev, den Süden des Landes, der flächenmäßig mehr als die Hälfte Israels umfaßt, das größte Reservoir an Naturschätzen bildet - mit den damit verbundenen bestehenden und potenziellen Verarbeitungsindustrien und Forschungsinstituten - und die größte Anzahl der Einwanderer, insbesondere afro-asiatischer Herkunft aufnahm. Ferner machten die steigende Einwohnerzahl des Negev einerseits und ihre äußerst beschränkten Möglichkeiten, an den bestehenden Universitäten zu studieren, die Gründung einer Negev-Universität erforderlich.

Auch in diesem Falle rechtfertigte die Entwicklung der Universität die gehegten Intentionen, die ihrer Errichtung zugrunde lagen.

Sektorale eher als infra-strukturelle Überlegungen lagen der Gründung der religiösen Bar-Ilan-Universität zugrunde, die es als ihre Aufgabe betrachtete, nicht nur die Wissenschaft des Judentums aus der Sicht der orthodoxen Auffassung zu betreiben und zu fördern, sondern auch die Naturwissenschaften mit der religiösen Einstellung in Einklang zu bringen. Sonderbestrebungen der Kibbuz-Bewegung führten auch zur Gründung des "Oranim"-Seminars, dessen Hochschulabteilung akademisch der Universität Haifa angeschlossen ist.

Ben David weist darauf hin, daß diese Differenzierung im Hochschulwesen die Notwendigkeit und die Möglichkeit einer größeren Vielfalt an akademischen Traditionen und Stilen als bisher schafft. Zur Zeit läßt sich lediglich das Aufkommen neuer Stile erkennen, vor allem an den kleineren Hochschulen, die versuchen, mit ihren akademischen Diensten konkreten Gemeinschaften zur Verfügung zu stehen. Jerusalem versucht, seinen elitären Stil durch die Betonung von Qualität und Tradition zu bewahren, während Tel-Aviv zu riskanteren Unternehmen bereit ist.

Diese Stilabweichungen haben jedoch bis heute zu keinen wesentlichen Unterschieden in der Tradition, der Studienprogramme und Methoden geführt. Allen Universitäten Israels gemein ist die Tradition der akademischen Freiheit und das Bestreben der akademischen Selbstverwaltung. Neuberufungen und Lehrpläne werden ausschließlich von Fakultätsmitgliedern beschlossen, die dieses Amt in Vollversammlungen oder durch gewählte Vertreter ausüben.

Allen Universitäten steht ein Kuratorium oder ein "Board of Governors" vor, in dem Delegierte des akademischen Lehrkörpers und Vertreter der Öffentlichkeit vom In- und Ausland (als Bindeglieder mit dem Diaspora-Judentum) gemeinsam über grundsätzliche Fragen und insbesondere über den Haushalt der Universitäten beraten.

Weder hat die derart rasche Zunahme der Universitäten zu einem Bruch mit den bestehenden Traditionen noch zu einem drastischen Niveauverlust geführt.

Was jedoch beides in den letzten Jahren zu verursachen droht, sind gewisse gesellschaftliche Gegebenheiten und vor allem finanzielle Notstände. Während Ben David noch dazu neigte, das "angebliche Versagen des Hochschulwesens in der Aufnahme von israelischen Studenten afro-asiatischer Herkunft" zu bagatellisieren (Ben David 1980, 391) und auf eine notwendige Reform der Universitäten angesichts der fehlenden Geldmittel und der drastischen Budget-Kürzungen nur andeutend eingeht, haben beide Probleme in den letzten Jahren Ausmaße erreicht, die den gesamten Bereich des israelischen Hochschulwesens zu erschüttern drohen.

Das Problem der Integration der Einwanderer afro-asiatischer Herkunft mittels des Erziehungswesens beschäftigte die israelische Öffentlichkeit und Erzieher in zunehmendem Maße seit den massiven Einwanderungswellen nach der Staatsgründung und wurde in den letzten Jahren zu einem hochrangigen Politikum.

Die Tatsache, daß auch in den neuerrichteten Universitäten der Prozentsatz von Studenten afro-asiatischer Herkunft nicht größer und sogar geringer war als zuvor in der Hebräischen Universität, wurde als ein Versagen dieser Universitäten erachtet und der Vorwurf gegen sie erhoben, ein dringliches gesellschaftliches und politisches Problem nicht gelöst zu haben (Awneri 1976, 182).

War es zur Zeit der Begründung der Hebräischen Universität strittig, ob es überhaupt die Aufgabe der Universität sei, außerhalb ihrer Forschungstätigkeit akademische Dienstleistungen an der Gesellschaft zu verrichten, geschweige denn gesellschaftliche Probleme zu lösen, so wurden in den letzten Jahren Stimmen laut, die die Berechtigung der Universitäten und der ihnen zugewandten Mittel in Frage stellen, sobald sie ihrem gesellschaftlichen Auftrag nicht gerecht zu werden scheinen. Auch wenn zugegeben wird, daß das Problem der Integration der Einwanderer und der Kinder der Einwanderer afro-asiatischer Herkunft bereits und vornehmlich in den Grund- und Sekundarschulen angegangen werden muß, so wird ernsthaft erwogen, die den Universitäten zugeteilten Mittel vorrangig denjenigen Sozialisationsagenturen zukommen zu lassen, die die angestrebte Integration effektiver zu fördern scheinen.

Würden die Universitäten jedoch, um diesen Auftrag zu erfüllen, über die bereits getroffenen Maßnahmen wie Einrichtung von Vorbereitungs- und Förderungskursen hinaus, ihre Aufnahmequalifikationen und Anforderungsstandards senken, so würde dies zweifelsohne einen Niveauverlust zur Folge haben.

Das gleiche Dilemma stellt sich bezüglich der akademischen Freiheit einerseits und der Rechte und Pflichten des Staates andererseits, eine Gesamtplanung der Finanzierung des Hochschulwesens angesichts der schweren wirtschaftlichen Krise, die den Staat in den letzten Jahren erschüttert, vorzunehmen.

Bis vor wenigen Jahren schien sich diese Problematik nicht zu stellen. Treffend schreibt Ben David: "... auch die Regierung, die immer mehr laufende Ausgaben deckte (heute schon an die 75 %), nötigte die Universitäten nicht, ihre eigene Politik anzunehmen; sie hatte nämlich keine und war mit dem Vorgehen der Hochschulen völlig einverstanden. Nur im Bereich der Personalpolitik und der Gehälter mischte sich die Regierung in das Hochschulleben ein" (Ben David 1980, 369). Angesichts der wirtschaftlichen Lage wurde am 7.11.72 ein Planungs- und Finanzierungsausschuß nach englischem Muster als Zwischeninstitution zwischen der Regierung und den Universitäten eingerichtet, der im März 1974 seine Arbeit aufnahm und dessen Planungs- und Finanzierungsmaßnahmen sich heute keine Universität mehr entziehen kann. Diese Maßnahmen haben zu einschneidenden Kürzungen des Universitätsbudgets und mithin zur Streichung und Einbezug von Planstellen, Schließung von Instituten, Verzicht auf Forschungsprojekte und Stagnierung des akademischen Aufbaus geführt.

Hiermit stehen die israelischen Universitäten nicht allein und teilen das Los vieler Universitäten unserer Zeit.

Literatur

AWNERI, Schlomoh: Volk und Welt (Hebrew), Sifre Mabat, Jerusalem, 1976

BARSCHAI, Bezalel: Die Vorbereitungen zur Eröffnung der Hebräischen Universität (Hebrew), in: Kathedra, Yad Ben Zwi, Jerusalem, 1982

BEN DAVID, Joseph: Wurzeln und Entstehungsgeschichte der israelischen Universitäten, in: Erziehung in Israel, II, Klett-Cotta, Stuttgart 1980

BENTWICH, Norman: The Hebrew University of Jerusalem, 1918-1960, Weidenfeld & Nicolson, London 1961

BUBER, Martin, FEIWEL, B. und WEIZMANN, Ch.: Eine jüdische Hochschule. Jüdischer Verlag, Berlin 1902

EFRAT, Israel: So war es am Anfang. Zur Geschichte der Universität Tel-Aviv (Hebrew), in: Mosnajim. 1971, 33, 5-6

HADARI, Zeew: The Ben-Gurion University - The Beginning of a Period in the Negev (Hebrew), in: Erez Hanegev, Adam Umidbar, II, Misrad Habitachon, 1979

History of the Technion. In the Beginning, 1980-1925, Public Relations Department of the Technion, Haifa 1953

HARMAN, Awraham: The Higher Education, in: Education in Israel (Hebrew) 1974

IRAM, Yaacov: Higher Education Traditions of Germany, England, the U.S.A. and Israel. A Historical Perspective, in: Paedagogica Historica, Gent 1986

LEW, Uriel: Der Weg zur Errichtung der Hebräischen Universität (Hebrew), in: Skirah Chodschith, 7, 1984

The Hebrew University of Jerusalem: 1925-1950, Semi-Jubilee Volume, Jerusalem, 1950

WEISS, Schewach: Haifa University. Aims and their Realization (Hebrew), in: Beminhal Hachinuch, 1972

TRADITION UND REFORM DER UNIVERSITÄT IN DER DRITTEN WELT

Dietrich Goldschmidt

I. Der gegenwärtige Umfang des Hochschulwesens in der Dritten Welt

Über "Tradition und Reform der Universität in der Dritten Welt" zu sprechen, ist eigentliche eine Vermessenheit. Bei großen Schwierigkeiten der Abgrenzung der Universitäten gegen Institutionen der tertiären Stufe geringeren Ranges und unter Vernachlässigung der verschiedenen Größen - einige afrikanische Universitäten zählen jede weniger als 1000 Studierende, die Universitäten von Calcutta und die Nationale Autonome Universität von Mexiko annähernd 200.000 die eine, über 300.000 die andere - läßt sich die Zahl der Universitäten in der Dritten Welt nach Angaben der International Association of Universities ungefähr wie folgt schätzen:

Afrika südlich der Sahara (ohne RSA)	über 55
Arabische Staaten (einschl. Türkei und Zypern)	ca. 120
Süd- und Ostasien (ohne Japan), Ozeanien	ca. 350
Lateinamerika	ca. 375.

Ich muß versuchen, in gebotener Kürze über rund 900 Universitäten zu sprechen, die ganz unterschiedlich ausgebaut sind und in höchst verschiedenen Kulturen je die Aufgabe haben, akademische Ausbildungen nach dem Vorbild der Industriestaaten zu betreiben und mit je eigenen kulturellen Traditionen und kulturellen wie sozioökonomischen Zielen zu verbinden. Zudem sollen sie am euro-amerikanisch bestimmten internationalen Wissenschaftsbetrieb teilnehmen, zugleich wird Dienst an der Entwicklung je ihres Landes als der vornehmsten nationalen Aufgaben von ihnen erwartet.

Ich rechne im folgenden auf Nachsicht mit unvermeidlichen Verkürzungen und beginne mit einigen Hinweisen auf die Gründungsgeschichte der Universitäten und den gegenwärtigen Umfang des Hochschulwesens in den Ländern der Dritten Welt, gemessen an den Zahlen der Studierenden und der Lehrpersonen.

Pflege "höherer" Bildung, meist für Eliten und stets basierend auf religiös-kulturellen Anschauungen, gab es seit Jahrhunderten, wenn nicht Jahrtausenden in süd- und ostasiatischen Kulturen wie im Bereich des Islam. Derart geprägte institutionelle Formen sind nahezu gänzlich verschwunden; nur in islamischen Ländern finden sich noch vereinzelt alte Anstalten, so die Al-Azhar Universität in Kairo. Der neuerlich wieder zur Geltung kommende islamische Fundamentalismus drängt aber in Ländern unter seinem Einfluß wie Pakistan und Iran auf Beachtung seiner Lehren bis in die Lehrpläne der von westlichen Vorbildern geprägten modernen Universitäten. Doch auch in Schwarzafrika werden konservativ-islamische Kräfte tätig, die dort - wohl im wesentlichen mit saudiarabischer Unterstützung - in einzelnen modernen Universitäten

Einfluß zu gewinnen und womöglich den Aufbau islamischer Universitäten in Gang zu setzen suchen.

Über die gesamte Dritte Welt sind vereinzelt seit dem 16. Jahrhundert (Peru, Mexiko), mehr im Laufe des 19. Jahrhunderts, stärker noch anschließend bis zum Zweiten Weltkrieg Institutionen der tertiären Bildungsstufe - Colleges, Fachhochschulen (Polytechnics), Universitäten - nach dem Vorbild entsprechender Anstalten der früheren Kolonial- und heutigen Industrieländer gegründet und vielfach auch in enger Arbeitsbeziehung mit diesen betrieben worden. Nach dem Ende dieses Krieges und mit der Gewinnung der Unabhängigkeit der zu dieser Zeit noch zahlreich bestehenden Kolonien, also in erster Linie derjenigen in Südostasien und Afrika (Indien 1947, Indonesien 1949, Staaten Schwarzafrikas Ende der fünfziger, Anfang der sechziger Jahre) hat diese Entwicklung sich geradezu explosionsartig noch bis etwa Ende der siebziger Jahre fortgesetzt. Während der gleichen Zeit sind etwa noch bestehende formale Abhängigkeiten wie z.B. Kontrolle der Examina in anglophonen Universitäten Schwarzafrikas durch Cambridge oder London fast durchweg gelöst worden; nur in frankophonen Staaten bestehen sie noch, doch hier vor allem in Gestalt der Entsendung von Lehrpersonal aus dem französischen Staatsdienst. Die dann einsetzende weltweite Wirtschaftskrise, die die Länder der Dritten Welt besonders hart trifft, und mancherorts wohl auch die allmählich Platz greifende Enttäuschung über die begrenzte Effizienz von Hochschulbildung angesichts des jeweiligen sozioökonomischen Standes der einzelnen durchweg armen Länder haben inzwischen die Vermehrung der Institutionen gedämpft, aber die Zahl der Studierenden nimmt weiterhin weltweit zu.

Nach der UNESCO-Statistik studierten an Universitäten und anderen Institutionen der tertiären Stufe in der Welt:

Studierende in der Welt (Schätzung in Millionen)

	ohne VR China ohne VR Korea	mit VR China ohne VR Korea
1965	19,528	-
1970	28,163	28,179
1975	39,025	39,619
1980	45,742	47,185
1983	-	51,513

(Quelle: UNESCO, Statistical Yearbooks 1983 und 1985, Tabellen 2.2.)

Die beigefügten drei Graphiken lassen die Verteilung auf die Regionen der Welt erkennen. Die Zahl der Studierenden in einigen Regionen der Dritten Welt (Süd- und Ostasien) gleichen ungefähr denen Europas oder Nordamerikas, in anderen nähern sie sich ihnen an (Lateinamerika). Errechnet man den jeweiligen Anteil der Studierenden an 5 Jahrgängen ihrer Altersgruppe, also etwa der 20- bis 24jährigen, so beträgt die Quote für die Welt als ganze 1960 ca. 6 %, 1983 ca. 12 %; nach Regionen unterteilt waren es in Industrieländern ca. 13 % bzw. 30 %, in den Entwicklungsländern dagegen ca. 3 % bzw. 8 %. Die Spannweite unter letzteren ist erheblich: 1983 reichte sie von 2 1/2 % in Schwarzafrika bis 15 % in Lateinamerika.

Bei der Bewertung dieser Zahlen sind gewisse Einschränkungen ihrer Vergleichbarkeit in Rechnung zu stellen: Die Abgrenzung, was zu "Higher Education" zu zählen ist, ist - selbst bei der hier nicht eingeführten UNESCO-Unterscheidung zwischen "university" und "non-university type" - eine formale. In den inhaltlichen Anforderungen, in der zeitlichen Dauer der einzelnen Studiengänge, im Alter der Studierenden, in der internen Gliederung der Studierenden als Vollzeit- oder Teilzeitstudenten, in den Angaben über Studienwechsler und -abbrecher u.ä. bestehen von Land zu Land beträchtliche Unterschiede. Bei gleichartiger Abgrenzung der statistischen Kategorien würde sich unter anderem die Quote der Studierenden in den USA nur etwa halb so hoch ergeben wie hier verzeichnet, also 25 bis 30 % statt 57 %.(1) Diese Korrektur würde zu niedrigeren Zahlen für die Industrieländer insgesamt und für die Welt als ganze führen. Es würde noch deutlicher, daß sich die Zahl der Studierenden im bisher üblichen Studienalter von 20 bis 24 Jahren in Ländern der Dritten Welt der der Industrieländer relativ rasch nähert und daß zugleich auch die Quoten in vielen Staaten bereits eine Größenordnung erreichen, teils sogar übertreffen, die vor 25 Jahren in Europa gängig war.

Dieser Entwicklung entspricht, daß 1983 dem Lehrpersonal an Universitäten und anderen Institutionen der tertiären Stufe in Industrieländern von knapp 2,5 Millionen Personen 1,5 Millionen in Entwicklungsländern gegenüberstanden. Zieht man dagegen die Zahlen für Naturwissenschaftler und Ingenieure heran, die in Forschung und Entwicklung (R and D) innerhalb und außerhalb der Universitäten tätig sind, so standen 1980 in den Industrieländern 3,36 Millionen Menschen nur 0,40 Millionen in Entwicklungsländern gegenüber (UNESCO: Statistical Yearbook 1985, p.V 17).

Die letztgenannten Zahlen weisen bereits darauf hin, daß die entscheidenden Unterschiede zwischen den Universitäten der Industrie- und der Entwicklungsländer darin liegen, daß die einen durchweg unvergleichlich besser ausgestattet sind mit Bauten, Apparaturen, Lehr- und For-

----

1 Nach Berechnungen im Max-Planck-Institut für Bildungsforschung/Berlin sind die Zahlen gerade bei den USA durch Einbeziehung der Studierenden von 2-Jahres-colleges, von Teilzeit- und Fortbildungsstudierenden jeglichen Alters u.ä. für den internationalen Vergleich nach dem Schema der UNESCO wenig tauglich. Würden nur die Vollzeit-Studierenden üblichen Alters der zum Bachelor's Degree führenden vierjährigen College-Ausbildung gezählt, so läge die Quote statt bei 57 % bei 25 bis 30 %, also nahe derjenigen europäischer Staaten.

schungsmitteln, aber auch mit wissenschaftlichem Personal als die anderen und daß Ausbildungs- und Forschungsstandards im allgemeinen bei den einen höher als bei den anderen liegen. Auf diese Probleme wird noch einzugehen sein.

II. Rückblick auf die Gründung der Universitäten

Vergegenwärtigt man sich nochmals die Ausbreitung europäischer und nordamerikanischer Universitätsmodelle in der Dritten Welt, so bleibt zu vermerken, daß sie zwar im wesentlichen stets in institutionellen Formen und grundsätzlichen Vorstellungen von "Erziehung" errichtet wurden, die denen der jeweiligen "Mutterländer" entsprachen; zugleich sollten sie aber in den Fachrichtungen und bis zu den Qualifikationen ausbilden, die den Interessen und den zur Verfügung gestellten Mitteln aus den Kolonialländern am besten entsprachen. Die spanischen Gründungen, teils nach dem Vorbild von Salamanca, teils unter päpstlichem Einfluß, in Peru (als erste San Marcos in Lima 1551) und in Mexico (als erste Pontificial Universität in Mexico City 1555) waren katholische Universitäten, deren Kernfächer Theologie und Recht waren; zur Sicherung der Herrschaft der Eroberer und Katholisierung der Länder bildeten sie sogar zunächst nur die Söhne der Eroberer aus.

Im wesentlichen erst nach Gewinnung der Unabhängigkeit und entsprechender Staatenbildung Anfang des 19. Jahrhunderts verlor die stark theologisch-missionarische Orientierung der Ausbildung an Bedeutung; hierzu hat die Gründung säkularer staatlicher und autonomer (privater) Universitäten wesentlich beigetragen.

Das Fourah Bay College wurde als erstes College in Schwarzafrika durch eine britische Missionsgesellschaft 1827 in Freetown/Sierra Leone gegründet, es diente der Ausbildung von Missionspersonal und Lehrern. Als Recht, Verwaltung, Ausbildung von Ärzten u.a. hinzukamen, wurde das College in enge Verbindung zu der Universität Durham gebracht. Es wurde zum Kern der 1967 gegründeten Universität von Sierra Leone. In Indien entschied sich die Kolonialmacht Anfang des 19. Jahrhunderts, zur Sicherung der eigenen Herrschaft den kleinen Colleges für Verwaltungspersonal u.ä. einen britischen Stempel zu geben. 1857 wurden sie zusammengefaßt in den Universitäten von Bombay, Calcutta und Madras; London und Cambridge setzten die Standards.

Im Gegensatz zu der relativ dezentralisierten Herrschaftsweise der Briten über ihre Kolonien und Protektorate stand die zentralistische Vorgehensweise Frankreichs. Ausgehend von der Prämisse, alle Menschen des französischen Kolonialreichs hätten sich der Kultur Frankreichs zu assimilieren und seien Bürger Frankreichs, konnten die wenigen Kolonialbewohner, denen der Erwerb der notwendigen Qualifikation zum Studium möglich wurde, bis Ende des Zweiten Weltkriegs nur in Frankreich studieren. Zwar wurde 1916 in Dakar als dem Zentrum der französischen Kolonien in Westafrika eine medizinische Schule ins Leben gerufen, aber nur allmählich wurde diese zu einer Fakultät ausgebaut. 1950 ging sie in dem neu eröffneten "Institut des hautes études" auf, das seinerseits 1957 - zwei Jahre vor der Unabhängigkeit Senegals - zum Kern der neu gegründeten Universität wurde, die mit Hilfe der Universität Lyon zur "französischen Universität Afrikas" ausgebaut werden sollte.

In kleinerem Maßstab und zum Teil erst gegen Ende der Kolonialzeit haben auch andere Kolonialmächte ihre Vorstellungen von Hochschulbildung in "ihren" Gebieten nach ihren Herrschaftsbedürfnissen und entsprechend ihrem Konzept der notwendigen Ausbildungen zu verwirklichen gesucht, so Portugal, die Niederlande, Belgien. Ausbildung von Lehrern, von Personal für Verwaltung und Gesundheitspflege sowie von Ärzten war auch in diesen Kolonien das übliche Ziel. Wie im Beispiel Dakar war im übrigen auch hier wie in vielen Kolonien bereits vor dem Schub, der dem Zweiten Weltkrieg folgte, begonnen worden, das jeweilige Bildungssystem um landwirtschaftliche, technische und ähnliche Schulen der tertiären Bildungsstufe (vocational or technical colleges) zu erweitern. Diese sind vielerorts später als Grundstock von Universitätsabteilungen oder -fakultäten genutzt und entsprechend ausgebaut worden.

Sieht man von den schon im 19. Jahrhundert unabhängig gewordenen Staaten Lateinamerikas ab, so hat sich erst nach dem Zweiten Weltkrieg bis zu den sechziger Jahren der politische Aufbruch fast aller übrigen Staaten der Dritten Welt vollzogen. Seitdem melden die jungen Staaten ihre politischen, wirtschaftlichen und kulturellen Interessen an und verfolgen sie mit großer Intensität, doch die meisten mit nur unzulänglichem Erfolg. Internationale Organisationen wie UNO und UNESCO, dazu die Weltbank u.a. wurden zu ihren Foren. In wenigen Jahrzehnten sollten und wollten - so hoffte man - die Länder der Dritten Welt sich so entwickeln, daß sie Hunger, Krankheit und Unwissenheit überwinden und am allseitigen sozioökonomischen Fortschritt teilnehmen könnten. Bildung schien dieser Entwicklung als ebenso unentbehrliches wie relativ billiges Element dienen zu können, zumal nun auch die stetige Ablösung "weißer" Entscheidungsträger und Fachleute wichtiges politisches Ziel wurde.

Neue Universitäten wurden mit besonderem Gewicht auf jenen naturwissenschaftlichen und technischen Disziplinen errichtet, die für die politische, wirtschaftliche, technische und soziale Entwicklung jedes Staates, für die Gewinnung wirklicher Eigenständigkeit unerläßlich sind. Bereits bestehende Colleges und Universitäten wurden Schritt um Schritt entsprechend ausgebaut. Fast jeder der jungen afrikanischen Staaten hat inzwischen mindestens eine Universität, ein "Monument of Independence".(1) 1986 zählt Nigeria 24 Universitäten! Ohne Bedenken, aber gewöhnlich auch ohne wirkliche Alternative folgte man dabei im Lehr- und Forschungsprogramm lange und soweit finanziell nur irgend möglich dem Vorbild der Universitäten in jenen Industrieländern, zu denen die engsten personellen und materiellen Verbindungen bestanden, also der ehemaligen Kolonialmächte, oder sich herstellen ließen - in erster Linie zu den USA. Die bisherigen Kolonialmächte und die USA, aber auch andere Industrieländer wie Kanada und die skandinavischen

----

1 T.M. Yesufu (Hg.): Creating the African University. Oxford University Press, Ibadan 1973, S. 38.

Staaten - in geringem Umfang Japan und Staaten des Ostblocks -, dazu Unesco, Weltbank, private Stiftungen, Kirchen und andere Organisationen, kooperierten dabei und gaben bzw. geben noch immer - wenn auch in relativ abnehmendem Umfang - ihre Unterstützung in Gestalt von Personal und Ausstattung.

III. Sieben Punkte zur gegenwärtigen Krise des Hochschulwesens

Hinter den imposanten Zahlen des äußeren Aufbaus verbirgt sich jedoch eine tiefe Krise des Hochschulwesens in den Ländern der Dritten Welt; sie sei in sieben Punkten erläutert:

1. Mißverhältnis zwischen Ausbildung an den Hochschulen und gesellschaftlichem Bedarf

Die Heranbildung von Human Capital war in den ersten Jahrzehnten nach dem Aufbruch ein Ziel, das die Entwicklungsländer mit den Industrieländern teilten. Bauten die Industrieländer - zugleich mit dem Ziel der Förderung von Chancengleichheit - das Hochschulwesen für immer breitere Schichten ihrer Bevölkerung aus, so wollten und konnten viele der jungen Länder - ungeachtet ihres ganz anderen sozioökonomischen, technischen und kulturellen Entwicklungsstandes bzw. auch gerade deshalb - dahinter nicht prinzipiell zurückbleiben. Vor allem in den erst jüngst unabhängig gewordenen Staaten wurde die Heranbildung eigener Kader nach dem Vorbild der Industrieländer möglichst in den eigenen Colleges und Universitäten für Verwaltung, Wirtschaft, Technik, Bildungs- und Gesundheitswesen aus politischer und ökonomischer Vernunft, aber auch um des nationalen Prestiges willen zum Gebot der Stunde. Und wo sich - wie etwa in Indien - eine Sättigung des Bedarfs an akademisch ausgebildeten Arbeitskräften in vielen Berufsfeldern abzeichnete, mußten die politischen Eliten - wollten sie ihre sozialen Positionen halten - dennoch dem entsprechenden Druck der sie tragenden Schichten nachgeben.

So übersteigt inzwischen in fast allen Ländern der Dritten Welt, die Volksrepublik China mangels Information ausgenommen, die Zahl der Studierenden die Nachfrage - social demand - nach Hochschulbildung in nahezu allen Fachrichtungen den derzeit absehbaren Bedarf an "Akademikern". Selbst in den am meisten "zurückgebliebenen" Staaten Schwarzafrikas zeichnet sich eine solche Entwicklung bereits ab. 1960 hatten 19 Staaten dieser Region Einrichtungen im Hochschulbereich. Auf der UNESCO-Hochschulkonferenz in Tananarive 1962 glaubte man, daß man dort binnen weiterer 20 Jahre auf 32 Hochschuleinrichtungen kommen müsse. Tatsächlich zählte man bereits 1974 42 Universitäten, nach jüngsten Schätzungen u.a. anhand der Mitgliederliste der International Association of Universities dürften es inzwischen, wie gesagt, über 55 sein. Doch entgegen einstigen Erwartungen hält weder dort noch andernorts die sozioökonomische Entwicklung mit der des akademischen Humankapitals Schritt.

Analysiert man zudem die Zahlen der Studierenden und der Absolventen genauer, so zeigt sich, daß in den einzelnen Disziplinen nicht nur einfach zu viele Menschen ausgebildet werden, sondern daß die Ausbildungen zum Teil dem derzeit absehbaren tatsächlichen sozioökonomischen Bedarf und den kulturellen Bedürfnissen der einzelnen Länder nicht entsprechen. Soweit dadurch die derzeitigen Curricula infrage gestellt werden, wird darauf zurückzukommen sein. Zunächst sei noch auf eine politische Konsequenz des stürmischen Anstiegs der Zahl der Studierenden in Dritte-Welt-Ländern eingegangen.

Zwar zeigt sich derzeit in vielen Industrieländern, daß auch hier eine wachsende Zahl von Studiumsabsolventen zeitweilig arbeitslos bleibt und so manche(r) in einen Beruf eintreten muß, auf den er/sie sich eigentlich nicht vorbereitet hatte. Bei der Arbeitssuche konkurrieren die Absolventen untereinander, Solidarität zeigt sich unter ihnen günstigenfalls in kleinen, überwiegend persönlich-freundschaftlichen Kreisen; doch im ganzen lassen es die Konkurrenz und die politische Kontrolle der meisten Berufsfelder zumindest in der Bundesrepublik Deutschland kaum zu politischen Solidaritätsbewegungen kommen. (Im Gegensatz zu den Zeiten der Studentenrevolution, als die Berufsaussichten für jedermann anscheinend ungetrübt waren.) Doch in armen Dritte-Welt-Ländern mit relativ hohen Absolventenzahlen werden Armut großen Ausmaßes und trostlose Aussichtslosigkeit für die Masse der Betroffenen, stetige oder gar angemessene Arbeit zu finden, zum Nährboden radikaler politischer und religiöser Bewegungen. So ist in Indien die Zahl der Studierenden von 360.000 im Jahre 1950/51 auf 4.750.000 1982/83 gestiegen, entsprechend auch die Zahl der sogenannten drop-outs und Absolventen. Bei den politischen Unruhen der jüngsten Zeit in Assam und Punjab waren die treibenden Kräfte in erster Linie College-Studenten und -Absolventen, aus deren Mitte beispielsweise der derzeitige 34jährige Ministerpräsident von Assam hervorgegangen ist.

2. Mangel an Mitteln für laufenden Unterhalt und Ausbau

Der materielle Ausbau der Universitäten kann mit dem institutionellen Ausbau nicht Schritt halten. Mag es den Universitäten der Dritten Welt im Vergleich mit hiesigen in den geistes- und sozialwissenschaftlichen Fächern "nur" an Büchern, Kommunikationsmöglichkeiten und Reisemitteln fehlen, so ist der Rückstand in allen auf apparative Ausstattung u.ä. angewiesenen Fächern der Natur- und Ingenieurwissenschaften nahezu überall dramatisch. Der Investitionsbedarf für die Einrichtung dieser Fächer ist je so hoch, daß es von vornherein - auch mit Entwicklungshilfe - unmöglich ist - bestimmte Einzelprojekte ausgenommen -, europäisch-amerikanischen Standard zu erreichen. Hinzu kommt, daß, was beispielsweise 1959 als Grundausstattung der Kernfächer einer Ingenieurfakultät wie in Kumasi/Ghana allenfalls genügen mochte, inzwischen weitgehend teils verschlissen, teils veraltet ist. Der Unterhalt der Gebäude und Ausstattungen sowie die laufenden Mittel für Erneuerungen und Erweiterungen der Universitäten sind, zumal in der gegenwärtigen Wirtschaftskrise, zu einem besonderen Engpaß der Entwicklung der Universitäten geworden. Entgegen dem äußeren Schein droht der Abstand der Universitäten der Dritten Welt zu den meisten der Industrieländer nach der wissenschaftlichen Leistung eher größer als kleiner zu werden.

3. Brain Drain

Die Universitäten in den Ländern der Dritten Welt sind als "Ableger" europäischer oder amerikanischer Universitäten gegründet worden; bis zum heutigen Tag sind sie im großen und ganzen bemüht, in ihrem eigenen Programm dem der Universitäten in den einstigen Mutterländern zu folgen, soweit sie es für sich als relevant erachten. Vor allem die postgraduate-Ausbildung ist fast ganz an dem dortigen rationalen Funktionalismus orientiert. Der sogenannte internationale Standard der Wissenschaften, an dem sich auch Lehrer und Forscher aus der Dritten Welt orientieren, ist ein euro-amerikanischer. Noch immer genießt besonderes Prestige, wer in USA, Großbritannien oder Frankreich promoviert hat. Auch wo - wie etwa in Schwarzafrika - Wissenschaftler aus Europa oder Amerika durch einheimische Hochschullehrer abgelöst werden, muß der Blick selbst bei heimischen Aufgaben auf die USA und Europa gerichtet bleiben.

Überpointiert ausgedrückt stellen die Universitäten in den Ländern der Dritten Welt unzulängliche Enklaven der USA oder Europas dar. Angesichts der gewöhnlich schwierigen persönlichen Arbeitsbedingungen, der unbefriedigenden Ausstattung der eigenen Universitäten und der Begrenzungen des heimischen Arbeitsmarktes einerseits und andererseits der unvergleichlich besseren institutionellen Ausstattung und des höheren persönlichen Einkommens fast überall in den Industrieländern wird "brain drain" vor allem nach USA unvermeidlich. Zudem tun politische Umwälzungen, wie die Errichtung der islamischen Theokratie im Iran oder von Militärdiktaturen in Uganda, Chile, seinerzeit auch in Argentinien das ihre, Studenten, Hochschullehrer und Intellektuelle zur Emigration zu treiben. Derartiger Abzug gerade befähigter, am stärksten benötigter Wissenschaftler wirkt sich vielerorts verhängnisvoll aus. Materiell wie personell gilt die politökonomische Metapher von der Macht der Metropolen und der Abhängigkeit der Plätze an der Peripherie auch für das internationale Hochschulwesen.

4. Hochschulen, ein unzulänglich gebliebener europäisch-amerikanischer Export

Das Bild von den Universitäten in der Dritten Welt als "unzulänglichen Enklaven der USA oder Europas" soll ein vielfach übersehenes Problem kulturellen Exports verdeutlichen: In angesehenen Universitäten Europas und der USA werden Lehre und Forschung in den für die ökonomische, technische und administrative Entwicklung moderner Industriegesellschaften wesentlichen Fächern (einschl. Medizin) zwar im Zeichen von sogenannter Wertfreiheit und pragmatischem Rationalismus betrieben.

Aber in diesen Institutionen gilt weithin dank humanistischer Tradition unterschiedlicher nationaler Prägung auch noch immer althergebrachtes Wissenschaftsethos, und noch immer kann in ihnen scheinbar nutzlose philosophische, historische, soziale, ja auch theologische Reflexion den Modernisierungsprozeß kritisch begleiten und sich drohender Geschichtslosigkeit entgegenstemmen. Soweit der Versuch gemacht worden ist, diese Elemente europäischer und amerikanischer Universitäten (einschl. solcher in sozialistischen Staaten) in Anstalten der Dritten Welt zu übertragen, ist er rudimentär geblieben und hatte im ganzen nur dort Erfolg, wo es gelang, Elemente der betroffenen Kulturen damit zu amalgamieren. Von diesen abgesehen stellen derzeit viele Neugründungen in Ländern der Dritten Welt Reduktionen europäisch-amerikanischer Universitäten zu rein mechanistisch-technokratischen Anstalten dar. Die Weiterentwicklung dieses "Imports" zu Anstalten, in denen auch die örtlichen Kulturen zum Tragen kommen, bleibt eine ebenso schwierige wie dringende Aufgabe.

5. Infragestellung von Autonomie und akademischer Freiheit

Im Verlauf der Jahrzehnte seit dem Ende des Zweiten Weltkriegs und dem Aufbruch vieler Staaten in die Unabhängigkeit hat sich in der Dritten Welt ein Wandel im Verhältnis von Staat und Öffentlichkeit zu den Universitäten vollzogen. Wurden sie seinerzeit weithin geradezu vorbehaltlos zu den wichtigsten Promotoren nationaler Entwickung gerechnet, so sind Regierung und Öffentlichkeit inzwischen vielfach kritisch geworden. Der immer wieder vielerorts ausbrechende Studentenprotest ist unter anderem ein Symptom der sich entwickelnden Spannungen. (Weiter braucht hier auf die Auseinandersetzung mit revolutionären Studentenbewegungen und deren Unterdrückung nicht eingegangen zu werden). Gravierend ist, daß die generelle, vor allem die wirtschaftliche Entwicklung der Länder meist nicht den erhofften Verlauf genommen hat und daß die Abhängigkeit vom Know-how der Industrieländer noch immer erheblich ist. Die Universitäten - fast ausschließlich aus öffentlichen Mitteln finanziert - erhalten zwar erhebliche Anteile an den jeweiligen staatlichen Ausgaben für Erziehung und Bildung (in Schwarzafrika bis zu 30 %!(1)); doch - so wird gefragt - welches Äquivalent erhalten Staat und Öffentlichkeit dafür? Gewiß dauert es von der Gründung einer Ausbildungsanstalt bis zur Durchdringung des entsprechenden Beschäftigungsfeldes mit deren Absolventen länger, als man sich vorher klar gemacht haben mochte. Vor allem aber zeigte sich, daß die Ausbildungen vielfach, wie gesagt, den in sie gesetzten Erwartungen nicht entsprachen. Hatte man Elfenbeintürme gebaut? Waren Ausbildung und Forschung für das Land wirklich relevant? Fand Beratung bei konkreten politischen, wirtschaftlichen und technischen Problemen in befriedigendem Maße statt?

---

1 K. Hinchliffe: Issues Related to Higher Education in Sub-Saharan Africa. The World Bank, Washington D.C., 1985, S. 78/79.

Wie reagieren die Universitäten auf diese Herausforderung? Von jeher konnte man in den Universitäten emphatische Bekenntnisse zu ihren nationalen Aufgaben hören. Doch erst seit dem Ende der Entwicklungseuphorie, mit der wachsenden Intensität der Weltwirtschaftskrise und mit der steigenden Not im eigenen Land werden an zahlreichen Orten Widersprüche zwischen der akademischen Orientierung an den Metropolen und den konkreten nationalen Zielen und praktischen Aufgaben der einzelnen Staaten so deutlich, daß in zunehmender Zahl Universitäten sich genötigt sehen, sich mit möglichen Reformen von Lehrverfahren und -inhalten, Forschungszielen und Praxisbezug zu beschäftigen. Mit anderen Worten: Die traditionellen Ideale "Autonomie der Universität" und "Freiheit von Lehre und Forschung" - ohnehin auch in unserer Welt von Land zu Land unterschiedlich interpretiert und vielfach mehr Ideologie als Realität - sind vollends in Ländern der Dritten Welt umso mehr in Frage gestellt, je kleiner und ärmer die Staaten sind und je kleiner die Schicht qualifizierter Intelligenz ist, die am staatlichen Aufbau verantwortlich mitwirken kann. Rückzug in die "reine Wissenschaft", aber auch kritisches Räsonnement ohne unmittelbare Teilnahme an der entsprechenden Verantwortung werden dort vollends zur Utopie. Die eigentliche Aufgabe wissenschaftlicher Tätigkeit ist vielmehr, Ausbildung und Forschung im Dienst an den gestellten nationalen Aufgaben ohne Preisgabe der Prinzipien des wissenschaftlichen Fragens, der Wahrhaftigkeit und der Wahrheitssuche zu leisten. Jene Wissenschaftler, die selbst in totalitären Regimen wie in Chile oder - sei es bis vor kurzem, sei es noch immer - in Uganda diese Prinzipien nicht verraten und dort sogar auszuhalten vermögen ohne Preisgabe ihrer Selbstachtung, wie etwa der befähigte Pädagoge und Vice-Chancellor der Makerere Universität/Uganda, Prof. Anil Wandira, verdienen unsere Hochachtung.

6. Leistungsbehinderungen

Es ist leicht dahingesagt und im großen und ganzen auch zutreffend, daß die Leistungen der Unversitäten in der Dritten Welt gemessen an Examensergebnissen, Forschungsvorhaben, Publikationen etc. geringer sind als die von Universitäten in Industrieländern. Wie könnte es anders sein

- angesichts der in der Regel sehr geringen Mittel, die für den explosionsartigen Auf- und Ausbau der meist jungen Institutionen zur Verfügung stehen? Manchenorts erstreckt sich der Mangel in der Ausbildung der undergraduates bis zu Textbüchern und Schreibutensilien;
- angesichts von Dozenten und Professoren, die in großer Zahl selbst noch Lernende sind und in der überwiegenden Mehrzahl unter schlechten Arbeitsbedingungen und erbärmlichen ökonomischen Verhältnissen ihren Weg finden müssen?
- angesichts von Studentenpopulationen, deren Eintrittsqualifikation oft unzulänglich ist, denen nach Herkommen und Tradition großenteils akademisches Lernen fremder ist als den meisten Studierenden in Industrieländern und die obendrein mit sehr schwierigen Lebens-

bedingungen fertig werden müssen?

Konsequenz dieser Schwächen ist eine außerordentlich schwierige didaktische Situation. Ausgenommen lateinamerikanische und chinesische Universitäten und Reformbemühungen in einigen arabischen Staaten, finden Lehre und Forschung in den Sprachen der einstigen Kolonialherren, d.h. in Fremdsprachen statt, überwiegend Englisch und Französisch, nicht aber in den Muttersprachen der Studierenden. Mangelnde Fremdsprachenkenntnisse aufgrund unzulänglichen Schulunterrichts bedeuten nicht nur für die praktische Kommunikation, sondern bei Lehrern aus anderen Ländern (expatriates) auch für das wechselseitige kulturelle und psychologische Verständnis eine große Erschwernis.

Eine weitere Schwierigkeit kommt hinzu. In wohl allen Ländern der Dritten Welt muß im Schulunterricht vor allem Auswendiglernen gelernt und geübt werden, und je schlechter Lehrer ausgebildet sind, umso mehr neigen sie dazu, autoritär bis zum Drill zu verfahren. Abkehr vom traditionellen Gedächtnislernen im Übermaß, dagegen Erziehung zu eigenständigem Fragen und offenem Denken, die Heranbildung von "inquisitive minds", in diesem Sinne von "Forschungs-bewußtem" Lernen müssen zur Basis qualifizierten Grund- wie Aufbaustudiums (undergraduate education and postgraduate training) werden. Immer wieder trifft man einzelne hervorragende afrikanische, indische, lateinamerikanische Professoren, die einen solchen Unterricht geben; doch zugleich sind Klagen nicht zu überhören, daß einheimische Dozenten umso eher versucht sind, autoritär zu verfahren und Texte zu diktieren, je unsicherer sie selbst in Lehrsprache und Lehrstoff sind. Eine wachsende Zahl von Universitäten - mir ist dies besonders aus Schwarzafrika bekannt - erkennt diese Problematik, sie treffen Maßnahmen zur Evaluierung und Reform des Unterrichts sowie zur Verbesserung der Qualifikationen der Lehrpersonen: Ein mühsames Beginnen, das die Deutsche Stiftung für Internationale Entwicklung seit einigen Jahren zu fördern sucht. Über den Erfolg läßt sich einstweilen noch nichts sagen; er wird nicht zuletzt davon abhängen, ob die benötigten Bücher und Lehrmittel jeweils beschafft werden können.(1)

7. Konzeptuelle Neuorientierung in Lehre und Forschung?

Ich wies bereits darauf hin: Zu welchem offiziellen Dokument aus Dritte-Welt-Ländern seit deren Unabhängigkeit man auch greift - der Verfassung von Mexiko von 1917, dem Bericht der UNESCO-Hochschulkonferenz in Tananarive von 1962, den Empfehlungen der Education Commission von Indien 1968, 1985 unterstützt durch den Bericht "Challenge

----

1 Vgl. hier u.a. den demnächst erscheinenden Bericht der internationalen Konferenz "Promotion of Research-oriented Education and Training at African Universities, Nairobi, 17.-26. Sept. 1985", Deutsche Stiftung für Internationale Entwicklung, Bonn 1986.

of Education. A Policy Perspective" des Ministry of Education, Government of India, New Delhi, den Papieren des Workshop der Association of African Universities in Accra 1972 - man begegnet wachsender Kritik an den übernommenen Universitätssystemen und proklamiert eigene Prioritäten. In aller Deutlichkeit äußerte der afrikanische Professor T.M. Yesufu, Director der Human Resources Research Unit, Universität Lagos, auf dem genannten Workshop:

> "... the pitch of fundamental criticism by national staff (and for that matter by some of the more adaptable expatriates) has reached explosive proportions. ... the irrelevance of inherited forms of university education becomes ominously clearer every day, as evidenced by the inability of the local university graduate to display the type of knowledge, initiative, maturity and capacity that is so vital for the modernization of Africa".(1)

Unbeschadet besonderer Reformen, die Universitäten in Ländern der Dritten Welt je nach den ihnen eigenen Strukturen und Ausmaßen benötigen mögen, verweist Yesufu auf prinzipielle Probleme von Lehre und Forschung, die allen gemeinsam sind und für die Reformen Lösungsmöglichkeiten anbieten müssen. Auf die didaktischen Aufgaben wurde bereits eingegangen. Solche der angemessenen inhaltlichen Orientierung von Lehre und Forschung verbinden sich hiermit. Seit längerem werden in wachsender Zahl entsprechende Modelle praktisch erprobt, so etwa in Versuchen, das Gebiet der "appropriate technology" möglichst mit landeseigenen Mitteln zu entwickeln, oder in der 1984 vorgenommenen Umwandlung der Landwirtschaftlichen Fakultät der Universität Dar-es-Salaam in die selbständige Sokoine Universität/Morogoro mit der ausdrücklichen Maßgabe, nicht nur abgehobener wissenschaftlicher Lehre und Forschung, sondern auch enger Zusammenarbeit mit den Bauern und Pflege von deren Weiterbildung zu dienen.

Ein anderes Beispiel, an dem die Verbindung zwischen traditionaler Kultur und modernen Erfordernissen besonders deutlich wird, ist die vor einigen Jahren begonnene Ausbildung von angesehenen älteren Dorfbewohnern zu Barfuß-Lehrern durch das Indian Institute of Education an der Universität Poona im Staat Maharashtra. Die Ausbildung wurde vor einigen Jahren begonnen, um Dorf-Kinder nach Tagesarbeit, wie Viehhüten, Landarbeit, kleinere Geschwister versorgen, sowohl in einfachen Traditionen Maharashtras hygienischer, physischer, geistiger, musischer Art einzuüben als auch übliches Grundschulwissen zu vermitteln.

Generell gesprochen wird mehr und mehr auf Nähe zum Leben im eigenen Land gedrängt. Landzugewandte Lehre, Forschung und Beratung nehmen an Gewicht zu und zeigen sich auch zunehmend als Gegenstände der Interessen, aus denen man an Ausbildung an Universititäten der Industrieländer und an Austausch mit ihnen teilzunehmen sucht.

---

1 T.M. Yesufu, a.a.O., S. 41.

Entsprechend beginnen Lehre und Forschung in Dritte-Welt-Ländern, gerade auf diesen Gebieten internationale Beachtung zu finden. So kommen besonders zur Geltung Einzeldiszplinen der Human- und Veterinärmedizin, der Landwirtschaft, der Natur- und Ingenieurwissenschaften wie Geologie, Ökologie, Bauingenieurwesen bis hin zur Telekommunikation und ähnliches.

Förderten einst die Kolonialmächte Verwaltungs-, Geistes- und Sozialwissenschaften nach ihren eigenen Interessen und Konzepten, so wird inzwischen internationale Bildungs- und Forschungshilfe ganz überwiegend für Forschung und Entwicklung in den entwicklungsrelevanten Naturwissenschaften usw. ("hard sciences") gegeben. Hervorragende Beispiele hierfür sind das International Centre of Insect Physiology and Ecology(1) und das Kenya Medical Research Institute in Nairobi.

Unter Universitäten, Fakultäten, Disziplinen bestehen nunmehr auch zahlreiche, vor allem nationale und regionale Verbindungen zur Förderung gemeinsamer wissenschaftlicher und organisatorischer Interessen. Zu ihrer Bildung haben häufig die UNESCO oder internationale wie auch nationale Organisationen der Entwicklungshilfe beigetragen. Unter mehreren von der UNESCO geförderten Instituten ist besonders bemerkenswert das in Triest. Es wird von der "International Atomic Energy Agency" (IAEA), der UNESCO, weiteren internationalen Organisationen und vom italienischen Staat unterhalten. Bei einem Jahreshaushalt von 4,5 Mill. US-Dollar (1984) dient es in erster Linie im Übergangsbereich zwischen reiner und angewandter Physik der Fortbildung von Physikern aus der Dritten Welt - sei es durch mehrmonatige Kurse in Triest, sei es an den kooperierenden Instituten in der Dritten Welt oder in Italien, sei es durch Literaturversand. Derzeit leitet das Institut einer der wenigen Nobelpreisträger der Dritten Welt, Prof. Abdus Salam aus Pakistan. 1983 gründete Prof. Salam die "Third World Academy of Science"; einige weitere naturwissenschaftliche Zentren für Mathematik, Physik, Biotechnologie sind mit seiner Beratung kürzlich entstanden bzw. im Entstehen begriffen.

Doch man überschätze das Forschungspotential der Dritte-Welt-Länder nicht. Nach den jüngsten erreichbaren Untersuchungen wurden 1973 nur 2,9 Prozent aller Ausgaben in der Welt für Forschung und Entwicklung in Entwicklungsländern getätigt; diese stellen dazu - in Übereinstimmung mit der eingangs zitierten UNESCO-Statistik von 1980 - knapp 12 Prozent des Personals.(2)

---

1 Der Direktor Prof. Thomas Odhiambo ist Mitbegründer und erster Präsident der kürzlich gegründeten "Afrikanischen Akademie der Wissenschaften".

2 Annerstedt, J.: A Survey of World Research and Development Efforts. The Distribution of Human and Financial Resources Devoted to Research and Experimental Development in 1973. 2. Aufl., Roskilde (Dänemark): Institute of Economics and Planning, Roskilde University Centre 1979, S. 12 und 17.
Zur Terminologie: "The data ... cover all types of Research and Development, including the social sciences and the humanities.

In den Geistes- und Sozialwissenschaften ist dagegen deutlich ein gewisser Emanzipationsprozeß von den Konzepten der gleichen Wissenschaften in den Industrieländern im Gange. In allen Dritte-Welt-Ländern fragt man heutzutage nach den eigenen Wurzeln (roots) und den eigenen kulturellen wie sozioökonomischen Interessen. In diesem Sinne werden gerade auch in diesen Disziplinen zunehmend die Relevanz und etwaige Reformbedürftigkeit üblicher Lehr- und Forschungsgegenstände wie Philosophie, Geschichte, Literatur geprüft bzw. neue Kurse und Vorhaben eingeführt. In vielen Ländern Asiens und Afrikas wird gefordert und vereinzelt auch versucht, die Sprachen moderner Wissenschaft - in erster Linie Englisch - zumindest in den Kulturwissenschaften durch die jeweilige Landessprache abzulösen. Besonders markant, wie eingangs erwähnt, sind die Islamisierungsmaßnahmen in den arabischen Staaten. Zumindest im Iran und in Pakistan soll der Koran als Richtschnur für Lehre und Forschung dienen. Unter Berufung auf alte islamische Traditionen wird versucht, ihn über Erziehungs- und Sozialwissenschaften hinaus auch in Naturwissenschaften, Biologie, Medizin zur Geltung zu bringen.

Die Besinnung auf die eigenen Wurzeln hat zu einer stetig wachsenden Zahl internationaler Konferenzen und Publikationen geführt, die der kulturellen Nord-Süd-Begegnung gedient haben und weiterhin dienen. Neben UNESCO und anderen internationalen Organisationen sind nationale wissenschaftliche Organisationen und Universitäten in Nord und Süd ihre Träger. Doch es bedarf offensichtlich ungleich größerer wechselseitiger Aufgeschlossenheit und bedeutenderer Anstrengungen, wenn aus den ersten Brückenschlägen tragfähige Brücken für wirklichen Wechselverkehr kulturellen Austauschs und womöglich ökonomischen Ausgleichs werden sollen. Die Zeichen der Zeit deuten leider eher auf eine gegenläufige Entwicklung, auf wechselseitige Entfremdung der Länder - trotz ökonomischer Verflechtung oder gerade wegen fortbestehender ökonomischer Abhängigkeit der südlichen von den nördlichen Ländern.

IV. Polyphonie des internationalen Hochschulwesens?

Vor dem Schluß zunächst noch zwei Bemerkungen:

1. Es mußte hier - zumal angesichts des unterschiedlichen Entwicklungsstandes und der sehr verschiedenen institutionellen Struktur der 900 Universitäten - auf genauere Abgrenzung mit statistischen Angaben und qualitativer Bewertung der Erziehung (education) der undergraduates, häufig vermittelt durch einzelne Colleges, und der Ausbildung (training) der postgraduates verzichtet werden. Nur so viel sei

---

'Researchers' are scientists and engineers active in R & D.".
Die Publikation enthält leider keine Untergliederung der Daten, die eine Unterscheidung nach Aufwendungen und Personal innerhalb und außerhalb der Hochschulen zuließe.

hierzu bemerkt: Erziehung von undergraduates wird heutzutage praktisch von allen Universitäten mehr oder weniger befriedigend geleistet. Es ist in dieser Hinsicht im allgemeinen weder notwendig noch empfehlenswert, die Erziehung von Studierenden aus Dritte-Welt-Ländern in Industrieländern zu fördern, es sei denn aus Gründen politischer Verfolgung. Erhebliche Engpässe bestehen dagegen bei der Ausbildung von postgraduates und bei der Weiterbildung von Dozenten und Professoren (staff development) - nicht zuletzt auch aus Mangel an Forschungserfahrung und -mitteln. Hier ist die Mitwirkung von seiten der Industrieländer und ihrer Universitäten auch weiterhin dringend erforderlich.

2. Es wäre ein Irrtum, aufgrund der pauschalen Erörterung der Schwierigkeiten und Schwächen der Universitäten in der Dritten Welt die dortigen wissenschaftlichen Leistungen generell gering zu achten. Es sind nicht nur jeweils die großen materiellen Schwierigkeiten in Rechnung zu stellen, sondern es ist auch zu differenzieren. Wie in den Industrieländern läßt sich dort jeweils von einer Hierarchie der Institutionen sprechen. Die angeseheneren von ihnen finden sich hier wie dort im allgemeinen in den wohlhabenderen und bevölkerungsstärkeren Staaten. Abdus Salam hat wiederholt auf den relativ hohen Stand physikalischer Forschung in Argentinien, Brasilien, VR China und Indien hingewiesen. Mindestens in bestimmten Fachbereichen sind hervorragende Institutionen dort und andernorts entstanden, so etwa etliche Institute im Umkreis der Nationaluniversität von Mexiko und einige Abteilungen in den Indian Institutes of Technology; die Universität Nairobi nimmt regional bereits eine zentrale Stellung ein usw. Umgekehrt finden sich in Europa, USA und Japan neben berühmten wissenschaftlichen Hochburgen auch durchaus Colleges und Universitäten, deren Unterrichtsgestaltung unbefriedigend und deren Forschungsleistung gering ist. Sie zeichnen sich in der Regel fast nur durch ihre vergleichsweise bessere Ausstattung aus.

Und nun zum Schluß: "Tradition und Reform der Universität in der Dritten Welt" ist unser Thema. Die Entwicklung moderner Universitäten in der Dritten Welt hat sich in mehreren Stufen vollzogen:

- von Colleges und Universitäten nach den begrenzten Bedürfnissen der Kolonialmächte;
- über breiter angelegte Colleges und Universitäten entsprechend dem euro-amerikanischen Vorbild, wie man es sich anzueignen suchte, sobald die staatliche Unabhängigkeit gewonnen war;
- bis hin zu Institutionen, die sich so weit von diesem Vorbild wieder zu emanzipieren suchen, daß sie den praktischen wie kulturellen Bedürfnissen ihrer Länder besser gerecht werden, ohne doch den internationalen Wissenschaftschor zu verlassen.

Die Frage muß offen bleiben, ob es ihnen womöglich gelingen wird, die Essenz ihrer religiösen, philosophischen, sozialen und kulturellen Traditionen so aufzubereiten, daß deren Sinnelemente sich in die sonst uniforme moderne Wissenschaft einbringen lassen. Sinnhaft gesteuerte Rationalität könnte die Wissenschaft widerstandsfähiger gegen die Ausschließlichkeit der in aller Welt um sich greifenden technischen Zivilisation machen. Reform mit dem Ziel, recht verstandener Tradition einen angemessenen Platz in den Universitäten der Dritten Welt zu geben, könnte ein wichtiger Beitrag sowohl zum Nutzen der einzelnen Länder als auch zur Polyphonie internationaler Wissenschaft werden.

Total Enrolment, Third Level of Education (thousands)

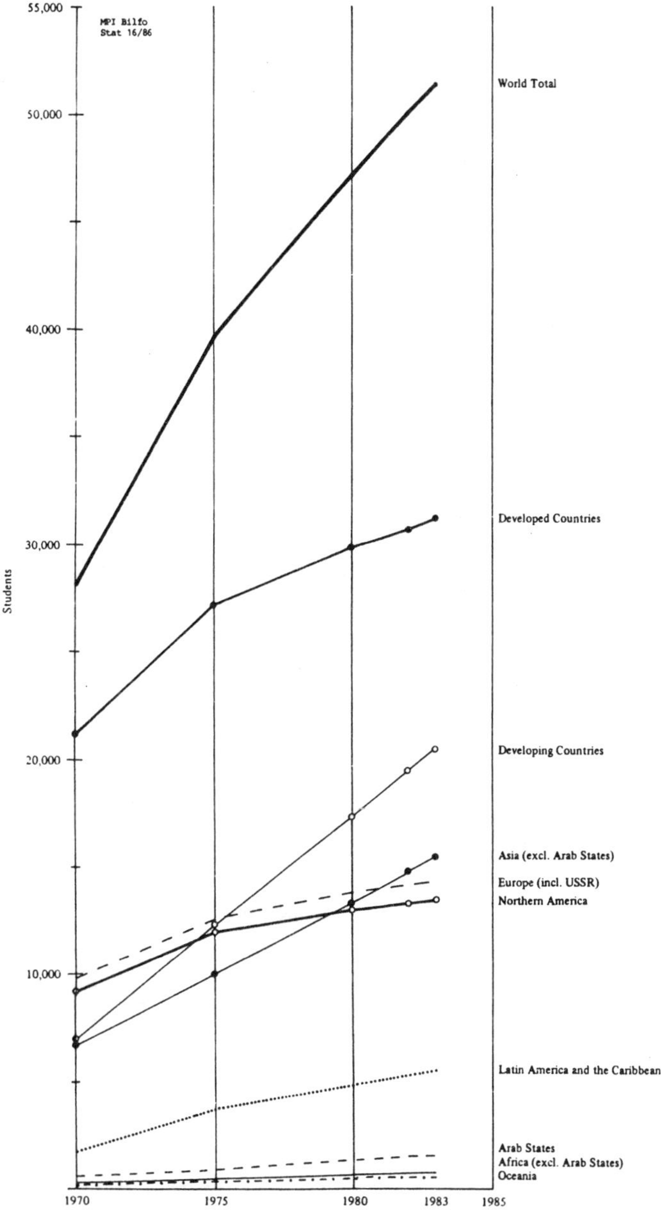

Source: UNESCO: Statistical Yearbook 1985, Paris 1985, pp. II–12/13.

Gross Enrolment Ratios at the Third Level of Education, 1960–1985
(enrolment divided by the population of the age group of 5 years following the end of second level general education)

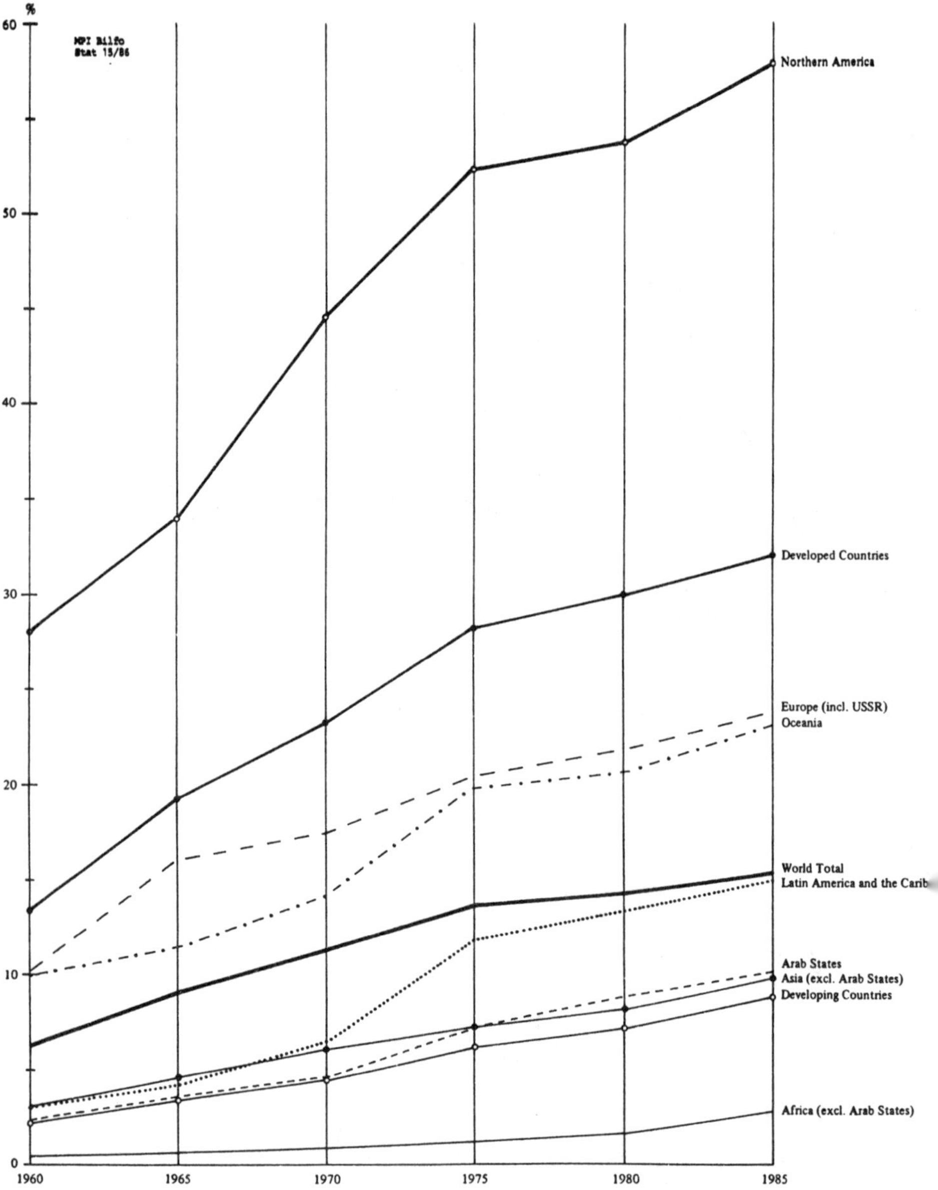

Source: UNESCO: Statistical Yearbook 1985, Paris 1985, pp. II–32, 33.

Total Teaching Staff, Third Level of Education (thousands)

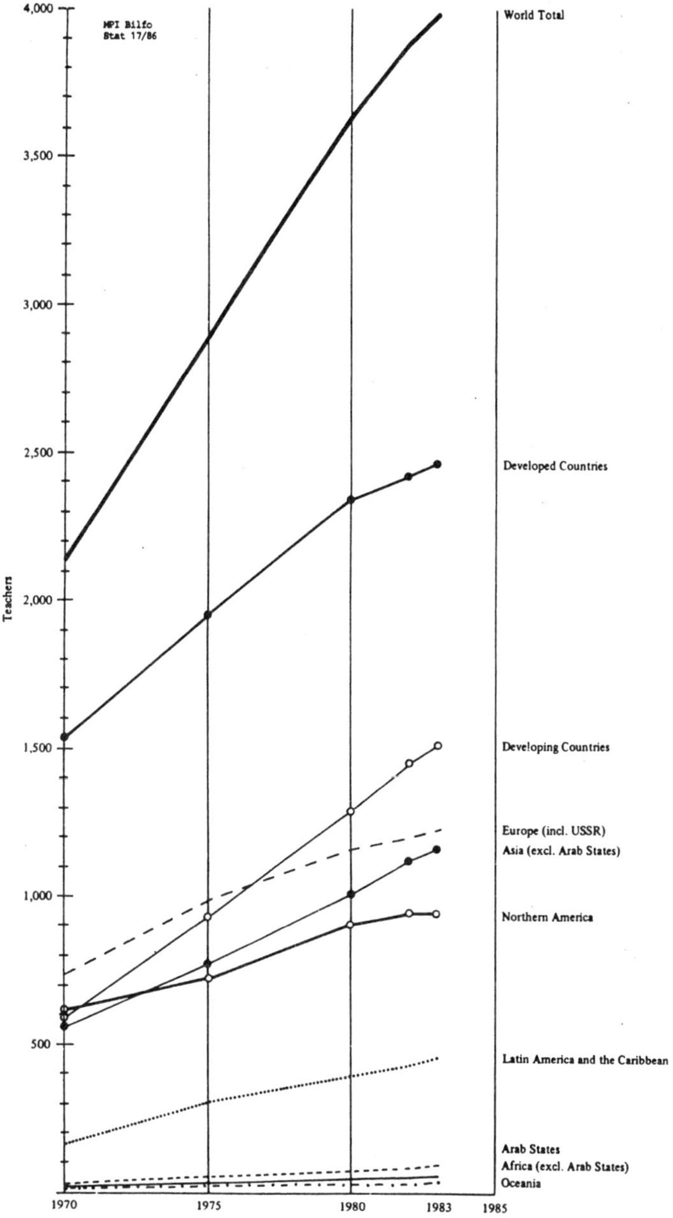

Source: UNESCO: Statistical Yearbook 1985, Paris 1985, pp. II–12/13.

DIE ROLLE DES COLLEGE

DAS AMERIKANISCHE COMMUNITY COLLEGE HEUTE

F. Thomas Clark

Das höhere Bildungswesen in den Vereinigten Staaten repräsentiert ein vergleichsweise junges und dynamisches Experiment in einem demokratischen Regierungssystem, einer multilingualen und multikulturellen Bevölkerung und einem anhaltenden Engagement für Egalitarismus in der Formulierung von gesellschaftspolitischen Ansätzen. Vielleicht aufgrund der Tatsache, daß die Vereinigten Staaten eine junge Nation sind, sind ihre Traditionen, besonders im Hinblick auf höhere Bildung noch nicht so weit ausgeformt, daß sie Experimente und Innovationen auf diesem Gebiet behindern würden. Dieses relativ hohe Maß an Flexibilität hat in den letzten vierzig Jahren zur Entwicklung und Umsetzung der ausschließlich amerikanischen Idee des Community College geführt.

Die Geschichte

Das Aufkommen der Einrichtung, die sowohl als "Junior" wie auch als "Community College" bekannt ist, war das Ergebnis von zumindest drei zu Beginn des 20. Jahrhunderts in der amerikanischen Gesellschaft wirkenden Kräften:

1. die allgemeine Überzeugung, daß Weiterbildung zu wirtschaftlichem und gesellschaftlichem Fortkommen führt;
2. die egalitäre Überzeugung, daß Zugang zu tertiären Bildungseinrichtungen nicht aufgrund von geographischen Entfernungen, Einkommenshöhe oder bisherigen Leistungen in Elementar- und Sekundarstufe eingeschränkt sein sollte;
3. die Verschmelzung des Ideals amerikanischer Populisten von tertiärer Bildung als "gesellschaftlichem Gut" mit der kapitalistischen Realität eines wachsenden Bedarfs an Arbeitnehmern mit weiterreichenden Fertigkeiten, wie sie für reibungsloses Funktionieren schnell expandierender Handels- und Industrieunternehmen notwendig sind.

Ein Präzedenzfall für die öffentlich geförderte Universität wurde sehr eindrucksvoll durch das Morrill-Gesetz von 1862 geschaffen. Die Folge des Morrill-Gesetzes war nicht nur die Gründung der öffentlich geförderten "Land-Grant"-Universitäten, sondern auch erweiterter Zugang und Ausweitung des Lehrplans von den geistes- und naturwissenschaftlichen Fächern bis hin zu angewandten Wissenschaften und Technologien, wie Landwirtschaft, Ingenieur- und Wirtschaftswissenschaften. John T. Walquist und James W. Thornton, die sich mit amerikanischer Bildungsforschung befassen, stellen fest, daß durch das Aufkommen der Land-Grant-Einrichtungen fünf Grundsätze der höheren Bildung aufgestellt wurden:

1. Die Notwendigkeit des Zugangs zu höherer Bildung für junge Menschen aus allen Lebensbereichen und allen Vermögensverhältnissen - die Demokratisierung der höheren Bildung.

2. Die Notwendigkeit einer weitreichenden Diversifizierung der Lehrpläne mit einigen Angeboten, die keinen Diplomabschluß zum Ziel haben.

3. Der Zusammenhang zwischen Universität und dem Leben des Staates, in dem sie angesiedelt ist, sowie dem Leben bestimmter Gruppen der Bevölkerung - Handel, Industrie, Landwirtschaft, Hauswirtschaft, öffentliche Verwaltung.

4. Die Möglichkeit der Integration von Lehre und Forschung zum beiderseitigen Vorteil.

5. Das Konzept der lebenslangen Bildung, wie es durch Fortbildungsmaßnahmen und Weiterbildungseinrichtungen repräsentiert wird.

Jeder dieser Grundsätze - einschließlich des vierten in begrenztem Maße - kann auf das Community College wie auf die Land-Grant-Universität angewendet werden. Die öffentlich geförderte Universität, besonders in Regionen des Mittelwestens und Westens der Vereinigten Staaten, schuf eine bedeutende Alternative zu eineinhalb Jahrhunderten Tradition tertiärer Bildung, die privat (hauptsächlich von verschiedenen Kirchen) getragen und elitär ausgerichtet war, und auf deren Lehrplan die traditionellen und Geistes- und Naturwissenschaften standen. Diese Änderungen der Definition dessen, was eine Universität sein könnte, bahnten den Weg für die Entwicklung anderer Alternativen von Bildungseinrichtungen, wie das Junior oder Community College.

Geschichtlich gesehen war das College, das einen "Associate Degree"(1) vorsah, zunächst als "Junior College" bekannt. Einige Gründer von Junior Colleges vertraten die Ansicht, daß diese Einrichtungen nur Studiengänge in geistes- und naturwissenschaftlichen Fächern anbieten sollten, die streng dem "Freshman"- und "Sophomore"(2)-Jahr der privaten und öffentlichen Colleges und Universitäten angeglichen sein sollten. Andere verstanden jedoch den Lehrplan eher im Sinne allgemeiner und weiterführender Studien, als Fortführung öffentlicher Sekundarbildung bis zur Entsprechung der Klassenstufen 13 und 14.

Im Jahre 1922 definierte die "American Association of Junior Colleges" das Junior College als eine Einrichtung, die "eine zweijährige Bildung auf streng akademischer Ebene anbietet". Diese Definition wurde 1925 in folgender Weise ausgeweitet:

> "Das Junior College kann und wird wahrscheinlich eine andere Art von Lehrplan entwickeln, der den sich ständig ändernden staatsbürgerlichen, gesellschaftlichen, religiösen

---

1 Etwa: Vordiplom (Anm. d. Übers.).

2 Entspr. 1. u. 2. Jahr an einer ordentl. Universität (Anm.d.Übers.).

und beruflichen Erfordernissen der gesamten Gemeinschaft in seinem Einzugsgebiet angepaßt ist."

In einem Buch aus dem Jahre 1931 mit dem Titel "**The Junior College**" weist die Beschreibung des Junior Colleges von W.C. Fells eine Reihe von Merkmalen auf:

- private und öffentliche Universitäten, die das Äquivalent der Freshman- und Sophomore-Studien entweder auf dem eigenen Campus oder an Orten außerhalb der Einrichtung anbieten;
- von Bundesstaaten finanzierte und geförderte und von staatlichen Behörden beaufsichtigte Junior Colleges;
- "District Junior Colleges", die normalerweise von den Kreisschulbehörden finanziert und gefördert werden;
- Junior Colleges in kirchlicher oder sonstiger privater Trägerschaft;
- Junior Colleges in der Trägerschaft von privaten Gruppen ohne besonderen rechtlichen Status.

Durch die 1947 eingesetzte "President's Commission on Higher Education" gewann die Befürwortung der Ausweitung freier, öffentlicher tertiärer Bildung neues Gewicht. Im Bericht der Kommission wird betont, daß es von großem sozialen Nutzen für die Gesellschaft wäre, wenn denjenigen, die dazu willens und fähig sind, die Möglichkeit zu zwei weiteren formalen Studienjahren zur Verfügung gestellt werden könnte. Die Kommission schätzte, daß sich ungefähr 50 Prozent der Absolventen der 12. Klasse für zweijährige Colleges einschreiben würden. Die Empfehlungen der Kommission gaben den Anstoß zur Einrichtung vieler Community Colleges, besonders durch öffentliche Universitäten (als Fortbildungszentren), und durch die Kreisschulämter.

In den 50er Jahren wurden mit dem Begriff "Junior College" gewöhnlich Bildungswerke von privaten Universitäten und zweijährigen Colleges in kirchlicher und anderer nichtstaatlicher Trägerschaft definiert. Solche privat geförderten Einrichtungen beschränkten den Lehrplan normalerweise auf den Unterricht entsprechend den ersten beiden Jahren der Studiengänge auf College-Ebene.

Mit dem Begriff "Community College" wurden allgemein öffentlich geförderte Einrichtungen definiert, die sowohl die ersten beiden Jahre der Studiengänge der College-Ebene in Geistes- und Naturwissenschaften anboten, als auch eine ganze Reihe von technischen oder berufsbezogenen Studienprogrammen - wie z.B. Krankenpflege, kaufmännische Fächer und Elektrotechnik. Die Lehrpläne wurden zusehends diversifizierter, und diese neuen "People's Colleges" definierten ihren institutionellen Auftrag allmählich in einer Weise, die die speziellen Erfordernisse der Gemeinde oder der geographischen Region widerspiegelten, in der sie angesiedelt waren. Die allmähliche Ausweitung des Lehrplans in Richtung auf technische und berufsbezogene Studiengänge stellte eine Verlagerung der Prioritäten weg von Lehrgängen entsprechend den ersten beiden Jahren an Universitäten und Colleges dar. Diese Ausweitung der Lehrpläne ist eine Veränderung, mit der viele Bildungsfachleute damals nicht einverstanden waren und es noch immer nicht sind. Die allmähliche Wandlung in bezug auf die institutionelle Rolle und die

Definition war aus mehreren Gründen möglich:

1. Es gab keine institutionellen Präzedenzfälle oder festgelegte Modelle, an denen diese Colleges hätten gemessen werden können;
2. Es gab keine seit sehr langer Zeit bestehenden Traditionen, die geändert werden mußten;
3. Der Gedanke, Zugangsmöglichkeiten großzügiger zu gestalten, und Lehrpläne auszuweiten, um sowohl Geisteswissenschaften als auch technische oder berufsbezogene Studiengänge anzubieten, war politisch populär.

Als die Junior und Community Colleges zahlenmäßig zunahmen und ihre Aufgabenfelder ausweiteten, gab es eine anhaltende Debatte darüber, ob Universitäten die ersten beiden Studienjahre beibehalten oder diese Funktion jenen Einrichtungen überlassen sollten. William Rainey Harper von der Universität Chicago schlug - wie viele andere auch - vor, daß das amerikanische höhere Bildungswesen das europäische Modell im Hinblick auf das Verhältnis zwischen sekundärer Schulebene und Universität übernehmen sollte. Wäre diesem Beispiel gefolgt worden, so hätten amerikanische Universitäten die ersten beiden Studienjahre aufgegeben, und diese Verantwortung den Junior und Community Colleges überlassen. Die Grundlage dieser und ähnlicher Vorschläge ist, daß sich Universitäten auf Unterrichtung im Hauptstudium, Doktorandenstudien und Forschung konzentrieren könnten, während Junior und Community Colleges die Einführungskurse geben würden.

Ein weiterer Gedanke in diesem Zusammenhang war, daß die Junior und Community Colleges das "Sieben" der Studenten übernehmen, so daß nur diejenigen, die eine gute Leistung erbracht hatten, zur Universität gehen würden. Obwohl diese Konzepte in vielen Staaten vorgebracht wurden, hat man sie nie wirklich in die Praxis umgesetzt.

Heute bieten sowohl "Baccalaureate Degree Granting"(1) Colleges und Universitäten als auch Junior und Community Colleges weiterhin Freshman- und Sophomore-Studien in geistes- und naturwissenschaftlichen Fächern an. Wären diese Vorschläge durchgesetzt worden, hätte sich vielleicht ein einheitlicheres Verhältnis zwischen Universitäten auf der einen und Junior und Community Colleges auf der anderen Seite ergeben. Da diese Vorschläge nicht zum Tragen gekommen sind, entwickelten sich Junior und Community Colleges zunehmend zu Vielzweckinstitutionen, die ein breites Spektrum von Lehrplanangeboten aufwiesen.

Insbesondere während der 50er und 60er Jahre gab es zwei wichtige Entwicklungen, die zur weitergehenden Definition der Rolle und des Auftrags des zweijährigen Colleges beitrugen. Zunächst kam es zu schnellen Ausweitungen von neuen technischen und berufsbezogenen Studiengängen, und zweitens wurde der Gedanke des freien Zugangs mehr oder weniger allgemein akzeptiert. Das bedeutete, daß, obwohl einige Studenten die schulischen Zulassungsvoraussetzungen für Baccalaureate Degree Granting Colleges und Universitäten nicht erfüllten, wurden sie zum Weiterstudium am Community College dennoch zugelassen. Diese beiden Bewegungen führten zu einer Definition des zweijährigen College - besonders des öffentlich geförderten Community College - als alternative und einzigartige Institution im höheren Bildungswesen der Vereinigten Staaten.

Aufgrund der Ausweitung der Lehrplanangebote, der Politik des freien Zugangs und des rapiden Bevölkerungswachstums nach dem Zweiten Weltkrieg, waren die 60er und 70er Jahre von einem enormen Wachstum, sowohl hinsichtlich der Zahl der Einrichtungen als auch der eingeschriebenen Studenten im höheren Bildungswesen, aber besonders im öffentlich geförderten Community College gekennzeichnet. Die Nachfrage nach höherer Bildung führte zur Einrichtung von mehr als eintausend Community Colleges überall in den Vereinigten Staaten. Die geographische Nähe dieser Institutionen erlaubte es den Studenten, zu Hause zu wohnen und trotzdem einen tertiären Bildungsgang aufzunehmen. Diese Zugangsmöglichkeit machte es Millionen von Studenten, die sich sonst eine höhere Bildung finanziell nicht hätten leisten können, möglich, tertiären Studien nachzugehen.

Um 1980 gab es in den Vereinigten Staaten nur noch wenige Menschen, die kein zweijähriges College in erreichbarer Nähe hatten.

Die Modelle der Trägerschaft, Organisation und Finanzierung von Junior und Community Colleges waren und sind noch immer so vielfältig wie die Lehrplanangebote. In Arizona, Kalifornien und Texas z.B. wurden Community Colleges von den Kreisschulämtern eingerichtet und wurden - obwohl sie inzwischen autonom sind - ursprünglich von den Sekundarschulen verwaltet. In Pennsylvania, Wisconsin, Kentucky und Alaska wurden Community Colleges von den Staatsuniversitäten gegründet und liegen in deren behördlicher Zuständigkeit. Das System der Zuständigkeit, Trägerschaft und Finanzierung variiert von Staat zu Staat, und die Gesetze in jedem Staat sind oftmals geändert worden, um den sich wandelnden Erfordernissen besonders im Hinblick auf Finanzierungsstrukturen und Trägerschaftsmodelle gerecht zu werden.

In New York wurden Community Colleges offiziell durch entsprechende Gesetzgebung im Jahre 1949 eingerichtet. Diese Colleges sollten zweijährige Studiengänge für High School-Absolventen ermöglichen, und eine Kombination von Allgemeinbildung und technischer Ausbildung sowie spezielle Fortbildungskurse anbieten, um den Studenten den Übergang zum vierjährigen College zu erlauben. In New York werden diese Colleges von Kuratorien, bestehend aus neun Mitgliedern, geleitet. Diese werden vom Gouverneur des Staates und dem Präsidium des kommunalen Trägers - gewöhnlich ein oder zwei Counties - ernannt. Die Finanzierung erfolgt durch Steuergelder des kommunalen Trägers, durch den Staat und durch den Studenten in Form von Studiengebühren. Das System der Finanzierung zu gleichen Teilen aus diesen drei Quellen wurde bei den Colleges, die die Politik des freien Zugangs praktizierten, 1968 zugunsten einer 40-%igen staatlichen Beteiligung an den Betriebskosten abgelöst. Dieser Prozentsatz staatlicher Finanzierung wurde aber nie zur Verfügung gestellt, obwohl zu jedem Community College freier Zugang besteht.

Die Leistungen

Community Colleges können einen beispiellosen Erfolg bezüglich der Öffnung des Zugangs zur tertiären Bildung für sich in Anspruch nehmen. Erstens sind sie für interessierte Studenten bequem zu erreichen. Zweitens kann die Politik des freien Zugangs der meisten Community Colleges für Millionen von Menschen eine "zweite Chance" bedeuten. Personen, die an einer Baccalaureate Degree Granting Institution oder einer Universität, wo traditionell selektive Zulassungsvoraussetzungen herrschen, nicht zum Studium zugelassen worden wären, absolvieren mit Erfolg einen Degree-Studiengang. Drittens haben die niedrigeren Kosten für den Besuch eines Community College qualifizierte tertiäre Bildung für praktisch jeden, der motiviert ist, sich zu immatrikulieren, erschwinglich gemacht. Programme zur finanziellen Unterstützung von Studenten, die vom Bund oder den Staaten finanziert werden, waren von großem Nutzen, um zu gewährleisten, daß auch Personen mit niedrigem Einkommen die Möglichkeit des Collegebesuches nicht vorenthalten wird. Auf diese Weise wird die Überzeugung, daß der Zugang zu tertiärer Bildung nicht durch geographische Entfernung, bisheriger Leistung in Elementar- und Sekundarstufe oder Einkommenshöhe beeinträchtigt sein sollte, erfolgreich umgesetzt: Zugang zu höherer Bildung ist jetzt praktisch für jeden möglich, der danach strebt.

Die Tatsache, daß so viele Studenten den Associate-Degree-Studiengang der zweijährigen Colleges erfolgreich absolvieren, hat zwei bezeichnende Aspekte:

1. Je nach Staat und Einrichtung wechseln zwischen 20 und 41 Prozent der Studenten, die einen Associate Degree erlangen, zu einem Baccalaureate Degree Granting College oder einer Universität, machen den entsprechenden Abschluß dort und zählen auf diese Weise zu der Gruppe, die ein Baccalaureate-Studium aufnehmen und auch erfolgreich beenden.

2. Diejenigen, die Associate Degree und Diplomstudiengänge in angewandten Wissenschaften und technologischen Fachrichtungen absolvieren und kein Baccalaureate-Studium aufnehmen, erhöhen in beträchtlicher Weise die Zahl von Personen mit höherer Bildung, die für eine ganze Reihe von Berufen in Frage kommen.

Community und Junior Colleges spielen eine wichtige Rolle bei der Vorbereitung des Einzelnen, einen produktiven Beitrag in einer sich ständig wandelnden und zunehmend technologisch orientierten Gesellschaft zu leisten. Buchhalter, Krankenpfleger, Beschäftigungstherapeut, Physiotherapeut, Atmungstherapeut, Programmierer, Strafvollzugsbeamter und Bewährungshelfer, Elektrotechniker und Reisebürokaufmann sind nur einige der Berufe, auf die Community und Junior Colleges vorbereiten. Das zweijährige College leistet also einen bedeutenden Beitrag, die Menschen mit den Fachkenntnissen und Fertigkeiten auszustatten, die erforderlich sind, um in einer zunehmend komplexen Gesellschaft, die technologisch gut geschulte Arbeitnehmer braucht, erfolgreich zu bestehen.

Community Colleges tragen auch dazu bei, Fort- und Weiterbildung oder lebenslanges Lernen zu fördern, indem sie Studienmöglichkeiten für eine große Vielfalt von Fachrichtungen anbieten, die mit oder ohne Abschluß absolviert werden können. Viele Menschen haben einen ganz bestimmten Bildungsbedarf, der in relativ kurzer Zeit erfüllt werden kann, und Community Colleges bieten die Gelegenheit für solche Studien. Die bestehenden Möglichkeiten werden darüber hinaus durch die Stundenplanorganisation vieler Community Colleges erweitert; in vielen Einrichtungen werden Kurse auch in den Abendstunden und an Wochenenden angeboten. Diese Art der Zeitplanung ist von erheblichem Vorteil für diejenigen, die entweder einer Ganztagsbeschäftigung nachgehen, familiäre Verpflichtungen haben, einen speziellen Lehrgang zum Erwerb von Fertigkeiten in einem neuen Bereich benötigen oder aus Gründen der Persönlichkeitsentfaltung studieren möchten und diejenigen, die in einem Alter zum College zurückkehren, das höher liegt als das normale Studentenalter von 18 bis 22 Jahren.

Das Konzept des lebenslangen Lernens wird darüber hinaus durch ein Lehrangebot ohne akademischen Abschluß erweitert. Dieses nichtakademische Lehrangebot umfaßt eine ganze Palette von Bereichen wie z.B. Kunstgeschichte, Schauspiel, Feinschmeckerküche, Fotographie bis hin zum Weben. Diese Kurse dauern normalerweise 4 bis 10 Wochen und betonen den Aspekt der Anwendung oder des "Tuns". Sie beziehen häufig keine theoretischen Konzepte mit ein, und der Lernerfolg des Studenten wird gewöhnlich nicht bewertet. Diese Lehrgänge sind für Studenten gedacht, die aus Gründen der Persönlichkeitsentfaltung oder aus Hobbyinteresse lernen wollen. Millionen von Interessenten nehmen Jahr für Jahr an diesen Kursen teil, und das Lehrangebot spiegelt häufig die besonderen Interessen der Bevölkerung im Einzugsgebiet die Einrichtungen wider.

Seit einiger Zeit stehen Community Colleges in vielen Staaten mit ortsansässigen Industrie- und Handelsunternehmen in Kontakt, um Kurse anzubieten, die speziell auf die Bedürfnisse der Arbeitnehmer zugeschnitten sind. Diese Initiativen werden als wichtiger Beitrag zur wirtschaftlichen Entwicklung betrachtet. Die Lehrkräfte halten die Kurse häufig in den Betrieben selbst ab, um den Zugang zum Lernen so leicht wie möglich zu gestalten. Lehrgänge dieser Kategorie umfassen u.a. Immobiliengeschäft, freie Rede (Rhetorik), computergestütztes Design (CAD), Wirtschaftskorrespondenz, interpersonelle Kompetenz und Betriebsführung im Büro.

Community Colleges fördern seit den 60er Jahren die Immatrikulation von Personen, die das "normale" Studentenalter von 18 bis 22 Jahren überschritten haben. Die institutionelle Praxis der Colleges und Universitäten sowie gesellschaftliche Sanktionen hatten jahrelang Personen über 22 Jahren davon abgehalten, sich wieder auf die Schulbank zu setzen. Diese Praxis wurde infolge des Zweiten Weltkrieges geändert, als Frauen und Männer, die in den Streitkräften gedient hatten, ermutigt wurden, als patriotische Geste ein Studium aufzunehmen. Begünstigt durch finanzielle Unterstützung dieser Bevölkerungsgruppe aus Bundesmitteln und durch ein Lehrangebot in Form von Abend- und Wochenendkursen nahmen viele Veteranen einen tertiären Bildungsgang auf. Die Durchsetzung dieser Politik führte zu einer vollständigen Wandlung der Definition des Begriffs "Student". Vor Ende des Zweiten Weltkrieges war in der Bildungspolitik der Universitäten festgeschrieben, daß nur diejenigen einen Abschluß erlangen könnten, die ein Vollzeitstudium in Tageskursen absolvierten. Ein Teilzeitstudium wurde nicht gefördert. Die Zulassung von Teilzeitstudenten führte zu einem sprunghaften Anstieg der Immatrikulationen nach dem Krieg. Heute stehen amerikanische Colleges und Universitäten - und in besonderem Maße die Community Colleges - einer großen Anzahl von Teilzeitstudenten offen, die kein Vollstudium aufnehmen könnten, weil sie arbeiten gehen müssen, früh geheiratet und Verantwortung für die Familie übernommen haben, aus Mangel an Ermutigung durch Familie oder Schulen, Mangel an Selbstbewußtsein oder mangelnder Einsicht in die Notwendigkeit tertiärer Bildung. Als Folge des drastischen Anstiegs der Zahl der Teilzeit- oder "unkonventionellen" Studenten hat sich das Durchschnittsalter der Immatrikulierten auf etwa 29 Jahre erhöht.

Das Community College fördert aktiv die Immatrikulation von ethnischen Minderheitsgruppen. Zu Beginn der 80er Jahre registrierten diese Institutionen fast 40 % der Studenten aus ethnischen Minderheiten, die in den Vereinigten Staaten ein College besuchten. Die Zusammensetzung der Minderheitsgruppen im Einzelfall reflektiert gewöhnlich deren Anteile an der Bevölkerung im Einzugsgebiet des College. Landesweit gehören etwa 25 % der Community College-Studenten den Minderheiten an - hauptsächlich Farbige und Spanisch sprechende Gruppen. Die Meinungen darüber, ob Community Colleges tatsächlich Minderheitsgruppen fördern, gehen auseinander. Es wird oft eingewendet, daß bei Angehörigen von Minderheiten, die an einem Community College anfangen, die Wahrscheinlichkeit eines Abschlusses an einem Baccalaureate Degree Granting College oder einer Universität geringer sei, als wenn sie das Studium von vornherein an einer solchen Einrichtung aufgenommen hätten. Statistiken zeigen, daß von Angehörigen der Minderheiten ein geringerer Teil den zweijährigen Abschluß macht als von den Mehrheitsgruppen. Obgleich solche Statistiken wichtige Streitfragen aufwerfen, bleibt festzustellen, daß aufgrund der bequemen Erreichbarkeit und der niedrigen Kosten und vor allem wegen der einzigartigen Fähigkeit, Studenten mit spezialisiertem Lehrangebot zu versorgen, viele Angehörige von Minderheitsgruppen in diesen Einrichtungen studieren. Für viele Studenten aus Minderheitsgruppen bedeutet das Studium am Community College einen erfolgreichen Durchbruch, einen Wendepunkt in ihrem Leben. Ob sie einen Associate Degree machen und dann an der Universität einen Baccalaureate Degree anstreben oder den Associate Degree in einem berufsbezogenen Studiengang machen, oder einfach die Kurse belegen, die ihnen erfolgreichen Einstieg in den Arbeitsmarkt ermöglichen - für sie war das Community College die einzige, ihnen offenstehende Alternative.

Community Colleges haben nicht nur ihre Lehrpläne auf technische und berufsbezogene Studiengänge ausgeweitet, sondern sie haben sich auch ernsthaft mit Innovationen im Hinblick auf die Lehrmethoden auseinandergesetzt. Die Lernforschung zeigt eindeutig, daß verschiedene Personen auf unterschiedliche Art effizient lernen. Diese Erkenntnisse werden bei Innovationen der Lehrmethoden einbezogen. In vielen Kursen wird eine Vielfalt von Medien eingesetzt: Tonbänder, 35-mm-Dia-Karussels und Video-Bänder. In diesen Kursen können die Studenten Lernschritte und Bewertung ihrer Arbeiten im eigenen Rhythmus vornehmen, und die Geschwindigkeit ihres Fortschritts wird nicht von der Lehrkraft oder anderen Studenten in der Gruppe vorgegeben. In einem solchen selbstbestimmten Kurs, in dem Medien eingesetzt werden, muß der Student normalerweise eine Unterrichtseinheit erfolgreich abschließen, bevor er zur nächsten übergeht.

Eine weitere methodologische Innovation sind die Fernsehkurse. Der "Telecourse" macht sich Produktionen sowohl des privaten als auch des staatlichen Fernsehens zur Vermittlung akademischer Inhalte zunutze. Die gesendeten Einheiten werden gewöhnlich durch schriftliche Unterlagen und einen Studienführer ergänzt. Die Lehrkraft des Kurses arbeitet mit jedem Studenten im Einzelunterricht. Der Fernsehkurs hat sich besonders für die Studenten, die ortsgebunden sind, oder die wegen ihrer Arbeit oder anderer persönlicher Verpflichtungen nicht an regelmäßigem Klassenunterricht teilnehmen können, als überaus hilfreich erwiesen. Sowohl in mediengestützten Kursen als auch beim Fernsehkurs liegt das Hauptaugenmerk auf der Demonstration der Fähigkeit bzw. Beherrschung von Inhalten bzw. Fertigkeiten und nicht so sehr auf Abschluß der Studien innerhalb einer vorgegebenen Zeitspanne.

Eine weitere Innovation ist der individuelle Lernvortrag, in dem Lehrkraft und Student die Ziele, Inhalte, Lernschritte und angestrebten Ergebnisse festlegen. Diese Lernweise ist besonders bei Studenten angebracht, die überaus motiviert sind, und die nicht das Gefüge eines regelmäßigen Klassenunterrichts benötigen, oder die im konventionellen Klassenunterricht mit der Vortrag-Diskussion-Methode nicht optimal lernen.

Community Colleges haben auch mit einer Neudefinition des Begriffs "Campus" experimentiert, indem sie nicht nur in Industrie- und Handelsunternehmen, sondern auch in Krankenhäusern, High Schools und einer Reihe von Fortbildungszentren und Campus-"Außenstellen" Kurse anbieten. Das alles wurde eingeführt, um den Unterrichtsort so leicht erreichbar wie möglich zu machen.

Darüber hinaus hat eine kleine Anzahl dieser Institutionen internationale Auslandsstudiengänge initiiert, die den amerikanischen Studenten die Möglichkeit geben, ein Semester oder einen Sommer lang an einem College oder einer Universität im Ausland - meistens in Westeuropa - zu studieren. Programme dieser Art fördern die internationale Verständigung und schaffen eine weitere Gelegenheit zur Bereicherung des Studiums. Sie werden als Austauschprogramme konzipiert, so daß viele Colleges Studenten aus über 75 Ländern aufnehmen, die in den Vereinigten Staaten studieren wollen. Das jüngste dieser internationalen Programme ist "Service-Learning", d.h. der Student kann freiwilligen Dienst in einer "Service Agency" (meist eine soziale Einrichtung) in einem anderen Land leisten und parallel dazu ein akademisches Studium im Rahmen von Einzel- oder Seminarunterricht unter Leitung von Lehrkräften im Gastland aufnehmen. Im ganzen gesehen umfassen die Leistungen der Community Colleges:

- die beispiellose Zunahme der Anzahl der Einrichtungen;
- den Erfolg für Millionen von Menschen, denen Zugang zu tertiärer Bildung verschafft wurde, durch Einrichtungen, die freien Zugang, erreichbare Nähe und niedrige Studiengebühren bieten sowie Associate Degree-Studiengänge in Geistes- und Naturwissenschaften und in technischen Fachrichtungen zur Vorbereitung auf ein Universitätsstudium oder den direkten Einstieg in den Arbeitsmarkt;

- die Bereitschaft, Studiengänge zu konzipieren und anzubieten, die den ganz speziellen Erfordernissen im Einzugsgebiet des College gerecht werden;
- die Bereitschaft, mit bedeutenden Innovationen, wie freiem Zugang, Streuung der Unterrichtsorte, Chancen für Teilzeitstudenten und Minderheitsgruppen sowie Abend- und Wochenendkursen zu experimentieren;
- die Bereitschaft, neue Lernweisen oder Lehrmethoden zu entwickeln, die den Forschungsergebnissen bezüglich individuell verschiedener Lerntypen Rechnung tragen - wie z.B. mediengestützter Kurse, selbstbestimmter, befähigungsorientierter Unterricht, computergestützte Unterrichtung, Fernsehkurse und individuelle Lernverträge;
- die Bereitschaft, internationale Auslandsstudien und Service-Learning-Programme zu initiieren.

Die Streitfragen

Die Community Colleges in den Vereinigten Staaten werden in der zweiten Hälfte der 80er Jahre mit einer Reihe wichtiger Streitfragen konfrontiert. Die erste betrifft die Trägerschaft. In den meisten Staaten werden Community Colleges von staatlichen Stellen geregelt und sind oft dem staatlichen Universitätssystem angegliedert, stehen aber unter Aufsicht eines von politischer Seite ernannten kommunalen Kuratoriums. Der ständige Streitpunkt bezüglich der Trägerschaft besteht darin, sicherzustellen, daß die Kuratorien die allgemeine Politik festlegen, nicht aber den Versuch unternehmen, die Einrichtung zu verwalten, oder sich in die Rechte und Kompetenzen des Lehrkörpers einzumischen. Darüber hinaus ist es bedenklich, daß die Kuratoren meist immer noch Befürworter von Community Colleges mit kommunalen und staatlichen gesetzgebenden Körperschaften sind, die finanzielle Unterstützung gewähren, anstatt die Rolle einer internen Instanz der Kritik zu übernehmen.

Die Finanzierung von Community Colleges ist ebenfalls in vielen Staaten ein ständiger Diskussionspunkt. Finanzierung durch Gemeinden oder Staaten und die nachhaltige Bereitstellung finanzieller Hilfe durch Bund und Staaten in Form von garantierten Studentendarlehen sind von wesentlicher Bedeutung, wenn die Politik des freien Zugangs aufrechterhalten, die Qualifikation des Lehrkörpers sichergestellt, niedrige Studiengebühren beibehalten, Experimente mit neuen Lehrmethoden weiterverfolgt und Gebäude und Gelände der Colleges auch in Zukunft sicher und ansprechend gestaltet werden sollen.

Absprachen zwischen Junior und Community Colleges müssen in der Zukunft im Vordergrund des Interesses stehen, um sicherzustellen, daß die von den Studenten erreichten Leistungen auf Baccalaureate Degree Granting Colleges und Universitäten übertragbar sind. Obwohl viele Junior und Community Colleges entsprechende Vereinbarungen mit ordentlichen Universitäten und Colleges ausgehandelt haben, müssen Junior und Community Colleges auch weiterhin die Fürsprecher ihrer Studenten bleiben, indem sie deutlich machen, daß ihre akademischen Studiengänge ebenso anspruchsvoll sind wie diejenigen der ersten beiden Studienjahre an einer ordentlichen Universität. Dies gilt besonders für die geistes- und naturwissenschaftlichen und die fachorientierten Studiengänge wie z.B. Krankenpflege und Computerwissenschaften, in denen sich die Studenten häufig für ein anschließendes Vollstudium entscheiden.

Die Lehrpläne der meisten amerikanischen Colleges und Universitäten sind permanenten Auseinandersetzungen unterworfen; dabei bilden die Community Colleges keine Ausnahme. Dies betrifft in besonderem Maße allgemeine Ausbildungsanforderungen, die seit mehr als einem Jahrhundert Thema regelmäßiger Kontroversen sind. Die grundsätzlichen Positionen in dieser Debatte kann man am besten wie folgt darstellen: Auf der einen Seite stehen diejenigen, die einen erforderlichen "Kern"-Lehrplan von Kursen befürworten, den alle Studenten absolvieren müssen, auf der anderen die Befürworter eines Wahlsystems, in dem der Student einen Kurs aus einer ganzen Reihe von Wahlmöglichkeiten in einer bestimmten Anzahl von Disziplinen herausgreift. Vertreter der ersten Position meinen, daß jeder Student einen gewissen Fundus an Allgemeinwissen haben muß - unabhängig von der gewählten Fachrichtung. Verfechter der zweiten Position vertreten die Ansicht, daß der Student selbst entscheiden sollte, welche Kurse er braucht, um den Anteil an Allgemeinbildung in der gewählten Fachrichtung abzudecken.

Die Frage nach den meßbaren Veränderungen der Fähigkeiten eines Studenten, die durch die College-Ausbildung herbeigeführt werden, ist ein Thema weitreichender Diskussion und Forschung. Die Frage, wieviel Wert der Fähigkeit des Studenten, eine Reihe von akademischen Aufgaben zu lösen oder eine Reihe von Fertigkeiten zu demonstrieren, durch die akademische Ausbildung hinzugefügt wird, bezeichnet man als Bildungs-"Mehrwert". Einige Staaten haben eine Prüfungsfolge eingeführt - oder experimentieren damit - durch die Mindestkompetenz in mehreren Themenbereichen gemessen werden soll, z.B. Mathematik, Englischaufsatz, Geschichte, Geographie. In Florida z.B. kann ein Student nicht zum Hauptstudium übergehen, wenn er nicht eine bestimmte Mindestkompetenz in standardisierten, aufeinander aufbauenden Prüfungen nachweisen kann. Das Thema Bildungs-"Mehrwert" hat weitreichendes Interesse geweckt: unter den Bildungsfachleuten, führenden Persönlichkeiten des öffentlichen Lebens und den Gesetzgebern.

Schließlich ist auch die Frage der institutionellen Definition Thema ständiger Debatten. Einige Kritiker argumentieren, daß das umfassende Wesen der Community Colleges modifiziert werden sollte, und daß diese Institutionen wieder ausschließlich die ersten beiden Jahre eines Baccalaureate-Studiums übernehmen sollten. Andere schlagen vor, daß Community Colleges sich noch mehr als bisher auf technische und berufsbezogene Studiengänge konzentrieren und die Einstiegsfunktion bezüglich der Geistes- und Naturwissenschaften ganz aufgeben sollten. Die Mehrheit des Lehrkörpers und der Verwaltung der Junior und Community Colleges sind überzeugte Verfechter der bestehenden Definition eines umfassenden Lehrplans mit Unterrichtsangeboten sowohl in den Geistes- und Naturwissenschaften als auch in den technologischen Fachrichtungen.

COMMUNITY COLLEGES UND AKADEMISCHE AUSLANDSPROGRAMME

Gerhard Hess

Obgleich Community Colleges einen überaus lebendigen, innovativen und dynamischen Bereich im höheren Bildungswesen der Vereinigten Staaten darstellen, hatte kein Community College vor 1967 irgendwelche Erfahrungen mit einem **umfassenden** internationalen Studienprogramm. Es gab natürlich Lehrkräfte in verschiedenen Einrichtungen, die mit Studentengruppen ins Ausland reisten und damit ein gewisses internationales Engagement entwickelten. Diesen Versuchen mangelte es jedoch an übergreifender Integration in den College-Lehrplan, manchmal sogar an seriösem akademischen Inhalt und an Struktur oder erforderlicher Kontinuität.

Akademische Überseeprogramme stellen oft den auffälligsten, vielleicht spektakulärsten und in gewissem Maße sogar elitärsten Bereich der **internationalen Bildung** dar. So gesehen sind sie besonders der Kritik ausgesetzt, wenn nicht sogar der völligen Abschaffung, sobald finanzielle Engpässe entstehen oder die Studentenzahlen abnehmen. Ausländerstudienprogramme sollten jedoch - sofern sie in verantwortungsbewußter Weise durchgeführt werden und akademisch fundiert sind - einen ebenso festen Platz in der Community College-Bildung haben wie alle anderen, von diesen Einrichtungen angebotenen Studiengänge. Sie sollten einfach Bestandteil des Bildungswesens in Community Colleges sein und nur insofern von erhöhten oder reduzierten Haushalten betroffen werden wie alle anderen Programme der Institution.

Internationalismus in der höheren Bildung ist so alt wie die höhere Bildung selbst und repräsentierte in allen Ländern und zu allen Zeiten ein überaus wichtiges Element bei der Einrichtung von höheren Bildungsinstitutionen. (Hess 1982, 1-25) Das Experimentieren der Community Colleges mit akademischen Überseeprogrammen begann im sog. "Goldenen Zeitalter" des amerikanischen höheren Bildungswesens: in den späten 60er Jahren. Zu jener Zeit und bis in die frühen 70er Jahre hinein wurden erstmals Überseesemesterprogramme bei Community Colleges eingeführt, und - was vielleicht noch wichtiger ist - sie wurden strukturell in den Gesamtlehrplan des College integriert.

Der Gedanke, eine **bedeutende umfassende** internationale Dimension in das Leben eines Community Colleges einzubringen, war zu damaliger Zeit ein neuer, fast revolutionärer Gedanke. Frühere Versuche in dieser Richtung waren bei den meisten Community Colleges aufgrund einer Reihe von irrigen Annahmen und falschen Auffassungen fehlgeschlagen.

Das "Junior Year Abroad" Programm

Eine dieser falschen Auffassungen war die Überzeugung, daß Studenten zumindest zwei Jahre einer College-Ausbildung absolviert haben müßten, um wirklich von einem akademischen Überseeprogramm profitieren zu können. Deshalb sollten Überseeprogramme auf vierjährige Colleges und Hochschulen beschränkt bleiben, zumal diese viel besser in der Lage seien, den Studenten auf eine akademische Überseeerfahrung vorzubereiten, **nachdem** er bereits mindestens zwei Jahre studiert hatte. Wenn auch heute schwer zu begreifen ist, warum ein junger Student nicht von der Erfahrung einer fremden Kultur profitieren sollte, bevor er nicht zwei Jahre an einem Institut der höheren Bildung verbracht hat, kann vielleicht festgestellt werden, daß zum Zeitpunkt der Einführung des "Junior Year Abroad" (1923), Bildung für die breite Masse der amerikanischen Jugend noch nicht Wirklichkeit geworden war. Zu jener Zeit wurde in Amerika immer noch nur die "Elite" ausgebildet, und der Gedanke, daß ein Semester oder ein Jahr im Ausland der Abrundung der Bildung eines jungen Menschen zuträglich sei, war gerade in Mode. Außerdem, so wurde weiter argumentiert, sei das Junior Year der bestmögliche Zeitpunkt im Hinblick auf die geistige Reife eines Studenten, um ihn zwecks kultureller Erfahrung nach Übersee zu schicken. Man nahm an, daß der Student zu diesem Zeitpunkt in seinen Meinungen noch nicht allzu festgefahren und also noch ausreichend empfänglich sei für was immer Europa zu bieten hatte. Darüber hinaus paßte das Junior Year vielleicht am besten in die Lehrplanstruktur eines vierjährigen Colleges, denn das dritte Jahr schien der logischste Zeitraum für eine Abwesenheit des Studenten während des vierjährigen Studienganges (Taylor 1969). Diese Argumente wurden mit einiger Berechtigung für eine bestimmte Gruppe von Studenten entwickelt. Als sich jedoch das amerikanische Bildungswesen von der elitären hin zur Volksbildung wandelte, hatten die Argumente für das Junior Year Abroad keine Gültigkeit mehr.

Der allgemein bekannte Altersunterschied von zwei Jahren zwischen europäischen Abiturienten und amerikanischen High School-Abgängern untermauert dieses Argument ebenso. Dementsprechend lassen die meisten europäischen Universitäten amerikanische Gymnasiasten nicht direkt nach dem Abgang von der High School zum Studium zu. Sie setzen etwa zwei Jahre Studium an einem College in den Vereinigten Staaten voraus, bevor sie die amerikanischen Studenten zum ersten Jahr des Studiums zulassen. Der Grund für diese Politik liegt auf der Hand. Europäische Abiturienten haben ein oder zwei Jahre mehr in der Schule zugebracht als amerikanische High School-Abgänger, und sie haben gewöhnlich mehr Fächer in größerer Ausführlichkeit behandelt. Deshalb können sie ihr Universitätsstudium in einer einzigen Fachrichtung aufnehmen und müssen nicht die ersten beiden Jahre in einem "Studium Generale" zubringen. Aus demselben Grund erhalten die Abgänger der meisten europäischen Gymnasien beim Eintritt in ein amerikanisches College oder eine Universität einen Bonus von einem oder zwei Jahren in Anerkennung ihrer weiterreichenden Sekundarbildung. Der deutsche Schüler mit dem "Abitur", der französische mit dem "Baccalauréat" oder der britische mit seinen "A levels" ist für die Aufnahme seines Universitätsstudiums besser vorbereitet als der amerikanische High School-

Abgänger. Diese Vergleiche gelten in gleichem Maße für Studenten aus Rußland, Japan und den meisten Industrieländern.

Wenn es nicht möglich ist, so wird argumentiert, daß der amerikanische "Freshman" oder "Sophomore" (Student im ersten bzw. zweiten Collegejahr, Anm. d. Übers.) direkt in eine europäische Universität eintreten kann, warum sollten ihm dann nicht zwei Jahre College-Studium ermöglicht werden, bevor er im dritten Jahr ins Ausland geht. Vielleicht war das Junior Year Abroad doch nicht so verkehrt!

Wenn jedoch ein Student nicht ins Ausland gehen sollte, bevor er zum Eintritt in eine bestimmte Bildungseinrichtung dort berechtigt ist, geht es dabei nicht mehr darum, ob er für die Erfahrung mit einer fremden Kultur vorbereitet ist oder vom Leben in einer fremden Umgebung profitieren kann, sondern darum, ob er für den Eintritt in eine ausländische Universität qualifiziert ist. Die Betonung wird also verlagert von den Vorteilen, die der amerikanische Student durch eine Auslandserfahrung gewinnen kann, zu den akademischen Gegebenheiten der ausländischen Institutionen.

Die Lösung, die auf der Hand lag, war die Einführung von akademischen Überseeprogrammen, die speziell auf den Community College-Studenten zugeschnitten waren, unter Umgehung einiger der bestehenden Bildungseinrichtungen. Dieses Verfahren erlaubt außerdem ein höheres Maß an Flexibilität und die Schaffung von wirklich **innovativen** Ansätzen, wie z.B. Gemeinde- oder Arbeitsstudien-Projekte. Darüber hinaus kann man argumentieren, daß im Zeitalter der unmittelbaren Kommunikation und des Düsenflugzeugs zwei Jahre College-Bildung nicht länger von wesentlicher Bedeutung sind, um einem Studenten eine andere Kultur oder ein unterschiedliches Bildungssystem nahezubringen. Weltklugheit ist im Kommen, und das Fernsehen hat ernsthafte Bildungsmaßnahmen wie die "Open University" in England, die "Sunrise University" in Japan. Junge Leute kommen durch verschiedene Medien in einem weit größeren Maße mit anderen Kulturen in Berührung, als das bei den College-Studenten vor dem Zweiten Weltkrieg der Fall war. Darüber hinaus waren viel mehr Studenten, die heute ins College eintreten, schon vorher im Ausland. So gesehen hat die Überzeugung, daß ein Student sein Freshman- und Sophomore-Jahr in einer amerikanischen Einrichtung verbringen muß, bevor er nach Übersee geht, keine Gültigkeit mehr. Frühe Kontakte mit anderen Ländern und fremden Kulturen kann den Nutzen der meisten laufenden Bildungsgänge erheblich erhöhen. Im Nachhinein kann man feststellen, daß viele Studenten ein Fremdsprachenstudium aufgenommen haben, **nachdem** sie von einem kurzen Einführungsstudiengang im Ausland zurückgekehrt waren. Andere Studenten, die ein Semester lang oder länger im Ausland studiert hatten, begannen, sich ernsthaft für das Land an sich zu interessieren oder für eine bestimmte Religion oder spezielle philosophische Ideen. Deshalb verfolgten sie ihre Studien in diesem Bereich weiter, nachdem sie in die Vereinigten Staaten zurückgekehrt waren.

Community Colleges sollen der lokalen Gemeinde dienen

Ein anderes philosophisches Argument gegen frühzeitige Überseestudienprogramme basiert auf der Feststellung, daß Community Colleges im Grunde als Einrichtungen gedacht sind, die unmittelbar der lokalen Gemeinde zugute kommen sollen. Die Berechtigung und der Verwaltungsaufwand für akademische Überseeprogramme und einen international orientierten Lehrplan auf der Ebene des Community College werden aus diesem Grunde in Frage gestellt. Da diese Bildungseinrichtungen im Dienste der lokalen Gemeinschaft stehen, bieten sie zusätzlich zu geisteswissenschaftlichen Fächern auch berufs- und fachbezogene Ausbildungsgänge an. Da das County oder die Kommune einen beträchtlichen Anteil an den Betriebskosten eines Community College trägt, geht man davon aus, daß die Gemeinde auch der Hauptnutznießer des College sein sollte.

Es ist schwer zu verstehen, warum die o.g. Aussagen automatisch einer Betonung von Regionalismus und unmittelbarer Umgebung gleichkommen und Ausschluß von Internationalismus und Engagement für Weltoffenheit zur Folge haben sollten. Angesichts einer zunehmend interdependenten Welt kann kein College seinen Auftrag der Bildung heutiger Studenten ohne eine beträchtliche internationale Dimension erfüllen. Ein internationales Engagement muß ein Teil des Bildungsauftrages im Interesse junger Leute für das 21. Jahrhundert sein.

Wenn die Berührung mit einer anderen Kultur für den College-Studenten im dritten Jahr von Nutzen ist, sollte ein solcher Kontakt für den Freshman und Sophomore zumindest ebenso sinnvoll sein. Community Colleges, die sehr eng mit ihrer Gemeinde verhaftet sind, brauchen die Erfahrungen und den Modus operandi einer strukturierten internationalen Dimension. Nur in diesem Fall können sie ihrer Aufgabe, der Ausbildung von Staatsbürgern, gerecht werden. Ein Engagement für internationale Erfahrungen durch strukturierte und umfassende akademische Überseeprogramme muß einen Teil dieser Dimension bilden.

Nehmen wir einmal das Beispiel eines **jungen** Community College-Studenten, so kann festgestellt werden, daß für viele solcher Studenten die zwei Jahre im College ihre einzige akademische Lernerfahrung bleiben werden. Es wäre bedauerlich, ihnen eine Gelegenheit zur Teilnahme an sinnvollem und strukturiertem Lernen in einer fremden Kultur und einem anderen Studienumfeld zu versagen. Es ist sehr gut möglich, daß dies ihre einzige Chance für eine solche Erfahrung bleibt. Zu behaupten, daß ein solches Privileg **nur** den Vierjahrescollege-Studenten vorbehalten bleiben sollte, bedeutet, ein sehr wertvolles öffentliches Recht auf chancengleichen Zugang zu den Angeboten zu verweigern, die amerikanische Einrichtungen des höheren Bildungswesens allen zur Verfügung stellen sollten.

Da die **Erwachsenen** in der Gemeinde diese Colleges mehr und mehr zum Mittelpunkt ihrer Lernaktivität machen, wird deutlich, daß eine beträchtliche internationale Dimension, die einem Community College tatsächlich beigemessen wird, einer einzigartigen Bereicherung der gesamten Gemeinde gleichkommt. Größere Teilnahme an vom College organisierten internationalen Ereignissen, intensivere Berichterstattung in den Medien, größere Toleranz gegenüber Minderheiten, die **innerhalb** der Gemeinde leben, Auslandsreiseprogramme für Erwachsene, Kontakte zu Gastfamilien infolge früherer Besuche, eine größere Anzahl von ausländischen Lehrkräften in den Einrichtungen sind nur **einige** der Vorteile, die aus aktivem internationalen Engagement erwachsen. Es handelt sich dabei um eine Kettenreaktion: größere Teilnahme an Überseeprogrammen der jüngeren Geschwister früherer Teilnehmer und den Kindern ehemaliger Studenten. Mund-zu-Mund-Propaganda über den Erfolg des Programms führt zu wachsenden Teilnehmerzahlen wie auch zu mehr internationalem Interesse in der Gemeinde.

Die eigene akademische Position soll gestärkt werden

Über den Dienst an jungen Studenten wie auch an Erwachsenen in der betreffenden Gemeinde hinaus muß man natürlich auch davon ausgehen, daß die Community Colleges ihre **eigene** Position stärken wollen. So gesehen ist ein anderes Argument für internationale Programme dieser Einrichtungen das Streben nach größerem akademischen Prestige. Die Tatsache, daß Community Colleges erst vor so kurzer Zeit geschaffen wurden, sich dann sehr schnell entwickelt haben und schließlich wie Pilze aus dem Boden geschossen sind, hat zu einer Reihe von Problemen geführt, die niemand vorhergesehen hat. In seinem Buch **Universities For All** (Jassey-Bass, Inc., 1973/58) stellt George Z.F. Bereday fest: "Jeder explosionsartige Zuwachs in der Geschichte der höheren Bildung hat neue Institutionen hervorgebracht, die sich selbst als Massenakademien bezeichnen oder so bezeichnet werden. Einige von ihnen sind wieder untergegangen; andere wurden im Laufe der Zeit zu Institutionen von hohem Rang." Es war - und ist immer noch - eben jenes Streben nach höherem Rang in der Hierarchie der höheren Bildungseinrichtungen, durch das auch auf Community Colleges Druck ausgeübt wurde. Ein Ergebnis war das Wetteifern der fortgeschrittenen Colleges und Universitäten bei der Entwicklung internationaler Programme. Bereday stellt fest, daß, wenn Studenten in diesen Institutionen "ernsthaft die Frage stellen, ob es gerecht ist, daß sie einen niedrigeren Status haben" (Bereday 1973/58), Forderungen nach akademischen Programmen zunehmen und damit intensivere Bemühungen um ein **internationales** Engagement einhergehen. Nicht nur die Studenten, sondern auch die Lehrkräfte streben nach höherem Status (Medsker 1960, 14/5).

Internationale Programme bieten den Lehrkräften die Chance, Anerkennung zu gewinnen. Das Engagement für weltweite Unternehmungen befreit sie von der tatsächlichen oder eingebildeten Provinzialität an ihrem eigenen College und in ihrer Gemeinde. Das Abenteuer zu reisen, die Entdeckung fremder Kulturen wie auch neue Kontakte mit Kollegen in ausländischen Einrichtungen erhöhen ihr Prestige und die soziale Anerkennung. In allen Kulturen und Gemeinschaften ist internationales Auftreten ein größeres Statussymbol als nationale Anerkennung allein.

Die Notwendigkeit einer Fremdsprache

Schließlich ist die angebliche Notwendigkeit, eine andere Sprache zu sprechen, ein weiteres Argument, warum amerikanische Studenten in den ersten Studienjahren von Auslandsstudien ausgeschlossen wurden. Diese Situation kann auf verschiedene Weise beurteilt werden: Erstens, obwohl es richtig ist, daß die meisten Community College-Studenten nicht in der Lage sind, sich in einer fremden Sprache zu unterhalten oder den Vorlesungen in einer ausländischen Einrichtung in einer anderen als ihrer Muttersprache zu folgen, ist es ebenso wahr, daß die meisten amerikanischen Juniors ebensowenig Universitätsveranstaltungen in einer fremden Sprache folgen können. Viele Junior Year Abroad-Programme werden in Englisch abgehalten. Man hofft dabei inständig, daß alle amerikanischen Studenten - seien es Freshman, Sophomores, Juniors oder Seniors - die Sprache ihres Gastlandes während des Auslandsaufenthaltes lernen. Flüssige Beherrschung einer Fremdsprache sollte jedoch nicht das entscheidende Kriterium für die Teilnahme eines Studenten an einem akademischen Überseeprogramm sein.

Zweitens ist es sehr häufig keine Frage der Beherrschung einer Fremdsprache an sich. Es gibt einige ausgezeichnete akademische Überseeprogramme in kleinen Ländern, wo es sich für den Studenten einfach nicht lohnt, ein intensives Sprachstudium zu betreiben, bevor er ins Ausland geht. In diesem Zusammenhang kann das Beispiel von Dänemark genannt werden. Es gibt heute nur ungefähr vier Millionen Menschen (weniger als ein Drittel der Bevölkerung von Tokio), die dänisch sprechen, und die Mehrheit der Dänen ist in der Lage, sich auf Englisch zu verständigen. Dennoch gibt es in diesem Land ausgezeichnete akademische Überseeprogramme für amerikanische Studenten. Wenn nun ein Student nicht die Absicht hat, sich auf die dänische Sprache zu spezialisieren oder nach seinem Abschluß in diesem Land zu leben und zu arbeiten, könnte man ein intensives Studium der dänischen Sprache vor einem Auslandssemester in diesem Land kaum rechtfertigen.

Drittens gibt es auch eine Reihe von fremden Ländern, in denen Englisch gesprochen wird (Australien, England, Irland, Schottland). So gesehen ist es tatsächlich möglich, amerikanischen College-Studenten akademische Überseeprogramme in mehreren fremden Kulturen anzubieten, wo der Mangel an Fremdsprachenkenntnissen kein Problem darstellt.

Viertens, anstatt zu warten, bis ein Student eine Fremdsprache beherrscht, kann man ihm durch ein Überseeprogramm eine andere Sprache nahebringen und ihm damit die Einsicht vermitteln, daß ihm eine zweite Sprache eine zusätzliche Perspektive verschaffen kann. Daraufhin will er vielleicht ein ernsthaftes Studium dieser Sprache nach seiner Rückkehr aufnehmen. Wenn man abwarten wollte, bis Studenten eine Fremdsprache sprechen, bevor man sie nach Übersee schickt, würde man einem großen Teil der amerikanischen Bevölkerung im College-Alter eine sinnvolle akademische Erfahrung in einem anderen Land verwehren. Amerikanische Studenten sind im allgemeinen nur sehr widerwillig bereit, eine Fremdsprache zu lernen. Deshalb können alle Maßnahmen, durch die amerikanische Studenten in diesen Lernprozeß eingeführt und ermutigt werden, ihn weiterzuverfolgen, ihnen nur von Nutzen sein, besonders in einer Zeit, wo wirtschaftliche Interdependenz in einem industrialisierten Land größere Fremdsprachenkenntnisse erfordert.

Fünftens reisen viele amerikanische Jugendliche ins Ausland, entweder zu einem Besuch oder sogar für längere Zeit; sie leben in einer fremden Kultur, ohne auch nur den Versuch zu unternehmen, sich mit der Sprache vertraut zu machen, geschweige denn während eines Aufenthaltes ein ernsthaftes Studium der Sprache aufzunehmen.

Eine fundierte akademische Auslandserfahrung kann dem amerikanischen Freshman oder Sophomore eine Fremdsprache durch den Zwang eines formal strukturierten Bildungsgangs nahebringen. Die Entscheidung, die Sprache zu lernen oder nicht, bleibt nicht mehr dem Studenten überlassen. Mancher College-Student stellte fest, daß seine akademische Erfahrung in einem fremden Land durch die vorgeschriebene Teilnahme an einem Sprachprogramm während seines Überseeaufenthaltes enorm bereichert wurde.

Die vielfältige Antwort der Community Colleges

Die Reaktion der Community Colleges auf Forderungen nach internationalen Programmen war vielfältig und variierte auch je nach Organisation, Finanzierungssystem, behördlicher Zuständigkeit und übergreifender Integration in den Lehrplan, war aber dennoch mutig in ihrer Experimentierfreudigkeit. Im Rahmen von Community Colleges entwickelte sich eine enorme Vielfalt von Institutionen mit breitgefächerten Prioritäten, Inhalten, Qualifikationen, Orientierungen und Engagements. Inmitten all dieser Bestrebungen wurde die Idee einer internationalen Ausbildung, internationaler Lehrpläne und besonderen Bildungsprogrammen in Überseeländern geboren (Hess 1982, 36). Es ist noch nicht so lange her, daß diese Programme fast ausschließlich der Wirkungskreis von Universitäts- oder Vierteljahrescollege-Studenten war. Community Colleges haben diese Situation grundlegend geändert.

Das emotionale Engagement jedoch ist eine Sache, die verwaltungsmäßige Machbarkeit eine ganz andere. Geduldige und taktvolle Lösungen administrativer und besonders finanzieller Probleme sind vonnöten, bevor die Bereitstellung öffentlicher Mittel für internationale Aktivitäten sichergestellt werden kann. Es darf ohne Übertreibung behauptet werden, daß obwohl Überzeugungen die Initialzündung geben, ohne verwaltungsmäßige und steuerpolitische Lösungen solche Doktrinen, so wertvoll sie sein mögen, kaum eine Chance auf Verwirklichung hätten. Darin liegt vielleicht das Geheimnis der inneren Kraft erfolgreicher Bildungsreform jedweder Art.

Es muß betont werden, daß diese steuerpolitischen und verwaltungsmäßigen Schwierigkeiten bei Community Colleges von besonderer Bedeutung sind wegen ihrer Stellung im Bildungssystem und ihrer Abhängigkeit vom Wohlwollen der Kommunen. Diese Schwäche jedoch enthält auch ein Element der Stärke. Auf der Ebene der Community Colleges noch mehr als bei den Vierjahrescolleges oder Universitäten, hat die Leitung der Einrichtung die Möglichkeit, ungehindert die Initiative zu ergreifen: ohne die übliche Notwendigkeit, einen Konsens herbeizuführen bzw. ohne auf die Unterstützung anderer Vertreter der Gemeinde angewiesen zu sein. Diese Stärke wiederum kann sich als Schwäche herausstellen, wenn die Leiter der Einrichtung einem innovativen Kurs reserviert gegenüberstehen.

Die Ermunterung des Lehrkörpers ist in fast allen Phasen des Prozesses von entscheidender Bedeutung. Es liegt im Wesen der Community Colleges, daß die Lehrkräfte normalerweise nicht international orientiert oder engagiert sind. Einige hatten einfach nie die Gelegenheit, Erfahrungen im Ausland zu sammeln, oder sie haben sich auf rein nationale Angelegenheiten spezialisiert. Nur wenige sind mit Forschungsprojekten befaßt, die sie mit dem Ausland in Verbindung bringen. Sie leben unmittelbar in der Gemeinde und konzentrieren ihre Aufmerksamkeit auf das Gemeindeleben und seine Probleme. Sich mit einem solchen Lehrkörper auseinanderzusetzen, ist eine Aufgabe, mit der Universitäten nur selten konfrontiert sind. Den Grundstein für akademische Überseeprogramme **innerhalb** der akademischen Abteilungen zu legen, ist ein erfolgreicher Weg, ein unmittelbares Engagement des Lehrkörpers zu fördern. Wenn die Lehrkräfte auf diese Weise einbezogen sind, werden sie ausländische Kollegen zu Gegenbesuchen in die eigenen Einrichtungen einladen, was wiederum zu gesteigertem Interesse führt, und dem gesamten Community College das Gefühl gibt, selbst an internationalen Angelegenheiten teilzuhaben. Solche Besuche sind tatsächlich sehr wichtig, denn sie verleihen dem College-Leben Farbe und Format. Nachdem sie einmal zu Bildungsaufenthalten im Ausland waren, sind die Lehrkräfte eher geneigt, sich internationalen Berufsverbänden anzuschließen, und ausländisches Material in ihren Unterricht einzubringen; kurz gesagt, es gibt weniger Ablehnung gegen eine internationale Orientierung des Lehrplans.

Im Laufe der Zeit stellte sich in diesem Zusammenhang ein weiterer Gesichtspunkt von größerer Bedeutung heraus: die Bemühungen eines Community Colleges, das auf sich allein gestellt Programme entwickelt, sind in ihrer Effektivität nicht zu vergleichen mit dem gemeinsamen Vorstoß mehrerer kooperierender Einrichtungen. Die große Anzahl der teilnehmenden Studenten und die Reichhaltigkeit der angebotenen Programme, die sich aus kooperativen Unternehmungen ergaben, wurden bald zum Grundstein des Erfolgs. Das so entstehende Zusammenspiel von gemeinsamer Organisation und internationaler Dimension macht deutlich, wie die Community Colleges durch neue Wege ihr eigenes akademisches Leben bereichern, nationalen Einfluß und lokale Anerkennung für das Setzen neuer Maßstäbe gewinnen können. Das "College Consortium for International Studies" (CCIS) in New York kann als primäres Beispiel einer solchen kooperierenden Einrichtung dienen. Darüber hinaus können derartige Gemeinschaftsunternehmungen in bezug auf Auslandsstudien nicht nur einer großen Zahl von Studenten eine ganze Reihe von qualitativ hochwertigen akademischen Überseeprogrammen bieten, sondern gleichzeitig können die beteiligten Institutionen dadurch **zusammengeschweißt** werden. Es sind Wege zur Einigung, durch die das weitreichende, dynamische Netz von Community College-Einrichtungen noch enger geknüpft werden kann.

Dank dieser Programme und solcher Gemeinschaftsunternehmungen traten die Community Colleges zum erstenmal als Einheit im Ausland auf.

Die Community Colleges wurden dabei nicht im geringsten von den älteren und berühmteren Einrichtungen in den Schatten gestellt, sondern sie fanden im Ausland ein Netz von ähnlichen Institutionen, die zur Zusammenarbeit nur allzu bereit waren. Diese Schwesterinstitutionen ebneten den Weg für eine weitere Bereicherung des Lehrplans amerikanischer Community College-Studenten durch eine Erfahrung, die mit keinem der Programme im eigenen Land zu vergleichen ist. Die Organisation internationaler Auslandsprogramme ist im gewissen Sinn ein Schneeballsystem. Die ständige Neuformulierung und Vervielfältigung der verschiedenen Angebote und Verbindungen werden zu neuen Formen unerwarteter internationaler Aktivität führen. Folglich kann eine Bildungseinrichtung mit einer altersmäßig sehr breit gefächerten Studentenschaft und vornehmlich lokaler Orientierung tatsächlich ihre Präsenz in einem Bereich ausbauen, der nicht mit ihren ursprünglichen Aufgaben in Verbindung steht, aber dennoch von enormer Relevanz für die Intensität ihres geistigen Schaffens und ihres Auftrages ist.

Literatur

BEREDAY, George Z.F.: Universities for All, San Francisco-California, Jassey-Bass, Inc., 1973

HESS, Gerhard: Freshmen and Sophomores Abroad, New York, N.Y., Teachers College Press, 1982

MEDSKER, L.L.: The Junior College, Progress and Prospect, New York, N.Y., McGraw Hill Book Co., 1960

TAYLOR, H.: The World as Teacher, Garden City, N.Y., Doubleday, 1969

POLYTECHNICS UND COLLEGES IN ENGLAND UND WALES - EINE ZEITGEMÄSSE LÖSUNG

Neil Merritt

"As the births of living creatures at first are ill-shapen, so are all innovations which are births of time."
Frances Bacon (1561-1626)

Einführung

Im Jahre 1966 studierten an den Hochschulen in England und Wales 162.000 Vollzeitstudenten, 140.000 davon an Universitäten; 1983/84 gab es 524.000 Vollzeitstudenten im tertiären Bereich, davon 284.000 außerhalb der Universitäten an Polytechnics, Colleges und anderen Einrichtungen des tertiären Bereichs, dem sogenannten "öffentlichen" Hochschulbereich. Diese Entwicklung der Hochschulbildung außerhalb der Universitäten stellt eine stille Revolution dar. Sie fand eher infolge isolierter politischer Entscheidungen statt, die mehr mit dem Umfang der Bildungsausgaben und der demokratischen Kontrolle von Institutionen zu tun hatten, als mit einer gezielten Planung des Studienplatzangebots. Dieses gemischte Allerlei der politischen Entscheidungen hat jedoch die Entstehung eines neuen Typs von Hochschuleinrichtungen ermöglicht, die sogenannten "Polytechnics" (eine Art Gesamthochschule) sowie "Colleges" und "Institutes of Higher Education" (größtenteils aus den Pädagogischen Hochschulen hervorgegangene Einrichtungen). Diese neuen Hochschulen zeichnen sich dadurch aus, daß sie sich für eine mehr berufsbezogene Hochschulbildung, und im Vergleich zu den Universitäten für durchaus verschiedene Zulassungsbedingungen, Forschungs- und Lehrorientierung einsetzen. Sie haben ein institutionelles Ethos und Verantwortungsbewußtsein hervorgebracht, was landesweit zunehmend Anerkennung und Unterstützung findet. Die vorliegende Untersuchung sucht die Anfänge dieser Entwicklung nachzuzeichnen und stellt einige Mutmaßungen über ihre Entwicklung an.

Die Anfänge des öffentlichen Hochschulbereichs

Als Nebenprodukt wirtschaftlicher Macht sah das 19. Jahrhundert die Entstehung der großen bürgerlichen Universitäten in England und Wales, die die alten Universitäten von Oxford, Cambridge und Durham ergänzten, ohne sie nachzuahmen. Die Jahre unmittelbar vor und nach dem 2. Weltkrieg sahen die Gründung von Universitäts-Colleges in anderen Großstädten, die sich in der Folge zu Volluniversitäten entwikkelten. Das gesamte Studienplatzangebot war sehr gering. Obwohl der

"Education Act" (Bildungsgesetz) von 1944 die Grundlagen für eine verstärkte Öffnung legte, blieben weiterhin soziale Stellung und wirtschaftliche Lage signifikante Faktoren, die darüber bestimmten, ob jemand studierte oder nicht. Die Lehrerbildung war ein späterer Ableger des Hochschulwesens und fand größtenteils in den Pädagogischen Hochschulen statt, die zwar mit den Universitäten verbunden waren, aber nicht zu ihnen gehörten.

Die Entwicklung der Weiterbildung und Hochschulbildung außerhalb der Universitäten in England und Wales seit Anfang des 19. Jahrhunderts ist gut dokumentiert. Es genügt hier, darauf hinzuweisen, daß die Gewerkschaften und andere Arbeitnehmervereinigungen bei der Entwicklung der Teilzeitbildungsmöglichkeiten für Berufstätige (die meisten von ihnen arbeiteten seit ihrem 11. oder 12. Lebensjahr) eine äußerst wichtige Rolle spielten. Von den Gewerkschaften finanzierte Büchereien, Abendkurse und Vorträge waren prägende Initiativen. Ebenso wichtig war die Gründung der "Mechanics Institutes", die das gewerkschaftliche Engagement für die Weiter- und Hochschulbildung ergänzten. Wichtig für das Verständnis der strukturellen Entwicklung der vielfältigen Teilzeitausbildungsmöglichkeiten ist dabei noch, daß die Arbeiter und Angestellten im allgemeinen die Erziehungsbemühungen wohltätiger Organisationen ablehnten. Die Präraffaeliten waren bahnbrechend für ein im ganzen Land erwachendes Interesse am Zeichnen und Malen. Im letzten Viertel des 19. Jahrhunderts entstanden Hunderte von kleinen "colleges of art" (Kunstschulen), die Zeichen- und Malunterricht anboten. Gleichzeitig wollten sie ein vertieftes Verständnis für die bildende Kunst und ihre häufig aus der antiken und klassischen Literatur entlehnten Motive fördern. Dem stürmischen Andrang großer Bevölkerungskreise zu weiterführenden Bildungseinrichtungen begegnete man mit einer Reihe von Initiativen, die zusammengenommen von Energie, Unternehmungsgeist und beachtlicher Leistung zeugen. Was damals erreicht wurde, bildete den Vorläufer der Hochschulbildung im öffentlichen Sektor in England und Wales.

Das gegenwärtige System der Kommunalverwaltung in England und Wales entwickelte sich nach dem Inkrafttreten des "County Councils Act" (Kommunalverwaltungsgesetz) von 1888 und dem "Education Act" (Bildungsgesetz) von 1902, die die Verantwortung für den Primar- und Sekundarbereich und seit 1944 auch die Weiterbildung den "Local Education Authorities" (kommunale Bildungsbehörden) zuwiesen. Vor 1944 hatten die Kommunalbehörden zwar das Recht, Weiterbildungsmöglichkeiten anzubieten, waren gesetzlich aber nicht dazu verpflichtet. Die meisten förderten die Weiterbildung, indem sie Teilzeitkurse anboten, um Handwerker auszubilden; dies geschah entweder durch die Neugründung entsprechender Institutionen oder indem bestehende Einrichtungen, vor allem die "Mechanics Institutes" und "Colleges of Art" finanziell unterstützt wurden. Der Preis dafür war gewöhnlich, daß sich die Kommunalbehörden an der Verwaltung dieser Einrichtungen beteiligten. So ergab sich allmählich eine kommunale Verpflichtung zur Weiterbildung, die sich zwischen 1919 und 1939 erheblich ausweitete.

Das Bildungsgesetz von 1944 verpflichtete die Kommunalbehörden dazu, Weiterbildungseinrichtungen zu schaffen und bis Mitte der 50er Jahre entstand daher ein komplexes Weiterbildungsangebot, so vielschichtig und undurchschaubar, daß es sich staatlicher Planung nicht ohne weiteres unterwerfen ließ. Diese dynamische Entwicklung bot jedoch einer riesigen Zahl von Studenten - die meisten von ihnen waren Teilzeitstudenten - Bildungs- und Ausbildungsmöglichkeiten, von denen sie sich in erster Linie persönliches und berufliches Weiterkommen versprachen. Die "Colleges", ausgehend von handwerklichen Kursen, dehnten ihr Angebot auf technische Kurse im Technikbereich insgesamt sowie im Bereich Ingenieurwesen und Naturwissenschaften aus. Kaufmännische Ausbildungsgänge, entstanden aus Kursen für Sekretärinnen und Bürofachkräfte, entwickelten sich zu Ausbildungsgängen für Buchhaltung und Wirtschaftslehre; neue und andere Zugänge in die Hochschulbildung entstanden, und viele Kommunalbehörden boten in ihren örtlichen "Colleges" für diejenigen, die "GCE Advanced Level"-Kurse (vergleichbar dem Abitur) belegen wollten, Alternativen zu den weiterführenden Schulen, wo sie nach erfolgreichem Ablegen der Prüfung die Zulassung für ein Universitätsstudium erhielten. Allmählich entstanden Vollzeitkurse auf handwerklicher, technischer und akademischer Ebene parallel zu dem fortgesetzt starken Engagement für Teilzeitausbildungsgänge. Die näheren Bezeichnungen für die "Colleges" variierten, sie nannten sich z.B. technische Colleges, Kunstfachschulen, wirtschaftliche, technische sowie weiterbildende Colleges. Für den Ausländer mußte dies verwirrend erscheinen, und für den Engländer war es das nicht weniger, denn klar zusammenhängende Strategien für dieses gemischte Angebot zu schaffen, war eine schwierige, wenn nicht gar unmögliche Aufgabe. Ein Hauptmerkmal dieser Entwicklungen ist jedoch für die vorliegende Untersuchung von großer Bedeutung, nämlich die Entstehung von Teilzeitstudiengängen mit akademischen Abschlüssen an einigen örtlichen "Colleges", die sich seit dem Ende des 19. Jahrhunderts und vor allem seit 1945 vehement zu entfalten begannen.

Studiengänge an kommunalbehördlich finanzierten Hochschulen

Die Ideale Jeremy Benthams, die bei der Gründung der Universität London verwirklicht worden waren, bahnten den Weg für den Zugang zu wissenschaftlichen Studiengängen außerhalb der Universitäten. Da die Universität London diesen Zugang in den Tertiärbereich unterstützte, entwarf sie das Konzept für externe Studiengänge. Dies ermöglichte dem Studenten, sich für eine interne Prüfung an der Universität London einzuschreiben, jedoch Vorlesungen an einer anderen Institution zu besuchen, die für diesen Zweck von der Londoner Universität 'anerkannt' wurde. Die meisten größeren Hochschulen im öffentlichen Sektor in England und Wales - die "Polytechnics", "Colleges" und andere Ausbildungsstätten des Tertiärbereichs - können den Ursprung ihrer akademischen Teilzeitstudiengänge auf externe Abschlüsse der Universität London zurückführen. Die meisten begannen mit ihrem Lehrangebot nach 1945. Im Laufe der Zeit bildeten sich innerhalb des umfangreichen Angebots von weiterbildenden Institutionen einige heraus, die diesem spezifischen Bereich mehr Gewicht gaben - sowohl auf graduiertem wie auch auf akademischem Niveau. Externe Abschlüsse der Universität London waren in den Fächern Ingenieurwesen, Naturwissenschaften, Psychologie, Jura und Wirtschaftswissenschaften möglich. Außerdem wurde der inzwischen berühmte externe "General Degree" der Londoner Universität der Ausgangspunkt für die seit 1966 massive Entwicklung im Bereich der geisteswissenschaftlichen Abschlüsse. Anfangs wurden jene Studenten, die nicht an der Universität immatrikuliert waren, Teilzeit und gewöhnlich nur abends unterrichtet, doch der Druck auf die Universitäten, ihr Angebot zu erweitern, wuchs, einerseits aufgrund des Bevölkerungswachstums und andererseits, weil die Zahl der Studenten stieg, die die Qualifikationen zum Studium erfüllten (s.u.). In den größeren Ballungsgebieten finanzierten die Kommunalbehörden die Entwicklung von Vollzeitstudiengängen an ihren 'bedeutenderen' Colleges.

Im Jahre 1956 versuchte die Regierung in einem Weißbuch (Cmnd. 9703) zur Technischen Bildung, das Angebot von weiterführenden Kursen und Kursen im öffentlichen Hochschulbereich zu rationalisieren oder wenigstens zu klassifizieren. Sie legte ein Vierstufensystem fest, nämlich sogenannte "colleges of advanced technology" ("CATS" = Technische Fachhochschulen), regionale Colleges, überregionale Colleges und kommunale Colleges, obwohl sich der Aufgabenbereich der "CATS" und der regionalen Colleges beträchtlich überschnitt. Die Schaffung von regionalen Räten (= "regional advisory councils" = "RACs") für die Weiter- und Hochschulbildung im Jahre 1944 hatte den Grundstein für ein erstes Planungssystem gelegt. Nun war für alle neuen höheren Studiengänge, die ihren Platz in den "CATS" oder den regionalen Colleges hatten, die Bewilligung durch Regionalräte erforderlich. Diese Neuentwicklung sowie die Empfehlungen des Hochschulausschusses vom Jahre 1963 (Robbins Report Cmnd. 2154) führten zu einer Eingliederung der "CATS" Universitätsbereich - ein Prozeß, der die Überführung des Vermögens sowie die Übergabe der kommunalbehördlichen Kontrolle auf neue Körperschaften mit bevollmächtigtem Status (d.h. die formale Verleihung für die Schaffung einer eigenen Rechtspersönlichkeit mit vorherbestimmter Zielsetzung) nötig machte. Der Robbins-Bericht stellt einen Meilenstein in der Entwicklung der Hochschulbildung in Großbritannien dar - und er kündete zugleich auch wichtige Entwicklungen im öffentlichen Hochschulbereich an.

Der Robbins-Bericht

In diesem Zusammenhang muß erwähnt werden, daß in Großbritannien nach 1945 eine Bevölkerungsexplosion stattfand und die Nachfrage nach Hochschulbildung stieg, was von den vorhandenen Ausbildungsstätten nicht abgedeckt werden konnte. Robbins hatte erklärt, daß Studiengänge im tertiären Bereich all denen offen stehen sollten, die dazu fähig und qualifiziert waren. Die damalige Regierung akzeptierte diesen Grundsatz und keine seither hat ihn abgelehnt. Jedoch hat auch keine Regierung dieses Ideal entschlossen verfolgt. Robbins faßte einen Teil seines Berichts wie folgt zusammen: "Wenn wir unsere veröffentlichten Entwicklungspläne für künftige Hochschulbildung mit denen anderer Länder vergleichen, so sind uns diese weit voraus. Wenn wir davon überzeugt sind, daß ein hohes Bildungsniveau der Bevölkerung wichtig ist, um dem Wettbewerbsdruck in der modernen Welt standzuhalten, dann sind sehr viel größere Anstrenungen nötig, um uns gegen ihn zu behaupten."

Der Robbins-Bericht empfahl eine massive Erweiterung im Hochschulbereich, schloß hierbei jedoch Teilzeitstudenten aus (die Voraussagen sprachen von einem notwendigen Wachstum von 216.000 Vollzeit- und "Sandwich"-Studenten (s.u.) im Jahre 1962/63 auf 697.000 im Jahre 1985/86). Eine Empfehlung, wie dieses Ziel zu erreichen sei, war, die regionalen Colleges auszubauen: "Die regionalen Colleges sollten zum einen als Sprungbrett für einige Institutionen in den Universitätsstatus dienen, zum anderen - zusätzlich zu ihrer traditionellen Arbeit in Wissenschaft und Technik - sollten sie die Bildungserfahrung im modernen Fremdsprachenunterricht und in Bereichen der Wirtschaftswissenschaften fördern." Robbins befaßte sich auch mit der Frage des nichtuniversitären Status der regionalen Colleges, der es ihnen nach englischem Recht unmöglich machte, akademische Grade zu verleihen. Die "CATS" verliehen ihren erfolgreichen Studenten Abschlußqualifikationen durch den "National Council für Technological Awards" (Nationaler Rat für Technische Studienabschlüsse = "NCTA"), dem die Prüfung und Anerkennung der Studiengänge oblag. Robbins sagte: "Studenten, die höhere Fachstudiengänge an regionalen und überregionalen Colleges absolvieren, sollten dieselben Möglichkeiten wie Universitätsstudenten haben, akademische Grade zu erwerben. Wir empfehlen deshalb die Schaffung eines "Council for National Academic Awards" (= "CNAA", Rat für nationale akademische Grade), der mit größeren Befugnissen ausgestattet und für ganz Großbritannien zuständig ähnliche Funktionen ausüben soll wie der jetzige, in England und Wales so erfolgreiche, "Nationale Rat für Technische Studienabschlüsse". Dieser neugeschaffene Rat würde vor allem akademische Grade verleihen."

Die Würfel waren gefallen: Die Möglichkeit für Entwicklungen im tertiären Bereich in Großbritannien war damit gegeben, insofern als man zunächst wenigstens den von den Kommunalbehörden finanzierten und ihnen unterstehenden Bildungseinrichtungen die Verantwortung für ein erweitertes Hochschulangebot im Rahmen einer nationalen Bildungspolitik auferlegen konnte.

Die Planung der "Polytechnics" und ähnlicher "Colleges"

Das Weißbuch vom Jahre 1966 (Cmnd 3006) setzte den Grundstein für das Wachstum im öffentlichen Hochschulsektor und legte die Politik fest, die zum jetzigen binären Hochschulsystem in England und Wales führte: auf der einen Seite die Universitäten, auf der anderen die kommunal kontrollierten "Polytechnics" (Gesamthochschulen) und sonstige spezialisierte "Colleges".

Im Jahre 1965 studierten 40.000 Vollzeit- und sogenannte "Sandwich"-Studenten an technischen, kaufmännischen und Kunsthochschulen in England und Wales. 12.000 von ihnen studierten auf einen akademischen Grad hin, 8000 für die Qualifikation eines unterhalb des akademischen Grades liegenden "Higher National Diplomas" (erwerbbar entweder nach einem zweijährigen Vollzeitstudium oder nach einem dreijährigen "Sandwich"-Studium) und fast die Hälfte waren "Sandwich"-Studenten. (Charakteristisch für die "Sandwich"-Ausbildung ist die Verbindung von Industrie- und Betriebspraxis mit einem akademischen Studiengang, um dadurch den Studenten praxisorientierte Fähigkeiten im entsprechenden Berufskontext zu vermitteln.)

Die Regierung gab zu, daß die bereitgestellte Unterrichtskapazität im akademischen Bereich vieler Ausbildungsstätten angesichts des steigenden Bedarfs an Hochschulabsolventen unzureichend sein würde. (Das Weißbuch forderte 70.000 Vollzeit- und "Sandwich"-Studenten an Weiterbildungseinrichtungen bis zum Jahre 1973/74, 19.000 mehr als Robbins vorgesehen hatte). Die Regierung akzeptierte auch, daß viele Fakultäten und Fachhochschulen zu klein waren, um den hohen akademischen Ansprüchen auf die Dauer gerecht zu werden oder um ein für alle befriedigendes Gemeinwesen zu schaffen. Beträchtliche Anstrengungen waren nötig, um den unwirtschaftlichen Einsatz knapper Mittel zu vermeiden; nötig waren außerdem und vor allem qualifizierte Hochschullehrer.

In der Planstudie für Gesamthochschulen und sonstige Ausbildungsstätten wurde die Gründung von 29 (später dann 30) sogenannten "Polytechnics" empfohlen, die in den meisten Fällen durch Zusammenlegung von zwei oder drei benachbarten "Colleges" entstehen und auf eine umfangreiche Ausweitung akademischer Studiengänge ausgerichtet sein sollten. Weiterhin vermerkt die Studie, daß akademische Studiengänge in bestimmten anderen "Colleges" (vor allem in Fachhochschulen für Kunst und Design sowie in Pädagogischen Hochschulen) fortbestehen würden, daß der größte Zuwachs jedoch im Bereich der "Polytechnics" stattfinden würde.

Der zuständige Minister berücksichtigte bei der Differenzierung der verschiedenen Institutionen unter anderem die Erfordernisse der Industrie sowie die zur Verfügung stehende bauliche Ausstattung (z.B. Studentenwohnheime), dazu den Wunsch und das Ziel, landesweit ein möglichst ausgewogenes Kursangebot in verschiedenartigen Studienbereichen zu verwirklichen. 1971 war dieser Markierungsprozeß abgeschlossen - eine Revolution bereitete sich vor, aber wie so oft kam es erst einmal zu einem kleineren Aufstand, der den Gang der Dinge bremste. Der Grund war die von der bisherigen Entwicklung unberührt gebliebene Lehrerausbildung, die bis zu diesem Zeitpunkt überwiegend glücklich und zufrieden in den Pädagogischen Hochschulen ("colleges of education", "teacher training colleges") schlummerte. Protestrufe waren unvermeidlich, als der angekündigte Geburtenrückgang mit einem Überangebot von Lehrern zusammentraf. In dem unaufrichtig betitelten Weißbuch von 1971 "Bildung: Ein Rahmenplan für den Ausbau" (Cmnd. 5174) wurde festgestellt, daß 1971 das Lehrerangebot und der Lehrerbedarf 114.000 betrugen, und daß beide bis 1981 bei 60-70.000 liegen würden. Die Regierung verlangte Schrumpfungen in der Lehrerausbildung und den Zusammenschluß von Lehrerbildungsstätten, damit sich die zusammengelegten Institutionen im Laufe der Zeit zu "bedeutenden Fachhochschulinstitutionen entwickeln würden. In ihnen sollten sich die Kunst- und Geisteswissenschaften unter besonderer Berücksichtigung ihrer Relevanz für den Beruf des Pädagogen und anderer Berufe konzentrieren." Zum gleichen Zweck wurde anderen "colleges of education" empfohlen, sich mit örtlichen "Polytechnics" und den der Weiterbildung dienenden "colleges of further education" zusammenzuschließen.

Damit tauchte zu Beginn der siebziger Jahre, genau zu dem Zeitpunkt, als die "Polytechnics" ihren größten Aufschwung nahmen, eine Gruppe von Ausbildungsstätten im öffentlichen Hochschulsektor auf, die sich "colleges" und "institutes of higher education" (= "CHEs") nannten und ihre Wurzeln in der Lehrerausbildung hatten; nun allerdings mit dem Auftrag, ihre Lehrpläne aufzufächern und bei der Weiterentwicklung der Hochschulbildung eine bedeutsame Rolle zu übernehmen. Dies stiftete mehr als nur gelinde Verwirrung und trug dazu bei, ein Schlaglicht auf gewisse neuentstandene Probleme großen Umfangs zu werfen: und zwar in bezug auf die Richtlinienentscheidungen im öffentlichen Hochschulsektor, seine Finanzierungsweise und Verwaltung, die Art der Qualifikationen, die diese Einrichtungen verleihen und unter wessen Kontrolle, dazu noch das Verhältnis zwischen ihnen und der Arbeitswelt, den Universitäten, der Forschung und Beratung.

Das binäre Hochschulsystem

Nachstehend sind die wichtigsten Unterschiede im Hochschulwesen innerhalb des "binären Systems" aufgeführt:

Universitäten	**Polytechnics, Colleges und Institutes of Higher Education**
Autonome juristische Personen, aber über den Kultusminister dem Parlament verantwortlich	Nicht autonom und unter demokratischer Kontrolle der Kommunalbehörden
Finanzierung über ein von der Regierung berufenes zentrales Gremium ("University Grants Committee" = "UGC" = Universitäts-Finanzkommission)	Finanzierung über die Kommunalbehörden, die ihrerseits von der Regierung finanziert werden (vgl. unten jedoch NAB)
Planung und Finanzierung in Konsultation mit der "UGC"	Planung und Finanzierung in Konsultation mit dem "National Advisory Body" (= "NAB") und vom Kultusminister ausgeführt
Kapitalaufwendungen vom "UGC" kontrolliert	Kapitalaufwendungen nicht zentral vorgeplant, sondern von örtlichen Prioritäten abhängig
Große Flexibilität in der Planung	Weniger Flexibilität und mehr Bürokratie
Recht zur Verleihung akademischer Grade	Kein Recht, von sich aus akademische Grade zu verleihen
Forschung und wissenschaftliche Beratertätigkeit haben hohen Stellenwert	Forschung und wissenschaftliche Beratertätigkeit ergänzen die Lehre

Post-graduale Arbeit von hoher Bedeutung	Post-graduale Arbeit von erheblicher Bedeutung
Großzügiger finanziert als "Polytechnics" und "Colleges of Higher Education"	Weniger großzügig finanziert als die Universitäten
Traditionelle Curricula	Innovatorische Curricula
Verbindung mit der Arbeitswelt wird im allgemeinen keine große Bedeutung zugemessen	Arbeitswelt von großer Bedeutung
Wenig Teilzeitstudiengänge	Teilzeitstudiengänge haben bedeutenden Stellenwert
Traditionelle Zulassungsbedingungen	Nicht-traditionelle Zulassungsbedingungen
Pädagogische Curriculum-Erwägungen von geringer Bedeutung	Pädagogische Curriculum-Erwägungen von großer Bedeutung

Obige Tabelle zeigt die wichtigsten Unterschiede zwischen den Universitäten und den öffentlichen Hochschuleinrichtungen (= "PSHE" = "Public Sector Higher Education") und deutet zugleich einige Probleme des nicht-autonomen Hochschulsektors an. Im folgenden sollen die Besonderheiten dieser Probleme analysiert werden. Eine solche Analyse erlaubt es sodann, einige Zukunftsüberlegungen anzustellen. Entwicklung der Richtlinien, Finanzierung, Verleihung akademischer Grade, Curricula, Zulassungsbestimmungen und Verbindung mit Industrie und Handel sollen getrennt untersucht werden.

Entwicklung der Richtlinien

Das Weißbuch, aufgrund dessen "Polytechnics" ins Leben gerufen wurden, machte genaue Angaben zur Mindestgröße der neuen Institutionen (die Studentenzahlen sollten auf mindestens 2000 anwachsen) sowie Angaben zu ihrer Verwaltung (der Weaver-Kommissionsbericht der Studiengruppe über die Verwaltung der "Colleges of Education" - Einrichtungen für die Lehrerausbildung - aus dem Jahre 1966 machte Empfehlungen, die in das Bildungsgesetz von 1968/Nr.2, das die Richtlinien für die Verwaltung der "Polytechnics" und anderer größerer Institutionen darlegte, eingingen). Es fehlte jedoch an Hinweisen, wie eine mittelfristige Politik für diese Institutionen entwickelt werden sollte. Wie sollte ihre zukünftige Arbeit geplant werden? Wie sollten Prioritäten formuliert werden? Sollten die "Polytechnics" und anderen "Colleges" im tertiären Bildungssektor den Anforderungen sowohl auf nationaler als auch auf lokaler Ebene nachkommen? Wenn dies der Fall sein sollte, wie sollten diese Richtlinien in die Praxis umgesetzt werden? Und wie sollten sich die auf nationaler Ebene vorausgesagte Nachfrage nach Vollzeit- und "Sandwich"-Studiengängen und die örtlich entstehende Nachfrage nach Teilzeitstudienplätzen die Waage halten? Wie war den Forderungen, die Industrie und den Handel zu unterstützen, nachzukommen?

Obwohl 1971 schon alle "Polytechnics" designiert waren, etablierten sich die neuen "Colleges" und "Institutes of Higher Education" erst im Jahre 1974. Zwischen 1966 und 1976 wuchs das Studienangebot in diesen Institutionen massiv, was ihre Fähigkeit bewies, Wandel und Ausdehnungen zu verkraften, und zugleich die Qualität des Angebots aufrechtzuerhalten und weiterzuentwickeln. Warum war es also notwendig, Richtlinienfragen zu erörtern? Im nächsten Abschnitt folgt ein kurzer Überblick über den Ausbau einer nationalen Strategie zur Finanzierung des öffentlichen Hochschulsektors. Für das Verständnis der Richtlinien ist es unumgänglich, auf einige Finanzierungsaspekte näher einzugehen.

Anfänglich waren die Kommunalbehörden für die Finanzierung der "PSHE"-Institutionen (der Hochschulen im öffentlichen Sektor) verantwortlich, aber da Studenten auch außerhalb ihres Heimatortes studieren wollten, wurde für die Studiengebühren ein Rückvergütungssystem zwischen den Kommunalbehörden entworfen. Mit zunehmenden Studentenzahlen subventionierte die Regierung die örtlichen Ausgaben aus zentralen Mitteln, indem sie den Gemeinden eine Zusatzzahlung zum "Rate Support Grant" (Kommunalsteuerzuschuß) leistete. Dieses Arrangement wurde immer komplexer, und der Gedanke eines nationalen Fonds zur Finanzierung von "höherer Weiterbildung" ("AFE" = "advanced further education") nahm Gestalt an. Um diesen Fonds aufzubauen, wurde eine komplizierte Formel angewendet, wonach jede Kommunalbehörde einen Beitrag zu leisten hatte. Dazu kam ein Zuschuß seitens der Regierung, der im Laufe der Zeit den größeren Teil der Gesamtsumme darstellte. Zahlungen aus dem Fonds erfolgten auf Rückerstattungsbasis, und in der Entstehungsphase der "Polytechnics" und bis 1979/1980 setzte die Regierung kein Limit für den Fonds fest. Finanzielle Kontrolle wurde lediglich auf kommunaler Ebene seitens der kommunalen Kultusbehörden ausgeübt. Die Finanzierung der Institutionen aus dem Fonds richtete sich nach dem prozentualen Anteil ihrer auf akademische Studiengänge entfallenden Arbeit. Somit wurden viele Ausbildungsstätten zu 100 % aus dem Fonds unterhalten. Hier ist zu bemerken, daß viele Kommunalbehörden relativ geringen Anteil an der öffentlichen Hochschulbildung hatten und daher Nettozahler der gemeinsamen Kasse waren.

Dieses Finanzierungssystem führte zu einer gewissen freibeuterischen Einstellung seitens der "Polytechnics" und der Kommunalbehörden. Ohne Beschränkung der Staatsausgaben und zu Zeiten relativen wirtschaftlichen Wohlstands waren die Institutionen ohne Schwierigkeiten in der Lage, den Ausbau zu finanzieren, die Zahl der Studienplätze zu erhöhen und sich innovativ zu verhalten. Bedenken gegenüber dieser 'Sesam-öffne-dich-Politik' - denn die "Polytechnics" wuchsen im gleichen Tempo wie die Nachfrage an Hochschulstudienplätzen - wurden nur am Rande vorgebracht. Deren Engagement in bezug auf berufsorientierte Hochschulbildung, Teilzeitstudien und erweiterten Studienzugang förderte tolerante Einstellungen, die noch verständnisvoller wurden, als man feststellte, wieviel billiger es war, Studenten an öffentlichen Hochschuleinrichtungen als an Universitäten auszubilden.

In ihrem Weißbuch erklärte die Regierung, daß sich die Weiterentwicklung im öffentlichen Sektor hauptsächlich auf die "Polytechnics" konzentrieren sollte. Daher waren die "Regional Advisory Councils" (s.o.) in der Lage, dem zuständigen Minister die Annahme fast aller von diesen Institutionen vorgeschlagenen Studiengänge zu empfehlen. Das ging so lange gut, wie öffentliche Mittel aufgestockt wurden. Es waren aber sowohl die Kontrolle öffentlicher Ausgaben wie auch die demographischen Voraussagen, die zu einer Verfeinerung der Planungsmechanismen führten.

Im Jahre 1978 veröffentlichte der "DES" (= "Department of Education and Science" = Kultusministerium) eine Studie unter dem Titel "A Discussion Document: Higher Education into the 1990's" und versuchte darzulegen, daß die Nachfrage nach Hochschulbildung bis 1988/89 auf 600.000 Studienplätze ansteigen würde, um dann bis Mitte der neunziger Jahre unter Abhängigkeit von verschiedenartigen Faktoren wieder auf ein Niveau von 475-550.000 zu fallen. Aus diesem Grund vertrat man die Ansicht, daß eine Expansion zwar stattfinden würde und auch kurzfristig geplant werden könne, daß aber danach eine Schrumpfung unvermeidlich sei. Dieser gesamte Problembereich löste heftigste Diskussionen aus. Auch die Regierung bemächtigte sich der Daten und versuchte, sie zu ihrem eigenen Vorteil volkswirtschaftlich auszunützen. In den siebziger Jahren erlebte Englands Wirtschaft hohe Inflationsraten, eine abnehmende Produktion und steigende Arbeitslosigkeit. Die Kontrolle der öffentlichen Ausgaben wurde erneut Grundpfeiler der Wirtschaftspolitik. Die Sicherung der realen Staatsausgaben von einem Jahr zum nächsten wurde abgeschafft und Ausgabenlimitierung zur Regel gemacht (d.h. Erhöhungen der Ausgaben ohne Rücksicht auf die Inflationsrate wurden Grundlage der Finanzierung). Die fetten Jahre waren vorbei, und die folgenden Regierungen versuchten nun, sowohl die Hochschulausgaben wie auch andere Ausgabenkategorien der öffentlichen Hand zu kontrollieren. Wünschten sie zunächst nur, die Flut der steigenden Ausgaben zu dämmen und nicht mehr, so werden sie später dann durch Ausgabenkontrolle auch Einfluß auf die Lehrpläne ausüben. Die Ausgaben der Universitäten sollten unmittelbar durch die universitäre Finanzkommission (= "UGC", s.o.) kontrolliert werden. Im öffentlichen Sektor ließ sich das jedoch nicht so leicht handhaben.

Was den "AFE-Fonds" (den öffentlichen Hochschulfinanzierungsfonds) betraf, so konnte diesem eine oberste Grenze gesetzt werden, d.h. die Regierung hatte die rechtliche Befugnis, das gesamte Ausgabenniveau des Fonds zu bestimmen, wodurch sich die Beiträge der einzelnen Kommunen reduzieren ließen. Dem damals bestehenden Gesetz zufolge konnte die Regierung allerdings die Kommunen nicht daran hindern, das Manko durch Erhöhung der Kommunalsteuern auszugleichen. Demokratie auf kommunaler Ebene geriet damit öfter in Widerspruch zur zentralstaatlichen Strategie.

Wie der öffentliche Hochschulsektor an Erfahrung gewann, so erhöhte sich auch seine Aufmerksamkeit gegenüber der Qualität des Bildungsangebotes, nicht nur in bezug auf pädagogische Erwägungen, auf Bibliotheksausstattung, Laborplätze und Werkstätten, sondern auch in bezug auf die Qualität der Umwelt und der Wohnheime sowie besonders auf die administrativen Serviceleistungen, auf Forschung und Beratertätigkeit. Besorgnis darüber drückte sich in der verstärkten Forderung nach angemessener Finanzierung aus, und größere Aufmerksamkeit wurde den Ausgaben der "Polytechnics" im Vergleich mit den Universitäten geschenkt. Der Unterschied war im Durchschnitt bedeutend. Pro Kopf wurde für Universitätsstudenten zwischen einem Drittel und einem Fünftel mehr als für einen Studenten im öffentlichen Sektor ausgegeben. Der Finanzierungsniveauvergleich zwischen den beiden tertiären Bildungsbereichen löste einen erneuten Protest aus. Verfolgte die Regierung im öffentlichen Sektor eine billige, kostenaufwendige Bildungspolitik?

Ebenfalls Teil dieser Auseinandersetzung wurde die Frage nach der Relevanz der Lehrpläne im gesamtgesellschaftlichen Rahmen. In den späten siebziger und bis in die achtziger Jahre hinein stellten verschiedene Regierungen die Zielrichtung der Ausgabenpolitik in Frage. Simple und grobe Formeln wurden verwendet. War es nicht angebrachter, Geld in berufsbezogene Hochschulbildung, die sich direkt auf den wirtschaftlichen Wohlstand auswirken würde, als in die unprofitablen und weniger tragfähigen Geisteswissenschaften zu investieren? Wie konnten, wenn sich dies beweisen und sich daraus bestimmte politische Maßnahmen ableiten ließen, diese in die Praxis umgesetzt werden? Der Brennstoff für das berüchtigte Feuer war gesammelt - Bevölkerungsrückgang, wirtschaftliche Zurückhaltung und Lehrplanrelevanz - und dieses Feuer sollte im öffentlichen Sektor am hellsten brennen, weil man glaubte, daß hier die Kontrollen am einfachsten auferlegt werden konnten; zudem herrschte bei den leitenden Ministerialbeamten unterschwellig die Vorstellung, daß die Universitäten irgendwie doch etwas Besseres seien als der öffentliche Hochschulbereich (eine Absicht, die eine eigene Untersuchung wert wäre), und daß es daher eher rechtens wäre, in diesen Bereich einzugreifen.

Die einzige Kontrolle über die Lehrpläne des öffentlichen Hochschulbereichs, die der zuständige Minister rechtmäßig ausüben konnte, bezog sich auf das von den "Regional Advisory Councils" verwaltete Anerkennungsverfahren. Die Studentenzahlen unterlagen keiner Kontrolle, und die "RACs" fungierten damals wie heute lediglich als beratende Körperschaften, die nur auf Vorschläge seitens der Institutionen reagieren können. Der "DES" (das Kultusministerium) konnte über die "Regional Staff Inspectors" den Rat der "RACs" zurückweisen, machte aber nur selten Gebrauch davon, weil er als Kontrollorgan in Wirklichkeit sehr schwach war, zumal er nichts mit den Finanzen zu tun hatte. In den Jahren 1980-1982 wurden daher ohne großes Aufsehen von der Zentralregierung Vorschläge geprüft, wie der öffentliche Hochschulbereich kontrolliert werden und Bildungsplanung landesweit auf zentraler Ebene stattfinden könne.

Die von der Regierung bevorzugte Lösung wurde 1981 durch eine Indiskretion an die Presse weitergegeben. Die Regierung, so hieß es, würde die Verwaltung der "Polytechnics" und vergleichbarer Bildungseinrichtungen selber übernehmen. Diese würden damit der administrativen Kompetenz der Kommunalbehörden entzogen und ihre rechtliche Stellung würde neu definiert werden. Dadurch wären sie für die Ausführung der von der Zentralregierung geplanten Bildungsmaßnahmen besser geeignet. Die Entrüstung flammte nun auf: hier sollte das Prinzip der Demokratie auf Gemeindeebene untergraben werden; damit erhielt die Streitfrage den Anstrich eines intendierten Verfassungsbruchs und mußte das öffentliche Interesse auf sich ziehen.

Die Regierung verlor ihren Kampf mit den Kommunalbehörden, und es kam zu einem Kompromiß: Ein neues staatliches Gremium wurde geschaffen, in dem Regierungsvertreter und Vertreter der Kommunalverwaltungen partnerschaftlich zusammenarbeiten sollten; gemeinsam würden sie den zuständigen Minister bei der Planung der öffentlichen Hochschulbildung beraten, und zwar im Rahmen der zur Verfügung stehenden finanziellen Mittel. Dieser sogenannte "National Advisory Body for Local Authority higher education" (später "Public Sector Higher Education" genannt und in "NAB" umgetauft) wurde 1982 eingesetzt. Er stellte eine Kompromißlösung dar und war als eine zweistufige Einrichtung gedacht, bestehend aus einem übergeordneten Kommittee und einem mit der Detailarbeit betrauten Sachverständigenausschuß (= "Board"). Den Vorsitz im Kommittee würde der Minister des Spezialressorts für Hochschulbildung innehaben; ansonsten sollte sich das Kommittee aus sechs nach politischen Gesichtspunkten ausgewählten Vertretern der Kommunalbehörden und dem Vorsitzenden des Ausschusses zusammensetzen. Die Sachverständigengruppe bezog ihre Mitglieder aus dem "Department for Education and Science", den "Polytechnics" und "Colleges", den Gewerkschaften, Repräsentanten der Wirtschaft und Beamten der Kommunalbehörden. Der Sachverständigenausschuß sollte sich dem Kommittee gegenüber verantworten, und "Board" und "Committee" sollten gemeinsam die Dienste eines Sekretariats in Anspruch nehmen. Zum ersten Mal war damit nach einer mehr als hundertjährigen Entwicklung im öffentlichen Hochschulbereich eine zentrale staatliche Planungsstelle geschaffen.

Es überschreitet den Rahmen dieser vorliegenden Untersuchung, die Leistungen von "NAB" im einzelnen aufzulisten. Zu den bedeutenden Neuerungen, die "NAB" in enger Zusammenarbeit mit den Hochschulen und den für die zuständigen Verwaltungsbehörden erarbeitet hat, zählen die folgenden: ein neues Verfahren für die Genehmigung von Studiengängen, die Aufstellung von Kriterien für Zulassungsbeschränkungen in 17 sogenannten "Programme areas" (Fächergruppen) und die Einrichtung eines komplizierten Finanzierungskonzepts für "Polytechnics" und "Colleges"; des weiteren sind eine Reihe von Curriculumsreformen in technologischen Fachbereichen den Initiativen von "NAB" zuzuschreiben. All dies erreichte "NAB" im Rahmen von realiter gekürzten Bildungsausgaben und überwiegend mit Zustimmung des zuständigen Ministers. Er hat nicht nur Ordnung geschaffen im vormals unkoordinierten nationalen Hochschulbildungswesen des öffentlichen Sektors und sich dabei das Vertrauen der betroffenen Institutionen weitgehend erhalten, sondern er hat darüber hinaus ein klares Bild von den bedeutenden Leistungen in diesem Bereich vermittelt, besonders im Hinblick auf die engen Verbindungen der öffentlichen Hochschulen und Fachhochschulen zum Beschäftigungssektor, ihr Angebot an Teilzeitstudiengängen, ihre Curriculumsinnovationen und ihre Handhabung der Immatrikulationsberechtigung. Ebenso wichtig ist, daß das Leitprinzip für "NAB" bei der Ausführung seines Mandats die Aufrechterhaltung und Verbesserung des gesamten Bildungsangebots auf Hochschulebene gewesen ist. Man könnte dies als das bildungspolitische sine qua non des "NAB" bezeichnen.

Interessanterweise ist eine der wichtigsten Folgen der Errichtung eines staatlichen Planungsstabes - ursprünglich vorgesehen zur Beaufsichtigung des Kostenfaktors im Hochschulbereich, insbesondere im öffentlichen Sektor - daß jetzt die jeweilige Regierung einem starken Anwalt der akademischen Interessen gegenübersteht, der jeden den "Polytechnics" und "Colleges" nicht zuträglichen Schritt in der Bildungspolitik zu bekämpfen bereit ist. Die Regierung hatte ihr Lieblingskind mit einem ganz bestimmten Ziel großgezogen, muß aber jetzt zwei bedeutende nationale Planungsgremien zufriedenstellen: "UGC" und "NAB", was ihr sicherlich immer schwerer fällt. Obgleich "UGC" und "NAB" mit traditionsmäßig und in ihrer Funktionsweise recht verschiedenen Institutionen befaßt sind, sehen es beide Gremien als vorteilhaft an, in ihrer Planung zusammenzuarbeiten. Natürlich bringt das auch Probleme mit sich, nicht zuletzt aufgrund der im binären System existierenden Rivalität, aber andererseits stärkt es die Verhandlungsposition beider Gremien gegenüber der Regierung.

Finanzierung des öffentlichen Hochschulbereichs

Die Einrichtung des "formula funding" für den öffentlichen Hochschulsektor durch "NAB" erweist sich als ein Markstein auf dem Weg der Bildungsfinanzierung. Das kommt daher, daß die von der Regierung 1979 geforderte Ausgabenkontrolle und Ausgabenbeschränkung einige traurige Wahrheiten an den Tag brachte. Man konnte nämlich erst jetzt klar erkennen, daß es in bezug auf die Finanzmittel dieses Bildungssektors ein starkes Gefälle gab, wobei sich die Universitäten, die auf der akademischen Rangliste zum untersten Viertel zählten, als die finanzkräftigsten erwiesen. Seit Mitte der siebziger Jahre geht es bei der Debatte über den Umfang der finanziellen Unterstützung um drei Kernfragen: das erforderliche Minimum zur Aufrechterhaltung wissenschaftlicher Qualität, Parität der finanziellen Versorgung innerhalb der öffentlichen Hochschuleinrichtungen und drittens um ein angemessenes oder auch paritätisches Verhältnis zwischen den Universitäten und den "Polytechnics" und "Colleges".

Im folgenden Abschnitt, der sich mit der Verleihung von akademischen Graden befaßt, wird sich zeigen, daß der "CNAA" angewiesen ist, nur solchen Studiengängen die Genehmigung zu erteilen, die einem entsprechenden Universitätsstudiengang gleichwertig sind. Diese Auflage erforderte, daß alle Ressourcen der betreffenden Hochschule und ihrer Studiengänge unter die Lupe genommen wurden. Im vorhergegangenen Teil wurde die "Sesam-öffne-dich"-Einstellung des "AFE Pools" beschrieben. Angesichts dieser Sachlage scheint es vielleicht erstaunlich, daß gleich nach der Gründung der "Polytechnics" Kritik an den zur Verfügung stehenden finanziellen Mitteln für diese Institutionen auftrat und bis heute nicht verstummt ist. Der Grund dafür ist die Ressourcenlage zu Beginn der Entwicklung: die Zusammenschlüsse und Zusammenlegungen, aus denen die "Polytechnics" und später die "Colleges of Higher Education" hervorgingen, betrafen Institutionen, die sich zuvor nicht an Universitätsmaßstäben orientiert hatten und über keine den Universitäten vergleichbaren Gebäude, Ausstattungen usw. verfügten. Ihre Bibliotheken waren klein, Studentenwohnheime waren nur vereinzelt vorhanden und ihre administrativen Serviceleistungen unzureichend. Beträchtliche Investitionen waren erforderlich, umso mehr als ein ungeheures Wachstum in den "Polytechnics" und dann auch in den "Colleges of Higher Education" zu verzeichnen war. Die Studentenzahlen stiegen von 40.000 im Jahre 1966 auf über 230.000 Vollzeitstudenten im Jahre 1979. Von 1970 bis 1976 wurden die "Polytechnics" auf einer ihnen günstigen Welle emporgetragen. Doch danach wurde Druck ausgeübt, um die Ausgabenhöhe zu senken, obwohl die Nachfrage weiter stieg und auch die Regierung ein erweitertes Angebot befürwortete. Die politischen Entscheidungen standen in offensichtlichem Widerspruch zueinander, was jedoch begreiflich wird, wenn man davon ausgeht, daß die Konzeption von einer ersten und zweiten Liga im Hochschulbereich die (unausgesprochene) Richtlinie einander folgender Regierungen darstellte. Gleichgültig, ob es sich um eine bewußte oder unbewußte politische Erwägung handelt, die Auswirkungen der erheblichen Finanzierungsunterschiede, wie sie nun einmal zwischen dem öffentlichen und dem universitären Bildungssektor bestehen, verleihen, so glauben viele, der Ansicht Glaubwürdigkeit, daß es im Hochschulbereich in England und Wales noch immer ein Zweiklassensystem gibt. Jedoch bedeutet das Fehlen einer klar formulierten Politik in diesem Punkt noch nicht unbedingt, daß die Regierung den Status Quo unterstützt. Erst wenn die Regierung über mehr Informationen bezüglich der jeweiligen Rolle der einzelnen Institutionen verfügt, kann sie vielleicht Maßnahmen einleiten, die falsche Voraussetzungen aus dem Weg räumen helfen.

Als "NAB" gebildet wurde, stieß man auf den Sachverhalt, daß in den verschiedenen Institutionen aus historischen Gründen pro Student ganz unterschiedliche Summen ausgegeben wurden. Folgende Gründe lassen sich dafür angeben: a) unterschiedliche Einstellungen seitens der Kommunalbehörden der Hochschulbildung gegenüber sowie unterschiedliche Inanspruchnahme des geltenden Finanzierungssystems ("AFE Pool"); b) nachdem die Regierung eine oberste Grenze für den "AFE Pool" festgesetzt hatte, reagierten die Gemeinden ihren Institutionen gegenüber unterschiedlich, indem sie ihnen aus Kommunalsteuern unterschiedlich hohe Summen zusätzlich zur Verfügung stellten; und c) die Zahl der ausländischen Studenten und anderer, die die vollen Ausbildungskosten bezahlen mußten, variierte (im Gegensatz zu ihnen zahlen einheimische Studenten relativ niedrige Gebühren, die nur einen Teil der Ausbildungskosten decken). Es war unvermeidlich, daß jene Gemeinden und Hochschulen mit der niedrigsten Berechnungseinheit pro Student um Erhöhung nachsuchten. Jedoch sahen die meisten ein, daß dies nicht auf Kosten anderer öffentlicher Hochschuleinrichtungen geschehen dürfe, deren Berechnungseinheit ebenfalls, verglichen mit denen der Universitäten, niedrig ausfiel. Die Kosteneinheit pro Student richtete sich nach den Studentenzahlen, die wiederum von den einzelnen Institutionen abhingen, und da die Zahl der zugelassenen Studenten variierte, fiel auch die Zahl der Studenten pro Hochschullehrer unterschiedlich aus. Eine Reihe von Hochschulen und Gemeinden genehmigten praktisch alle Zulassungsanträge und vertraten prinzipiell die Auffassung, daß auch eine nicht ausreichend finanzierte akademische Ausbildungschance besser sei als gar keine. Andere führten Zulassungsbeschränkungen ein (jedoch meistens mit gewisser Flexibilität), um wenigstens ein finanzielles Mindestniveau gewährleisten zu können.

Im Jahre 1984 schrieb "NAB" jeder einzelnen Hochschule bestimmte Studentenzahlen für zunächst 11 (später dann für insgesamt 17) akademische Programmbereiche (Fächergruppen) vor, und zwar sowohl in bezug auf einheimische Studenten wie auch solche aus der EG. Dadurch wurde es möglich, die Unterschiede in den anfallenden Kosten viel genauer zu berechnen. Die erheblichen Unterschiede zwischen den einzelnen Institutionen bestätigten sich, und die Suche nach gerechteren Finanzierungsmethoden, die eine Arbeitsgruppe des "DES" schon vor der Gründung des "NAB" unternommen hatte, wurde fortgesetzt. Diese Arbeitsgruppe legte dann zusammen mit der "NAB"-Abteilung für technische und statistische Daten endlich eine gerechtere Formel vor. Bereits zu Beginn dieser Suche hatten sowohl der "PSHE" ("Public Sector Higher Education") als auch "NAB" erkannt, daß man sich zuerst auf eine der alle Institutionen geltende Kosteneinheit im öffentlichen Sektor einigen müsse, bevor man eine mit den Universitäten vergleichbare Finanzierung verlangen könne.

Eine Parität der finanziellen Versorgung unter den größeren Institutionen des öffentlichen Sektors wurde zu einem Zeitpunkt erreicht, als die Finanzierung der laufenden Ausgaben reduziert wurde. Die Kosteneinheit einiger Institutionen wurde herabgesetzt, um im ganzen öffentlichen Sektor eine gleiche Verteilung zu erreichen. Die Durchsetzung einer gemeinsamen Kosteneinheit brachte Schwierigkeiten mit sich und führte in einer kleinen Anzahl von Institutionen über drei Jahre hinweg zu einer radikalen Schlankheitskur, zu Umorganisation und allgemeiner Niedergeschlagenheit, so daß einige Beobachter den Preis, den diese Institutionen für die Durchsetzung eines nationalen Zieles zu entrichten hatten, für zu hoch hielten. Doch hat es erst diese Parität möglich gemacht, nun die Diskussion mit den Universitäten über eine gleich hohe Finanzierung zu beginnen.

In einer komplexen, 45seitigen Studie des "DES" (genannt "Higher Education: Funding Comparisons Across Sectors") wird 1985 der Schluß gezogen, daß den Universitäten pro Student ein Sechstel mehr vergütet wird als den "PHSE"-Institutionen, auch dann, wenn man den Universitäten von ihrer gesamten Ausgabenberechnung 30 % für Forschung und Beratung gutschreibt. Diese Studie, die weder von "NAB" noch vom "UGC" und ihren jeweiligen Institutionen voll akzeptiert wird (im öffentlichen Sektor wird etwa behauptet, daß die Universitäten pro Student zwischen einem Drittel und einem Fünftel mehr erhalten), hat immerhin die Diskussion belebt, mit der vom "PSHE" aus gesehen der Zweck verfolgt wird, das eigene Finanzierungsniveau dem der Universitäten anzugleichen. Zweifellos wird "NAB", mit dem Anwachsen seines Speichers von Finanzdaten, immer besser in der Lage sein, zur nationalen Diskussion über diese Frage beizutragen, und man nimmt an, daß die Regierung nach einem bestimmten Zeitraum einfach gezwungen sein wird, beiden Bildungssektoren annähernd gleiche Finanzmittel zur Verfügung zu stellen. Wenn das eintritt, wird die Förderung der öffentlichen Hochschulbildung auch hinsichtlich einer allgemein anerkannten Gleichheit mit dem universitären Bildungsangebot in England und Wales erleichtert.

Verleihung akademischer Grade

Auf Empfehlung des Robbins-Ausschusses wurde im Jahre 1965 der "Council for National Academic Awards" (= "CNAA") gebildet, der nahezu zwanzig Jahre lang unverändert bestehen blieb. Die Gründungsurkunde legt fest, daß die von ihm verliehenen Grade dem Standard der von den Universitäten des Vereinigten Königreichs verliehenen entsprechen müssen. Robbins hatte die Vorstellung, daß die regionalen "Colleges" im Laufe der Zeit in Universitäten umgewandelt werden würden und damit auch das Recht hätten, akademische Grade zu verleihen. Doch das Weißbuch, das die Gründung der "Polytechnics" veranlaßte, implizierte, daß sie nicht in Universitäten umgewandelt werden sollten. Die Frage, ob die "Polytechnics" sowie andere bedeutende "Colleges" einmal das Recht zu akademischen Gradverleihungen zuerteilt bekommen würden, blieb unbeantwortet.

Laut seiner Verfassung kann der "CNAA" Studenten, die erfolgreich ihr Studium und/oder Forschungsprojekt an Institutionen und auf entsprechend zugelassenen Studiengängen abgeschlossen haben, ordnungsgemäße Hochschulabschlüsse vergeben. Anfänglich mußte in einem Zweiphasenverfahren zuerst die institutionelle Anerkennung eingeholt und danach das Kursprogramm im Detail gebilligt werden. War beides sichergestellt, konnten sich die Studenten für einen Studiengang in der jeweiligen Institution immatrikulieren, mußten sich gleichfalls beim "CNAA" registrieren und erhielten hierauf nach Erfüllung der Kursbedingungen einen akademischen Grad vom "CNAA".

Es wird allgemein anerkannt, daß der "CNAA" bei der Zusammenarbeit mit den "Polytechnics" und "Colleges" sowie den "Institutes of Higher Education" während der Zeit von 1966 bis Mitte der siebziger Jahre vorzügliche Arbeit leistete. Er erleichterte größere Innovationen, festigte die Qualität der Ausbildung, übernahm die Führung im öffentlichen Hochschulsektor und wirkte nachhaltig prägend auf deren Studienangebot. Die Institutionen und ihre Studenten, die einzelnen akademischen Berufsstände und die Arbeitswelt allgemein setzten ihr Vertrauen in die Arbeit des "CNAA". Die seitens des "CNAA" geleistete Unterstützung für das "Sandwich"-Prinzip und die berufsspezifische Hochschulausbildung stieß wiederum bei Industrie und Handel auf Unterstützung.

Allmählich jedoch konnten die Anerkennungsverfahren mit zunehmender Sicherheit und Reife der Institutionen, mit denen der "CNAA" zusammenarbeitete, nicht mehr Schritt halten. Die "CNAA"-Verfahren erforderten ein hohes Maß an Detailarbeit und Bürokratismus und wurden durch seine 'Herr-und-Knecht-Haltung' belastet. Man sagte, der "CNAA" könne sich nicht von der Ansicht lösen, daß ohne ihn den Institutionen nur geringer Status zukomme - vielleicht eine etwas extreme Auffassung. Jedoch wuchs die Kritik am "CNAA", so daß die Regierung schließlich eine 'Untersuchungskommission für die akademische Bewertung der Hochschulkurse im öffentlichen Sektor' einsetzte. Die Untersuchung fand 1985 statt, und der Bericht der Kommission wurde vom Kultusministerium (Cmnd. 9501) veröffentlicht. In diesem Bericht wurde der "CNAA" bezüglich seiner Verfahrensmethoden stark kritisiert: "Unserer Meinung nach war das Ergebnis ein Anwachsen eines unnötig schwergewichtigen und unflexiblen Apparats, bei welchem Form und Inhalt im umgekehrten Verhältnis zueinander stehen: dieser überbewertet das Geschick, das System zu manipulieren und ist für all diejenigen unattraktiv, die ansonsten einen wertvollen Beitrag zu den vom "CNAA" gesetzten Zielen leisten können, aufgrund deren er überhaupt nur seine Existenzberechtigung hat. Es mag vielleicht stimmen, daß die Institutionen ihrerseits teilweise dafür verantwortlich sind, daß die detaillierten Kursdokumentationen sich verselbständigt haben. Wir vermuten aber, daß sie nicht so weiter vorgehen würden, stünden sie nicht in dem Glauben, der "CNAA" wisse gerade dies zu schätzen. Darüber hinaus stellt die "CNAA"-eigene Dokumentation ein geradezu ärmliches Beispiel dar, und wir können nicht glauben, daß die Organisation tatsächlich Einfachheit und Ökonomie der Darstellung für die erste Tugend hält. In den Anfangsjahren mag ein stärkeres Gewicht auf Verfahrensweisen und detailliert geschriebener Dokumentation durchaus wünschenswert, vielleicht sogar notwendig gewesen sein, um ein systematisches und ordnungsgemäßes Vorgehen eines neugeschaffenen Gremiums gegenüber einem ausgedehnten und noch unentwickelten Funktionsgebiet zu gewährleisten ... Mit welcher Berechtigung auch zum damaligen Zeitpunkt Maßnahmen der Formalisierung nötig gewesen sein mögen, so scheinen sie nun längst überholt, gar zu einem Selbstzweck geworden, zumal gleichzeitig das Bedürfnis nach Formalität allgemein geringer geworden ist, und zwar aufgrund eines Erfahrungszuwachses und einer gemeinsam geschaffenen Verständigungsbasis unter den Lehrern."

Die "Polytechnics", "Colleges" und sonstigen Fachhochschulen, die nun mehr als 50 % der gesamten Hochschulausbildung in Großbritannien stellen, erwarten mehr als nur Abhängigkeit von einem nationalen Prüfungsgremium für die Verleihung von Hochschulabschlüssen. Die betroffenen Hochschulen vertreten die Meinung, daß das Recht, Hochschulabschlüsse zu gewähren, ein wesentlicher Bestandteil des Universitätsstatus ist, und somit ist die Weigerung der Regierung, ihnen dieses Recht zuzuerkennen, eine Negierung ihrer über 20 Jahre geleisteten Arbeit.

Das Problem ist bislang ungelöst. Der "CNAA" wurde gezwungen, fast alle Prüfungsverfahren der etablierten Institutionen durch formale Vereinbarungen zu delegieren. Er ist nun dabei, seine Verfassung entsprechend zu ändern, um eine bevollmächtigende Instanz zu werden (dadurch wäre in der Position, den etablierten Institutionen im öffentlichen Hochschulsektor noch größere Rechte einzuräumen). Es ist unwahrscheinlich, daß 'Die Versammlung der Polytechnics-Direktoren' und die 'Ständige Konferenz der Colleges und sonstigen Fachhochschulen', die Repräsentanten also der etablierten Institutionen im öffentlichen Hochschulbereich, diese halbe Lösung akzeptieren werden; und die Regierung ihrerseits steht unter dem zunehmenden Druck, diese Anomalie in der Hochschulausbildung zuzugeben und diesen Institutionen die Vollmacht zu erteilen, Hochschulabschlüsse zu verleihen. Die Lösung dieses Problems kann teilweise in dem rechtlichen Status der öffentlichen Hochschuleinrichtungen gesehen werden, von denen fast alle keine eigenständigen rechtlichen Gebilde darstellen und somit nach geltendem Recht nicht mit der Macht ausgestattet werden können, Hochschulabschlüsse zu vergeben. Diese Angelegenheit kann durch eine kreative Gesetzesmaßnahme seitens der Regierung geklärt werden. Die Regierung könnte, falls der Wunsch besteht, den etablierten Institutionen Rechtsstatus und die Beibehaltung demokratischer Kontrolle mittels Kommunalverwaltungen durch Gesetzesverordnungen zusichern. Es besteht kein Zweifel, daß dies in angemessener Zeit geschehen wird. Bis dahin ist es eher unwahrscheinlich, daß dem öffentlichen Hochschulbereich in allen Aspekten seiner Arbeit seitens der Bevölkerung die gleiche Achtung wie den Universitäten entgegengebracht wird.

Das Curriculum

"Polytechnics" und andere etablierte Institutionen des öffentlichen Sektors sind Gesamthochschulen, ausgewogen und unabhängig, jedoch mit besonderem Blick auf die Welt der Technik und Naturwissenschaften, des Handels und Jura sowie zugleich auch der Geisteswissenschaften und der Lehrerausbildung. Im allgemeinen beschäftigen sich diese Institutionen mit berufsrelevanter Hochschulbildung, indem sie von Studenten und Lehrerkollegium enge Verbindung mit relevanten Sektoren der Arbeitswelt fordern, teils unterstützt durch das "Sandwich"-Prinzip, teils dadurch, daß sie, die Erfahrungen der Studenten verarbeitend, viele Kurse auf Teilzeitbasis anbieten.

Aufgrund ihrer besonderen Ausrichtung auf die Welt der Arbeit, insbesondere die der Industrie, des Handels und Gewerbes, haben die "Polytechnics" und anderen "Colleges" neben ihren Beziehungen zum "Department of Education and Science" und zur "Manpower Services Commission" (Kommission für Arbeitskräfteeinsatz) ein besonders enges Verhältnis zum "Department of Trade and Industry" (= "DTI" = Ministerium für Handel und Industrie), zur "National Economic Development Organisation" (Organisation für nationale Wirtschaftsentwicklung) und zur "Confederation of British Industry" (Verband der britischen Industrie). Das Wirken dieser zentralen Einrichtungen und örtlichen Organisationsformen wie auch die Durchsetzung des Prinzips, Lehrpersonal aus relevanten, erstklassigen Praxisbereichen zu gewinnen und diese Berufserfahrung regelmäßig durch ein geeignetes System der Weiterbildung aufzufrischen, hat dazu beigetragen, berufs- bzw. praxisgerechte Lehrpläne zu entwickeln und damit eine Ausbildung zu gewährleisten, die ihrem Wesen nach auf angewandten Studien beruht und von einem pragmatischen Ansatz geprägt ist. Dies hat an den Polytechnics und anderen größeren Colleges dazu geführt, daß sich Ethos und Schwerpunktsetzung von denen an vielen Universitäten unterscheiden, und stellt deshalb eines der wesentlichen Unterscheidungsmerkmale des "PSHE" (öffentlicher Hochschulbereich) dar.

Trotz der beschriebenen Grundorientierung der "Polytechnics" und einiger "Colleges" ist das Bestreben darauf gerichtet, Einseitigkeit zu vermeiden und ein universitätsgerechtes Studium ebenfalls zu ermöglichen. Aus diesem Grund sind Studiengänge in Kunstwissenschaften, Geisteswissenschaften und verwandten Disziplinen ein wesentlicher Bestandteil des Lehrprogramms, wobei sich das allgemeine Prinzip der Berufsorientiertheit dieser Einrichtung für die Absolventen dieser Kurse günstig auswirkt. Die Möglichkeit, ein Studium an einer Hochschuleinrichtung aufzunehmen, ist jedoch eines der Hauptanliegen des "PSHE", so daß das Ethos dieser Einrichtungen natürlich auch von der Zulassungspolitik geprägt wird.

Zulassungspolitik

Seit jeher ist das englische Hochschulsystem hochgradig selektiv. Erfolg wird daran gemessen, ob der Student einen Studienplatz an einer Hochschuleinrichtung erwirbt. Mißerfolg dabei kommt einem Versagen gleich. Die Tradition verlangt, daß der Erfolg mit der Elle der "GCE A-level"-Prüfungen (Abitur) gemessen wird. Für die Zulassung zur Hochschule ist eine Kombination von Abschlüssen mit der mittleren Reife und höheren Reife ("ordinary/advanced level passes") erforderlich, während für die Wahl des Studienfaches die Fächerkombination und erteilten Noten ausschlaggebend sind. Getreu dem Motto, Möglichkeit zu schaffen statt Türen zu schließen, hat sich der "PSHE" zunehmend gegen das traditionelle Immatrikulationssystem gestellt. Von manchen Kommentatoren ist er deshalb als ein System der Brücken und Leitern, von anderen als eines mit Sicherheitsnetz bezeichnet worden.

Zum Teil läßt sich die gegenwärtig verfolgte Zulassungspolitik aus der Geschichte des PSHE erklären. Das anfänglich fast ausschließlich auf Teilzeitstudien beruhende System sollte Möglichkeiten für diejenigen eröffnen, denen sie sonst versagt geblieben wären. Das beobachtete Phänomen der späten geistigen Entwicklung 'nicht-jugendlicher' Studenten aller sozialen Schichten hatte einen wesentlichen Einfluß darauf, daß einer stark ausgeprägten Motiviertheit eine höhere Bedeutung beigemessen wird als einem vergleichsweise gering entwickelten Leistungsvermögen. Die großzügigere Handhabung der Zulassungskriterien war in ganz wesentlichem Umfange auch darauf zurückzuführen, daß die örtlichen Behörden ihrer Verantwortung gegenüber der ansässigen Bevölkerung durch die Schaffung von Bildungsmöglichkeiten auf allen Ebenen gerecht werden wollten. Dies gilt vor allem im Hinblick auf ethnische Minderheiten sowie Frauen, da ihnen oftmals aus ihren besonderen Umständen heraus während der Schulzeit weniger Erfolg und Leistung zuteil wird.

Das Anliegen der "Polytechnics" und "Colleges" ist, die in ihrem Umkreis wohnende Bevölkerung zu gewinnen, indem sie Überbrückungs-, Neubeginn- und Vorbereitungskurse (sogenannte "bridging, fresh start and access courses") einrichten und mit anderen Bildungseinrichtungen zusammenarbeiten, um den Eintritt in die Hochschulbildung zu ermöglichen. Dieses kommunale Wirken beschränkt sich nicht darauf, eine einmalige Gelegenheit zu bieten. Es gibt auch Berührungspunkte mit der Fort- und Weiterbildung über die Bereitstellung von Auffrischungskursen mit und ohne Hochschulabschlüssen und von Umschulungskursen für solche Bewerber, die aus eigenem Wunsch oder aufgrund der Umstände sich neue Tätigkeitsbereiche erschließen, in denen neue Fertigkeiten und neue Techniken erforderlich sind. Summa summarum geht das Bestreben der Polytechnics dahin, in kommunaler Verankerung ein 'Schmelztiegel der Möglichkeiten' zu sein und darüber hinaus eine landesweite Rolle über die Bereitstellung eines möglichst umfassenden Bildungsangebots im Hochschulsektor wahrzunehmen.

Die Zukunft des öffentlichen Hochschulbereichs

Nicht nur aus der Notwendigkeit geboren, sondern auch einem demokratischen Ideal gehorchend, haben sich die "Polytechnics" und "Colleges" in den zwanzig zurückliegenden Jahren der Herausforderung gestellt, den massiv gewachsenen Bedarf an Hochschulbildungsmöglichkeiten zu decken, und haben sich bemüht, durch die Betonung beruflich orientierter Studiengänge innerhalb ihrer Lehrpläne den Interessen aller zu dienen. Den dabei erzielten Erfolgen standen erhebliche Anfangsschwierigkeiten entgegen. Die weitere Entwicklung dieser Einrichtungen kann ins Stocken geraten, wenn die Regierung nicht die Maßnahmen ergreift, die geeignet sind, die Motiviertheit derer zu bewahren, die zum Erhalt dieser Einrichtungen beitragen, in ihnen arbeiten und mit ihrer Leitung befaßt sind. Die erforderlichen Maßnahmen, die die Leitung der einzelnen Einrichtungen sowie des gesamten Sektors betreffen, sodann die Frage der Abschlüsse und schließlich die gemeinsame Planung des Hochschulsektors u.a. seitens des "University Grant Committee" und des "National Advisory Board" sind unter diesem Blickpunkt zu betrachten.

Wie bereits dargestellt, entspricht der Umfang der Finanzierung der nichtautonomen Einrichtungen des Hochschulsektors nicht den Finanzierungshilfen für die Universitäten. Zudem hält ihr Ausstattungsniveau - Gebäude und sonstige Einrichtungen - in den meisten Fällen keinem Vergleich mit dem der Universitäten stand. Die Leistungen des "PSHE" werden von der Regierung anerkannt, die gegenwärtig der Herausbildung beruflich orientierter Studiengänge im Hochschulsektor aus nationalen Interessen eine höhere Priorität einräumen möchte. Um dieses Ziel zu erreichen, muß die Regierung mehr im "PSHE" investieren, und zwar nicht nur als eine Zeichensetzung für die Ernsthaftigkeit ihrer Absichten, sondern auch, um dem Land gegenüber kundzutun, daß sie bei der Finanzierung des Hochschulsektors Gerechtigkeit walten lassen möchte. Jedes andere Vorgehen wäre ein Widerspruch - eine Verweigerung der aus der prinzipiellen Erkenntnis stammenden Unterstützung für die Hauptstoßrichtung der "Polytechnics" und anderen größeren "Colleges": beruflich orientierte Hochschulbildung zur Stützung der wirtschaftlichen Entwicklung ganz Großbritanniens.

Die Regierung hat die prinzipiellen Entscheidungen über die Hochschulpolitik zu einseitig dem "DES" überlassen und sollte deshalb Möglichkeiten finden, einen offiziellen Dialog zur Problematik des Hochschulsektors in Gang zu setzen, so u.a. zwischen dem "DES" und anderen ministeriellen Bereichen und insbesondere dem "Department of Trade and Industry", das schon länger ein wichtiger Fürsprecher der "Polytechnics" und "Colleges" im öffentlichen Hochschulbereich ist und das bei der Planung von Richtlinien einen größeren Einfluß ausüben könnte, wenn man ihm nur die Möglichkeit dazu einräumen würde. "UGC" und "NAB", die beiden Gremien, die sich mit der Planung des Hochschulwesens befassen, sollten mit einer neuen Abteilung der Regierung zusammenarbeiten, die sich in gleichem Maße mit Wirtschaftsförderungspolitik und mit Bildungswesen beschäftigt. Daß es schwierig sein wird, eine solche Institution ins Leben zu rufen, sollte nicht dazu führen, daß diese Pläne fallengelassen werden. Es stimmt, daß in England und Wales dem Hochschulwesen von seiten der Industrie und des Handels nur oberflächliche Unterstützung entgegengebracht wird. Dieser

Zustand rührt teilweise von einem Mangel an Verständnis für die Bedürfnisse des Arbeitsmarktes her, eine Einstellung, die beim "DES", jedoch nicht beim "DTI" vorherrscht. Die Schaffung eines kombinierten Organs aus beiden Ministerien, vielleicht auch mit Repräsentanten aus anderen, könnte zu einer neuen konstruktiven und dynamischen Phase in der Entwicklung des Hochschulwesens führen und könnte einen wichtigen Kristallisationskern für die Zukunft liefern.

Während die Kontrolle von "Polytechnics" und "Colleges of HE" durch die örtlichen Behörden als das zentrale Charakteristikum des "PSHE" angesehen wird, muß ein Mittel gefunden werden, um es den größeren Institutionen im öffentlichen Sektor zu ermöglichen, eine unabhängige rechtliche Stellung zu erhalten, so daß sie nicht nur ihre eigenen akademischen Grade verleihen können und einen eigenen Platz im Hochschulwesen erlangen, sondern daß sie auch Vorteile aus diesem juristischen Status ernten können, wie z.B. durch den Erwerb von Vermögenswerten, der ausschließlich von solchen Institutionen selbst kontrolliert werden kann, und durch eine ungehinderte Beteiligung am ganzen Spektrum von Beratung und verwandten vertraglichen Aktivitäten. Gegenwärtig ist dies juristisch nicht möglich, und die langfristigen Entwicklungsmöglichkeiten der "Polytechnics" und "Colleges" sind daher geschwächt.

Die "Polytechnics" und "Colleges of HE" haben ihre Bereitschaft gezeigt, auf die staatlichen Wünsche einzugehen; sie sind Vorreiter, indem sie im Dienst von Industrie und Handel Hochschulbildung anbieten. Sie verdienen jetzt die finanzielle, juristische und politische Unterstützung, um eine noch höhere Qualität und Relevanz ihrer Leistungen erbringen zu können.

Literatur

ASHBY, Eric: Technology and the Academics, MacMillan, 1958

CURTIS, S.J.: History of Education in Great Britain, University Tutorial Press, 1961

GREGG, Pauline: A Social and Economic History of Britain, 1760-1955, Harrap, 1958

KNELLER, G.F.: Higher Learning in Britain, University of California, 1955

PETERS, A.J.: British Further Education, Pergammon, 1967

RICHARDSON, W. Alfred: The Technical College, Oxford, 1939

DES White Paper: Technical Education, 1956, Cmnd. 9703

DES White Paper: A Plan for Polytechnics and Other Colleges, 1966, Cmnd. 3006

DES White Paper: Education or Framework for Expansion, 1972, Cmnd. 5174

Prime Minister: Committee on Higher Education, 1963, Robbins Committee Report, Cmnd. 2154

DES Brown Paper: Higher Education into the 1990s, Februar 1978

DES Blue Paper: Future Trends in Higher Education, März 1979

DES Statistics on Education: 1966-1985, H.M.S.O.

DES Report of the Committee of Enquiry into the Academic Validation of Degree Courses in Public Sector Higher Education (the Lindop Report), 1985, Cmnd. 9501

BRAUCHEN WIR IN DEUTSCHLAND EIN COLLEGE?

Hartmut von Hentig

Ich habe die Frage gestellt. Ich weiß die Antwort. Es ist mithin eine rhetorische Frage. Warum stellt man rhetorische Fragen? Ich denke: weil man an Erklärungen und Begründungen interessiert ist. Es ist nicht wichtig, ob einer alsbald mit Ja oder Nein antwortet. Es ist wichtig, daß er die Lage versteht, in der einer so fragt wie ich.

In der bemessenen Zeit kann ich ohnedies nicht alles sagen, was einem internationalen, gelehrten und in der Sache bewanderten Publikum wichtig ist. So sollen Sie wenigstens hören, was mich so ausdauernd seit 20 Jahren die Frage und die hinter ihr stehende Forderung wiederholen läßt. Denn, dies soll den ausländischen Gästen nicht eine Minute länger verschwiegen werden: Es gibt außer mir zur Zeit niemanden in Deutschland - niemanden, dem man Gehör schenkt -, der ein College für nötig hält. Zwar hat man in letzter Zeit Vorschläge zur Veränderung des Übergangs vom Gymnasium zur Universität gemacht oder auch für eine neue Gliederung des Studiums selbst, die auf etwas Ähnliches wie ein College hinauslaufen. Aber weder die kühnsten Reformer noch ihre konservativen Widersacher, die sich unter den feineren internationalen Vorbildern gut auskennen und denen auch sonst allerlei Ausgefallenes einfällt, haben je von einem deutschen College gesprochen.(1) - Nicht erst angesichts des hier zu haltenden Vortrags habe ich mich gefragt, warum das so ist.

1. Was mit "College" gemeint ist

Ich denke, man muß ein College erlebt haben, nein, in einem College gelebt, gearbeitet, gelernt, seine Examina gemacht haben, um zu verstehen, wozu diese Einrichtung gut ist. Besser noch, wenn man, wie ich, nach der Schule ins Leben hinausgespült worden ist (ich war zwei Jahre im Krieg, wurde Leutnant, verwundet, gefangengenommen und relativ früh in das deutsche Nachkriegschaos entlassen); wenn man dann eine deutsche Universität besucht hat (in meinem Fall sechs ganze Semester!); und schließlich, nach eineinhalb Jahren College, auch noch auf eine amerikanische Universität weitergegangen ist. Mein College war eines der zahlreichen kleinen Liberal Arts Colleges, das seine drei- bis vierhundert Studenten aus einem Umkreis von 60 Meilen

----

1 Das Wort Kolleg war nach dem Zweiten Weltkrieg den Einrichtungen des Zweiten Bildungswegs vorbehalten. Seit den 70er Jahren nennt Bayern seine Gymnasiale Oberstufe so.

bezog und den einen oder anderen auch von weither (es handelte sich um ein Institut einer bestimmten pazifistischen protestantischen Kirche, deren Mitglieder nicht jedes College besucht hätten). Mit den Kenntnissen eines humanistischen - zudem berühmten und traditionsreichen - Gymnasiums einigermaßen gut ausgerüstet, durch Umstände und Erfahrung zur Selbständigkeit angehalten, konnte ich zwar eine deutsche Universität geistig und seelisch gut bestehen - aber ein ordentliches Studium zu führen, ist mir dort in den ersten drei Jahren nicht gelungen. Niemand weiß, wann und wodurch ich mich gerappelt hätte, um das demnächst fällige Erste Staatsexamen zu machen (ohne irgendeine Ahnung, worin das bestehe und wozu es gut sei). Aber daß ich am Elizabethtown College / Pennsylvania mein Studium alsbald "unter mich" gebracht habe, daß ich aufgrund meines "placement" den Rest meines Stipendiums zurückgeben, ein Examen machen und mich für ein Graduate Studium an der University of Chicago bewerben konnte - das ist selbst eine Leistung jener Einrichtung, von der hier zu reden ist.

Von Elizabethtown aus habe ich andere Colleges in der Umgebung besucht, weil dort Freunde studierten oder weil ich als Mitglied des **debating clubs** dort öffentliche Streitgespräche führte oder weil ich in deren Spezialbibliothek dies oder das suchte. Im Gegensatz zu meinem provinziellen, kleinbürgerlichen und um seine ererbten (meist mit der Kirche zusammenhängenden) Ausbildungsaufgaben konzentrierten College waren Swarthmore, Haverford und Bryn Mawr Elite-Colleges und, obwohl auch sie einer Kirche gehörten und dienten, weltbürgerlich und im besten Sinn akademisch. Andere Colleges, mit denen Elizabethtown - vor allem auf den Sportfeldern - verkehrte, waren Universitäten und ihren **graduate schools** oder **professional schools** vorgeordnet und entsprechend größer, vielseitiger und auch farbloser. **Junior colleges** gab es wenige und noch keines, das sich **community college** nannte. Das war an der Westküste anders, wo während dieser Jahre meine jüngeren Brüder lebten, so daß ich auch davon Kenntnis und Anschauung bekam.

In Elizabethtown waren, wie gesagt, drei- bis vierhundert Studenten, männlich und weiblich, im Alter zwischen 17 und - wegen des **veterans' bill** - 25. Sie waren gekommen, um vier Jahre zusammen zu leben und zu lernen. Sie unterwarfen sich einer strengen Abfolge vorgeschriebener Fächer, die man überall in der Welt für allgemeinbildend hält (Literatur, Geschichte, Naturwissenschaften, Sozialwissenschaften, Sport und in E'town natürlich auch Religion/Theologie); spätestens im dritten Jahr konnte man sich in einem Teil seiner Kurse spezialisieren - in **majors** und **minors** (Hauptfächern und Nebenfächern), die, im Gegensatz zu den voraufgehenden allgemeinbildenden Kursen, aufeinander aufbauten. Die Arbeitsformen waren, wie wir in Deutschland sagen würden, "verschult" - nicht notwendigerweise: es lag am Lehrer und den Studenten, ob sie es miteinander wie erwachsene Menschen halten wollten, was ja nicht ausschließt, daß man viel und systematisch arbeitet. Die guten Lehrer (darunter verstehe ich und verstand ich auch damals diejenigen, die ihre Studenten durch ihre "Sache" und nicht durch ihre Maßnahmen disziplinierten) halfen vornehmlich dadurch, daß sie die Arbeit dosierten - sie in bewältigbaren Einheiten hielten. Es gab eine Bibliothek von 20.000 Bänden und eine knappe Auswahl wichtiger Fachzeitschriften. Die Zeit, die man nicht mit den "Schulaufgaben" verbrachte - sei es am eigenen Schreibtisch, sei es in der Bibliothek, sei es im Labor -, gehörte **extracurricular activities**, die dafür sorgten, daß man das Gelernte genußvoll und in eigener Regie anwenden lernte.

Am Ende der vier Jahre absolvierten die meisten ihren BA (baccalaureus artium) oder ihren BS (baccalaureus scientiarum) und gingen dann in den Beruf (als Lehrer, Kaufleute, Büroangestellte) und heirateten oft den Partner, den sie am College kennengelernt hatten. Die Theologen gingen weiter aufs Theologische Seminar. Nicht mehr als 10 % besuchten anschließend eine Universität - eine **graduate** oder **professional school.** Alle aber waren in diesen Jahren erstens nicht mehr in ihrem Elternhaus und zweitens auf der Suche nach ihrem erwachsenen Selbst: man fand sich an einem Gegenstand, an einer Weltanschauung, an Freundschaft mit oder Gegnerschaft zu Mitstudenten und Lehrern, man erkundete die eigenen Möglichkeiten und Grenzen und plante sein weiteres Leben in Bewußtsein und Unabhängigkeit. Und schließlich: weil der Collegebesuch Geld kostete, verdienten fast alle Studenten nebenher Geld - sei es am Abend, sei es an Wochenenden, sei es in den Ferien. Niemand verlor über dem Studium den Kontakt zum "Leben".

Ich habe dies so ausführlich geschildert, weil in den Erörterungen, die wir in Deutschland über das Verhältnis von Schule und Hochschule und den schwierigen Übergang vom einen zum anderen führen, von den Lebensumständen junger Menschen im Alter von 17 bis 25 so gut wie gar nicht die Rede ist. Wenn ich vom "College" spreche, dann klingt dies mit. In den Anforderungs- und Berechtigungsschemata, die die Komparatisten für die verschiedenen Gliederungen eines Bildungssystems aufstellen, spielen die Lebensformen keine Rolle. Vielleicht liegt hierin schon die Antwort auf die Frage, die ich eingangs stellte: warum man in Deutschland vom "College" nicht spricht, auch da, wo es sich institutionell anbietet. Man kennt es einfach nicht.

Wenn ich die Institution College als solche schildern soll, gerate ich, wie jedermann, in Schwierigkeiten. Ein College ist keine einheitliche Sache. In dem jährlich vom Department of Health, Education, and Welfare herausgegebenen Education Directory waren 1965 rund 2.200 institutions of higher education(1) aufgeführt. Hierbei handelt es sich um eine Auswahl derer, die damals durch eine der sechs nationalen **accreditation agencies** anerkannt waren. Unter diesen vergaben rund 10 % einen PhD, 20 % einen MA (oder vergleichbares), 40 % einen BA oder BS und 30 % schlossen mit einem Diplom ab, das zum Besuch weiterführender Anstalten auf der jeweiligen Stufe berechtigt (meist handelt es sich um zweijährige **junior colleges** und heute in hohem Maße **community colleges**, über die in dieser Vortragsreihe ja eigens berichtet werden wird). Auch unter den ersteren (die also einen PhD vergeben) nennen sich viele "college". Dies geht auf die englische Tradition zurück, wobei freilich in erster Linie ein Wort und nicht eine Institution übernommen worden ist.

---

1 Mir liegen auch neuere Daten vor. Aber es geht nicht darum, den letzten amerikanischen Entwicklungen auf den Fersen zu bleiben, sondern ein Prinzip und - wo nötig - eine allgemeine Tendenz zu zeigen. Die Daten von 1965 habe ich bei meiner Bielefelder Gründung im Sinn gehabt. 1982 gab es 3280 "institutions of higher learning", davon waren rund 1300 zweijährig. (U.S. Dept. of Commerce 1985, S. 152/153).

Allen gemeinsam ist neben der Lebensform (ein Campus; "living away from home"; eine Mischung aus Selbstverwaltung und Pädagogikum), daß sie einen Abschluß im Sinne des Wortes erteilen: hier kommt etwas zu seinem runden Ende und ist nicht nur Stufe oder Rampe zum nächsten Ausbildungsabschnitt. Die überwiegende Mehrzahl (1965 waren es von den 2.200 **institutions of higher learning** etwa 1.750) verbindet ein **liberal arts**-Programm mit solchen, die den Studenten "berufsfertig" entlassen - ganz ohne die "complications allemandes", die bei uns auftreten, wenn man allgemeine, akademische und berufspraktische Kurse in einer Institution vereinen und sie alle noch mit ganz einfach lebenspraktischen Erfahrungen versehen will. - Die Proportionen sind heute, 20 Jahre später, verändert und sind schwieriger zu beschreiben.

Die spezifische Funktion des **liberal arts college** fällt diesem aus seinem historischen Kontext zu. Ihm geht die **high school** voraus, deren Charakter ihrerseits durch die allgemeinen Schulgesetze bestimmt ist. Seit Jahrzehnten reicht die allgemeine Schulpflicht in der überwiegenden Zahl der Staaten bis zum 18. Lebensjahr. Die **high school** ist eine Gesamtschule, ihre Aufgabe sieht sie im wesentlichen darin, einen lebenstüchtigen jungen Bürger heranzubilden. Grundlagen für ein wissenschaftliches Studium - noch dazu ein beliebiges zwischen Jurisprudenz, Sanskrit und Astronomie - werden hier nicht gelegt, nicht einmal eine breite Allgemeinbildung. Die europäische Vorstellung von einer sich selbst gehörenden Bildung gewinnt für die meisten Amerikaner erst mit dem Besuch des **college** einen faßbaren Sinn - eben in der Form der **liberal arts.** Wer vorher schon weiß, was das ist, und Wert darauf legt, kann sich an einer guten **high school** durch die richtige Wahl der Kurse eine rudimentäre liberal oder general education erwerben. Vorgesehen ist dieses ernste und erwachsene Geschäft erst für die nächste Stufe.

In den Vereinigten Staaten besuchen zur Zeit rund 85 % aller Siebzehnjährigen eine **high school** und erhalten dort auch ihr Diplom. Über 40 % schließen ein vierjähriges College erfolgreich ab. (U.S. Dept. of Commerce, 1985, S. 157) In Deutschland haben wir zur Zeit eine Abiturientenquote von wenig über 20 % eines Jahrgangs und eine Fachhochschulreifenquote von etwas unter 10 %. Diese beiden Abschlüsse zusammen werden also von 10 % weniger erreicht als der ihnen zeitlich folgende **bachelor/baccalaureus.** (Bundesminister für Bildung und Wissenschaft, 1985, S. 63) Über den bachelor hinaus geht heute ein Drittel der College-Absolventen.

All dies soll nicht sagen, daß die Zahl der vergebenen akademischen Grade entscheidend sei. Ich führe dies hier an, um die historische Rolle des **college** im amerikanischen System zu verdeutlichen.

In den letzten 15 bis 20 Jahren hat sich die Lage noch einmal verändert. Überall in der Welt schrumpft der Arbeitsmarkt, was sich gerade in entwickelten Nationen in einer Verkürzung der Lebensarbeitszeit ausdrückt: man bleibt länger in der Ausbildung und tritt seinen Ruhestand früher an. Dies gilt nicht nur für die traditionell akademischen Berufe. Alle Erwerbstätigkeit wird in der hochentwickelten technischen Zivilisation anspruchsvoller - es sei denn, Menschen verkaufen ihre Arbeit unter dem Preis von Maschinen, eine Lösung, die sowohl unwürdig, wie auf die Dauer unwirtschaftlich ist. Wer also nicht von vornherein der Fürsorge anheimfallen will (oder Schlimmerem), versucht, sich "marketable skills" (verkäufliche Fähigkeiten) zu erwerben. Dies geschieht in einem Land, in dem wegen der starken Konkurrenz auf dem Arbeitsmarkt ein Job nicht vor dem 20. Lebensjahr angetreten werden kann - in den U.S.A. - in sogenannten **community colleges**, die der **high school** folgen und in außerordentlicher Vielfalt auf die Berufsmöglichkeiten der jeweiligen Region vorbereiten. Sie dauern zwischen zwei und vier Jahren, sind zugleich Einrichtungen der Weiterbildung und Umschulung und nehmen nebenbei auch noch die Rolle unserer Volkshochschulen wahr. Die Variationsbreite dieser Sorte von **college** ist so groß, daß dieses in das institutionelle Muster für ein deutsches College wohl nicht einbezogen werden kann, wohl aber in die Analyse der Funktionen: Auch wir werden in unserer Gesellschaft eine neue Tertiärstufe des Bildungswesens brauchen, die der Dynamik und dem unablässigen Anpassungszwang des Arbeitsmarktes gerecht wird.

Ich fasse die Funktionen des College zusammen, an die ich denke, wenn ich dem deutschen Bildungswesen erneut die Einführung eines solchen anrate:

(1) Das College ist eine alterstypische Lebensform zwischen Schule und Beruf: in s.v.v. unabhängiger Abhängigkeit, vorberuflich, aber auf Berufsentscheidung und Berufstätigkeit ausgerichtet.

(2) Es ermöglicht den jungen Menschen, sich unabhängig zu machen und ihren Beruf zu wählen.

(3) In ihm erhält man eine Ausbildung für einen Beruf mit gehobenen theoretischen Ansprüchen, das heißt, man verläßt das College "berufsfertig".

(4) Es ist zugleich Vorstufe oder Vorfeld für wissenschaftliche Studien und aus ihnen gespeiste akademische Tätigkeiten.

(5) Es ist eine Einrichtung der allgemeinen Bildung in der Form kulturverbindender Kenntnisse und Denkformen - in enger Verknüpfung mit der gesellschaftlichen Aufgabenteilung, die sich in den voraufgehenden Punkten spiegelt.

2. Welche Probleme ein "College" lösen soll

Alles hängt mit allem zusammen. Es sind nicht einzelne Schwierigkeiten oder Mängel, auf die ich mit der Einführung eines College zu antworten vorschlage. Ich müßte hier von einem fehlerhaften Kontext sprechen, von einem deutschen Erbe, das dem deutschen Bildungswesen verwehrt, mit dem gesellschaftlichen Wandel Schritt zu halten. Treten wir einen Augenblick von unserem Thema zurück und blicken auf diesen Kontext und vergleichen ihn mit dem amerikanischen, dann erkennt man: Noch immer ist der zentrale Ordnungsgedanke der deutschen Gesellschaft **der Staat**, und noch immer ist der zentrale Ordnungsgedanke der amerikanischen Gesellschaft **der Markt**; innerhalb des Staates ist wiederum **das Recht** die große normative Kategorie; innerhalb des Marktsystems ist dies die **Chance**. In Deutschland bemühen wir uns vor allem um Einheitlichkeit als Voraussetzung von Gerechtigkeit; in den Vereinigten Staaten gibt man der Vielfalt statt als Voraussetzung für die Chance einzelner.

Die meisten Stärken und Schwächen der beiden Gesellschaften lassen sich jeweils auf ihr Grundprinzip zurückführen. Wir bestehen auf einem einheitlichen Abschluß der höheren allgemeinbildenden Schule, auf dem Abitur, und können darum so gut wie nichts bewegen. Hätten wir einen offenen Markt der Bildungseinrichtungen, ich vermute, wir hätten längst die gleiche Vielfalt an colleges wie die Vereinigten Staaten. Wir hätten freilich auch ein gehöriges Maß an ausgleichender Gerechtigkeit und sichernder Ordnung weniger.

Seien Sie nun unbesorgt: ich werde so nicht weiterphilosophieren und auch keine Gesamtanalyse unseres Bildungswesens vornehmen, aus der möglicherweise beides hervorginge: die Nützlichkeit eines Colleges und die Möglichkeit, es zu verwirklichen. Ich will vielmehr drei Einzelentwicklungen verfolgen, an denen ich meinen Vorschlag plausibel machen kann:

(a) Veränderungen im Bildungssystem selbst,

(b) Veränderungen in der Gesellschaft und

(c) Veränderungen in Funktion und Form der Erkenntnis.

In einem weiteren Abschnitt meines Vortrags werde ich dann auf die Widerstände und Einwände gegen meinen Vorschlag eingehen.

(a) Veränderungen im Bildungssystem

(Ich müßte, weil sie grundlegender sind, mit den Veränderungen in der Gesellschaft beginnen; aber ich will gar nicht den Versuch machen, das eine aus dem anderen abzuleiten; nehmen Sie es bitte hin, daß ich mit dem eindrücklichsten, spektakulärsten Moment beginne.)

Ich habe auf der Tafel I(1) zwei Gebilde aufgezeichnet, von denen das linke das deutsche Bildungssystem vom Ende des Ersten Weltkriegs bis in die Mitte der 60er Jahre wiedergibt, und das rechte etwa den gegenwärtigen Zustand. Die bloßen Umrisse machen deutlich, daß es sich nicht nur um eine quantitative Änderung handeln kann, sondern um eine qualitative handeln muß. In der Sekundarstufe und in der Tertiärstufe haben wir es mit einer anderen Klientel zu tun, aus nichtbürgerlichen und damit häufig "bildungsfernen" Familien. Die gewaltige Zunahme der Schüler, die ein Gymnasium besuchen, drückt aus, daß die Schule die Standeszugehörigkeit nicht mehr bestätigt, sondern eröffnet. Zugleich könnte die offenkundig hohe Erfolgsquote ausdrücken, daß eine Auslese für die Sekundarstufe II nicht in dem zum Aufstiegsbedürfnis (= Absetzungsbedürfnis) eigentlich passenden Maß stattfindet.

----

1 Siehe Anhang

Die geringe, in Deutschland von Jahr zu Jahr nachlassende Übergangsquote vom Gymnasium zur Hochschule drückt aus, daß das Gymnasium nicht, wie einst, vornehmlich der Zubringer für die Universität ist. Daß sich insbesondere an der Hochschule (auf der Tertiärstufe) andere Lern- und Arbeitsformen breitmachen, gibt das Bild allein nicht her, auch die Ausmaße der einzelnen Institutionen müßten nicht größer sein. Aber wir wissen, daß heute die kleinste Universität mehr Studenten hat als Preußen zu Humboldts Zeiten insgesamt (5.000), und daß ein Gymnasium mit weniger als drei Zügen in der Regel schließen muß, weil es das geforderte Kursangebot auf der Oberstufe sonst nicht gewährleisten kann. Wir haben es mit Massenschulen und Massenhochschulen zu tun, in denen ein entsprechendes Klima herrscht. Daß sich bei alledem auch die Ziele geändert haben, ein Abitur oft "ersessen" wird, weil man einen anderen Ausbildungsplatz nicht findet, und daß das Universitätsstudium, weil es in Arbeitslosigkeit mündet, zur Persönlichkeitsentfaltung genutzt wird oder als BAföG-Asyl, sind die äußerlichen Zeichen dieses Wandels. Andere Zielverschiebungen ergeben sich daraus, daß auch eine mittlere Hochschule von 20.000 Studenten unmöglich mit diesen das Lernen an der Forschung praktizieren kann. Die Humboldtsche Vorstellung einer Gemeinschaft der Lehrenden und Lernenden im Vollzug der Wissenschaft mag auch zu seiner Zeit ein unerfülltes Ideal gewesen sein. Heute ist diese Vorstellung sinnlos geworden. Die Hochschule ist eine staatliche Berufsausbildungsstätte, an der von einem Teil des Personals auch Forschung getrieben wird.

Schon hier stellt sich die Frage: Kann das Gymnasium in seiner Sekundarstufe II ernstlich auf die wissenschaftlichen Studien vorbereiten? Treffen nicht die Klagen der Hochschullehrer über die mangelnden Kenntnisse und Fertigkeiten der Abiturienten zwar einen richtigen, aber banalen, weil unvermeidlichen Tatbestand: daß hier von der Oberstufe zuviel und Unvereinbares verlangt wird? Wie kann das Abitur dies alles zugleich sein: Bestätigung der Gesellschaftsreife, Ausweis der Studierfähigkeit, Symbol der Aufstiegsgerechtigkeit und ein wirksamer Verteiler auf die gesellschaftlichen Funktionen? Wenn zudem die Abiturienten, wie der Pfeil in der graphischen Darstellung (Tafel I, Anhang) andeutet, denen, die nach der Sekundarstufe I eine Lehre antreten und eine Berufsschule besuchen, den Beruf wegnehmen, ohne irgendeine praktische Ausbildung durchgemacht zu haben, geschweige denn "vor Ort", was das deutsche duale System vor anderen auszeichnet, - wie kann das geduldet werden, wie soll das unserer Vorstellung von Gerechtigkeit entsprechen? Ist nicht hier spätestens gefordert, was die Mehrzahl der amerikanischen **high schools** schon leistet: das Nebeneinander von sogenannten akademischen und sogenannten berufsvorbereitenden Kursen, die man in unterschiedlicher Weise kombinieren kann, besser noch, wie an der Odenwaldschule oder im nordrhein-westfälischen Kollegstufen-Modell systematisch aufeinander bezieht?

b) Veränderung in der Gesellschaft

Den Rückgang der Berufsarbeitszeit als Merkmal fortgeschrittener und weiter fortschreitender Industriegesellschaften habe ich schon erwähnt und zwei Folgen davon oben illustriert: die Verlängerung der Ausbildungszeit und die Expansion des Bildungswesens. Eine andere Folge sieht zunächst gegenläufig aus: nicht alle Ansprüche auf Berufsarbeit können in unseren Gesellschaften erfüllt werden. Ob dies zu einem dauerhaften "akademischen Proletariat" führt oder zu einer dauerhaften Umverteilung der Arbeit oder einer neuen "Freizeitgesellschaft", lasse ich im Augenblick dahingestellt. Mir geht es darum: An jeder gymnasialen Oberstufe, aber auch in den letzten Jahren der anderen Schulformen, ist eine starke Entmutigung bei den einen und eine unbekümmerte Verinnerlichung von Bildung bei den anderen zu spüren - mit der Folge, daß gegenwärtig kaum 60 % eines Abiturientenjahrgangs vorhaben, weiterzustudieren. Mit alledem verändert sich auch die Einstellung zur technischen Zivilisation. Die jungen Leute nehmen wahr, daß sie nicht gebraucht werden; sie hören und sehen die tägliche Katastrophennachricht; sie haben das Entstehen der materialistischen und funktionalistischen Kultur aus Not und Chaos nicht erlebt - und wenden sich vom wissenschaftlichen Denken ab. Man mache sich klar: junge Menschen, die man 13 Jahre lang im Klassenzimmer kaserniert hat, deren Vorstellungen von der Welt aus dem Fernsehen stammen und ebenso umfassend wie unwirklich sind, werden an der Hochschule mit hochspezialisierter, hochformalisierter, hochabstrakter Wissenschaft konfrontiert, in wenn nicht unfreundlichen, so doch unpersönlichen und unpädagogischen Formen - und dies alles ausschließlich auf ein fragwürdiges Examen hin -, da nimmt es nicht Wunder, wenn die Studien abgebrochen oder häufig gewechselt werden oder - in Deutschland - noch immer überdehnt sind: ein Chemiestudium beispielsweise frißt noch immer im Durchschnitt (!) 19 Semester, eine Ungeheuerlichkeit, auch wenn in dieser Zahl die Abbrecher mit verbucht sein sollten. (Wissenschaftsrat 1986, nach FAZ, 5.3.1986).

Es könnte sein, daß hieran die Vorstellung schuld ist, ein promovierter Chemiker müsse die gesamte Chemie oder den gesamten Zweig der Chemie, in dem er promoviert wird, im Kopf haben. Dies, sagen einige, könne und werde sich ändern, wenn wir das Wissen den Computern überantworten. Das mag sein, aber die Computer werden uns dafür andere, härtere Probleme bescheren. Einstweilen verdeutlichen sie, wie neue Laufbahnen entstehen und wie auch hier die Ausbildung hinter den tatsächlichen Entwicklungen herhinkt. Um dies gleich auf unsere Frage anzuwenden: Gäbe es ein College, es müßte nicht die neuesten (Spezial-)Entwicklungen - und diese vor allem nicht in ihrer Gesamtheit - berücksichtigen, sondern könnte sich mit "Prinzipien, Problemen und Prozeduren" wissenschaftlicher Erkenntnis einerseits und der praktischen Anwendung des schon Geklärten andererseits begnügen, mit der Kombination also von philosophierender Erkenntnis und ihren positiven Grundlagen.

Welche Folgen die Verlängerung der Jugendzeit, das heißt der Zeit der relativen Abhängigkeit, mit sich bringt, sei hier, **last not least**, angedeutet. In dieser Zeit verdichten sich die Wünsche eines jungen Menschen zu einem Lebensentwurf; in dieser Zeit findet er seinen Partner; in dieser Zeit braucht er Spielraum für die Selbsterprobung. Er muß aus der Kleinwohnung der Eltern ausziehen und mit seinen **peers** in wechselnder Zusammenstellung und Zahl auskommen lernen. Ein Studentenhotel, ein Massen**dormitory** an einer Universität mit dreißig- oder vierzigtausend Studenten, ist eine schlechte Alternative zur Familie.

Aber ein College-Campus, auf dem bis zu tausend junge Leute ihr Leben selber organisieren - das wäre eine Lösung, ein Übergang von der Schul-Jugendzeit zum Studium am Forschungsinstitut einerseits oder zum Beruf andererseits, die ich mir beide asketisch und relativ einsam vorstelle.

Diese Zwischenstufe ist vor allem durch eine andere Größenordnung und das in ihr waltende Klima gekennzeichnet. An meinem Bielefelder Oberstufen-Kolleg veranschaulichte ich dies gern an der Bibliothek. Das Bielefelder Oberstufen-Kolleg, das vorerst einzige College, das es in Deutschland gibt, bietet 25 Studienfächer an. Seine Bibliothek umfaßt 50.000 Bände. Jede Disziplin ist also durch einen Bestand von rund 2.000 Bänden repräsentiert. Das ist für einen Studienanfänger, der, was er bisher gelesen hat, mit dem vergleicht, was er in den nächsten vier Jahren lesen soll, eine staunenswert große Zahl von Büchern; aber sie ist mit einem Blick zu überschauen und offenbart ihre Ordnung in dem Maß, in dem man in sie eindringt, von allein. Diese Bibliothek ist ein Mittleres zwischen seiner in den Schülerjahren angesammelten Privatsammlung und der eine Million Bände umfassenden Universitätsbibliothek nebenan, die er zwar über den im Oberstufen-Kolleg aufgestellten Katalog (auf Mikrofiche gedruckt) auch benutzt, die ihm aber eine konkrete, herausfordernde und helfende Vorstellung von der Funktion der Bücher nicht gibt. Und was das Klima betrifft: Das englische **college** ist durch sein Tutorensystem berühmt und erfolgreich; man kann dort weitgehend auf Vorlesungen und Seminare verzichten, sofern ein Gelehrter da ist, der einen persönlich zum Studium anleitet. Aber was in Oxford und Cambridge geht, wird schon an den anderen britischen Universitäten gar nicht gewollt. Bei uns nimmt der Professor die Rolle eines Tutors allenfalls für seine Doktoranden wahr. Benötigt wird der Tutor aber in den ersten Studienjahren. Soll ein Tutorensystem an deutschen Hochschulen je Wirklichkeit werden, dann nur, in dem man die Eingangsstufe von ihnen abtrennt - also Colleges gründet.

c) Veränderungen in Form und Funktion der Erkenntnis

Die Humboldtsche Vorstellung von der Wissenschaft als einem lebendigen geistigen Prozeß mag in vielen Einzelveranstaltungen noch Wirklichkeit werden. Die Universität als Ganze hat sich einem anderen Vorbild verschrieben: dem Bild der progressiven Fertigung von Erkenntnis. Die Wissenschaft dient der Produktion, Verwaltung und Beherrschung unserer Lebensverhältnisse. Sie ist ein komplexes Gebilde, dessen Teile miteinander "kompatibel" sein müssen. Sie ist hochgradig spezialisiert und muß die Spezialisierung ständig in Systemen wieder einfangen. Interdisziplinarität und Integration sind darum notwendig, aber an den ihrerseits spezialisierten Bildungseinrichtungen nicht zu lernen. Wir beginnen schon auf der Grundschule mit der Spezialisierung, das heißt, wir addieren von da an die einzelnen Kenntnisse und Disziplinen zueinander. Die kindliche Erlebniswelt und Vorstellungsweise läßt diesen Tatbestand nicht bewußt und sichtbar werden. Unwirksam ist er darum ganz gewiß nicht. Auf der Oberstufe unserer Schulen bilden wir - als hätte die Schule keine eigene Aufgabe - die Ordnung der wissenschaftlichen Disziplinen ab. Um den Vorwürfen der Universitäten zu begegnen, verwandeln wir die Klassenzimmer in kleine Seminare; die Schüler lernen, statt die Wissenschaften zu verstehen (das ist ein langer und schwer prüfbarer Prozeß), deren Ergebnisse und Theorien aufsagen.

Auch hier erscheint mir das College als Lösung, ja Erlösung. Die Verführung, dabei vornehmlich oder gar ausschließlich an ein Institut vom Typ des College der University of Chicago oder Oberlin College oder St. John's College zu denken, ist groß. In den **announcements** des University of Chicago College heißt es lapidar:

> "The College believes that the primary purpose of education is intellectual." (S. 19) (1)

An anderer Stelle:

> "The student who comes to the College at Chicago enters a world in which the dominant desire is **to learn** and the most characteristic activity is **to ask questions.**" (S.16).(2)

Und ein wenig weiter ist von dem "spirit" die Rede, "that, however amiable or argumentative, is predominantly one of curiosity." (S.17)(3)

Nur wenn dies in einer Phase der geistigen Ausbildung vorangegangen ist, kann die Universität eine "republic of thinkers" werden; nur dann wird Interdisziplinarität zum Bedürfnis (statt zu einer ärgerlichen Komplikation); nur wenn man darüber nachgedacht hat, was der gute Mensch, die gute Gesellschaft, das gute Leben sei, wird man das Wissen als ein kostbares Gut, den akademischen Beruf als besonders verpflichtend, die Rolle der Wissenschaft als verantwortlich zu prüfende verstehen.

Aber mein College ist nicht allein diese für die veränderte Rolle der Erkenntnis notwendige Anstalt - eine sokratische Antwort auf die sophistischen Defekte unserer Kultur. Mein College ist auch ein Ort, an dem junge Menschen sich gemeinsam auf die Tätigkeit vorbereiten, die ihnen den größten Einfluß auf die Gesellschaft gibt, - ihren Beruf. Die Berufe sind in der arbeitsteiligen Welt verschieden. Hier lernt man ihre Verschiedenheit, ihre gegenseitige Abhängigkeit, ihren gegenseitigen Wert verstehen und bejahen.

Dies freilich wird nur dann geschehen, wenn man die Gegenstände danach auswählt (und nicht danach, wie sie mit den Lernleistungen des herkömmlichen Systems konkurrieren können). Die Verfahren müssen

----

1 "Das College glaubt, daß der Hauptzweck die Bildung geistiger Art ist." (S. 19)

2 "Der Student, der an das College in Chicago kommt, betritt eine Welt, in der **Lernen** das herrschende Bedürfnis ist und die kennzeichnende Tätigkeit darin besteht, **Fragen zu stellen.**" (S. 16)

3 "einem Geist ..., der, ob freundlich oder streitbar, vornehmlich von Neugier bestimmt ist." (S. 17)

sich gründlich ändern - und sie werden es nur tun, wenn auch die Formen der Kontrolle und Prüfung anders werden.

Ich fasse die Probleme zusammen, für die die Einführung eines Colleges in Deutschland eine Lösung wäre. Ich formuliere sie so, daß die Antworten, die ich vor 20 Jahren mit dem Entwurf für das Bielefelder Oberstufen-Kolleg (damals noch unbekümmert Oberstufen-College genannt) gesehen habe, sich darauf abbilden lassen.

(1) Die Expansion des Bildungswesens hat aus der Gelehrtenschule ein Volksgymnasium, aus Humboldts Gemeinschaft der Forschenden und Lehrenden eine Massen-Berufsausbildungsstätte gemacht. Das erstere kann die Grundlagen für ein wissenschaftliches Studium in heutiger Zeit nicht mehr sichern, ohne seinen eigenen Auftrag - die allgemeine Bildung des Bürgers für unser Zeitalter - zu vernachlässigen. - Das Oberstufen-Kolleg antwortet darauf durch die Kleinheit seiner Institution, die bewußte Übernahme und Zusammenfassung beider Aufträge und eine ihnen angemessene Didaktik.

(2) Da Spezialisierung das allgemeinste Kennzeichen unserer Zivilisation ist, gehört ihre Bewältigung zur allgemeinen Bildung. Mit anderen Worten: man muß sie für seine Person vollziehen; man muß das arbeitsteilige Ganze kennen, zu dem die eigene Arbeit ein Beitrag ist; man muß andere Personen mit anderer Spezialisierung und darum anderer Vorbildung verstehen und sich ihnen verständlich machen können; und man muß diesen schwierigen Zustand entweder aushalten, weil man seine Notwendigkeit einsieht, oder ihn ändern. Dies alles ist weder auf einer bloß allgemeinbildenden Einrichtung noch auf der hochspezialisierten, in der alle Studien sorgfältig voneinander getrennt sind, zu leisten. Man braucht eine eigene Phase, in der beides aufeinander bezogen wird und zudem die Anwendung des theoretisch Gelernten geübt, die Theorie zum praktisch Getanen erworben und erprobt werden kann.
- Das Oberstufen-Kolleg antwortet hierauf mit einer neuartigen Gliederung des Unterrichts: der Kollegiat beginnt sein spezialisiertes Studium (in zwei Fächern) gleichsam am ersten Tag und setzt andererseits die Allgemeinbildung bis zum letzten Tag fort. Zwei Drittel der Zeit sind den zwei Wahlfächern gewidmet; zwei weitere Drittel einer Entsprechung zu den **liberal arts**, wie ich sie in St. John's oder am Goddard College kennengelernt habe: als einen großen exemplarischen Diskurs über unsere Zivilisation; ein weiteres Drittel ist gemeinsamen interdisziplinären praktischen Projekten gewidmet. (Was wir in Bielefeld nicht haben leisten können, ist die systematische Integration / Einbeziehung einer praktischen Ausbildung, also dessen, was man heute eine Doppelqualifikation nennt.)

(3) Die Berufswahl wird in unserer Welt schwieriger, die Eingangsvoraussetzungen anspruchsvoller, die Konkurrenz schärfer und schlechter zu berechnen. Die Ausbildung verlängert sich und hat doch gerade an der Hochschule in Deutschland schon zu lang gedauert. Man kann und darf die Berufswahl nicht länger den Zufällen oder der staatlichen Lenkung überlassen (durch Berufsberatung in einem Alter, in dem man weder eigene Erfahrungen noch einen Überblick über die Lage hat). Diese wichtigste Entscheidung des Menschen - außer der Wahl seines

Ehepartners - sollte nicht zwischen zwei Institutionen fallen, die sich beide dafür nicht zuständig fühlen. Sollen nicht massenhaft Fehlentscheidungen getroffen werden und die einzelnen auf ihrem Fehler sitzenbleiben, muß an der Schwelle zum Berufseintritt die rationale Wahl des eigenen Lebensweges zum Pensum gemacht werden: zu einem korrigierbaren Ernstfall.
- Das Oberstufen-Kolleg verlangt vom Kollegiaten die Erprobung auch anderer als der von ihm gewählten Fächer, bietet Regeln für einen geordneten Fachwechsel und sieht eine Fülle gemeinsamer, vielseitig verwendbarer und also austauschbarer interdisziplinärer Kurse vor.

(4) Angesichts der Beschäftigungslage, des "Arbeitsmarkts", muß der junge Mensch vornehmlich in Selbständigkeit und Selbstverantwortung geübt werden. Er darf sich nicht auf Theorie (Akademia) oder Praxis (ein **menial job**), auf Laufbahn oder alternatives Leben, auf Alleingang oder Kollektiv festlegen.
- Das Oberstufen-Kolleg hat hierzu eigene Lebens- und Arbeitsformen entwickelt, wie sie an amerikanischen **colleges**, nicht aber an deutschen Gymnasien oder deutschen Universitäten zu finden sind.

(5) Die Hochschulen sind überfüllt, und schon dadurch verlängert sich die Studienzeit des einzelnen. Es käme zu einer beträchtlichen Entlastung, wenn es zwischen dem Abitur / dem Hochschulzugang und dem Hochschulabschluß (dem Staatsexamen oder der Promotion) andere Ausgänge gäbe. Das Schaffen neuer mittlerer Ausgänge könnte die wichtigste Aufgabe der Bildungspolitik in den nächsten Jahren sein.
- Das Bielefelder Oberstufen-Kolleg hat durch eine Lex Bielefeld eine eigene **Abschluß**ordnung erhalten, die die Grundelemente eines deutschen BA oder BS enthält; aber die Bezeichnung ist ein **misnomer**: es handelt sich um ein **Übergangs**zertifikat, sonst nichts.

(6) Die in der akademischen Jugend verbreitete Entfremdung von ihrem eigensten Gegenstand, ihre Neigung zum Ausstieg, den man oft nur deshalb nicht vollzieht, weil man nicht weiß wohin, verlangt an dieser Stelle eine Einrichtung mit ernsten Bewährungsmöglichkeiten - mit Selbstverwaltung, Demokratie, angemessenen Gesellschaftsformen, Freiheit von Gängelung und der Begegnung mit älteren Generationen.
- Das Oberstufen-Kolleg hat sich hiermit mehr Mühe gegeben als mit allem anderen, hat aber nicht entfernt den Erfolg, den es hier braucht und verdient, weil sich dies in einer Enklave einer anders orientierten Gesellschaft nicht verwirklichen läßt.

3. Was man getan hat, was man nicht tun konnte, was abgelehnt wurde

Natürlich haben Bildungspolitiker, Wissenschaftler und Pädagogen ihrerseits Antworten auf die genannten Probleme zu geben versucht, auch wenn oder wo sie anders diagnostizierten.

Die Kultusminister haben sich 1972 auf eine Reform der Gymnasialen Oberstufe geeinigt. Die Neugestaltete Gymnasiale Oberstufe (NGO) gab die durch einen Fächerkanon repräsentierte Vorstellung von allgemeiner Bildung auf und ersetzte sie durch ein topographisches Konzept von drei Aufgabenfeldern (sprachliches und literarisches Aufgabenfeld/ mathematisches und naturwissenschaftliches Aufgabenfeld/ gesellschaftliches und geschichtliches Aufgabenfeld); dies sei die "gemeinsame Grundbildung". Die NGO erlaubte daneben (und das heißt: durch kein bildungstheoretisches Konzept damit verbunden) eine Spezialisierung unter dem Titel von Wahl- und Leistungskursen; dies sei das "individuelle Bildungsprofil" - unterschieden sowohl nach Gegenständen als auch nach dem Niveau. Man glich die Lernformen der Schule denen der Hochschule an. Das Abitur wurde beibehalten, die berufliche Bildung nicht mit aufgenommen.

Gleichzeitig setzten die Kultusminister eine Höchstzahl der Studierenden an deutschen Hochschulen fest, richteten Reformkommissionen ein, die die Studiengänge straffen sollten, und einigten sich auf Maßnahmen zur gerechten Verteilung der Lasten, die die Expansion den Hochschulen brachte (das Zentrale Vergabesystem für die Studienplätze / ZVS und die Kapazitätsverordnungen).

Obwohl die Leistungen der NGO besser sind als ihr Echo, hat diese Reform eine Lösung der sechs wichtigsten Probleme nicht gebracht: der Übergang von der kleinen allgemeinbildenden Schule zur spezialisierten Massenuniversität ist abrupt wie eh und je - "gemildert" allenfalls durch die Abhärtung, die die Gymnasiasten durch die Bürokratisierung der Oberstufe schon erhalten haben; Spezialisierung und Allgemeinbildung sind nach wie vor nicht aufeinander bezogen; die Studien- und Berufswahl wird nicht rational vorbereitet und geprüft, eine Verbindung zur Praxis wird nicht hergestellt; die gewollte neue Selbständigkeit geht in den alten Lernformen und -umständen unter; die beabsichtigte Konzentration der Studien des einzelnen und die davon erhoffte Aufhebung von Entfremdung ist nicht eingetreten - die Abiturienten richten sich pragmatisch nach den Verhältnissen (was nicht die schlechteste Folge ist, aber eben nicht die gewollte).

In Nordrhein-Westfalen ist man ein kühnes Experiment mit einer Oberstufe eingegangen, auf der berufspraktisches und akademisches Lernen miteinander kombiniert sind. Aber weil man das Abitur aus politischen Gründen nicht ändern konnte, sind die "Kollegschulen", wie sie heißen, am Ende doch wieder über dessen Leisten geschlagen worden. Die Anerkennung ihres Abschlusses als Zugangsberechtigung zur Hochschule in ganz Deutschland ist umstritten und damit ihr Schicksal nach zwölf Jahren noch immer unsicher.

Den weitestgehenden Reformvorschlag hatte der Deutsche Bildungsrat in seinem 1970 veröffentlichten "Strukturplan" gemacht: Die Sekundarstufe II wäre (wie die nordrhein-westfälischen Kollegs) selbständig geworden und hätte nicht nur ganz andere Lerninhalte und Lernformen, sondern auch andere Lernorte gehabt. Aber auch dieser Plan ließ das Abitur bestehen und damit die Probleme der Hochschule unberührt.

Allein der bei der Gründung des Bielefelder Oberstufen-Kollegs vorgelegte Entwurf für eine "Neue Tertiärstufe" hat die Probleme, die sich beim Übergang von der Schule zur Hochschule stellen, in einem Gesamtplan zusammengefaßt, von dem das Oberstufen-Kolleg selbst nur ein Element darstellte, das, in dem die vertikale Integration verwirklicht und erprobt werden sollte, wie an der Kollegschule die horizontale.

Mit der Ölkrise 1973 geriet die gesellschaftlich motivierte Reformbewegung, die auf Wachstum gesetzt hatte, ins Stocken. Hatte man bis dahin allseits von der Expansion profitiert, wurde sie nun vielerorts lästig. Die Hochschulen versuchten, die Reformen der Sekundarstufe rückgängig zu machen, ohne daß erwiesen war oder ist, daß diese an den jeweils beklagten Mißständen und Mängeln schuld seien, und ohne die Gründe zu berücksichtigen, die die Schulreform veranlaßt hatten. Man forderte die Rückkehr zum "bewährten" Kanon der allgemeinbildenden Fächer; der einst vermißte Konsens über diesen wurde durch einen Konsens in der Ablehnung des Wahlkurssystems ersetzt. Man rief nach strengerer Auslese - damals gedämpft durch die Tatsache, daß man nicht wußte, wohin mit den Ausgeschiedenen, heute gedämpft durch die Furcht, man könne nicht genug Studenten nachweisen und also Dozentenstellen verlieren.

Die Gymnasiallehrerschaft, organisiert im Philologenverband, konzentrierte ihre politischen Bemühungen auf eine Vereinheitlichung der Anforderungen. Inzwischen mehren sich die Stimmen, die ein Zentralabitur fordern - weil man den Bewertungsmaßstäben der konkurrierenden Einrichtungen der Sekundarstufe II mißtraut. (Die Höhere Schule, 1/86, S. 13)

Die Gewerkschaften favorisieren die Kollegschule in Nordrhein-Westfalen und halten nicht ohne Grund an der Vorstellung fest, daß Bildung mit sozialem Aufstieg zu tun habe. Darum sind sie für das Offenhalten der weiterführenden Bildungseinrichtungen - obwohl sie wissen, daß man auch mit dem höheren Abschluß keine Beschäftigung findet; und sie fordern mehr Stellen - obwohl sie wissen, daß die Staatskassen leer sind und die Zahl der Schüler drastisch zurückgeht.

Die Regierungen, jedenfalls einzelne Kultusminister, haben unterschiedliche Vorschläge zur Veränderung der Schul- und Studienzeiten, der Hochschulgliederung und der Zulassungskompetenz gemacht. Wie es scheint, ist die Bundesregierung zur Zeit bereit, dem Wissenschaftsrat zuzustimmen, der das Hochschulstudium in einen berufsqualifizierenden Abschnitt und ein danach mögliches Graduiertenstudium an sogenannten Graduierten-Kollegs aufteilt. Der Vorschlag vermeidet in seiner Terminologie alles, was nach einem Zwei-Klassen-Studium aussehen könnte. Gleichwohl ist nur der zweite Teil dem ähnlich, was Wilhelm von Humboldt einst gefordert hatte: die **universitas studentium et docentium** und damit die Verbindung von Forschung und Lehre in einer Institution. Der gegenwärtige Vorsitzende des Wissenschaftsrats identifiziert die Humboldtsche Universität jedenfalls mit dem Graduiertenstudium.

Der Wissenschaftssenator von Berlin, Wilhelm Kewenig, plädiert für einen sechs-semestrigen Studienabschnitt, der mit einem BA oder BS endet. Dagegen wenden andere ein: wer mit einem BA oder BS eine deutsche Hochschule absolviere, habe keine Aussicht auf Einstellung in einen Beruf; es gebe die entsprechenden Laufbahnen nicht; im übrigen sei ein so definierter Studienabschnitt nicht mit dem Grundstudium derer gleichzusetzen, die dann in ein Graduiertenstudium übergehen etc.

Nicht nur bei einer oberflächlichen, auch bei einer gründlichen Prüfung der verschiedenen Reaktionen nimmt man wahr, daß jede Instanz oder Personengruppe allein an sich denkt. In den entscheidenden Jahrzehnten, in denen sich viel bewegte und noch mehr hätte bewegen lassen, ging es den Kultusverwaltungen im wesentlichen um die Unterbringung der Massen und den betroffenen Institutionen um die Abwehr weiterer Belastungen. Heute geht es den Regierungen um Einsparung von Stellen - und den betroffenen Institutionen um die Bewahrung eines Besitzstandes. Der Föderalismus läßt alle möglichst lange an dem festhalten, worüber es Vereinbarungen gibt. Der Vorschlag von Wilhelm Kewenig, der der Einrichtung eines College nahekommt, muß wegen anderer Zuständigkeit die Oberstufe des Gymnasiums ganz aus dem Kalkül lassen, obwohl in ihr die größten Veränderungspotenzen und -notwendigkeiten liegen.

4. Was ich folgere

Die Erfahrungen mit dem Bielefelder Oberstufen-Kolleg ermutigen mich, erstens den Vorschlag zur Einrichtung von Colleges in Deutschland zu wiederholen, zweitens unbefangen andere Lösungen einzubeziehen und drittens unkonventionelle Wege zur Verwirklichung zu befürworten. Auch in Bielefeld erleben wir, daß immer weniger Kollegiaten an die Universität weitergehen, obwohl sie damit die in vier Jahren erworbenen Berechtigungen verschenken.(1) Wir erleben, daß sie trotz der systematischen Orientierung auf die Wahl ihrer Fächer und ihres Berufes auch danach noch ihre Fächer wechseln - nicht zuletzt, weil sie sich diese Selbstbestimmung gegenüber dem System herausnehmen. Wir erleben schließlich, daß sie, weil ein Arbeits- oder Ausbildungsplatz nicht in Aussicht steht, eine Liebe für Gegenstände entwickeln, die ihren Sinn hier und jetzt haben: Philosophie, Gesellschaftskritik, Künste, Psychologie, Projekte ohne Nutzbarkeit für eine Laufbahn. Das Oberstufen-Kolleg ist überdies zunehmend zu einer Einrichtung für Studierende des Zweiten Bildungswegs geworden, die außerordentlich verschiedene Bildungsvoraussetzungen mitbringen, viele nicht mehr als amerikanische **high school kids.** Hier ist ein College mit eigenem Anfang und Ende gefordert.

Der Gedanke, ein College in Deutschland zu verwirklichen, hat dann eine Chance, wenn wir es in mancher Hinsicht anders machen als in Bielefeld.

Ich zähle zum Schluß die zehn Grundzüge auf, die diese Einrichtung tragen sollte:

1. Es geht um eine neue Stufung unseres gesamten Bildungssystems: eine gemeinsame Grundschule vom 5. bis zum 12. Lebensjahr (8 Jahre), eine anders verfahrende Jugendschule für die Altersstufen 13 bis 16 (4 Jahre), eine dritte oder Tertiärstufe für die Altersgruppe

----

1 1985 haben 62 % der Absolventen des Oberstufen-Kollegs unmittelbar nach ihrem Abschluß ein Studium aufgenommen (wenige % mehr als unter den Abiturienten), 1978 waren es noch 96 %.

17 bis 18 oder 17 bis 20 (2 oder 4 Jahre) und schließlich eine Quartärstufe, in der man "on the job" lernt - sei es den akademischen, sei es den nichtakademischen Beruf. (Siehe Tafel II im Anhang)

2. Die dritte oder Tertiärstufe verbindet eine "philosophische" Allgemeinbildung (**liberal arts**) mit elementarer Wissenschaftspropädeutik einerseits und einer praktischen Ausbildung andererseits unter einem Dach. Sie schließt die **Möglichkeit** einer Doppelqualifikation ein.
3. Dieses College genannte Institut hat einen eigenen Abschluß mit eigenen Berechtigungen: BA, BS, BP (baccalaureus polytechnicus), BM (baccalaureus mercurialis) einerseits und einer Gesellenprüfung in ausgewählten und von Schule zu Schule verschiedenen Bereichen andererseits.
4. Neben der in unterrichtlicher Form erworbenen Ausbildung gewinnt man an dieser Einrichtung eine dem Altersabschnitt angemessene Form der Lebensorientierung - durch das gemeinsame Leben, soziale Verantwortung, Selbstverwaltung, Politik, Arbeit und Muße.
5. Soweit hier eine allgemeine Studierfähigkeit vorbereitet wird, ist diese sowohl durch Gegenstände wie Verfahrensweisen wie Einstellungen charakterisiert.
6. Die Auslese der Studierenden geschieht am Gegenstand, es gibt also keine besonderen Aufnahmeprüfungen.
7. Das College umfaßt maximal 1.200 Kollegiaten.
8. Ein College entsteht aus einer Gymnasialen Oberstufe in Verbindung mit einer Universität.
9. Es hat einen eigenen Campus.
10. Es trifft seine eigene Lehrerauswahl und stellt diese auf Bewährung ein, bis sie - wie in den U.S.A. - "tenure" erlangen.

Colleges können regionale Profile haben. Sie können durch Zusammenlegung mehrerer Oberstufen entstehen. Sie können den Campus zunächst durch die ganztägige Nutzung des Gebäudes ersetzen - also ohne **dormitory** auskommen.

Eine Expertenkommission müßte die Kosten errechnen, die der Staat dadurch spart, daß er die unteren Jahrgänge aus der Forschungsuniversität herauszieht. Noch immer ist die universitäre Ausbildung die teuerste je Kopf und Jahr.

Colleges sollten auf keinen Fall durch ein Bundesgesetz eingeführt und dessen Ausführungsbestimmungen dann in Staatsverträgen geschmiedet werden. Sie sollten durch Vergabe einzelner Entwicklungsaufträge an Einrichtungen entstehen, die ein Interesse daran haben. Die Anerkennung der Abschlüsse freilich muß gesetzlich gesichert sein.

Die Folgen für die Schulen wie für die Hochschulen sind beträchtlich und nicht alle von vornherein angenehm. Die Gymnasien werden sehr ungern auf einen Teil ihrer Lehrerschaft und auf die Krönung ihrer Arbeit in der Oberstufe verzichten. Dies widerspricht dem Selbstverständnis der dort tätigen Lehrergruppe. Diese muß sich langfristig auf den "Auszug" des Gymnasiums nach oben ins College einrichten. Letztlich bedeutet es für sie einen Aufstieg.

Die Universität verliert ebenfalls ein entscheidendes Stück ihrer bisherigen Wirksamkeit, freilich eines, das sie bisher ziemlich schlecht verwaltet hat. Wenn sie sich wie die amerikanischen Universitäten eigene Colleges vorschaltet, gewinnt sie ihre Einflußmöglichkeiten zurück. Da sie selber alle College-Lehrer ausbildet, wird es an ihr liegen, wie sich diese untere Institution entwickelt.

Die Universität wäre von didaktischen und pädagogischen Erwartungen entlastet, die sie in Deutschland einstweilen nicht erfüllt und die eine Massen-Ausbildung auch weiterhin nicht wird erfüllen können. Eine Unterbrechung der Ausbildung am Ende des 18. oder 20. Lebensjahres, um den militärischen oder Zivildienst zu leisten, Reisen zu unternehmen, Geld zu verdienen und Lebenserfahrungen zu gewinnen, ist ebenso gut oder ebenso schlecht zu rechtfertigen wie die heutige nach dem Abitur. Es gibt einen Grund, der für die spätere Unterbrechung spricht: Die militärischen und sozialen Dienste bekämen ein reiferes Personal.

In jedem Fall würde das überlange Studium an deutschen Hochschulen durch ein College abgekürzt werden - sofern man, wie in Bielefeld, die Spezialisierung in den eigentlichen Studienfächern drei Jahre vorverlegt, wofür man, wie gesagt, die Allgemeinbildung bis zum Ende beibehält.

Den entscheidenden Gewinn sehe ich freilich in etwas anderem und Allgemeinem: Der junge Mensch kann und soll sich in diesem "mittleren Gebilde" auf eine offene, fragende, philosophische Lebensform einlassen, nachdem er in der Schule Vorstellungen und Erfahrungen nach dem Muster anderer angesammelt und geordnet hat, und bevor er sich in seinem Studium oder in seinem Beruf auf die komplexen herrschenden Systeme des Wissens wie des Handelns einläßt. Ein so verstandenes College dient nicht nur der Lösung der geschilderten Probleme des Bildungssystems - es dient auch ein wenig der Heilung unserer Gesellschaft.

5. Aussichten auf Verwirklichung

Gibt es eine realistische Aussicht auf Verwirklichung eines College-Systems in Deutschland? 1965 lautete meine Antwort: nicht nur eine Aussicht, sondern eine Notwendigkeit! Meine heutige Antwort lautet: Massenarbeitslosigkeit unter den Akademikern, die stetige Abnahme der deutschen Bevölkerung, eine vorhersehbare Verschärfung der Konflikte unserer Parteien über den außenpolitischen und innenpolitischen Fragen (was die föderale Struktur der Bundesrepublik in eine beträchtliche Krise stoßen wird) könnten unversehens das Ende des Abitur-Zeitalters in der deutschen Bildungsgeschichte mit sich bringen. Ein solcher Bruch mit dem bisherigen Gebrauch unserer Bildungseinrichtungen wird sich als ideologischer Bannerwechsel vollziehen: von der deutschen Staatsphilosophie zur amerikanischen Marktphilosophie (siehe S. 265). Die Kulturhoheit der Länder - obwohl selber an der Verantwortung des Staates für die Bildungseinrichtungen ausgerichtet -

könnte als Werkzeug dazu dienen.

Dies alles muß keinen generellen Rückzug des Staates bedeuten. Unter allen Umständen sollten die Primarstufe und die Sekundarstufe (meiner Zählung, S. 275) in der Verantwortung des Staates und "sozialpflichtig" bleiben! Das wird den Free-Enterprise-Charakter der zu erwartenden neuen bildungspolitischen Ära nicht nur dämpfen, es setzt ihm eine unverrückbare Schranke. Auf der anderen Seite wird es keine Beweglichkeit geben, solange deutsche Lehrer auf allen Stufen Beamte sind: Beamte müssen in allen Ländern des Bundes die gleiche Bezahlung erhalten, die gleichen Examina an gleichen Ausbildungseinrichtungen ablegen, die gleiche Unterrichtslast tragen, den gleichen Regularien folgen - und der Angelpunkt dieser Gleichheit ist das Abitur und die durch dieses repräsentierte und garantierte hierarchische Gliederung des Bildungssystems. Einrichtungen, die die Grenzen zwischen Schule, die auf das Leben vorbereitet, Gymnasialer Oberstufe, die auf das Hochschulstudium vorbereitet, und Hochschule überschreiten, sind unmögliche Gebilde. Das Organisationsmuster unseres Bildungswesens hat die ursprünglichen Aufgaben und Ziele seiner Teile überlagert. Diese wieder sichtbar zu machen und damit ihre Wiederherstellung vorzubereiten, war der Sinn dieses Beitrags.

Literatur

BODE, Herbert F.: Bildungswesen, Chancengleichheit und Beschäftigungssystem. Vergleichende Daten und Analysen zur Bildungspolitik in den USA (Marburger Beiträge zur Vergleichenden Erziehungswissenschaft und Bildungsforschung, Bd. 11), München 1980 (Minerva Publikation)

Bundesminister für Bildung und Wissenschaft (Hrsg.): Grund- und Strukturdaten 1982/83, Bad Honnef 1982 (Karl Heinrich Bock)

BÖHNING, Peter/ FRANZEN, Godehard/ GLÄSSING, Gabriele/ von HENTIG, Hartmut (Hrsg.): Studierfähigkeit und Lernumwelt. Zusammenfassender Bericht über eine Längsschnittuntersuchung an Absolventen des Oberstufen-Kollegs und Studenten der Universität Bielefeld, Bielefeld 1985

Carnegie Commission on Higher Education: Less Time, More Options: Education beyond the High School, New York 1971

Comparative Education Society in Europe: General Education in a Changing World, The Hague, Netherlands, 1967

Deutscher Bildungsrat: Empfehlungen der Bildungskommission. Strukturplan für das Bildungswesen, Bonn 1970

FIELDS, Ralph: The Community College Movement, New York 1962

GLÄSSING, Gaby/ ZINK, Anka: Anspruch und Wirklichkeit von Bildungsreform. Eine empirische Studie über Absolventen des Oberstufen-Kollegs, AMBOS (Arbeitsmaterialien aus dem Bielefelder Oberstufen-Kolleg), Band 18, Bielefeld 1984

GLÄSSING, Gabriele: Studienweg und Studienerfolg von Kollegiaten. Vergleichende Längsschnittuntersuchung von Absolventen des Oberstufen-Kollegs und Studenten des Hauptstudiums, AMBOS (Arbeitsmaterialien aus dem Bielefelder Oberstufen-Kolleg), Band 23, Bielefeld 1986

Goddard College Catalogue 1968. The Goddard Bulletin, Plainfield, Vermont, 1968

Harvard Committee (Introduction James Bryant Conant): General Education in a Free Society, Harvard University Press, Cambridge, Massachusetts 1962

von HENTIG, Hartmut: Die Krise des Abiturs und eine Alternative. Stuttgart 1980 (Ernst Klett)

von HENTIG, Hartmut: Numerus clausus, Abitur und Alternativen. Maßnahmen zur Rettung von Maßnahmen statt Lösung der Probleme, in: Aufwachsen in Vernunft. Kommentare zur Dialektik der Bildungsreform, Stuttgart 1981 (Klett-Cotta)

HUTCHINS, Robert Maynard: The Higher Learning in America, New Haven 1936 (Yale University Press)

HUTCHINS, Robert Maynard: The University of Utopia, Chicago 1953 (The University of Chicago Press)

LEVINE, A.: When Dreams and Heroes Died. A Portrait of Today's College Student, San Francisco 1980

McCRATH, Earl J.: The Future of the Community College, Buffalo, N.Y. 1962

National Center for Education Statistics (Martin M. Frankel, Ed.): Projections of Education Statistics to 1986-87, Washington 1978 (U.S. Government Printing Office)

National Center for Education Statistics: Digest 1979 (Washington)

OECD (Organisation for Economic Co-operation and Development): Educational Statistics in OECD Countries, Paris 1981

St. John's College Catalogue 1960-1962. Bulletin of St. John's College in Annapolis, Volume XII, No. 2, Annapolis, Maryland 1960

The University of Chicago: The Idea and Practice of General Education. An Account of the College of The University of Chicago, Chicago 1950 (The University of Chicago Press)

The University of Chicago: College Announcements 1965-66, Volume LXVI, Number 1, Chicago 1965

U.S. Department of Commerce: The American Almanac for 1974. The Statistical Abstract of the U.S. (Introduction: Ben J. Wattenberg), The U.S. Books of Statistics and Information prepared by the Bureau of the Census, 94th edition, New York 1974 (Grosset & Dunlap)

U.S. Department of Commerce: Statistical Abstract of the United States 1985, National Data Book and Guide to Sources, Bureau of the Census, 105th Edition, Washington 1985

U.S. Department of Health, Education, and Welfare: Education Directory, part 3, Higher Education, Washington 1966 (U.S. Government Printing Office)

U.S. Department of Health, Education, and Welfare/ Education Division: Digest of Education Statistics, 1975 Edition, Washington 1976 (U.S. Government Printing Office)

ZIMMERMANN, Werner/ HOFFMANN, Jörg: Die gymnasiale Oberstufe. Grundzüge - Reformkonzepte - Problemfelder, Stuttgart 1985 (Ernst Klett)

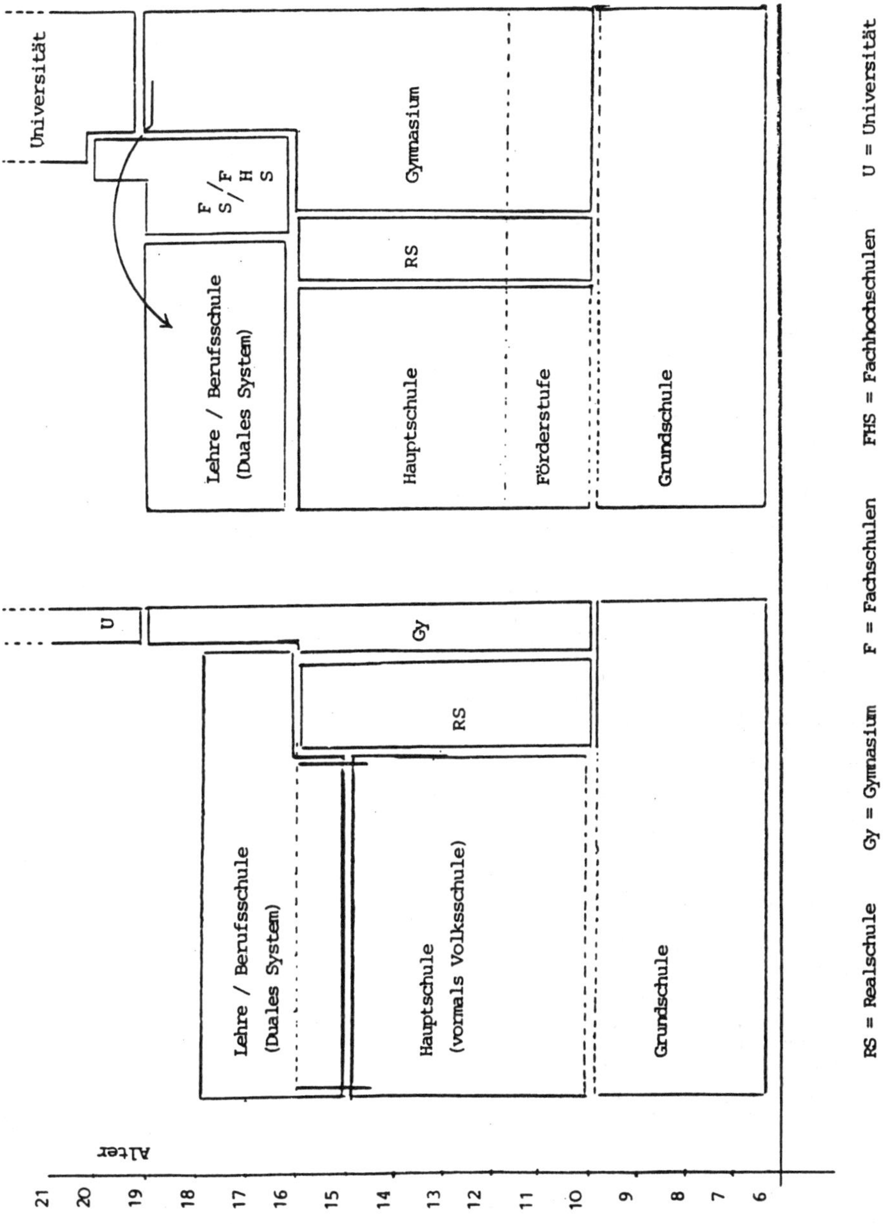
Universität
F/S
F/H/S
Gymnasium
RS
Lehre / Berufsschule
(Duales System)
Hauptschule
Förderstufe
Grundschule
U
Gy
RS
Lehre / Berufsschule
(Duales System)
Hauptschule
(vormals Volksschule)
Grundschule
Alter
21
20
19
18
17
16
15
14
13
12
11
10
9
8
7
6
RS = Realschule
Gy = Gymnasium
F = Fachschulen
FHS = Fachhochschulen
U = Universität

Tab. I

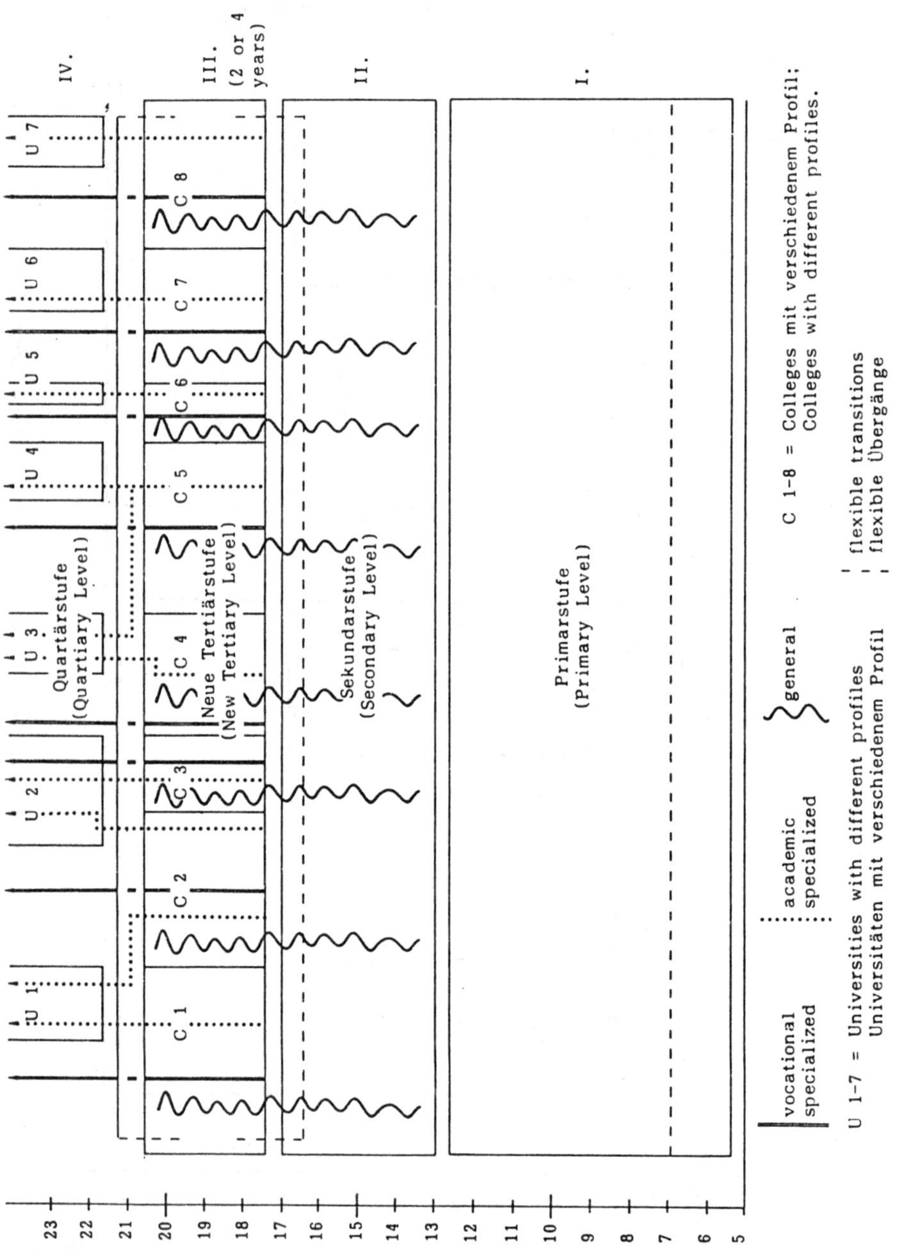

IV.
III.
(2 or 4 years)
II.
I.
U 1
U 2
U 3
U 4
U 5
U 6
U 7
C 1
C 2
C 3
C 4
C 5
C 6
C 7
C 8
Quartärstufe
(Quartiary Level)
Neue Tertiärstufe
(New Tertiary Level)
Sekundarstufe
(Secondary Level)
Primarstufe
(Primary Level)
23
22
21
20
19
18
17
16
15
14
13
12
11
10
9
8
7
6
5
vocational specialized
academic specialized
general
C 1-8 = Colleges mit verschiedenem Profil; Colleges with different profiles.
U 1-7 = Universities with different profiles
Universitäten mit verschiedenem Profil
flexible transitions
flexible Übergänge

Tab. II

PERSPEKTIVEN FÜR DIE ZUKÜNFTIGE ENTWICKLUNG

WANDEL DER STUDENTENROLLE

Ludwig Huber

1. Vorbemerkungen

Anlaß und Ort dieses Symposiums, das Jubiläum der Universität in Heidelberg, und die Wortpaare in seinem Titel: Tradition - Reform, Entwicklung - Aufgabe rücken unseren Gegenstand, die Universität, in eine historische Perspektive. Wann immer diese Perspektive eingenommen wird, pflegt sich der Blick vor allem - wie ein Streifzug durch den Wald der einschlägigen Literatur jederzeit entdecken läßt - auf den Wandel der Organisationsstrukturen und Größenverhältnisse, der wissenschafts-, hochschul- oder bildungspolitischen Programme, des Fächerspektrums und der Curricula zu richten. Aber welche Veränderungen vollziehen sich im Zusammenhang damit bei den Studenten? Und umgekehrt: wie weit ist der Wandel in diesen Hinsichten nicht dadurch beeinflußt, was die Studenten jeweils aus der Universität machen? Mit diesem Beitrag möchte ich jedenfalls unsere Aufmerksamkeit für dieses Element im Entwicklungsprozeß der Universität, das häufig nur gleichsam als abhängige Variable behandelt wird, erhöhen.

Die Überschrift allerdings unterstellt schon, was doch erst noch zu beweisen wäre. Ob und wieweit nämlich und gegenüber welchem Vergleichsdatum Veränderungen der Studentenschaft überhaupt stattgefunden haben, ist durchaus umstritten. Während Hochschullehrer in Korridoren und Gremiensitzungen sich darüber austauschen, daß die Studenten auch nicht mehr sind, was sie mal waren, und viele Essays krisenhafte Entwicklungen im Verhalten der Studierenden zu Hochschule, Theorie und Politik oder das Aufkommen eines neuen Studententyps konstatieren, insistieren andererseits wie für die Jugend allgemein (vgl. Allerbeck/Hoag, 1985) so auch für die Studenten im besonderen bestimmte Untersuchungen darauf, daß in wesentlichen Einstellungen keine wesentlichen Änderungen nachweisbar seien (vgl. Bargel u.a., 1984b).

Fraglich ist weiterhin, ob und wieweit die unterstellten Veränderungen die Rolle des Studenten tangieren. Wer einer strukturfunktionalistischen Analyse der Universität folgend eine "Basisrolle 'Lernender'" in einem auf das Wertmuster kognitiver Rationalität gegründeten gesellschaftlichen Subsystem konstruiert, nimmt daran marginale Variationen wahr (vgl. z.B. Langer 1984). Dagegen fassen diejenigen, die einem interaktionistischen Rollenbegriff anhängen, in den Blick, wie mit Veränderungen in der sozialen und biographischen Situation von Studierenden auch Veränderungen in den Deutungen und sozialen Strategien in einer als Teil der Lebenswelt begriffenen Universität einhergehen (vgl. z.B. Liebau 1981). Fraglich ist schließlich, ob und wie Studienreform und Hochschuldidaktik auf einen solchen Wandel reagieren sollten: nicht nur, weil und soweit die Tatsachen unklar sind, sondern auch weil weitreichende Normen, insbesondere Auffassungen vom Sinn der Universität, auf dem Spiel stehen.

Angesichts dessen will ich zunächst ein paar Daten über die gegenwärtige soziale Situation der Studierenden in der Bundesrepublik Deutschland zusammenstellen. Sie sollen als Indizien für Veränderungen in den Studienbedingungen gelten, die ihrerseits eine Entsprechung auch in den Einstellungen und Strategien des Studierens finden könnten. Dem ausländischen Publikum mögen diese Daten vielleicht weder neu noch auffällig erscheinen; in der Bundesrepublik aber sind sie geeignet, ein "klassisches" Bild vom Studenten zu korrigieren, von dem man annehmen darf, daß es noch in vielen Köpfen, zumal von Hochschullehrern und Administratoren der älteren Generation vorherrscht und etwa so aussieht: der Student ist jung, von Elternhaus und Heimatregion weg an eine (ferne) Hochschule gezogen, nur in einem Zimmer ('Bude' oder Wohnheim) hausend, ledig, ungebunden, ganz offen für das Studentenleben, materiell zwar karg, aber doch irgendwie hinreichend versorgt (wie es der Askese des künftigen Wissenschaftlers gebührt), frei dazu, sich ganz auf die Wissenschaft, mindestens aber auf die Lernchancen des Studiums einzulassen. Diesem Bild entspricht die Wirklichkeit weithin nicht mehr.

2. Anzeichen des Wandels

2.1. Soziale Herkunft und Geschlecht der Studierenden

Die mit Veränderungen der Gesellschaftsstrukturen überhaupt einhergehende Ausweitung des Hochschulbesuchs auf bisher bildungsferne Schichten und die daraus folgenden Verschiebungen in der Zusammensetzung der Studentenschaft sind ein weltweit zu beobachtendes Phänomen. Es sei daher nur eben daran erinnert: In der Bundesrepublik ist der Anteil der Studierenden aus Arbeiter- und Angestelltenfamilien von 4 bzw. 23 % im Jahre 1952 auf 16 bzw. 38 % im Jahre 1982 gestiegen (vgl. Schnitzer u.a., 1983, S. 30f.; Liebau 1984, S. 270f.). Mögen sie sich dabei auch die einzelnen Disziplinen und Hochschultypen in sehr unterschiedlichem Maße erobert haben (vgl. Liebau/Huber 1985) und deswegen von wirklicher Chancengleichheit noch weit entfernt sein: insgesamt bilden sie demnach die Mehrheit der Studierenden. Und mag diese Entwicklung auch in den letzten Jahren durch bildungspolitische Entscheidungen und zufolge wirtschaftlichen Einflüssen zum Stillstand gekommen sein, so wird sie sich doch auf längere Sicht noch etwas weiter fortsetzen müssen, wenn die Studierendenquote der Bundesrepublik dem Standard hochentwickelter Länder gleichkommen soll.

Eine solche Veränderung in der sozialen Rekrutierung der Studierenden wird, so muß man annehmen, Folgen auch innerhalb der Universität selbst haben. Wie weit sie in ihrer Ausbildungsfunktion davon tangiert wird, wie weit etwa die gegenüber der traditionellen Rekrutierung "neuen" Studenten auch andere Probleme mit dem Lehr-Lern-Betrieb haben - Cross (1971) hat diesen Aspekt besonders hervorgehoben - mag mangels eindeutiger Befunde noch dahingestellt bleiben: Langer, 1984, S. 58f. kann herkunftsspezifische Unterschiede in der Problemwahrnehmung in seiner Befragung nicht entdecken; ebensowenig Dippelhofer-

Stiem (1985) in der generellen Wahrnehmung der Hochschule; allenfalls äußern sich Arbeiterkinder noch etwas kritischer wegen fehlendem Gesellschafts- oder Anwendungsbezug der Lehrveranstaltungen.

Plausibel aber scheint es, mit Liebau (1981) zu vermuten, daß sich der **kulturelle** Habitus der Herkunftsfamilien in der Gestaltung des Studentenlebens bemerkbar macht. So ist dieses früher umgestaltet worden, als (im 16./17. Jahrhundert) verstärkt Kinder des Adels in die Universität, zumal die Juristische Fakultät, einzogen und die Lebensformen des Kavaliers die des Klerikers verdrängten, oder wiederum als (vom 18. Jahrhundert an) immer mehr Bürgerliche kamen und zumal die philosophischen Studien betrieben (vgl. Paulsen 1919, I260f.; II130ff.; Prahl 1978, S. 123ff., 179f.). Ebenso kann sich der Habitus proletarischer und vor allem kleinbürgerlicher Familien nunmehr, da sie nicht mehr durch einzelne zur Anpassung gezwungene Aufsteiger, sondern durch auch quantitativ gewichtige Gruppen vertreten sind, stärker durchsetzen: in der Lebens- und Familienplanung, in Orts- und Bezugsgruppenwahl, in Wohnung, Konsum- und kulturellen Präferenzen. Damit wäre die Universität jedenfalls in ihrer Sozialisationsfunktion betroffen.

In ähnlicher Weise wäre den Auswirkungen nachzugehen, die der veränderte Anteil der Frauen unter den Studierenden mit sich bringen muß. Er hat sich von knapp über 20 % im Jahre 1950 auf 40 % im Jahre 1982 fast verdoppelt (vgl. Schnitzer u.a., 1982, S. 25). Aber was dies für das Klima vor allem der am stärksten von Frauen besuchten Fachbereiche tatsächlich bedeutet, dazu liegen über Mutmaßungen der Gegner und Hoffnungen der Freunde dieser Entwicklung hinaus verläßliche Befunde m.W. noch nicht vor.

2.2. Alter

Ein Drittel aller Studierenden ist (nach Zahlen von 1981) 26 Jahre oder älter, etwa ein Zehntel über 30 Jahre alt. Der Anteil dieser älteren Studenten an der Gesamtstudentenschaft hat sich seit 1960 verdoppelt (BMBW 1977, 86f.; 1983, 140f.; Schnitzer u.a. 1983, 26f.).

Die Gründe dieser Entwicklung sind nur zum Teil in der hohen Studiendauer zu suchen, die zwar mit 12,5 Semestern für Diplomstudiengänge bzw. 11,8 Semester im Durchschnitt aller Studiengänge nach Meinung vieler zu hoch ist, aber seit 1967 nur noch geringfügig gestiegen ist. Eher wirkt sich der beträchtliche Umfang der Postgraduiertenstudien (Aufbau-, Ergänzungs-, Zweit-, Doktorandenstudien) aus, denen immerhin (1983) 13,5 % der Studierenden nachgehen. Insgesamt langsam, ist er doch vor allem für Frauen (seit 1973) ständig angestiegen. Entscheidend ist wohl, daß die Studierenden bereits älter sind, wenn sie in die Hochschule eintreten: ein Viertel von ihnen ist dann bereits 22 Jahre alt oder darüber (BMBW 1983, 140f.), mehr als ein Fünftel hat bereits zwei Jahre oder länger seine Hochschulzugangsberechtigung in der Tasche, bevor es sie einlöst (ebd. 145; Wissenschaftsrat 1983, 29); auch diese Quoten sind etwa seit 1977 stetig gestiegen.

Das ist zunächst nicht mehr als die Fortsetzung einer historischen Entwicklung: von der Frühzeit der Universitäten, in der noch Knaben in die Kollegien und Kurse einzogen, über das 18. Jahrhundert, in dem nach schon längerer Schulbildung zuvor die Studenten zwischen 16 und 22 Jahre alt waren, bis zum 19./20. Jahrhundert, als das obligatorische Abitur des Gymnasiums den Eintritt selten vor dem 19. Lebensjahr zuließ, ist das Durchschnittsalter der Studierenden gestiegen - in Übereinstimmung mit der Verlängerung der Schulzeit und der sozialkulturellen Adoleszenz und Postadoleszenz überhaupt (vgl. Zinnecker 1981, S. 100ff.) Die Tendenzen in den europäischen Nachbarländern sind ähnlich (vgl. z.B. für England Percy, 1985), am ausgeprägtesten, da bildungspolitisch stark gefördert, in Schweden (vgl. Abrahamsson, 1984).

Bei dieser Betrachtung sind für die Bundesrepublik die sich eben erst etablierenden Weiterbildungskurse für später an die Hochschule (zurück-)kommende, eventuell weiterhin berufstätige Erwachsene noch gar nicht berücksichtigt. Ihre Einbeziehung würde die ohnehin nötige Korrektur des "klassischen" Bildes des Studenten nur noch verschärfen: eines jungen Menschen, der mit dem Abitur gleichsam nur die Schule wechselt und eigentlich erst mit dem Examen 'erwachsen' wird. Schon unter den Studienanfängern hat knapp die Hälfte mehr als nur die Schule hinter sich: nicht nur Wehrdienst oder Zivildienst (43 bzw. 9.% der männlichen Studenten), sondern auch, mittlerweile jeder zweite Studierende an den wissenschaftlichen Hochschulen, irgendeine Art von Erwerbstätigkeit (darunter 18 % in fester Anstellung) oder ein Berufspraktikum (18 %) (Zahlen für das SS 1979 nach Infratest Sozialforschung 1982, 9). Dies hängt unter anderem damit zusammen, daß (1979 wie 1981) ca. 15 % der Studienanfänger an wissenschaftlichen Hochschulen auf einem anderen Wege als über das klassische Gymnasialabitur die Hochschulreife erworben haben (BMBW 1983, 144).

Zum anderen bildet sich jenseits der Menge der 'Normalstudenten' mit den über 25jährigen eine Gruppe von, sagen wir, 'Altstudenten' heraus, die über eine langjährige - nicht immer glückliche - Studien- und Schulerfahrung, zum Teil über erfolgreich bestandene Prüfungen und Zusatzqualifikationen sowie über Berufserfahrung, Lebenserfahrung mit eigenen Familien und über eigenes Einkommen, wie mühselig auch immer erworben, verfügen (vgl. zu den problematischen Aspekten dieser Gruppe Schober 1981, 201ff.).

Die Vermutung liegt nahe, daß Studierende mit diesen Voraussetzungen eine andere Haltung zum Studium und zu ihren Lehrern einnehmen oder doch, wäre ihre Umwelt dafür aufgeschlossener, einnehmen könnten. Irgendwann werden sie verlangen, daß im Lehr-Lern-Prozeß ihre aus eigener Praxis stammenden Fragen bearbeitet und ihre Erfahrungen positiv genutzt werden, und es wäre absurd, die Bedeutung der Hochschullehrer (die ihnen an Alter und Lebenserfahrung nicht mehr so viel voraus haben) für die Persönlichkeitsentwicklung dieser Studierenden noch weiterhin generell nach dem Modell der Vater-Sohn-Beziehung zu traktieren, so wie es Parsons/Platt (1976) getan haben (zur Kritik hieran vgl. auch Burkart 1982).

2.3. Familie

Mehr als die Hälfte, nämlich 57 %, der Studierenden sind verheiratet oder haben eine feste Partnerbindung; rund zwei Drittel sind es, verständlicherweise, bei den eben genannten 'Alt'-Studierenden, aber auch immerhin schon ein Drittel bei den Studienanfängern. Mehr als die Hälfte von den so oder so 'gebundenen' Studierenden hat Partner, die ganztägig erwerbstätig sind, etwas weniger als die Hälfte Partner, die schon ihr Examen gemacht haben. 6 % der Studierenden werden hauptsächlich durch ihren Partner finanziert (Schnitzer u.a. 1983, 26ff., 99ff.).

Die Gründe für diese Entwicklung in jüngerer Zeit liegen mit Sicherheit zunächst einmal in der erwähnten Altersverschiebung bei den Studierenden und in dem höheren Anteil der Frauen: für sie und für ältere war auch schon in früheren Erhebungen die feste Bindung früher bzw. häufiger festzustellen. Hinzu kommt aber gewiß, als tiefergehende Entwicklung, ein Wandel der kulturellen Normen, der das Zusammenleben Unverheirateter gesellschaftlich akzeptabel und zugehbar gemacht hat und unter den Jugendlichen die eheähnliche Verbindung auf Probe mittlerweile stark verbreitet werden ließ (Zinnecker 1981).

Blickt man weiter zurück, so erkennt man erst die Stufen der Veränderung: von den durch Zölibat und klösterliche Lebensformen bestimmten Anfängen über die ausschließlich von Männern besuchten Hochschulen zur bürgerlichen Universität, die sich allmählich auch den "höheren Töchtern" öffnete und als der Homogamie der herrschenden Schichten dienender akademischer Heiratsmarkt eine wichtige soziale Funktion übernahm. Sie besteht fort, dennoch ist das allmähliche Anwachsen einer Kategorie von Studierenden in ihr, die ihren Partner nicht mehr erst suchen, sondern schon haben oder gar gewissermaßen "mitbringen", bemerkenswert. Zwar wird man wenig darüber sagen können oder wollen, ob Liebschaften und Partnersuche, seit langem schon ein Teil des Studentenlebens, oder feste Bindung bzw. Ehe der Zentralität des Studierens mehr Grenze setzen. Ob "Liebeskummer" oder nunmehr "Beziehungskiste" genannt: was sie für die Studierenden früher und jetzt in ihrer Lebensphase bedeuten, will sich nicht recht nach Breite und Tiefe vergleichend messen lassen. Aber daß die gebundenen Studierenden, von denen hier die Rede ist, sich zum Teil in ein Familienleben einpassen (nicht nur die 6 % aller Studierenden, die Kinder haben), daß sie womöglich den Tagesrhythmus eines ganz- oder halbtags erwerbstätigen, anders gesetzten Zeitzwängen unterworfenen Partners teilen und zum Teil durch ihn auch mit der Arbeitswelt außerhalb der Hochschulen anders verbunden sind, als etwa nur durch Erfahrungen an ihren Eltern, das dürfte sich doch auf ihre Einstellungen zum Studium relativierend auswirken.

2.4. Jobben

Fast 50 % aller Studierenden 'jobben' während der Semesterferien; an die 40 % tun dies (auch) im Semester, also während der Vorlesungszeit; 13 % geben an, 'laufend' erwerbstätig zu sein. Der Anteil der ersten Gruppe ist über die Jahre seit 1967, weil immer schon hoch, nur langsam gestiegen, der der zweiten Gruppe dramatisch (60 %), der der dritten hat sich verdoppelt! Wie zu erwarten, befinden sich in dieser dritten Gruppe besonders viele der 'Alt'- bzw. Zweitstudenten, für die andere Finanzierungsmöglichkeiten, etwa durch die Eltern bzw. durch öffentliche Mittel, am wenigsten zur Verfügung stehen. Aber auch auf alle Studierenden gesehen sind 40 % (zweieinhalbmal mehr als 1967) wenigstens zum Teil, 9 % in der Hauptsache für die Finanzierung ihres Studiums auf das Jobben angewiesen (Schnitzer u.a. 1983, 75 ff., 121ff., 129ff.).

Die wirklichen Zahlen könnten eher höher liegen; mit einer Dunkelziffer muß bei Angaben über ein Verhalten, das sich teils mit den Immatrikulationsvorschriften, teils mit den Förderungsbestimmungen des Bundesausbildungsförderungsgesetzes (BAFÖG) nicht ohne weiteres verträgt, gerechnet werden. Dasselbe gilt für den tatsächlichen Zeitaufwand: für die Semesterferien summiert es sich bei den Jobbenden praktisch auf die Wochen, die bei Abzug einer sechs- bis achtwöchigen Urlaubszeit davon übrigbleiben; in der Vorlesungszeit bei immerhin 25 % der Jobbenden (= 10 % aller) Studierenden, auch bei Jüngeren, auf bis zu einem Viertel der Wochenarbeitszeit.

Wichtig sind hier zunächst einmal die Folgen, die sich für diese Jobbenden, also mehr als die Hälfte der Studierenden ergeben: Sie müssen, in welcher Gewichtung auch immer, ihre Zeit zwischen Studium und Job teilen; zumal die Zeiten, die in der traditionellen Organisation des Studiums vor allem für das selbständige Studieren bestimmt sind, die Semesterferien und die nicht durch Präsenzveranstaltungen und deren unmittelbare Vor- und Nachbereitung eingenommene Zeit während der Vorlesungswochen drohen, durch das Jobben aufgesogen zu werden. Auch der Zeitplan selbst, vor allem, soweit frei, die Wahl der Veranstaltungen, wird durch die Rücksicht auf weniger beeinflußbare Termine des Jobbens bestimmt; studentische Äußerungen im Gespräch (wie Wolschner 1980, 39) signalisieren darüber mehr als die Statistiken. Was das Jobben und die Job-Suche über die Absorption von Zeit hinaus an auch emotionaler Okkupation bedeutet, ist noch gar nicht auszumachen, aber sicherlich nicht geringzuschätzen; auch dies lassen am ehesten literarische Reflexe spüren, etwa die Erfahrung einer verbindlichen Arbeitssituation (bei Heinzen/Koch 1985) oder von der studentischen gänzlich verschiedener anderer Lebenswelten (mehrere Beiträge, u.a. von P. Ulrich, C. Grätz, S. Schütz, in: Jens 1985).

Es liegt auf der Hand, daß die Verringerung oder der Ausfall anderer Möglichkeiten, das Studium zu finanzieren, insbesondere der Bundesausbildungsförderung die Hauptursache für den erneuten Anstieg des Jobbens in den letzten Jahren ist; zum Teil zeigen sich auch in den Kurven der Tabellen direkte Zusammenhänge. Ähnliche Umstände zeitigten freilich auch zuvor in den Notzeiten der deutschen Studierenden, in den Jahren nach dem Zweiten Weltkrieg oder den Wirtschaftskrisen auf die Bundesrepublik beschränkt. Für die USA nennt Levine (1981, auch in früheren Epochen gab es einen (unbestimmbaren) Anteil von Studenten, die ihre Armut zwang, neben dem Studium her oder jahrelang zwischendurch ihren Unterhalt zu verdienen, etwa als Hauslehrer oder Rechtsanwaltsgehilfe (vgl. z.B. Paulsen 1919, I, S. 616, 619 zu den Studienverläufen von Winckelmann und Heyne). Lieber betteln als sich verdingen (und damit den Status des Studenten zwiespältig werden zu lassen) war allerdings offenbar die Maxime der mittelalterlichen Universität (vgl. Krause 1979, 17).

Vor diesem fernen Gegenbild erscheint das jetzige Nebeneinander von Jobben und Studium als ein qualitativ, vor den jüngeren Parallelen als durch seine Verbreitung quantitativ neues Phänomen. Es ist nicht auf die Bundesrepublik beschränkt. Für die USA nennt Levine (1981, S. 86f.) einen ähnlichen Prozentsatz von jobbenden Studierenden (54.%) nach ebenfalls beträchtlichem Anstieg seit 1969. Unter den europäischen Nachbarländern scheinen in Italien die Zustände an den Universitäten in dieser Richtung am weitesten gediehen (vgl. Ciucci, 1984, bes. S. 303ff.), gleichermaßen befördert durch eine völlig unzureichende öffentliche Ausbildungsförderung und eine lose Struktur der Studiengänge; sie reichen dort mittlerweile auch in die Oberstufen der Schulen hinein, so daß auch diese wie schon die Universitäten dabei sind, sich von einer Sozialisationsinstitution in eine Art Piazza zu verwandeln: als Treffpunkt und zum Austausch der vielfältig anderswo gesammelten Erfahrungen (Ciucci, ebd., S. 306).

Von der anderen Seite kommen den Studierenden, die nebenher oder zwischendurch erwerbstätig sind, die Berufstätigen entgegen, die neben ihrer Arbeit oder zwischendurch studieren. In dieser Entwicklung ist zwar die Bundesrepublik ausgesprochen rückständig, in der entsprechende Reformmodelle mühsam um Anerkennung kämpfen (vgl. Edding u.a. 1977; Projekt Studium neben dem Beruf, 1984).

Um so weiter fortgeschritten ist sie als ein genereller Trend, in anderen, zumal den angelsächsischen und skandinavischen Ländern (vgl. Cerych 1983; Percy 1985); welche Herausforderungen mit dieser "adultification", diesem Erwachsenerwerden der Studentenschaft auf die Universität zukommen, zeigt vielleicht am deutlichsten das Beispiel Schwedens (vgl. Abrahamsson 1983, bes. S. 293ff.).

Insofern könnte das oben beschriebene Jobben auch in der Bundesrepublik der Vorläufer einer durchgehend umgeformten Beziehung von Berufstätigkeit und Studium sein. Ob man außer der veränderten sozialen Zusammensetzung und der zur Zeit schlechteren materiellen Situation der Studentenschaft auch erhöhte Ansprüche hinsichtlich Lebensstandard und Konsum dafür verantwortlich machen soll, ist eine Frage, die regelmäßig in weltanschaulich-moralisch getönte Debatten darüber führt, wieviele davon den Jugendlichen nötig bzw. wieviel Askese Studierenden abzuverlangen sei. In diese will ich mich hier nicht einmischen; allerdings läßt sich meines Erachtens aus den Ausgabentabellen (Schnitzer u.a. 1983) folgern, daß es weniger um 'Luxusgüter' als vor allem um Unabhängigkeit von Erwachsenen, z.B. um das weder von Eltern noch von Vermietern oder Kuratoren kontrollierte Wohnen (s.u. 2.4) geht. Und damit ergäbe sich auch hier eine Verbindung zu Tendenzen der Jugendkultur überhaupt, die auf solche Unabhängigkeit im Wohnen und Beweglichkeit im Verkehr (Auto) gerichtet sind.

2.5. Wohnen

24 % der Studierenden wohnen bei ihren Eltern, je 10 % im Wohnheim oder zur Untermiete: aber 56 % in eigener Wohnung (dabei meist mit

dem Partner zusammen) oder in einer Wohngemeinschaft; mehr noch, nämlich 75 %, finden dies die erstrebenswerte Wohnform - jeweils etwa im Verhältnis zwei zu eins für die eigene Wohnung gegenüber der Wohngemeinschaft. Die Tendenz zu dieser Wohnform ist vor allem in der ersten Hälfte der siebziger Jahre steil angestiegen, seitdem in flacherer Kurve. Die eben erwähnten Wunschvorstellungen gehen vor allem mit der familiären Situation (Verheiratung, feste Bindung) und zunehmendem Alter einher; ihre Realisierung hingegen hängt vor allem von der sozialen Herkunft und von den (vor allem dadurch) verfügbaren Mitteln ab, da diese Wohnformen nun einmal mehr kosten als die klassischen der Untermiete oder des Studentenwohnheims.

Von allen hier geschilderten Entwicklungen in der Studiensituation verweist diese vielleicht am deutlichsten auf Ursachen in einem kulturellen Wandel. Dafür spricht etwa der zeitliche Zusammenhang, in dem der oben genannte starke Anstieg dieser Tendenz mit der Studentenbewegung steht, aber auch der Unterschied, der in dieser Hinsicht die großen Fächergruppen, man ist versucht zu sagen: die Fachkulturen, voneinander abhebt. Auf das immer riskante soziale Experiment der Wohngemeinschaften (auch in ihrer unemphatischen, pragmatisch-funktionalen Version) wollen sich am häufigsten die Studierenden der Geistes- und vor allem der Gesellschaftswissenschaften einlassen, im Zusammenhang wohl mit denselben Einstellungen und Motiven, die auch ihre Studienfachwahl beeinflussen. Studenten der Medizin und der Ingenieurwissenschaften hingegen streben möglichst direkt in die eigene Wohnung (Schnitzer u.a. 1983, 167f.). Zudem teilen die Studierenden auch diesen Sog weg vom Elternhaus oder Wohnheim, wenn nur die Mittel es zulassen, mit den Jugendlichen ihrer Jahrgänge überhaupt (Zinnecker 1981). Auf der anderen Seite kann hier auch eine Reaktion auf die Universität mitspielen. In dem Maße, in dem diese als kalt, unübersichtlich, anonym-unpersönlich, erdrückend oder unbeeinflußbar erlebt wird (vgl. die bei Braungart u.a. 1981 oder Wolschner 1980 gesammelten Dokumente), kann die eigene Wohnung als warme, überschaubare, persönlich ausgestaltete Gegenwelt, die Wohngemeinschaft als Zuflucht und Ausgangspunkt für auch außeruniversitäre Aktivitäten in Gemeinschaft mit anderen empfunden und ausgebaut werden (Neubauer 1978; Wuggenig 1980, 36ff.) - vielleicht auch schon als Raum des Überlebens, in der eine Zeit der Arbeitslosigkeit und -suche nach dem Abschluß bestanden werden kann.

Zugleich verweist von allen hier betrachteten Aspekten dieser vielleicht zunächst marginal scheinende des Wohnens besonders sinnfällig auf meines Erachtens durchaus zentrale Veränderungen der Universität. Völlig ein Teil von ihr und zugleich eines der Instrumente der von ihr ausgeübten Erziehung und Aufsicht waren die Kollegien und Bursen der mittelalterlichen Universität, in denen Magister und Scholaren zusammen wohnten (vgl. Paulsen 1919, I, S. 30ff.). Einen durch eine andere Umwelt gebrochenen Abglanz davon mag man an den Colleges von Oxford und Cambridge noch wahrnehmen. Einer solchen Bestimmung der Colleges, in loco parentis zu fungieren, entsprachen auch die Wohnheime (dormitories; sorority and fraternity houses) auf dem Campus amerikanischer Universitäten - aber auch dort fiel der Anteil der Studierenden, die sie bewohnten, schon zwischen 1969 und 1976 um ein Drittel auf dann noch 30 % (vgl. Levine, 1981, S. 86). In Deutschland aber hielten sich, nach Aufhebung des Zölibats, also auch des Bursenzwangs in der Folge der Reformation, Spuren eines solchen im Bildungskonzept begründeten Zusammenwohnens nur noch in den Stiften oder Kollegien der theologischen Fakultäten oder lebten in vereinzelten Reformversuchen der fünfziger Jahre dieses Jahrhunderts (Leibniz-Kolleg Tübingen, Europa-Kolleg Hamburg usw.) wieder auf. Die Häuser der studentischen Verbindungen entfernten sich von einer solchen Begründung in Richtung auf eine überwiegend nur funktionale Zweckbestimmung, die Studentenwohnheime, Instrumente der Sozialpolitik, unterlagen einer solchen von vornherein. Im übrigen aber verdünnte sich gleichsam die universitäre Aufsicht und Bindung immer mehr, von der Pension beim Professor selbst, die es zunächst noch gab, über das Zimmer zur Untermiete bei Bürgern der Universitätsstadt, das ein Dach über dem Kopf, aber kein Gegengewicht zur Universität gab, zu jener selbst gestalteten Wohn-, ja Lebenswelt, die man zwischendurch stundenweise verläßt, um eine Veranstaltung an der Universität zu besuchen.

Für das Studienverhalten hat alles dies wiederum einige Implikationen. Die genannten bevorzugten Wohnformen beanspruchen **auch** Zeit: Zeit für die Suche nach Wohnung (von den von Schnitzer u.a. 1983, 174ff. Befragten war etwa ein Drittel im Jahr zuvor auf Suche gewesen) und Zeit für ihre Ausgestaltung, Reparaturen und Pflege. Sicher stellt die eigene Wohnung, einmal gefunden und eingerichtet, auch einen der Gegengründe gegen einen sonst vielleicht erwogenen Hochschulwechsel während des Studiums dar.

Aber die eigenen Wohnungen haben offenbar auch einen hohen emotionalen Stellenwert. Das zeigt der hohe Aufwand an Zeit und Geld bis hin zum Jobben, den die Studenten ihretwegen auf sich nehmen. Das Streben nach einer selbstgestalteten Gegenwelt zur Hochschule setzt sich dann auch in die Gestaltung des Lernens hinein fort: gelernt wird, wann immer es sich einrichten läßt, am liebsten zuhause, in einer Umgebung, die Lernen weniger als 'entfremdet', als 'Arbeit' erscheinen läßt, und auch die Gruppenarbeit wird häufig in diese Umgebung verlagert und damit auch im Stil mehr in die Nähe privater Zusammenkünfte gebracht. Auch ist nicht mehr die Universität, nicht mehr der Campus das selbstverständliche Zentrum des geselligen Lebens (vgl. Levine 1981, S. 86).

2.6. Etcetera

Etcetera - man könnte gewiß die Darstellung solcher Indikatoren fortsetzen, wenn das Material schon gesammelt oder der Raum hierfür ausreichen würde. Man könnte nicht nur den "wandernden Scholaren" von einst, sondern auch den in Deutschland üblichen Studienstrategien bis in die 50er Jahre dieses Jahrhunderts hinein die Seßhaftigkeit der heutigen Studierenden entgegensetzen, die zu fast 60 % als erste Hochschule aus den immer näher aneinandergerückten Hochschulen die ihnen nächste wählen und nur noch zu 16 % wenigstens einmal im Studium den Hochschulort wechseln (vgl. Framhein 1983, S. 67ff.; Schnitzer u.a. 1983, S. 61ff.; Kath 1980, S. 26ff. und 198ff.). Man könnte dem Umstande nachsinnen, daß fast 60 % der Studierenden in einer Befragung von 1982/83 angaben, häufig "Kontakte zu Freunden und Bekannten außerhalb der Universität" zu haben, und damit mehr als zu Studierenden des eigenen Fachs (50 %), geschweige denn zu Professoren (4 % vgl. Bargel u.a., 1984a, S.103). Man könnte die Frage verfolgen, welchen Bezug die Freizeitaktivitäten im weitesten Sinne, von politischer Betätigung über die kulturelle Praxis bis zur Geselligkeit, zur Universität haben und würde vermutlich - außer bezüglich der Politik scheinen empirische Untersuchungen in der Bundesrepublik hierzu nicht vorzuliegen - feststellen, daß auch dieser sich gelockert hat (wie für die USA beobachtet von Levine 1981, S. 88ff.).

Man könnte ...

Aber wir nehmen an, daß auch diese weiteren Indikatoren in dieselbe Richtung weisen wie die ausführlicher besprochenen: in die Richtung einer abnehmenden Zentralität des Studiums und der Universität im Leben der Studierenden. Was dies als Wandel gegenüber der bisherigen Studentenrolle und als Vorzeichen künftiger Entwicklungen bedeutet, sei im Schlußkapitel erörtert.

3. Zur Bedeutung des Wandels

Im vorigen Kapitel wurden - das sei noch einmal ausdrücklich betont - als Indikatoren eines unterstellten Wandels der Studentenrolle gewisse wenige soziale und materielle Aspekte des Studentenlebens herangezogen, von denen sich mit Bestimmtheit zweierlei sagen läßt: daß in diesen Aspekten sich Veränderungen gegenüber der restaurativ-bürgerlichen Universität noch der fünfziger Jahre und ganz gewiß gegenüber früheren Epochen der Hochschulgeschichte vollzogen haben, und daß diese Veränderungen nicht nur mechanische Wirkung gewandelter Rahmenbedingungen, sondern auch Folge von Präferenzen und Entscheidungen der Studierenden selbst sind.

Welchen Ausdruck eine solchermaßen veränderte Einrichtung des Studentenlebens schließlich auch in den Einstellungen der Studierenden zu Studium, Hochschullehrern und Universität findet, darüber sind einstweilen nur Vermutungen möglich und hier geäußert worden. Es scheint kaum glaublich, daß solche subjektiven Entsprechungen ganz ausbleiben; allein schon die unbezweifelbare Veränderung des Zeithaushalts der Studierenden, Ursache und Folge des beschriebenen Wandels zugleich, müßte ihre Wirkungen zeigen. Allzu leichtsinnigen Folgerungen in dieser Richtung stellen sich allerdings zunächst Bargel u.a. (1984b) mit ihrem Befund in den Weg, daß bedeutsamere Veränderungen auf der subjektiven Seite jedenfalls in den letzten zwei Jahrzehnten, soweit an den Ergebnissen identischer oder ähnlicher Untersuchungsverfahren ablesbar, nicht festgestellt worden seien: weder in Studienmotivation und Erwartungshorizonten, sozialem Kontakt und Zufriedenheit mit Studium und Studentendasein, noch in Persönlichkeitsprofil und persönlicher Befindlichkeit.

Sie wenden sich damit unter anderem auch gegen die vor einigen Jahren rasch begierig aufgenommene These von einem neuen (narzißtischen)

Sozialisationstypus (vgl. Ziehe 1975) - einer These, mit der es von Anfang an empirische Schwierigkeiten gab -, und sie wehren zugleich ein bei konservativen Hochschullehrern und Bildungspolitikern gleichermaßen beliebtes Wahrnehmungs- und Redemuster ab, das dramatische Verschlechterungen in Studiensituation und -verhalten feststellt und der Hochschulexpansion, besonders der sozialen Öffnung der Hochschulen in den siebziger Jahren anlastet. Darin ist ihnen durchaus zu folgen, und gerade deswegen ist der Blick auch noch weiter zurück zu richten.

Aber damit ist der Widerspruch zwischen Wandel der Studentensituation und unveränderten Einstellungen noch nicht bewältigt. Als erstes drängt sich zu seiner Aufhebung die Frage auf (auch den Autoren selbst: vgl. Bargel u.a., 1948b, 143f.), ob die Erhebungsinstrumente genügend "veränderungssensitiv" sind. Die gleichen oder ähnlichen Worte könnten für frühere und heutige Studierende verschiedenes meinen, die Veränderung könnte statt in den Kategorien in nicht erfaßten Intensitätsgraden oder subjektiven Relevanzen innerhalb dieser liegen - beide Erklärungsversuche würden in der Tat zu einer differenzierteren Empirie herausfordern - oder die Fragen wurden und werden beantwortet, wie es sozial erwünscht ist und sich gehört - und dies könnte mit einem unveräußerlichen Teil der Studentenrolle zusammenhängen; diese Betrachtung soll gleich noch weiter verfolgt werden. Einen zweiten Ansatz, den Widerspruch zu verstehen, böte die Frage, ob das sich in den erhobenen Einstellungen äußernde Bewußtsein noch ungleichzeitig gegenüber dem Wandel der Studiensituation selbst ist, und dies nicht zuletzt deswegen, weil auch die Institution Universität und der Lehrkörper in Studienstruktur und Lehrangebot sich dieser Zukunft noch nicht geöffnet haben. Das soll uns am Schluß beschäftigen.

Wer wirklich studiert, will auch etwas lernen. Insofern dieses das gemeinsame Merkmal der Studierenden ist, könnte man auch mit Langer (1984) weiterhin von deren "Basisrolle: Lernender" (an einer Hochschule) sprechen, und deren theoretische Berechtigung wird auch nicht dadurch schon aufgehoben, daß einige abweichend davon sich einschreiben oder die Einschreibung aufrecht erhalten, ohne dem Lernen an der Hochschule (noch) nachzugehen (vgl. zur Schilderung solcher Existenzform u.a. Gutweniger u.a., 1982). Mit dieser Rolle sind gewiß auch Erwartungen der Institution und des weiteren sozialen Umfeldes verbunden - daß sie aus Interesse an wissenschaftlichen Problemen, ihrem Fach oder, nachgeordnet, professioneller Handlungskompetenz studieren und nicht etwa nur aus materiellen Motiven instrumentell lernen, daß sie sich darüber hinaus auch allgemein bilden, ihre Persönlichkeit weiter entwickeln und kritisch-loyal aktiven Anteil am Leben der Institution nehmen. Offenbar werden diese Erwartungen, wenn auf diesem Verallgemeinerungsrad formuliert, auch von einem über die Jahre relativ konstant bleibenden Anteil der Studierenden für sich bejaht; das - nur das - zeigen die oben genannten Befragungsergebnisse.

Die Frage ist aber, wieviel vom Dasein der Studierenden noch von dieser Basisrolle bestimmt wird und wie weit sie nicht selbst umgekehrt durch dessen andere Bestandteile inhaltlich verändert wird. Eine "totale" Rolle ist die des Studenten freilich in der Neuzeit nie gewesen; eher war es ein verräterischer Mißgriff, die Hochschule nach dem Muster geschlossener Anstalten analysieren zu wollen (vgl. Nitsch 1973,

S.402ff., Neidhardt 1977, 345f.).

Aber die traditionelle Rolle des Studenten sah seine Existenz zentral und für alle gleich durch das Studium bestimmt: Ort, Lebensunterhalt, Wohnform, Familienstand, Zeithaushalt - alles so geregelt, daß das Studium bzw. studienbezogene Aktivitäten im Mittelpunkt standen oder doch stehen konnten, der Student sich im wesentlichen in der Hochschule und hochschulbestimmten Räumen aufhalten und Kontakte vor allem wiederum mit Studenten haben, sich, wenn überhaupt, dann in studentischen Vereinigungen betätigen würde: in allem als Student und auf sein Studentsein hin ansprechbar.

Heute schwindet diese Zentralität des Studiums für einen nicht mehr nur marginalen Teil der Studierenden: sie teilen ihre Zeit zwischen Studium und Erwerbstätigkeit, zum Teil auch Familie und Haushaltsführung, bauen ihre Wohnung, ihre privaten Räume als Gegenwelt zu den Hochschulräumen auf, leben in alten sozialen Beziehungen fort oder knüpfen neue an, die nicht durch die Hochschule geschaffen bzw. auf Hochschulangehörige beschränkt sind, betätigen sich, wenn überhaupt, dann in Gruppierungen und Initiativen, die ihr Zentrum außerhalb der Hochschule haben oder jedenfalls weit über sie hinausreichen (vgl. auch Levine 1981, S. 84ff.).

Aus anderen Zusammenhängen und von sehr verschiedenen ideologischen Positionen aus hatten Habermas (1957) und Schelsky (1957), (beide hier zitiert nach Nitsch 1967, 43f.) bereits prognostiziert, daß wissenschaftliche Tätigkeit bzw. Studium zu entfremdeter Arbeit bzw. zu einem "Beruf wie jeder andere" und daraufhin als ein bloßer Sektor im Leben terminiert werden würde. Neidhardt (1977, 351) sieht gar die Studenten eher wie "Kunden" denn als Mitglieder der Universität, auch wegen ihrer geringen Einflußmöglichkeiten auf die Institution (vgl. auch Irle 1984, 42). Inzwischen sind andere Rollen der Studierenden hinzugekommen oder gewichtiger geworden, muß "Studieren" nicht mehr als ein Segment des Alltags unter andern sein; leben die Studenten in einer (mindestens) "dreigeteilten Welt" (vgl. Kreutz 1979). Es ist wohl bezeichnend, daß in Schweden (nach Abrahamsson 1984, 296) immer häufiger von 'Studierenden' (die dies auch tun) statt von 'Studenten' (die nur dies sind) gesprochen wird und auch in Deutschland dieser Sprachgebrauch (der allerdings obendrein den Vorteil hat, beide Geschlechter zu umfassen) vordringt. "Ich bin keine Studentin, ich studiere nur", schreibt Eva-Christa Zeller (Tübingen 1933-1983, in: Jens 1985, 27).

Dies wird - auch innerhalb eines rollentheoretisch formulierten Rahmens - nicht umstandslos durch Rekurs auf das Wertmuster "kognitive Rationalität", das nun einmal in der Universität institutionalisiert sei (vgl. Parsons/Platt 1973; Klüver 1983), geschehen können. Vielmehr muß dieses, wie die kritische Betrachtung von Parsons' Universitätsmodell bei Burkart (1982) und Joas (1980) zeigt, in Richtung auf die Ermöglichung eines wissenschaftlichen Diskurses, an dem Studierende teilhaben können, und auf die Ermöglichung einer Demokratisierung, die auch die in der Wissenschaft jeweils zum Standard gewordene Rationalität der öffentlichen Kontrolle zugänglich macht (Joas 1980), überwunden werden.

Darauf zu dringen könnte zunehmend die objektive Aufgabe und das subjektive Interesse solcher Studierender sein, die nicht nur in der Welt der universitären Wissenschaft und an ihr teilnehmend, sondern in (mehr oder minder) gleicher Intensität in anderen Welten und von den Auswirkungen der Wissenschaft betroffen leben. Dieses sagen heißt zunächst einmal in der Auflösung einer zentral bestimmenden Studentenrolle nicht nur den Verfall einer alten, sondern auch den Vorschein einer neuen Zuordnung von Studium und Beruf bzw. Studium und Lebenswelt zu sehen: hinter der Fassade gewissermaßen des "Normalstudenten" - oder full-time student den "part-time student" auch in der Bundesrepublik heraufkommen zu sehen, der in anderen Ländern schon so viel stärker die Gestalt der Hochschulen bestimmt. Es heißt auch anzunehmen - bzw. zu hoffen - daß diese Entwicklung in der Universität wiederum zwei Kulturen voneinander trennt, sich nicht, wie es einstweilen allerdings aussieht, auf nur vor allem die "weichen" und dem Produktionssektor fernen Geistes- und Sozialwissenschaften erstreckt, sondern auch die einer solchen Spannung und Diskussion erst recht bedürfenden technologischen Fächer ergreift.

Vielleicht verdrängen solche die Studierenden ihre anderen nicht von vornherein wissenschaftskonformen Erfahrungen und Fragestellungen einstweilen noch teilweise selbst oder lassen sie sich zu rasch verdrängen (Erfahrungen in der Weiterbildung sprechen dafür; vgl. Fischer-Blum/Huber 1986); vielleicht äußern sie sie noch zu ungeschickt oder fordern eine zu kurzschlüssige Verbindung und erregen so den Verdacht von Theoriefeindschaft (vgl. die Diskussion darüber u.a. in Kursbuch 78 (1984).

Aber die hier geforderte Vermittlung zwischen der Rationalität der Wissenschaft und den Erkenntnissen und Erfahrungen anderer Lebenswelten, an denen auch die Studierenden zum Teil partizipieren, anders als bisher zu leisten und zugleich die wachsende Heterogenität, die die geschilderten Entwicklungen unter den Studierenden hervorbringen müssen, zu überbrücken, ja fruchtbar zu machen: das dürfte in der Tat die Herausforderung an eine auf die Zukunft orientierte Universität sein, und sie dabei zu unterstützen die Aufgabe der Hochschuldidaktik.

Walter Benjamin (1977) hat vor mehr als sechzig Jahren in seinem Essay "Das Leben der Studenten" noch in irritierender Radikalität Kritik an anderen als dem "System" (S.9) entsprechenden Verwendungen des Studiums als Berufsausbildung, bloßes Moratorium, Kommersleben, aber auch sozialem Engagement für fernliegende Zwecke (S.17ff.) geübt und als "bewußte Einheit" des Lebens der Studenten postuliert, "sich mit der Idee (sc. der Wissenschaft) zu durchdringen, "dem geistigen kritischen Dasein" verpflichtet (S.10, 13). Diese ganz aus dem Bilde der jugendlichen Hingabe an die Wissenschaft abgeleitete Bedeutung könnte das Studium allenfalls dann (wieder)gewinnen, wenn sich die Wissenschaft ihrerseits, als Philosophie, den anderen Erfahrungen und Problemen der Studierenden, als Bürger, öffnete.

Literatur

ABRAHAMSSON, K.: Young students and studying adults: Changes in Swedish higher education. In: European Journal of Education 19 (1984), No.3, 283-298

ALLERBECK, K.: Soziologie radikaler Studentenbewegungen. München: Oldenbourg 1983

ALLERBECK, K./ HOAG, W.: Jugend ohne Zukunft? Einstellungen, Umwelt, Lebensperspektiven. München: Piper 1985

BARGEL, T. u.a.: Studiensituation und studentische Orientierungen. Bad Honnef: Bock 1984a (Studien zur Bildung und Wissenschaft, hg. vom BMBW, H.5)

BARGEL, T. u.a.: Ist die These vom Wandel der Sozialisation haltbar? In; Hochschulausbildung 2 (1984b), H.3, 137-147

BENJAMIN, W.: Das Leben der Studenten. In: ders.: Illuminationen. Frankfurt: Suhrkamp 1977, S. 9-20

BMBW = Bundesminister für Bildung und Wissenschaft (Hg.): Grund- und Strukturdaten 1977. Bonn 1977

BMBW = Bundesminister für Bildung und Wissenschaft (Hg.): Grund- und Strukturdaten 1983/84. Bonn 1983

BRAUNGART, G. u.a. (Hg.): Studium 80 - Hochschule in der Diskussion. Stuttgart: Alektor, 1981

BURKART, G.: Strukturtheoretische Vorüberlegungen zur Analyse universitärer Sozialisationsprozesse. In: Kölner Zeitschrift für Soziologie und Sozialpsychologie (1982), H.3, 435-443

CERYCH, L.: International Comparisons. Appendix to WILLIAMS, G./ BLACKSTONE, T.: Response to Adversity. Guilford: Society for Research into Higher Education 1983, S. 133-146

CIUCCI, R.: Studying in 1984: A Part-Time Activity along with other jobs? Illustrations from Italy. In: European Journal of Education 19 (1984), No. 3, 229-308

CROSS, K.P.: Beyond the open door San Francisco: Jossey Bass 1971

DIPPELHOFER-STIEM, B.: Entfernung oder Integration? Universität und Studium in der Sicht von Studierenden aus Arbeiterfamilien. In: Zeitschrift für Sozialisationsforschung und Erziehungssoziologie 5 (1985), H.1, 129-143

EDDING, F. u.a.: Studium neben dem Beruf. Eine Projektskizze. Bonn 1977 (Schriftenreihe Hochschule hg. vom BMBW, H.26)

FISCHER-BLUHM, K./ HUBER, L.: Erfahrungen von Hochschullehrern in der Weiterbildung. In: Hochschulausbildung (4 (1986) H.1, 1-16

FRAMHEIN, G.: Alte und neue Universitäten. Einzugsbereich und Ortswahl der Studenten, Motive und Verhalten. Bad Honnef: Bock 1983 (Schriftenreihe Hochschule, hg. vom BMBW, H.44)

GUTWENIGER, H. u.a.: Wege und Umwege. Studienbiografien aus Österreich. Wien: Verlag für Gesellschaftskritik, 1982

HABERMAS, J.: Das chronische Leiden der Hochschulreform. In: Merkur, Heft 109, März 1957

HEINZEN, G./ KOCH, U.: Von der Nutzlosigkeit, erwachsen zu werden. Reinbek: Rowohlt 1985

INFRATEST SOZIALFORSCHUNG: Student und Gesellschaft angesichts veränderter Rahmenbedingungen des Studiums. Kurzfassung in: BMBW (Hg.): Thema: Student und Gesellschaft. Bonn: Sept. 1982

IRLE, M.: Die soziale Lage der Studenten und ihre Auswirkungen auf die Gemeinschaft der Lehrenden und Lernenden. In: Die Gemeinschaft von Lehrenden und Lernenden. 34. Hochschulverbandstag. Bonn-Bad Godesberg: Hochschulverband 1984 (Forum des HV, H. 34)

JENS, W. (Hg.): Studentenalltag. München: Knaur 1985

JOAS, H.: Universität und Rationalität. Über Talcott Parsons' Beitrag zur Soziologie der Universität. In: G. Grohs u.a. (Hg.): Kulturelle Identität im Wandel. Stuttgart: Klett-Cotta 1980, S. 236-250

KATH, G. u.a.: Das soziale Bild der Studentenschaft in der Bundesrepublik Deutschland. Ergebnisse der 9. Sozialerhebung des Deutschen Studentenwerkes im Sommersemester 1979. Bonn: Bundesminister für Bildung und Wissenschaft 1980 (Schriftenreihe Hochschule 34)

KLÜVER, J.: Universität und Wissenschaftssystem. Frankfurt: Campus 1983

KREUTZ, H.: Die dreigeteilte Welt des Studenten. Teil I: Allgemeine Lebenssituation, außeruniversitäre Beziehungen und Zukunftsbezug. (Forschungsprojekt Sozioökonomische Lage von Studenten in Niedersachsen, Projektinformation Nr. 1.3) Hannover: Universität 1979

LANGER, J.: Hochschulzugang unter rollen- und struktursoziologischer Perspektive. In: P. KELLERMANN (Hg.): Studienaufnahme und Studienzulassung. Klagenfurt: Kärntner Druck- und Verlagsgesellschaft 1984, S. 49-68

LEVINE, A.: When Dreams and Heroes Died. A Portrait of Today's College Student. San Francisco: Jossey-Bass 1981

LIEBAU, E.: Studentische Erfahrungen im Wandel - oder was es bedeuten kann, heutzutage ein "neuer" Student zu sein. In: Neue Sammlung 21 (1981), H.5, S. 405-431

LIEBAU, E.: Expansion of higher education and crisis of employment: a chance for education? In: European Journal of Higher Education 19 (1984), No.3, 269-282

LIEBAU, E./ HUBER, L.: Die Kulturen der Fächer. In: Neue Sammlung 25 (1985), H.3, S. 314-339

NEIDHARDT, F.: Randgruppen der Universität. Zur Soziologie der Studenten. In: J. NEUMANN (Hg.): 500 Jahre Eberhard-Karls-Universität Tübingen. Wissenschaft an der Universität heute. Tübingen: Attempto-Verlag 1977, S. 335-364

NEUBAUER, G.: Wohn- und Lebensformen von Studenten in Niedersachsen. (Forschungsprojekt Sozioökonomische Lage von Studenten in Niedersachsen. Projektinformation Nr. 1.2) Hannover: Universität 1978

NITSCH, W.: Hochschule. Soziologische Materialien. Heidelberg: Quelle & Meyer 1967 (Gesellschaft und Erziehung, hg. von C.-L. FURCK u.a., Teil VIII)

NITSCH, W.: Die soziale Dynamik akademischer Institutionen. Weinheim: Beltz 1973, bes. S. 375ff., 402ff., 408ff.

PARSONS, T./ PLATT, G.M.: The American University. Cambridge (Mass.) 1973

PARSONS, T./ PLATT, G.M.: Alter, Sozialstruktur und Sozialisation in der Studienphase. In: K. HURRELMANN (Hg.): Sozialisation und Lebenslauf. Reinbek: Rowohlt 1976, 186-202

PAULSEN, F.: Geschichte des gelehrten Unterrichts auf den deutschen Schulen und Universitäten vom Ausgang des Mittelalters bis zur Gegenwart. 2 Bde., Leipzig 1919[3] (unveränd. Nachdruck Berlin: de Gruyter 1965)

PERCY, Keith: Adult Learners in Higher Education. In: C. Titmus (ed.): Widening the Field. Continuing Education in Higher Education. Guildford: SRHE & NFER-Nelson 1985, S. 30-50

PRAHL, H.W.: Sozialgeschichte des Hochschulwesens. München: Kösel 1978

PROJEKT STUDIUM NEBEN DEM BERUF. Schlußbericht. Hagen: Fernuniversität, Mai 1984 (Hektogr.Ms.)

SCHELSKY, H.: Die skeptische Generation. Eine Soziologie der deutschen Jugend. Düsseldorf 1957

SCHNITZER, K. u.a.: Das soziale Bild der Studentenschaft in der Bundesrepublik Deutschland. Ergebnisse der 10. Sozialerhebung des Deutschen Studentenwerks im Sommersemester 1982. Bad Honnef: Bock 1983 (Schriftenreihe Hochschule, hg. vom BMBW, H.46)

SCHOBER, Sieghild: Studienzeitverlängerung. Düsseldorf: Mannhold 1981 (Schriftenreihe PPP: Hochschulforschung)

Wissenschaftsrat: Zur Lage der Hochschulen Anfang der 80er Jahre. Quantitative Entwicklung und Ausstattung. Statistischer Anhang. Köln: Wissenschaftsrat 1983

WOLSCHNER, K. (Hg.): Studentenleben. Reinbek: Rowohlt, 1980

WUGGENIG, U.: Berufseinmündung, Arbeitsmarktprobleme und beruflicher Zukunftsbezug.
Teil I: Beschreibung der Hauptergebnisse; Teil II: Tabellenband (Forschungsprojekt Sozioökonomische Lage von Studenten in Niedersachsen, Projekt-Deskription Nr.5.1 und 5.2). Hannover: Universität 1980

ZIEHE, Thomas: Pubertät und Narzißmus. Stuttgart: eva, 1975

ZINNECKER, J.: Jugend 1981: Porträt einer Generation. In: JUGEND '81. Hamburg: Jugendwerk der Deutschen Shell 1981, Bd. 1, S. 80-122

STELLUNG UND AUFGABE DER FRAU IN DER UNIVERSITÄT

Roswitha Wisniewski / Carola L. Gottzmann

Im eben erschienenen Personal- und Informationsverzeichnis der Universität Heidelberg aus dem Jubiläumsjahr 1986 findet sich eine Studentenstatistik, die allerdings den Stand vom 15. November 1984 wiedergibt. Danach waren in Heidelberg unter 27.514 Studierenden 14.580 Männer und 12.934 Frauen zu verzeichnen.

Im Jahre 1985 gab es an der Universität Heidelberg 28.000 Studierende, davon 13.000 (= 46,4 %) Frauen. An der Ruperto Carola ist demnach die Verwirklichung der Gleichberechtigung hinsichtlich des Frauenstudiums fast perfekt erreicht! Im Bundesdurchschnitt rechnen wir mit einem Anteil von 38 % unter den Studierenden. Die Heidelberger Zahlen sind allerdings insofern nicht ganz vergleichbar, als sich eine gewisse Verschiebung durch das Fehlen der Ingenieurwissenschaften, unter denen sich wenige, und durch die Einbeziehung der Studierenden der Musikhochschule Heidelberg-Mannheim und der Pädagogischen Hochschule Heidelberg, unter denen sich viele Frauen befinden, ergibt.

Denn in Heidelberg wie in den Hochschulen der Bundesrepublik insgesamt ist der Frauenanteil in den einzelnen Fächern und Fächergruppen recht unterschiedlich. Ein Blick in die Statistik der Heidelberger Universität zeigt das. Bundesweit rechnet man zur Zeit mit folgender typischer Verteilung:

Studienfachwahl von **Frauen** an den Hochschulen der Bundesrepublik im Jahr 1984

Sprach- und Kulturwissenschaften, Sport	59,3 %
Kunst, Kunstwissenschaft	57,1 %
Agrar-, Forst- und Ernährungswissenschaften	45,7 %
Humanmedizin	40,0 %
Wirtschafts-, Gesellschaftswissenschaften	37,5 %
Mathematik, Naturwissenschaften	32,4 %
Ingenieurwissenschaften	11,3 %

Man kann feststellen: An den Hochschulen der Bundesrepublik sind Frauen als Studierende voll akzeptiert. Daß dies so ist, ist nicht selbstverständlich, sondern ein mühsam errungenes Recht.

Die Frage nach Stellung und Aufgabe der Frau in der Universität läßt sich nicht ohne einen Rückblick auf die nicht eben lange Geschichte des Frauenstudiums beantworten. Und so bitte ich um Verständnis für einige historische Reminiszenzen. Sie werden, so hoffe ich, zeigen, daß die Entscheidung für die Öffnung der Universitäten für Frauen sehr tief in allgemeinen Überzeugungen wurzelt, so daß die mit dem Frauenstudium zusammenhängenden Probleme auch stets recht grundsätzlicher Erörterung ideologisch-anthropologischer Art bedürfen.

Die deutschen Universitäten stehen den Frauen erst seit der Jahrhundertwende offen. Mehr als 500 Jahre hindurch war es Frauen in Deutschland nicht möglich, am Kulturgut Wissenschaft aktiv teilzunehmen. Wenn man sich vergegenwärtigt, welche Bedeutung die Entwicklung der Wissenschaft für das geistige Leben der Menschheit hat, welche tiefgreifenden Veränderungen des menschlichen Lebens von ihr ausgegangen sind, welche Bereicherung Kultur und Zivilisation durch sie in den fünf Jahrhunderten des Bestehens der deutschen Universitäten erfahren haben, dann wird deutlich, welch ein Gewicht dieser uns bisweilen so selbstverständliche Satz besitzt: fünf Jahrhunderte hindurch waren Frauen von der wissenschaftlichen Bildung und von der Teilnahme an Forschung und Lehre der Universitäten ausgeschlossen.

Warum war das so?

Frauenbildung hatte im mittelalterlichen Europa ihren Ort in den Frauenklöstern. Was hier an großartigen Leistungen zu verzeichnen ist, dürfte bekannt sein. Der Hinweis auf überragende Äbtissinnen wie Hildegard von Bingen, Herrad von Landsberg, Angela Merici, die den Schulorden der Ursulinen gründete, auf literarisch führende Ordensfrauen wie Roswitha von Gandersheim, Mechthild von Magdeburg, auf Eremitinnen, wie die Frau Ava, mögen genügen. Außerhalb der Klöster aber, in der allgemeinen Vorbildung der Mädchen auf ihren späteren Beruf als Ehefrau und Mutter, war die Bildungsvermittlung auf die Überzeugung gegründet, daß die Frau für den Mann und so wie es den Bedürfnissen des Mannes entspricht, gebildet werden muß. Die Ansicht, daß Frauen selbständige Individuen sind, die um ihrer selbst willen in ihren geistigen Kräften gefördert und gebildet werden müssen, existierte nur ganz vereinzelt.

Heute wird diese Auffassung von der Frau als eines vom Mann abgeleiteten Sekundärmenschen in den lapidaren Satz gekleidet: "Sie heiratet ja doch". Vielfach wird ihr damit eine weiterführende Ausbildung, die sie als selbständiges Wesen fördern würde, verweigert.

Eine klassische Formulierung dieses Denkens und seiner Begründung liest man in einem Parteiprogramm von 1884:

> "Das Regelrechte ist, daß Mädchen heiraten und ihre Bildung in der Ehe gewinnen; doch auch Schwestern, Töchter, Pflegerinnen werden durch Brüder, Väter, Kranke und Greise zu etwas gemacht, wenn sie diese Männer mit warmen Herzen bedienen ..."

Schätzt man Frauen in dieser Weise ein, so ist natürlich die Universität nicht der Ort, an dem ihr Daseinsberechtigung eingeräumt werden kann oder gar muß.

Es ist das unbestreitbare und historisch zu nennende Verdienst der europäischen Frauenbewegung, daß sich im 18./19. Jahrhundert eine andere Auffassung vom Wesen der Frau durchzusetzen begann. Damit im

Zusammenhang steht die Öffnung der Universitäten für Frauen und schließlich, in Deutschland seit 1920, die Erlaubnis für Frauen, sich zu habilitieren und damit Hochschullehrerin zu werden.

Der organisierte Feldzug für die Wertung der Frau als individueller, dem Mann gleichwertiger Mensch beginnt in Deutschland mit dem Wirken Louise Otto-Peters. Sie umschrieb dieses fundamentale Ziel der Frauenbewegung in der ihr eigenen Art mit folgenden Worten:

> "... daß die Frauen sich überhaupt freier durchs Leben bewegen lernen und bewegen dürfen. Dies eben kann zunächst nur durch individuelle Bildung befördert werden; denn nur ein selbständiges Herz führt zum selbständigen Handeln. Die meisten Frauen bleiben Zeit ihres ganzen Lebens hindurch - Kinder. Erst leben sie unter steter, ja stündlicher Aufsicht im Elternhaus und wagen keine anderen Ansichten zu haben als die in der Familie herrschenden; dann werden sie Gattinnen, und lieben sie den Gatten, so ist die Umbildung ihrer früheren Ansichten in die seinen leicht geschehen, gleichviel, ob es ganz entgegengesetzte sind oder nicht ... Die Frau muß fähig sein, selbständig zu urteilen, oder sie verletzt die menschliche Würde und ihre Weiblichkeit, indem sie zum Papagei wird, der gedankenlos nachplappert, was der Gebieter ihm vorgesprochen" ("Frauen und Politik").

Die Frauenbewegung konnte mit ihren Anliegen auf das Christentum zurückgreifen, wenn auch im Laufe der Jahrhunderte so manche hier begründete Tradition verschüttet und vergessen worden war. Durch das Christentum wurde die Frau als gleichwertige andere Ausprägung des Menschen neben den Mann gestellt, wie es jene berühmte Stelle der Genesis sagt: "Gott schuf den Menschen nach seinem Bild ... als Mann und Frau schuf er sie." (Gen. 1, 27). Ebenso berühmt ist freilich auch die Aussage des zweiten Schöpfungsberichts, wonach Gott die Frau aus der Rippe des Mannes formte (Gen. 2,1-21). Und wenn dies auch nach heutiger katholischer Theologie in der Bildsprache der Bibel bedeutet, daß Gott selbst zuerst den Mann, dann die Frau aus einem Teil von ihm geschaffen habe, so daß die Frau nicht vom Mann her und auf den Mann hin angelegt ist, sondern ihren Grund unmittelbar in Gott hat und auf Gott hin angelegt ist, mithin nicht dem Mann verfügbar, sondern dem Mann ebenbürtig (Hubert Müller), so ist doch allgemein bekannt, wie stark auch andere Vorstellungen durch diese Aussage der Bibel evoziert wurden.

Aber die Frauenbewegung konnte sich mit Recht auf die christliche Lehre von der Gleichwertigkeit der Frau berufen, und sie tat es. 1848 proklamierten Frauen in den USA ein Selbstverständnis, in dem sie sich als unentdeckte Schöpfung Gottes bezeichneten, mit unentwickelten Fähigkeiten, aber mit dem christlichen Naturrecht auf Chancengleichheit (Deklaration der Frauen von Seneca Falls). Man weiß, welches Ringen notwendig war, bis sich um die Jahrhundertwende auch die Universitäten Deutschlands diesen Einsichten beugten und Frauen als reguläre Studentinnen aufnahmen.

In einem der europäischen Länder, in Italien, ist freilich eine Sonderentwicklung bemerkenswert. Schon im 14. Jahrhundert machte sich bei den italienischen Frauen das Bestreben geltend, außerhalb des engen Familienkreises auf solchen Gebieten tätig zu sein, die zu damaliger Zeit ausschließlich den Männern vorbehalten waren. Die Renaissance gab auch den Frauen die Möglichkeit, ihre Individualität frei zu entfalten. Ihre soziale Stellung kam, so bemerkt Burckhardt (Kultur der Renaissance in Italien, 2. Aufl. Leipzig 1869), der des Mannes gleich. Das galt allerdings nur für die Kreise, in denen die Frauen Zeit und finanzielle Unabhängigkeit besaßen, um sich eine höhere Bildung anzueignen, doch galt dies weitgehend ja auch für Männer. Seit der Renaissance blieb in Italien mehrere Jahrhunderte hindurch die Bildung der Frauen auf einer höheren Stufe als in anderen europäischen Ländern. Zahlreiche Frauen lehrten an den Universitäten und waren um ihrer wissenschaftlichen Leistungen willen berühmt.

Dotta, Tochter des Accorso, studierte die Rechte, Novella, Tochter des Andrea, vertrat im Jahr 1312 ihren erkrankten Vater in seinen Vorlesungen, allerdings verschleiert, um durch ihre Schönheit nicht die Konzentrationsfähigkeit der Studenten zu beeinträchtigen. Giovanna Bianchetta war Dichterin und Rechtsgelehrte, Caterina a Siena Schriftstellerin und Politikerin. Im 17. Jahrhundert war Anna Maria Aldoini Ludovisi Professor der Philosophie und Theologie. Maria Selvaggia Borghini widmete sich der Mathematik und Elena Cornaro Piscopia beherrschte fünf Sprachen und war sowohl in der Philosophie wie in der Mathematik, Theologie und Musik bewandert. Im 18. Jahrhundert lehrte Laura Caterina Bossi Physik an der Universität in Bologna und Anna Morandi Manzolini an derselben Universität Anatomie. Als Nachfolgerin ihres Lehrers Aponte erhielt Chlotilde Tambroni in Bologna eine Professur für griechische Literatur. Maria Dalle Donne wurde im Jahre 1793 zum Doctor der Medizin und Chirurgie ernannt und zur Vorsteherin einer Schule für Geburtshilfe in Bologna berufen. Hier erwarb auch Christina Roccati di Rovigo den Grad als Doctor der Physik und Mathematik. Sie alle übertraf an Ruhm Maria Gaetana Agnesi. Man nannte sie "das siebensprachige Orakel". Nach dem philologischen und philosophischen Studium ging sie zum Studium der Algebra und Physik über und veröffentlichte ein Lehrbuch, das von der französischen Akademie der Wissenschaften für das vollständigste Lehrbuch über diese Gegenstände erklärt wurde. Sie starb 1799 zu Mailand.

In den Umkreis der gelehrten italienischen Frauen gehört auch Olympia Morata (1526-1555), von der erzählt wird, sie habe an der Universität Heidelberg griechische Sprache und Literatur gelehrt. Das läßt sich nicht sicher bezeugen, doch darf Olympia zu den gelehrtesten Frauen des 16. Jahrhunderts gezählt werden. Sie war die älteste Tochter des berühmten Gelehrten Fulvio Morata, der die Kinder des Herzogs d'Este am Hof von Ferrara unterrichtete. Morata galt wegen ihrer erstaunlichen Kenntnisse der griechischen und der lateinischen Sprache als Wunderkind. Die Herzogin von Ferrara erbat sich Olympia zur Studiengefährtin ihrer Tochter Anna d'Este. Später heiratete Olympia den deutschen Arzt Andreas Gundler, mit dem sie, von Kriegswirren aus Schweinfurth fliehend, schließlich in Heidelberg Zuflucht fand.

Ihre Briefe aus Heidelberg lassen eine bewundernswerte geistige Lebendigkeit und Anteilnahme am kulturellen Geschehen trotz der schließlich zum Tode führenden Hinfälligkeit ihres Körpers erkennen. **Nihil vero**

magis cupio, quam ut serio ad sacrarum literarum studia te conferas, quae sola te cum Deo coniungere possunt et te in omnibus istius vitae miseriis consolari heißt in einem Brief aus Heidelberg im Jahr 1554 an Anna d'Este.

Vielleicht war es die geographische Nähe zu Italien, die ausgerechnet in der stark konservativ geprägten Schweiz dazu führte, daß bereits im 19. Jahrhundert Frauen zum Studium zugelassen wurden. Zu Beginn der vierziger Jahre hatten zwei Damen durch eine Spezialbewilligung der Erziehungsdirektion Zutritt zu Lehrveranstaltungen der philosophischen Fakultät Zürich erhalten. Ihr Beispiel veranlaßte 1864 und 1865 zwei russische Damen, das Studium der Medizin in Zürich aufzunehmen. Um das Jahr 1870 studierten dort drei Engländerinnen, eine Russin, eine Amerikanerin und eine Schweizerin Medizin. Von den Behörden wurde festgestellt, daß über die gesetzliche Zulässigkeit des Anspruchs auf Zutritt zu den akademischen Studien für weibliche Studierende kein Zweifel bestehen könne (Wyss). Im Wintersemester 1872/73 stieg die Zahl der weiblichen Studierenden auf 110, von denen 96 Russinnen waren. Im Frühjahr 1873 wurde durch Volksabstimmung das neue Gesetz, betreffend die Aufnahme von Studierenden an der Hochschule, das beiden Geschlechtern gleiche Rechte gewährte, in Kraft gesetzt. Im Sommer 1873 sank die Zahl weiblicher Studierender, die inzwischen auf 112 angewachsen war, infolge eines Befehls der russischen Regierung, die ihre Bürgerinnen zur Heimkehr verpflichtete, auf ein Minimum. 1871 hatte die erste Schweizerin das medizinische Examen bestanden und dadurch das Recht zur Ausübung der ärztlichen Praxis im gesamten Gebiet der Schweiz erlangt.

Eine der Russinnen, die im 19. Jahrhundert an westeuropäischen Universitäten studierten, war Sonja Kowalewski, die nachmals berühmte Mathematikerin. Sie begann ihr Studium 1869 in Heidelberg, nachdem sie, wie in den liberal gesonnenen Kreisen junger Leute in Rußland üblich, auf abenteuerliche Weise eine (Schein?)-Ehe mit dem Naturforscher Kowalewski durchgesetzt und sich auf diese Weise das Studium im Ausland ermöglicht hatte.

Eine Freundin Sonjas berichtet:

> "... alle sprachen von ihr als etwas ganz Außerordentlichem. Ihr Ruf verbreitete sich in der kleinen Stadt sogar so weit, daß die Leute auf der Gasse stehen blieben, um die merkwürdige Russin zu sehen. Einmal kam sie nach Hause und erzählte mir lachend, wie ein einfaches Weib mit einem Kind an der Hand stehen geblieben sei, sie angesehen und in deutscher Sprache laut zum Kinde gesagt habe: "Sieh, sieh, das ist das Mädchen, was so fleißig in die Schule geht." Zurückgezogen, schüchtern, beinahe verlegen in ihrem Benehmen gegen Lehrer und Kollegen, betrat Sonja den Hörsaal nie anders als mit niedergeschlagenen oder ruhig vor sich hinblickenden Augen. Sie sprach mit ihren Kameraden nur das Unvermeidlichste während der Übungen im Seminar. Dieses Wesen gefiel den deutschen Professoren sehr gut, denn diese schätzen bei einem Weibe immer die Bescheidenheit, besonders bei einer so einnehmenden jungen Frau, die eine so abstrakte Wissenschaft, wie

die Mathematik, studiert."

Zu Beginn des 20. Jahrhunderts erfuhr das Frauenstudium eine vehemente Entwicklung. Im Jahr 1931 studierten fast 20.000 Frauen an deutschen Hochschulen und Universitäten. Das waren 18,7 % aller Studierenden. Im Jahr 1920 erhielten Frauen in Deutschland das Recht, sich zu habilitieren, um als Professorinnen forschen und lehren zu können. 1927 gab es bereits 31 Hochschullehrerinnen (0,6 % aller Hochschullehrer). Der Nationalsozialismus versuchte diese Entwicklung zu bremsen. Es wurde eine Quote von 10 % für die Zulassung von Frauen zum Studium festgesetzt. Die Habilitation von Frauen wurde unterbunden. In einer Dequalifizierungsaktion wurde verboten, daß Frauen mit höheren Staatsämtern betraut wurden.

Die anthropologische Begründung dieser Maßnahmen lieferte Alfred Rosenberg (Mythos des 20. Jahrhunderts, S. 493), indem er erklärte:

> "Halten wir uns die anfangs dargestellte Tatsache vor Augen, daß in der ganzen Weltgeschichte Staat, soziale Architektonik, überhaupt jeder dauernde Zusammenschluß die Folge männlichen Wissens und männlicher Zeugungskraft gewesen sind, so ist klar, daß ein grundsätzlich zugestandener, dauernder staatlicher Einfluß der Frauen den Beginn des offenkundigen Verfalls darstellen muß. Es kommt hier gar nicht auf den guten Willen zur [positiven Mitarbeit], auch nicht auf die eine oder andere tüchtige, ja große weibliche Persönlichkeit, sondern auf das Wesen des Weibes an, das letzten Endes an alle Fragen lyrisch oder intellektuell, nicht architektonisch herangeht, d.h. nur das einzelne betrachtend, atomistisch und nicht zusammenschauend."

Es mag diesem Einfluß des Nationalsozialismus zu verdanken sein, daß die Stellung der Frau als Hochschullehrerin an deutschen Universitäten noch heute recht unbefriedigend ist. Die gegenwärtige Situation ist dadurch gekennzeichnet, daß zwar rechtlich den Frauen alle Möglichkeiten des beruflichen Aufstiegs offen stehen, daß sich aber tatsächlich eine Benachteiligung auch im Bereich der Hochschulen erkennen läßt. Das läßt sich vor allem an der Zahl der Hochschullehrerinnen ablesen. Während in der Bundesrepublik Deutschland heute fast 40 % der Studierenden Frauen sind, stellen sie jedoch nur ca. 15 % des sogenannten Mittelbaus. Unter den Professoren gab es 1982 sogar nur 5,2 % Frauen, unter den C4-Professoren ganze 2,5 %. Die Universität Heidelberg liegt noch unter diesem Durchschnitt, den der Präsident der Deutschen Forschungsgemeinschaft vor kurzem "beschämend" nannte. In Heidelberg lehren zur Zeit ca. 10 C3-Professorinnen (= 4,5 %) und 4 C4-Professorinnen (= 1,6 %).

Was sagt dieser statistische Befund aus?

Sind Frauen dümmer als Männer, so daß nur wenige geeignet sind, Spitzenpositionen in den Hochschulen einzunehmen? Sind Frauen weniger geeignet in der Lehre? Diese Frage läßt sich verneinen, weil Lehrerfolge von Frauen in den Schulen unbestreitbar sind und zu einem "Lehrerinnen-Boom" geführt haben. Sind also Frauen weniger begabt für die Forschung? Mangelt es ihnen an Ideen und an der Fähigkeit zu methodologischer Umsetzung der Einfälle in Theorien? Daß der Prozentsatz der Menschen, denen diese Begabung eigen ist, nicht sehr groß ist, wissen wir spätestens seit so mancher fehlgeschlagener Bemühung, vermutete Bildungsreserven für die Gymnasien zu erschließen. Aber ist der Frauenanteil unter diesen Begabungen wirklich so gering, wie es der Anteil der Frauen unter den Hochschullehrern vermuten läßt? Und ist insbesondere die nochmals geringere Zahl der Frauen in den naturwissenschaftlich-technischen Fächern ein Indiz für die dem weiblichen Geschlecht fehlende Begabung für abstrakt-mathematische Problemlösungen?

In einer Befragung, die Hans Anger Ende der fünfziger Jahre durchführte, gab ein Philologe eine Antwort, die diese Vermutung zu bestätigen scheint:

> "Die Leistung der Studentin ist viel geringer. Die Verständnismöglichkeit für Geschichte hapert. Wo es sich dagegen um deutsche Literatur handelt, übertreffen sie ihre männlichen Kollegen an der Fähigkeit zur Interpretation". (H. Anger, Probleme der deutschen Universität, 1960, S. 473)

Aber wie die kurzen Bemerkungen zur Geschichte der Wissenschaftlerinnen zeigte, wurden die hervorragendsten Leistungen von Frauen gerade auf naturwissenschaftlichem und mathematischem Gebiet erreicht. Eine naheliegende Erklärung dieser Tatsache dürfte darin liegen, daß naturwissenschaftlich-mathematische Leistungen wesentlich leichter objektiv zu bewerten sind als geisteswissenschaftlich-interpretatorische. Wenn Sonja Kowalewski, wie es berichtet wird, unter Überwindung ihrer Schüchternheit einen sich durch einen Fehler immer stärker in seiner Vorlesung verheddernden Mathematik-Professor auf seinen Fehler aufmerksam macht und durch die Berichtigung die Situation rettet, dann ist damit ihre Befähigung zur Wissenschaftlerin klar erwiesen. Wie aber soll eine noch so begabte Germanistik-Studentin einen Germanistik-Professor davon überzeugen, daß er bei seinem Ansatz zur Interpretation eines Goethe-Gedichtes von falschen, dem Gedicht oder der Zeit, der Logik, dem Autor nicht angemessenen Prämissen ausgegangen ist?

Daß den Frauen die Fähigkeit zum logischen Denken abgehe, ein nicht eben wenig weit verbreitetes Vorurteil, ist inzwischen durch die Tatsache widerlegt worden, daß Frauen ausgerechnet in der Juristerei durchschnittlich bessere Examina ablegen als ihre männlichen Kollegen. Diesbezügliche Folgerungen für den - für manche besorgniserregenden - Anstieg des Frauenanteils im Richteramt sorgten ja gerade für Schlagzeilen in den deutschen Massenmedien. Woran also liegt es, daß nur wenige Frauen in den Spitzenpositionen der Wissenschaft zu finden sind?

Es liegt zum einen sicherlich daran, daß viele Frauen ihre Karriere aufgeben zugunsten der Familie und daß die Zeit der Habilitation und der ersten selbständigen wissenschaftlichen Gehversuche zusammenfällt mit der Phase der Familiengründung. Wissenschaftliches Arbeiten und die Versorgung kleiner Kinder lassen sich nunmal schwer miteinander vereinbaren.

Ein anderer Grund dürfte in der sicher nicht eben ermutigenden Atmosphäre zu finden sein, die Frauen vielfach in den Hochschulen vorfinden. Außerdem braucht es nun mal die Entscheidung eines Professors, sich eines jungen Menschen, Mann oder Frau, anzunehmen, ihn oder sie zum Assistenten, zur Assistentin zu machen und ihr damit den Weg in die Wissenschaft und zur Habilitation zu eröffnen. Da C4-Professoren, die im wesentlichen über die Stellen für den wissenschaftlichen Nachwuchs verfügen, zu 97,5 % Männer sind, ist es vielleicht nicht so sehr erstaunlich, daß sich zur Zeit nur etwa 6 % Frauen unter den Neu-Habilitierten eines Jahrganges befinden. Es dürfte dasselbe Konglomerat von Gewohnheit, Vorurteil und berechtigten Vorbehalten im einen oder anderen Fall bestehen, daß etwa auch bei den Versuchen begegnet, Frauen in typischen Männerberufen wie Schlosser, Dachdecker oder Tischler, eine Stellung zu verschaffen. Die Mädchen, das haben viele Modellversuche erwiesen, sind ebenso leistungsfähig und einsatzfreudig wie die männlichen Jugendlichen und übertreffen diese sogar vielfach in den Leistungen. Dennoch aber finden sie viel schwerer als Jungen anschließend eine berufliche Anstellung.

Es sind wohl jahrhundertealte Gewohnheiten und Vorstellungen über die in unterschiedlichen Aufgaben und Begabungen von Mann und Frau, die in den Hochschulen wie überall im gesellschaftlichen Leben nachwirken.

Spricht man also über die Stellung und Aufgabe der Frau in der Universität, so ergibt sich leider zwangsläufig, daß man auf die Defizienzen eingehen muß, da Professorinnen immer noch eine Minderheit im Lehrkörper einer Universität sind, so daß der eigentliche bzw. typische Beitrag der Frau im akademischen Betrieb gar nicht sichtbar werden kann. Eine Analyse der Stellung der Frau an den deutschen Hochschulen muß geradezu eine Negativbilanz ergeben, weil eine volle Entfaltung der Potenzen der Frauen im Wissenschaftsbetrieb nicht gewährleistet ist.

In bezug auf den Frauenanteil an Universitäten muß sogar leider festgestellt werden, daß die bisher gepriesenen Zahlen rückläufig sind. Während 1982 die Anzahl der männlichen Professoren an Universitäten um 368 höher lag als 1980, nahm im selben Zeitraum die Zahl der Professorinnen an deutschen Universitäten um 17 ab. Das bedeutet bei den ohnehin unterrepräsentierten Frauen einen empfindlichen Einbruch. Zahlen aus den USA, die jüngst Hubert Markl, der Präsident der deutschen Forschungsgemeinschaft aufgrund einer Erhebung vom Januar 1986 vorlegte, werfen ein bezeichnendes Licht auf die Lage der Wissenschaftlerinnen in Deutschland: In den USA beträgt der Frauenanteil an full professors 4.600 von 67.500 insgesamt, d.h. 6,8 %. In der Bundesrepublik liegt der Anteil der den full professors vergleichbaren C4-Professoren bei etwas mehr als 2 %. Die relativ gute Bilanz in den USA kommt nicht von ungefähr. Die Beschäftigung von weiblichen Naturwissenschaftlern stieg in den letzten acht Jahren mehr als doppelt so schnell an als die von Männern, so daß jeder vierte Naturwissenschaftler eine Frau ist. Dies ist das Ergebnis vielfältiger Maßnahmen, um die Gleichstellung von Frauen in Wissenschaft und Technologie zu erreichen. Beispielsweise halfen die **affirmative actions** das allgemeine Bewußtsein zu wecken, daß Frauen benachteiligt werden.

Solange die Stellung der Frau an der Universität durch eine so gewaltige Unterrepräsentanz gekennzeichnet ist, muß sich diese Situation auch auf den Aufgabenbereich auswirken. Da grundsätzlich keine frauenspezifischen Sondermerkmale im Wissenschaftsbetrieb feststellbar sind, kann also nur die vordringlichste Aufgabe sein, Frauen die gleichen Chancen an den Universitäten einzuräumen wie den Männern (etwa durch zusätzliche Professorenstellen), damit sie am wissenschaftlichen Fortschritt partizipieren können.

Ein entscheidender Schritt in diese Richtung wurde durch die Novellierung des Hochschulrahmengesetzes geleistet:

> "Die Hochschulen wirken bei der Wahrnehmung ihrer Aufgaben auf die Beseitigung der für Wissenschaftlerinnen bestehenden Nachteile hin." (§ 2,2)

Ausdrücklich wird im zugehörigen Bericht (BT Drucksache 10/3751) festgestellt, daß die Regierungsfraktionen diese Bestimmung als eine zwingende Vorschrift verstehen. Allerdings bleibt es den Ländern und Hochschulen überlassen, das Rahmengesetz durchzusetzen, wobei unterschiedliche Regelungen in den Ländern wahrscheinlich sind.

Bei 98 % männlichen Professoren, die die maßgeblichen Entscheidungen in den universitären Gremien treffen, ist es vor allem wichtig, die Vorurteile und Bedenken gegenüber Frauen abzubauen, da sie durch kein Gesetz und keine Verordnung tiefgreifend verändert werden können. Dieser Bewußtseinsprozeß - die historische Entwicklung beweist das - läßt sich nicht so schnell herbeiführen, obgleich die gegenwärtige rasche Entwicklung eine zügige Antwort erfordert, um ein Antidiskriminierungsgesetz oder eine Quotenregelung zu vermeiden, die die Frauen selber nicht wollen, sondern nur als letztes Mittel ansehen, ihr Anliegen durchzusetzen.

Zum raschen Abbau der Diskriminierung und Unterrepräsentanz von Frauen an den Universitäten, der zu der gesetzlich garantierten Gleichstellung von Mann und Frau führt, sollten einige Förderungsmaßnahmen getroffen werden:

Qualifizierte Frauen müssen die Chance erhalten, aus der Isolation der Mittelbaustellen herausgeführt zu werden. Das gilt sowohl für die Frauen, die als zuverlässige Mitarbeiterinnen geschätzt werden, so daß Ordinarien manchmal nicht gerade darauf erpicht sind, sie zu habilitieren, da dieser Status mehr Selbstbewußtsein und wissenschaftliche Unabhängigkeit nach sich zieht, als auch für diejenigen, die Privatdozentinnen sind, aber wiederum auf eine Mittelbaustelle verwiesen werden, wo sie oft die gleichen Tätigkeiten verrichten wie zu der Zeit, da sie nicht habilitiert waren.

Wenn die Eignung von Frauen für die Wissenschaft evident ist, dann sollten für Frauen wissenschaftliche Förderungsprogramme bereitgestellt werden, die dazu beitragen sollen, die Forschung von Frauen zu intensivieren. Damit keine Mißverständnisse entstehen: Eine solche Maßnahme hat nicht das Ziel, den Frauen Vorteile gegenüber ihren männlichen Kollegen einzuräumen. Sie dient vielmehr nur dazu, die eklatante Benachteiligung der Frauen auszugleichen.

Es ist ein unbestrittener Faktor, daß die meisten Professorinnen auf C2/C3-Stellen sitzen, wo sie keinerlei Möglichkeiten besitzen, initiativ zu werden. Sie haben deshalb auch keine Chance, wissenschaftlichen Nachwuchs zu fördern. Aus diesem Grund ist es dringend erforderlich, mehr C4-Professorenstellen für Frauen einzurichten, um den Studentinnen zu zeigen, die nahezu die Hälfte der Studierenden ausmachen, daß die Karriere der Frauen an den Universitäten nicht bei A 13 oder BAT IIa endet. Leicht ließe sich ein Maßnahmenkatalog zur Förderung der Frauen an den Hochschulen noch erweitern. Nichts wird sich aber an der Stellung der Frau an den Universitäten ändern, so lange nicht die Kriterien zur Erlangung der Schlüsselpositionen verändert werden. Denn das größte Handicap der Frauen ist nun einmal, daß sie Frauen sind.

Abschließend darf festgestellt werden, daß die Stellung der Frau an deutschen Hochschulen dadurch gekennzeichnet ist, daß sie eine Ausnahme im akademischen Leben einnimmt. Sie ist eine Randerscheinung und ihre Funktion kommt eher der einer Statistin gleich, die das Szenarium vervollständigt und das soziale Gewissen beruhigt. Obwohl keinerlei Unterschiede in der Stellung und der Aufgabe der Frauen im Hochschulbereich feststellbar sind, wird die Frau stets im Brennpunkt stehen. Denn irgendein Fehler wird nicht einem Individuum angelastet, sondern den Frauen allgemein. Es muß daher die vordringlichste Aufgabe sein, die Situation der Frauen in normale Bahnen an der Universität zu lenken und sie zu einem integralen Bestandteil des akademischen Lebens zu machen.

DIE UNIVERSITÄT VOR DEN ANFORDERUNGEN DER MODERNEN ARBEITSWELT

Ulrich Teichler

1. Zum Themenwandel in der Diskussion über Beziehungen von Hochschule und Beschäftigungssystem

Einschätzungen der Beziehungen zwischen Hochschule und Beschäftigungssystem haben sich in westlichen Industriegesellschaften innerhalb der letzten Jahrzehnte dramatisch verändert. In den späten fünfziger und frühen sechziger Jahren begann man, die Hochschulexpansion als einen wichtigen Faktor zur Stimulierung des Wirtschaftswachstums zu deuten. Gleichzeitig verbreitete sich international in der Bildungspolitik der Optimismus, daß Bildungsexpansion sowohl zum Wirtschaftswachstum als auch zum Abbau sozialer Ungleichheit beitragen werde (OECD 1966; Huefner/Naumann 1971).

Aber schon im Laufe der sechziger Jahre setzte sich weitgehend die Einschätzung durch, daß eine weitgehende Bildungsexpansion nicht ohne tiefgreifende Veränderungen des Hochschulwesens realisierbar sei; das Hochschulwesen müsse auf die wachsenden Studentenzahlen und damit auf ein vergrößertes Spektrum von Motiven, Befähigungen und Berufsperspektiven reagieren. Erforderlich seien dabei Veränderungen in der Struktur des Hochschulwesens und ebenfalls veränderte Akzentsetzungen in Lehre und Studium in den weniger anspruchsvollen Bereichen des Hochschulwesens (siehe OECD 1974; Hermanns/Teichler/Wasser 1983).

Im Laufe der siebziger Jahre schlug der Optimismus bei der Beurteilung der Bildungsexpansion in extremen Pessimismus um. Man fürchtete ernsthafte Diskrepanzen in den Beziehungen von Hochschule und Beschäftigungssystem im Sinne von Überqualifikation (siehe die Übersicht der Diskussion in Teichler/Hartung/Nuthmann 1980). Auch kam vielfach Enttäuschung zum Ausdruck, daß die Bildungsexpansion und die Bildungsreformen nicht stärker zum Abbau sozialer Ungleichheit beigetragen hätten (siehe Husén 1979). Seitdem konzentriert sich die Diskussion auf Probleme, die sich angesichts eines relativ hohen Angebots an Hochschulabsolventen ergeben, auf Entwicklungen und Politiken, die die Beschäftigungsprobleme für Hochschulabsolventen verringern könnten, sowie auf neue Folgeprobleme solcher Anpassungsprozesse. Dabei traten an die Stelle des Pessimismus der siebziger Jahre allmählich eher pragmatische Einschätzungen. Dies unterstreicht, daß manche Probleme sich nicht so gravierend entwickelten und daß man sich im Laufe der achtziger Jahre an manche bestehenden Probleme gewöhnte (siehe OECD 1983; Neave 1985).

Beachtenswert ist, daß gerade in den sehr pessimistischen Betrachtensweisen die Dynamik der Beziehungen zwischen Hochschule und Beschäftigungssystem nicht verändertem Bedarf seitens des Beschäftigungssystems zugeschrieben, sondern als Folge des relativ hohen Angebots an

Hochschulabsolventen gesehen wird: danach gerät schneller Wandel im Hochschulwesen zum langsamen Wandel des Beschäftigungssystems in Widerspruch. Gleichzeitig werden solche Dynamiken, die vom Bildungssystem ausgehen, jedoch sehr häufig als prinzipiell wirkungslos interpretiert: Wenn die Bildungsexpansion nicht in Abstimmung mit verändertem Bedarf erfolge, so kann man nach solchen Vorstellungen nur Anpassung oder überflüssige Konflikte, nicht aber Veränderungen des Beschäftigungssystems erwarten, die von der Bildungsexpansion ausgelöst sind.

Im Laufe der achtziger Jahre gewannen zwei weitere Themen in der Diskussion über Beziehungen von Hochschule und Beschäftigungssystem große Bedeutung. Erstens wurde der Mangel organisierter Arbeit - am deutlichsten in Form hoher Arbeitslosigkeit erkennbar - nicht länger als ein kurzfristiges konjunkturelles Phänomen interpretiert. Einschätzungen gewannen an Gewicht, daß eine 'Krise der Arbeitsgesellschaft' eingetreten sei, bei der der typische Wegfall organisierter Arbeit durch Rationalisierung nicht mehr, wie das früher der Fall war, durch Entstehung neuer organisierter Arbeit ausgeglichen werde. Zweitens scheinen neue Technologien einen schnelleren Wandel von Arbeitsaufgaben und Qualifikationsanforderungen nach sich zu ziehen, als dies früher der Fall war. Innovationen im Bildungssystem wurden wieder für wichtig erachtet; zugleich zeigte sich jedoch große Unsicherheit, wie sich der Bedarf im Hinblick auf Fachrichtungen, Ausbildungsniveaus, Arten von Spezialisierungen usw. entwickeln werde.

Manche Experten behaupten, daß dadurch eine so eingreifende Veränderung der Beziehungen von Bildungs- und Beschäftigungssystem zu erwarten sei, daß frühere Problemdiskussionen bereits total veraltet seien. Nach solchen Interpretationen geht es nicht mehr darum, wie das reichliche Angebot an Hochschulabsolventen bewältigt wird, sondern wie die Hochschulen sich auf Veränderungen der Arbeit und der Beschäftigung umstellen können.

Somit ergeben sich vor allem vier Fragen im Hinblick auf die zukünftigen Beziehungen von Hochschule und Beschäftigungssystem:

(1) Ist Hochschulexpansion weiterhin von großer Bedeutung für die Beziehungen von Bildungs- und Beschäftigungssystem?

(2) Zeigen sich bei der Verarbeitung der Hochschulexpansion lediglich Anpassungsprozesse im Sinne von adaptiver Ausbildungsgangwahl und folgenloser Absorption von Hochschulabsolventen im Beschäftigungssystem, oder ergeben sich dabei substantielle Veränderungen in Hochschule und Beschäftigungssystem?

(3) Welchen Stellenwert haben Veränderungen in der Menge organisierter Arbeit für die Hochschulen?

(4) Wie beeinflussen neue Technologien quantitativ und qualitativ den Bedarf an Hochschulabsolventen, und was bedeuten solche Veränderungen für die Zukunft der Hochschulen?

2. Gemeinsamkeiten in westlichen Industriegesellschaften und Besonderheiten in der Bundesrepublik Deutschland

Diskussionen über Veränderungen in den Beziehungen von Bildungs- und Beschäftigungssystem in den letzten Jahrzehnten waren weitgehend internationale Diskussionen. Die OECD spielte eine bedeutende Rolle bei der Ausbreitung der Vorstellung, daß Bildungsexpansion zur Stimulierung des Wirtschaftswachstums erforderlich sei. Auch die pessimistische Stimmung über vermeintliche Überqualifikation war, ebenso wie später die Gewöhnung an das reichliche Angebot von Hochschulabsolventen, ein internationales Phänomen. Mangel an organisierter Arbeit entwickelte sich seit 1973 allmählich zu einer international bedeutsamen Frage. Schließlich wird als Folge der neuen Technologien häufig ein direkterer internationaler Wettbewerb nicht nur in Produktion und Dienstleistungen gesehen, sondern auch in der Qualifikationsstruktur der Erwerbsbevölkerung.

Das bedeutet jedoch nicht, daß die Diskussionen im nationalen Rahmen lediglich internationale Diskussionen reproduzierten und in allen westlichen Industriegesellschaften sich mehr oder weniger gleichartig abspielten. Vielmehr zeigte sich, daß in der Bundesrepublik Deutschland die Wogen der Hoffnungen und Befürchtungen, die sich mit der Hochschulexpansion und den damit verbundenen Veränderungen in der Beziehung von Bildungs- und Beschäftigungssystem ergaben, weitaus höher schlugen als in den meisten anderen Industriegesellschaften.

Die um 1960 vorherrschenden Konzepte über Bildungsexpansion und Wirtschaftswachstum lösten ernsthafte Debatten aus, denn danach war das westdeutsche Bildungssystem in seiner Betonung der beruflichen Ausbildung und in den geringen Quoten von Abiturienten und Studenten sehr rückständig. So wurde im Hinblick auf die zukünftige wirtschaftliche Entwicklung von der deutschen "Bildungskatastrophe" gesprochen; auch die geringe Quote von Arbeiterkindern an Studierenden - fünf Prozent um 1960 - galt als Zeichen für gesellschaftliche Rückständigkeit.

Offenkundig war auch, daß die Hochschulexpansion und nachfolgende Veränderungen in der Beschäftigung von Hochschulabsolventen sich in der Bundesrepublik Deutschland nicht glatt vollziehen, sondern im Vergleich zu anderen Industriegesellschaften mit großen Problemen verbunden sein würden (Teichler/Sanyal 1982): Bei der bestehenden Wissenschaftsorientierung der Hochschulen mußte Expansion ohne Strukturveränderungen zu hohen Kosten führen. Die starke Betonung der Berufsvorbereitung in Lehre und Studium machte Komplikationen bei der Beschäftigung der wachsenden Zahl von Hochschulabsolventen wahrscheinlich, da solche relativ spezifische Berufsorientierung gewöhnlich graduelle Substitutionsprozesse und Veränderungen in den Erwartungen erschwert. Die weitgehend einheitlichen Qualitätsansprüche der Universitäten versperrten den typischen Ausweg hierarchisch strukturierter Hochschulsysteme, bei denen die Elite-Universitäten wenig von der Expansion in anderen Bereichen berührt wurden; in der Bundesrepublik Deutschland waren vielmehr alle Hochschulen von den Folgen der Expansion betroffen. Schließlich warf die starke Rolle des Staates gegenüber den Hochschulen dauerhaft die Frage auf, wie weit Hochschulplanung sich an den Beschäftigungschancen der Hochschulabsolventen orientieren solle.

Somit kann es auch nicht verwundern, daß auch um 1970, als die Bildungsexpansion allgemein relativ positiv beurteilt wurde, häufig Stimmen über die Gefahr eines "akademischen Proletariats" zu hören waren. Um 1975 schließlich kam es in der Bundesrepublik Deutschland zu besonders negativen Prognosen über die Zukunft der Hochschulabsolventen: nach den Aussagen privater und öffentlicher Beschäftiger war zu vermuten, daß in den 80er Jahren fast zwei Drittel der Hochschulabsolventen unbeschäftigt oder unter Niveau beschäftigt sein würden.

Vorliegende Statistiken zeigen, daß Akademikerarbeitslosigkeit zwar ein gravierendes Problem geworden ist, aber im internationalen Vergleich keinesfalls herausragt. Dennoch scheint die Besorgnis über Beschäftigungsprobleme von Hochschulabsolventen in der Bundesrepublik Deutschland besonders stark ausgeprägt zu sein; dazu trägt bei, daß man gerade angesichts der geringen Flexibilität in der Beziehung von Ausbildung und Beruf eine Verschärfung der Probleme in naher Zukunft erwartet. Hinzu kommt, daß die hohe Arbeitslosigkeit seit 1973 das Selbstbewußtsein der Deutschen besonders stark erschütterte, weil sich in den Jahrzehnten zuvor nach dem "Zusammenbruch" am Ende der Nazi-Herrschaft das "Wirtschaftswunder" zur Hauptquelle des Stolzes entwikkelt hatte.

Schließlich sind in der Bundesrepublik Deutschland auch die Besorgnisse über den Stellenwert neuer Technologien besonders ausgeprägt. Generell wird angenommen, daß der wirtschaftliche Erfolg in der Vergangenheit auf einem hohen technischen Standard beruht habe; dieser wird nun angesichts technologischer Erfolge in den USA und in Japan für gefährdet gehalten. Die Angst, im internationalen Wettbewerb in Rückstand zu geraten, ist derzeit weitaus verbreiteter als zu Beginn der sechziger Jahre die damalige Sorge über eine zu befürchtende "Bildungskatatrophe".

Daher ist die Diskussion über die Herausforderungen, denen die Hochschulen in ihren Beziehungen zum Beschäftigungssystem ausgesetzt sind, in der Bundesrepublik Deutschland besonders lebhaft. Selbst wenn man manche Aspekte dieser Diskussion als extrem oder als übertrieben im internationalen Vergleich betrachten mag, ist der Wandel der Beziehungen von Hochschule und Beschäftigungssystem in der Bundesrepublik Deutschland ein besonders interessantes Fallbeispiel (vgl. Teichler 1986, S. 53-92).

3. Zunahme der Akademikerquote - ein Dauerphänomen

Bildungsexpansion scheint nach wie vor stattzufinden, wenn man das Sekundarschulwesen betrachtet. Der Anteil von Jugendlichen, die das Abitur erwerben, an der entsprechenden Altersgruppe stieg von 7 Prozent im Jahre 1965 über 10 Prozent im Jahre 1970 und 16 Prozent im Jahre 1980 schließlich auf 20 Prozent im Jahre 1984. Wenn man alle Sekundarschulabschlüsse mit Hochschul- und Fachhochschulreife zusammenfaßt, so verließen 19 Prozent der entsprechenden Altersgruppe im

Jahre 1975 die Schule mit einer Studienberechtigung. Dieser Anteil stieg bis 1984 auf 29 Prozent. Nach Prognosen der Kultusministerkonferenz sind ein weiterer Anstieg auf 37 Prozent Ende der achtziger Jahre und erst danach möglicherweise ein gewisser Rückgang zu erwarten (BMBW 1985, S. 65). Welch große Folgen diese Entwicklung für den Arbeitsmarkt haben mag, läßt sich daraus erkennen, daß der Anteil der Personen mit Hochschulabschluß an der Erwerbsbevölkerung Mitte der achtziger Jahre lediglich 9-10 Prozent betrug (BLK 1985).

Bis zur Mitte der siebziger Jahre war die jährliche Zahl der Schulabgänger mit Studienberechtigung ungefähr ebenso hoch wie die der Studienanfänger. Einerseits verzichtete ein kleiner Anteil der ersteren auf ein Studium, andererseits gab es einige Studienanfänger mit besonderen Studienberechtigungen. Daher hätte man für die nachfolgenden Jahre einen deutlichen Anstieg der Hochschulabsolventen in absoluten Zahlen wie im Anteil an der entsprechenden Altersgruppe erwarten können. Tatsächlich traten jedoch eine Stagnation der Quote der Studienanfänger in Höhe von 19-21 Prozent und nur eine ganz geringe Zunahme der Absolventenquote ein. Denn von den studienberechtigten Schulabgängern

- verzichteten einige endgültig auf ein Studium,
- wählten einige eine Berufsausbildung und verschoben ihre Entscheidung, ob sie später studieren oder nicht,
- entschieden sich einige für Wartezeiten vor Studienbeginn oder bei Studienende beziehungsweise nahmen Wartezeiten in Kauf,
- entschlossen sich einige zur Fortsetzung des Studiums über einen ersten Abschluß hinaus (siehe Wissenschaftsrat 1983).

Experten stimmen darin überein, daß die weitgehende Konstanz der Hochschuleintrittsquote trotz steigender Quote beim Erwerb von Studienberechtigungen sich in erster Linie über Veränderungen in der Einschätzung der Beschäftigungsaussichten sowie der eigenen Eignungen und Neigungen seitens der Jugendlichen vollzog. Sicherlich haben die öffentlichen Diskussionen solche Einschätzungen beeinflußt. Auch hatten Zugangsbeschränkungen bei manchen Studienfächern und manche hochschulkapazitätsorientierte Maßnahmen gleichgerichtete Wirkungen. Selbst wenn man berücksichtigt, daß der Stellenwert solcher Maßnahmen unterschiedlich eingeschätzt wird, ist die Stagnation der Studienanfängerquoten nicht primär als unmittelbares Ergebnis von Steuerungsmaßnahmen zu betrachten.

Nach Angaben des Bundesministeriums für Bildung und Wissenschaft scheint der Anteil der Hochschulabsolventen an der entsprechenden Altersgruppe von etwa 14 Prozent im Jahre 1975 auf etwa 15 Prozent im Jahre 1983 gestiegen zu sein. Folgt man den Schätzungen des Wissenschaftsrats, der Doppelzählungen von Personen zu vermeiden sucht, die mehr als einen Hochschulabschluß erwerben, so ergibt sich für 1975 wie für 1983 eine Quote von etwa 12 Prozent (Wissenschaftsrat 1986).

Diese Quote erscheint als überraschend gering, wenn man Schätzungen berücksichtigt, die davon ausgehen, daß insgesamt etwa 90 Prozent der Studienanfänger ein Studium abschließen, wenn auch viele davon erst nach langen Studienzeiten, nach Studienfachwechseln und Hochschulwechseln. Ein Teil der verbleibenden statistischen Lücke mag darauf zurückzuführen sein, daß in den letzten Jahren Studienzeitverlängerungen wie Entscheidungen für die Fortsetzung des Studiums nach einem ersten Abschluß zugenommen haben.

Dennoch ist zu erwarten, daß der Anteil der Hochschulabsolventen an den potentiellen Berufsanfängern in den nächsten Jahren deutlich steigen wird. Der "Geburtenberg" um 1964 hatte nämlich zunächst zur Folge, daß trotz steigender absoluter Zahlen der Hochschulabsolventen deren Quote an den potentiellen Berufsanfängern nicht stieg, denn der demographische "Berg" hatte Jahrgänge von Berufsanfängern ohne Hochschulabschluß erreicht. Dieses Verhältnis kehrt sich nunmehr um: die Altersstufe des Hochschulabschlusses nimmt weiterhin zu, während Berufsanfänger ohne Hochschulabschluß aus demographischen Gründen in der Zahl zurückgehen. Auf der Basis vorliegender Statistiken und Prognosen habe ich geschätzt, daß der Anteil der Hochschulabsolventen unter den potentiellen Berufsanfängern 1970 wie 1985 etwa 14 Prozent betrug, aber bis 1995 auf 22 Prozent steigen wird (Teichler 1983, S. 87). Selbst wenn neueste Schätzungen der Kultusministerkonferenz (KMK 1986) etwas geringere Absolventenzahlen erwarten lassen, so ist damit nicht in Frage gestellt, daß die stärksten Auswirkungen der Hochschulexpansion für den Arbeitsmarkt noch ausstehen.

4. Herausforderungen als Folge steigender Akademikerquoten

Obwohl die Zahl der Hochschulabsolventen in der Bundesrepublik Deutschland nicht so stark angestiegen ist, wie man vor einigen Jahren erwartet hatte, steigt der Anteil der Personen mit Hochschulabschluß an der Erwerbsbevölkerung, das heißt an den Erwerbstätigen und den Beschäftigungssuchenden, mehr oder weniger kontinuierlich an. Dabei gibt es, wie später noch zu behandeln ist, auch Konsequenzen wie Wartezeiten zwischen Studienabschluß und Berufsbeginn, wachsende Arbeitslosigkeit sowie die Ausbreitung eines "zweiten Arbeitsmarktes"; aber Mikrozensus-Daten deuten darauf hin, daß die Zahl der Personen, die ein Studium an einer Hochschule bzw. Fachhochschule erfolgreich abgeschlossen haben und regulär berufstätig sind, relativ gleichmäßig zunimmt: Die Zunahme über den Zeitraum von 1976 bis 1982 betrug insgesamt ebenso etwa 450.000 wie in den sechs Jahren zuvor. Dabei zeigen detaillierte Daten, daß sich eine Zunahme im privaten wie im öffentlichen Bereich ergibt. Allerdings scheint sich die Berufstätigkeit von Akademikern am stärksten im Bereich von "Organisationen ohne Erwerbscharakter" und in manchen weiteren Bereichen zu ergeben, deren Beschäftigungsstruktur weniger fest gefügt ist als die der öffentlichen Verwaltung und der privaten Großbetriebe (siehe Hegelheimer 1984; BLK 1985).

Studien über Kriterien und Verfahren, die in Großfirmen von Industrie und privaten Dienstleistungen bei der Auswahl und Einstellung von Hochschulabsolventen zum Tragen kommen, haben einige überraschende Befunde erbracht. Die Befragten - in vielen Fällen Leiter von Personalabteilungen - in den Firmen glauben weder, daß der Bedarf ihrer

Institutionen an Hochschulabsolventen deutlich gestiegen sei noch daß sie ihre Rekrutierungspolitik deutlich geändert hätten. Auch sind sie davon überzeugt, daß sie nicht mehr Hochschulabsolventen eingestellt hätten, die überflüssig seien, oder sich hätten vom gewachsenen Angebot an Hochschulabsolventen leiten lassen (Kemmet/Linke/Wolf 1982; Teichler/Buttgereit 1984; von Landsberg 1985). Offensichtlich ereignen sich gleichzeitig Prozesse eines allmählich steigenden Bedarfs nach traditionellen Kriterien, einer allmählichen Veränderung der Vorstellungen über den angemessenen Einsatz von Hochschulabsolventen und einer allmählichen vertikalen Substitution, ohne daß die darin involvierten Personen große Veränderungen sehen oder die wahrgenommenen Veränderungen einem dieser Faktoren zuschreiben können.

Zahlreiche Studien über Hochschulabsolventen in der Bundesrepublik Deutschland (siehe die Übersichten in Busch u.a. 1981; Holtkamp/Teichler 1983; Kaiser/Nuthmann/Stegmann 1985) machen deutlich, daß ein hoher Prozentsatz von Hochschulabsolventen Positionen übernimmt, die vorher Personen ohne Hochschulabschluß als nützlich und der Position angemessen betrachten. Sichtbar wird bei den meisten Studien jedoch nicht genau, welche Veränderungen sich vollzogen haben. In vielen Fällen mag sich die berufliche Tätigkeit dadurch ändern, daß die Stelleninhaber Hochschulabsolventen sind, denn viele Berufstätige tendieren dazu, ihre Tätigkeit entsprechend ihren Qualifikationen zu modifizieren. In anderen Fällen mag sich die bestehende Arbeitsteilung, die früher infolge eines Mangels an hochqualifizierten Arbeitskräften entstanden war, allmählich dadurch ändern, daß eine größere Zahl von Personen vorhanden ist, die anspruchsvolle Aufgaben übernehmen können.

Umgekehrt stellen die veränderten Beschäftigungsaussichten auch das bestehende Hochschulsystem in Frage. Andersartige Studiengänge und andere Arten von Studieninhalten mögen für Berufstätigkeiten erforderlich sein, die früher von Personen ohne Hochschulabschluß wahrgenommen worden waren. Auch müssen die Studenten unmittelbar lernen, wie sie ihre Qualifikationen im Beruf zur Geltung bringen können, wenn sie voraussichtlich in Bereichen tätig werden, die nicht traditionell von Akademikern besetzt waren.

Viele Hochschulpolitiker und -planer in der Bundesrepublik Deutschland hielten die Einführung bzw. Erweiterung von Kurzstudiengängen für die dringlichste Reaktion auf die Zunahme der Studentenzahlen und die damit zu erwartenden Veränderungen im beruflichen Verbleib von Hochschulabsolventen. Die Aufwertung früherer Ingenieurschulen und höherer Fachschulen zu Fachhochschulen zu Beginn der siebziger Jahre galt als erster Schritt in diese Richtung. Ein Teil der Protagonisten von Gesamthochschulen nahm an, daß integrierte Studienstruktur für die Studierenden Kurzstudien attraktiver machen könnten.

Nimmt man die offizielle Definition von Hochschulen, wie sie Mitte der siebziger Jahre galt, so hat sich der Anteil der Studienanfänger insgesamt, die sich für ein Fachhochschulstudium entscheiden, von 25,6 % im Jahre 1975 auf 27,2 % im Jahre 1984 erhöht - ein überraschend geringer Nebeneffekt der sinkenden Popularität der Lehrerbildung, die nicht an Fachhochschulen vertreten ist, einerseits und der wachsenden Popularität von Ingenieurwissenschaften und Betriebswissenschaft andererseits, die stark an Fachhochschulen vertreten sind. Bezieht man die Ende der siebziger Jahre entstandenen Verwaltungsfachhochschulen mit ein, dann ergibt sich ein Anstieg des Studienanfängeranteils dieser beiden Institutionsarten an allen Studienanfängern von 26,3 Prozent im Jahre 1975 auf 30,2 Prozent im Jahre 1984 (BMBW 1985, S. 116).

Es gab eine Fülle von Vorschlägen, wie man die Attraktivität kurzer Studiengänge erhöhen könnte (siehe die Übersicht in Teichler 1986, S. 31-41). Als deutlich geworden war, daß ein starkes Wachstum der Fachhochschulen unwahrscheinlich war, schlug der Wissenschaftsrat 1976 und erneut 1978 vor, neben den bestehenden Studiengängen kürzere Studiengänge an Universitäten einzurichten. Ergänzend sei hinzugefügt, daß zu dieser Zeit Gesamthochschulmodelle weitgehend ihren Rückhalt in der Hochschulplanung verloren. Dies ist teilweise auf Widerstände seitens der Universitäten zurückzuführen, wurde jedoch auch dadurch beeinflußt, daß sich das Gerücht verbreitete, Gesamthochschulstudienstrukturen veranlaßten viele Studenten eher dazu, lange Studiengänge und höhere Studienabschlüsse vorzuziehen. Zu Beginn der achtziger Jahre schlugen viele prominente Hochschulpolitiker die Einführung eines Stufenmodells von Studiengängen vor, wie es aus angelsächsischen Ländern bekannt ist und damals in den Niederlanden gerade eingeführt wurde. Seit 1983 setzte sich das Bundesministerium für Bildung und Wissenschaft für eine Diversifizierung des Hochschulwesens ein. Schließlich empfahl der Wissenschaftsrat im Jahre 1986, alle Studiengänge wenigstens soweit zu ändern, daß ein Studienabschluß nach vier Jahren realistisch ist, und ergänzend ein breites Spektrum weiterführender Studiengänge zu etablieren.

Veränderte Berufsperspektiven der Hochschulabsolventen können natürlich auch Rückwirkungen auf Hauptakzente und Inhalte bestehender Studiengänge haben. In dieser Hinsicht gab es viele Reformbemühungen in der Bundesrepublik Deutschland während der siebziger Jahre.

Das Hochschulrahmengesetz von 1976 sah vor, daß Hochschulen die Studenten auf "berufliche Tätigkeitsfelder" vorbereiten sollten, worunter man Gruppen verwandter Berufe, nicht jedoch einzelne Berufe oder Teilbereiche einer beruflichen Tätigkeit verstand. Das HRG sah darüber hinaus die Etablierung von Studienreformkommissionen vor, in denen Repräsentanten von Hochschule, Staat und Beschäftigungssystem bei der Entwicklung von Studienreformleitlinien zusammenarbeiten und dabei Veränderungen des Beschäftigungssystems mit in Betracht ziehen.

Drei curriculare Strategien erwiesen sich in der Diskussion über Studienreformen am populärsten (vgl. BMBW 1979; Teichler 1980). Erstens plädierten manche Experten dafür, daß die Studiengänge breiter angelegt werden und für eine große Flexibilität ihrer Absolventen sorgen sollten. Dies sei angemessen, um Diskrepanzen auf dem Arbeitsmarkt abzubauen und um auf berufsbegleitendes Lernen besser vorzubereiten.

Als ein zweites Ziel von Studienreformen wurde häufig eine stärkere Praxisorientierung des Studiums gefordert. Damit ist nicht eine direkte Ausrichtung des Studiums am Beruf gemeint, sondern ein Lehr- und Lernprozeß, in dem typische spätere Problemlösungen der Berufstätigkeit mit Theorien, Methoden und Problemlösungsstrategien der Wissenschaft konfrontiert werden. Praxisorientiertes Studium kann in der Antizipation beruflicher Praxis im Rahmen üblicher Lehrveranstaltungen erfolgen, aber auch ergänzend durch eine direkte Auseinandersetzung mit der beruflichen Praxis gefördert werden, etwa durch Praxissemester, Projektstudium, Planspiele usw.

Drittens gab es eine Reihe von Ansätzen, neue spezielle Studiengänge einzurichten, die als angemessene Vorbereitung auf neue oder sich ausdifferenzierende Berufsbereiche angesehen wurden. Der Diplomstudiengang für Pädagogen nahm sich der Erwachsenenbildung, der Sozialpädagogik und der Schulorganisation besonders an. Informatik als neuer Studiengang ging auf die zu erwartenden Folgen der Computerisierung für die Berufsstruktur ein. Andere Beispiele lassen sich nennen.

Zusammenfassend kann man sicherlich feststellen, daß die Beschäftigungsprobleme von Absolventen auf die Hochschulen einen Druck erzeugt haben, Studienreformen zu durchdenken und zu realisieren. Die Wirkung eines solchen Druckes wurde aber offenkundig dadurch eingeschränkt, daß die Kritik an Studien- und Organisationsreformideen aus der Zeit um 1970 wuchs. Unter anderem wurde bei der Mehrheit der Professoren eine starke Abneigung sichtbar, mit Vertretern von Staat und Beschäftigungssystem in Studienreformkommissionen zusammenzuarbeiten. Sorge um die Qualität des Studiums wurde betont, um traditionelle Lehr- und Lernkonzepte zu erhalten, die nicht auf Praxisorientierung des Studiums eingestellt waren. So blieben Lehr- und Lernkonzeptionen, die weder einseitig disziplin-orientiert noch einseitig berufsanpassend waren, die Ausnahme. Studienreform als Antwort auf veränderte Berufsperspektiven für Hochschulabsolventen blieb somit eine allenfalls teilweise gelöste Aufgabe.

5. Wirkungen des Mangels organisierter Arbeit

Die registrierte Arbeitslosigkeit stieg in der Bundesrepublik Deutschland von etwa 5 Prozent im Jahresdurchschnitt von 1980 auf über 9 Prozent im Jahre 1984. Hohe Arbeitslosenquoten scheinen eine Dauererscheinung geworden zu sein, obwohl es eine Fülle von Maßnahmen zu deren Reduzierung gibt, wie etwa Frühpensionierung und Verkürzung der Wochenarbeitszeit, und obwohl immer wieder ökonomische Konjunktur die Arbeitslosigkeit angeblich reduzieren sollte. Eine Reihe von Sozialwissenschaftlern vertritt die These, daß Arbeit ihre dominierende Gestaltungskraft für die Gesellschaft verliere, aber Bildungs- und Beschäftigungssystem sich nur sehr langsam auf diese veränderte Situation einstellten.

Zwei Phänomene werden als Hinweis dafür interpretiert, daß die sogenannte "Krise der Arbeitsgesellschaft" sich auf die Situation der Hochschulabsolventen auswirke. Erstens die zunehmende Akademiker-Arbeitslosigkeit: 1975 hatte man Arbeitslosenquoten von 1,5 Prozent bei Personen mit Universitätsabschluß, von 3,2 Prozent bei Personen mit Fachhochschulabschluß und von 4,4 Prozent bei der gesamten Erwerbsbevölkerung registriert. Die entsprechenden Werte im September 1984 betrugen 4,8 und 4,9 im Vergleich zu 8,6 Prozent. Diese Daten bestätigen nicht die häufig vorgetragene Argumentation, daß der Arbeitsmarkt von einem Überangebot an Hochschulabsolventen bei einem Mangel an Facharbeitern gekennzeichnet sei; vielmehr gibt es zumindest seit Beginn der achtziger Jahre auch deutliche Beschäftigungsprobleme für Facharbeiter. Eine genauere Aufschlüsselung vorliegender Daten zeigt jedoch, daß viele Hochschulabsolventen unmittelbar nach Studienabschluß arbeitslos sind, daß aber in der Mehrzahl der Fälle diese Phase nicht sehr lange dauert. Offensichtlich sind einige Monate einer Sucharbeitslosigkeit zu einem verbreiteten Phänomen geworden.

Zweitens haben die Beschäftigungsprobleme seit Mitte der siebziger Jahre zu einem "zweiten Arbeitsmarkt" für Hochschulabsolventen in der Bundesrepublik Deutschland geführt. Manche Hochschulabsolventen entscheiden sich für "alternative" Tätigkeit, die in Produktionsweise und Arten von Produkten und Dienstleistungen sich deutlich abzuheben beabsichtigt; manche arbeiten unter Bedingungen, die oft als "grauer Arbeitsmarkt" bezeichnet werden, was Einkommen, Beschäftigungssicherheit und Sozialleistungen betrifft; andere ziehen "Selbständigkeit" vor, die kurzfristig keine Chancen auf Einkommen und Arbeitsbedingungen verspricht, die als typisch für etablierte Hochschulabsolventen gelten (siehe Hartung 1984; Schlegelmilch 1982; Gruehn 1984). Es gibt nur sehr vage Schätzungen, wie hoch die Zahl der Hochschulabsolventen ist, die langfristig oder nur für einige Zeit dem "zweiten Arbeitsmarkt" zuzurechnen sind.

Es wäre allerdings irreführend, alle diese Phänomene als Indikatoren für die Unterbeschäftigung von Hochschulabsolventen zu deuten. Der "alternative" Sektor - eine Studie kommt zu dem Schluß, daß etwa 40 Prozent der dort Tätigen Hochschulabsolventen sind (Kaiser 1985) - geht auf veränderte Wertvorstellungen und Bedürfnisse in der Gesellschaft ein. Viele im "grauen Arbeitsmarkt" tätigen Absolventen entwikkeln neue Formen von Beratung, Sozialarbeit und Rechtshilfe für Personen, die sonst ungeachtet blieben, und füllen daher Lücken von Produktion und Dienstleistungen, die sich beim "ersten Arbeitsmarkt" ergeben. Es sind vielleicht die Erstarrungen des etablierten Beschäftigungssystems, die zu solcher Innovation durch Versuch und Irrtum zwingen, da graduelle Verschiebungen kaum erfolgen, wie dies unter flexibleren Bedingungen, wie etwa in den USA, der Fall ist.

Es ist natürlich außerordentlich schwierig, zukünftige Entwicklungen vorauszusagen. Soweit man jedoch die erste Hälfte der achtziger Jahre heranzieht, stützen die Befunde nicht die These, daß eine "Krise der Arbeitsgesellschaft" die Beziehungen von Hochschule und Beschäftigungssystem grundlegend verändert habe. Akademiker-Arbeitslosigkeit ist allenfalls proportional mitgewachsen. Eine saubere Trennung zwischen dem konventionellen Arbeitsmarkt und einem "zweiten Arbeitsmarkt" für Hochschulabsolventen ist nicht erkennbar. Der Mangel an organisierter Arbeit beherrscht nicht die Arbeitsmarkt- und Hochschulpolitik. Der Mangel an organisierter Arbeit erhöht lediglich die Spannungen in der Beziehung von Hochschule und Beschäftigungssystem, die auch sonst bestünden.

Aber auch wenn es keineswegs sicher ist, ob sich die Rolle von Arbeit in der Gesellschaft fundamental wandelt, so ist der Mangel organisierter Arbeit doch ein so bedeutsames Phänomen, daß die Hochschulen selbst zur Arbeitslosigkeit beitragen, wenn sie sich damit nicht befassen. Man könnte sich vorstellen, daß die Hochschulen auf diese Probleme mit der Förderung solcher Qualifikationen reagieren, die benötigt werden, um neue Arbeit zu schaffen und zu institutionalisieren. Dafür sind Konzepte über gesellschaftliche Bedürfnisse erforderlich, die vom bestehenden Beschäftigungssystem nicht hinreichend berücksichtigt werden, sowie über die Förderung entsprechender Qualifikationen. Zugleich ist es eindeutig, daß sich die Hochschulabsolventen nicht mehr darauf verlassen können, daß die etablierten Organisationen gesellschaftliche Bedürfnisse in organisierte Arbeit überführen; deshalb sind die Absolventen selbst darauf angewiesen, innovative Wege der Berufstätigkeit zu entwickeln, wobei die Hochschulen Qualifikationen der Studenten fördern könnten, damit verbundene Organisationsfragen zu bewältigen (siehe Baethge u.a. 1986).

Allerdings ist es fraglich, ob die Hochschulen in dieser Hinsicht eine aktive Rolle übernehmen könnten, wenn keine umfassenden Gesellschaftspolitiken wirksam werden, die sich mit dem Mangel institutionalisierter Arbeit auseinandersetzen. Erhebungen zeigen zwar, daß viele Studenten und Absolventen bereit sind, gewisse Statusverluste in Kauf zu nehmen, wenn sie mit wichtiger Tätigkeit und deutlichen Sachbezügen von Studium und Beruf rechnen können (Framhein 1985; Minks/Reissert 1985; Baldauf u.a. 1986); wenn aber Beschäftigungsperspektiven vage bleiben und der Mangel an organisierter Arbeit zunimmt, so kann man kaum erwarten, daß die Universitäten überzeugende Konzepte für Lehre und Studium und für eine entsprechende Motivierung ihrer Studenten entwickeln.

6. Der Stellenwert neuer Technologien

Neue Technologien haben seit einigen Jahren die Diskussionen über zukünftige Aufgaben der Hochschulen stark beeinflußt. In der Bundesrepublik Deutschland trug die Beobachtung, daß sich im Laufe der zweiten Hälfte der siebziger Jahre der Anteil der Studenten in den Ingenieurwissenschaften etwas verringerte, zur Entwicklung einer kontroversen Debatte bei: Ist dieser Rückgang Folge einer anti-technologischen Grundstimmung an Schulen, eine Folge früherer Warnungen über ein voraussichtliches Überangebot an Ingenieuren (vgl. Tessaring 1985, S. 68-71) oder lediglich eine marginale Verschiebung der Studienfachpräferenzen im Rahmen naturwissenschaftlicher Fächer?

In den letzten Jahren wurden bereits einige Veränderungen an Hochschulen als Reaktion auf neue Technologien erkennbar. Die Expansion des Studienfaches Informatik ist ein Beispiel dafür. Informationswissenschaftliche Grundkenntnisse sowie erweiterte Nutzung von Computern spielen in vielen Fächern eine größere Rolle.

Nach Expertenurteilen sind einschlägige Spezialausbildungen, zum Beispiel für Computer Assisted Design, nur eine der naheliegenden Antworten auf neue Technologien. Lehre und Studium sollten in stärkerem Maße als zuvor die Barrieren zwischen den Disziplinen überschreiten. Schließlich sei ein rapider Wandel von Produkten und Dienstleistungen insgesamt zu erwarten. Dabei beziehe sich nur ein Teil der wichtiger werdenden Produkte und Dienstleistungen unmittelbar auf neue Technologien; andere gewönnen an Bedeutung, weil die Rationalisierung durch neue Technologien die Voraussetzung dafür schaffe, daß bisher vernachlässigte Aufgaben aufgenommen werden könnten (siehe WRK 1985; Ritter 1985).

Ideen und Konzeptionen in diesem Bereich sind bisher überwiegend vage geblieben. Sieht man einmal von der wachsenden Bedeutung von Informatik und der wachsenden Unterstützung für Ingenieur- und Naturwissenschaften ab, so kann man noch keine dominanten Trends in der Wahrnehmung von Veränderungen oder in Reformen als Antworten darauf feststellen.

Die Sorge über die künftige Rolle neuer Technologien hat allerdings bereits das allgemeine Diskussionsklima zur Beziehung von Hochschule und Beschäftigungssystem verändert. Während vor einigen Jahren die Hauptsorge einer vermeintlichen Überqualifikation galt und die Bildungsexpansion überwiegend pessimistisch beurteilt wurde, hat sich jetzt das Gefühl verbreitet, daß ein hohes Qualifikationsniveau bei vielen angebracht sein könne, um mit den Herausforderungen der Zukunft fertig zu werden.

7. Abschließende Überlegungen

Hochschulen können sich nicht mehr allein auf allmähliche Innovationen in den Disziplinen und auf allmähliche Anpassung an veränderte Berufstätigkeiten verlassen - also auf Prozesse, die sowieso ohne große besondere Bemühungen stattfinden. Denn sie sind sehr weitgehenden Herausforderungen ausgesetzt. Erstens müssen Änderungen in Verbleib und in der Tätigkeit von Hochschulabsolventen als Folge der Hochschulexpansion berücksichtigt werden: Wie sollen die Hochschulen ihre Studenten aktiv auf Berufsbereiche vorbereiten, die vorher typisch für Personen ohne Hochschulabschluß waren, und wie sollen sie sie auf neue Arten von Arbeitsteilung einstellen, die sich ergeben, wenn hochqualifizierte Arbeit kein seltenes Gut mehr ist? Zweitens erfordern Arbeitslosigkeit und Mangel an organisierter Arbeit neue Befähigungen seitens der Hochschulabsolventen, um neue Arbeit und Arbeitsbedingungen gestalten zu können. Drittens legen neue Technologien vielfältige Veränderungen nahe: Nicht nur Qualifikationen sind erforderlich, um neue Technologien weiterzuentwickeln und mit ihnen umzugehen, sondern auch disziplinübergreifendes Lernen gewinnt an Bedeutung; schließlich schaffen neue Technologien auch Freiräume für bisher vernachlässigte gesellschaftliche Aufgaben.

Obwohl es heute als ausgesprochen schick gilt, sich aufgeschlossen für Veränderungen zu zeigen, die mit neuen Technologien eintreten können, ist es sehr zweifelhaft, ob sich die Hochschulen aktiv und erfolgreich mit Veränderungen auseinandersetzen werden, die sich in der Beziehung von Hochschule und Beschäftigungssystem ergeben. Denn eine Anti-Reform-Stimmung als Reaktion auf frühere Reformansätze ist noch weit verbreitet. Die Diskussionen über kurze Studiengänge und Studienreform haben belegt, daß die Hochschulen sich überwiegend nicht für diejenigen Hochschulabsolventen verantwortlich fühlen, die außerhalb, beziehungsweise "unterhalb" des akademischen Berufsspektrums tätig werden. Die Beschäftigungsprobleme von Hochschulabsolventen werden allenfalls als Alptraum, kaum aber als Herausforderung zum Handeln begriffen. Die Herausforderungen neuer Technologien sind nicht so eindeutig und so gezielt, daß ein weitgehender Konsens über erforderliche Reformen aufgedrängt wird.

Auf der Suche, wie sich stärkere Initiativen an den Hochschulen entfalten können, wurden Vorschläge entwickelt, das Hochschulsystem der Bundesrepublik Deutschland zu diversifizieren und Elemente des Wettbewerbs zu verstärken. Angesichts der Tradition eines recht einheitlichen Hochschulsystems kann es allerdings nicht überraschen, daß solche Diskussionen sehr bald zur Suche nach eindeutigen Rangordnungen auf der Basis enger Kriteriensätze degenerierten. Auch ist zu vermuten, daß Initiativen seitens der einzelnen Hochschulen sich nicht weit entfalten werden, so lange sich nicht Gesellschaftspolitiken entwickeln, die die verschiedenen Probleme und Veränderungen in der Beschäftigung von Hochschulabsolventen systematisch aufnehmen (siehe dazu Baethge u.a. 1976). Deshalb empfiehlt sich eine neue Art von Planung, die sich Vielfalt im Hochschulwesen und neue Akzente in Beschäftigung und Arbeit von Hochschulabsolventen zum Ziel setzt.

Literatur

ARCHER, Margaret S. (Hrsg.): The Sociology of Educational Expansion. Beverly Hills, Cal./London: Sage 1982

BAETHGE, Martin u.a.: Studium und Beruf - Neue Perspektiven für die Beschäftigung von Hochschulabsolventen. Freiburg i.B. 1986

BALDAUF, Beate u.a.: Hochschule - Studium - Berufsvorstellungen. Kassel: Wissenschaftliches Zentrum für Berufs- und Hochschulforschung, Gesamthochschule Kassel 1986, vervielf. Manuskr. 1986

Bundesminister für Bildung und Wissenschaft: Materialien zur Studienreform. Bonn 1979

Bundesminister für Bildung und Wissenschaft: Grund- und Strukturdaten 1985/86. Bonn 1985

Bund-Länder-Konferenz für Bildungsplanung und Forschungsförderung. Künftige Perspektiven von Hochschulabsolventen im Beschäftigungssystem. Bonn 1985

BUSCH, Dirk u.a.: Tätigkeitsfelder und Qualifikationen von Wirtschafts-, Sozial-, Ingenieur- und Naturwissenschaftlern. Frankfurt a.M./New York: Campus 1981

FRAMHEIN, Gerhild: "Vier und acht Jahre nach Studienbeginn: Erwartungen und Erfahrungen beim Übergang von der Hochschule in den Beruf. In: KAISER, NUTHMANN und STEGMANN, a.a.O., S. 247-262

GOLDSCHMIDT, Dietrich; TEICHLER, Ulrich und WEBLER, Wolf-Dietrich (Hrsg.): Forschungsgegenstand Hochschule. Frankfurt a.M./New York: Campus 1984

GRUEHN, Dieter: Sozialwissenschaftler in der Grauzone des Arbeitsmarktes. Bielefeld: AJZ Druck und Verlag 1984

HARTUNG, Dirk: "Some Manifestations and Implications of Underemployment of College Graduates: The Case of the Federal Republic of Germany." In: AVAKOV, R. u.a. (Hrsg.): Higher Education and Employment in the USSR and in the Federal Republic of Germany. Paris: Unesco, International Institute for Educational Planning 1984, S. 212-216

HEGELHEIMER, Armin: Strukturwandel der Akademikerbeschäftigung. Bielefeld: Universität Bielefeld 1984

HERMANNS, Harry; TEICHLER, Ulrich und WASSER, Henry (Hrg.): The Compleat University. Cambridge, Mass.: Schenkman 1983 (deutsch: Integrierte Hochschulmodelle. Frankfurt a.M./New York: Campus 1982).

HOLTKAMP, Rolf und TEICHLER, Ulrich (Hrsg.): Berufstätigkeit von Hochschulabsolventen. Frankfurt a.M./New York: Campus 1983

HUFNER, Klaus und NAUMANN, Jens (Hrsg.): Bildungsökonomie - eine Zwischenbilanz. Stuttgart: Klett 1969

HUSEN, Torsten: The School in Question. Oxford: Oxford University Press 1979

KAISER, Manfred: "'Alternative-ökonomische Beschäftigungsexperimente' - Quantitative und qualitative Aspekte". In: KAISER, NUTHMANN und STEGMANN, a.a.O., S. 659-689

KAISER, Manfred; NUTHMANN, Reinhard und STEGMANN, Hein (Hrsg.): Berufliche Verbleibsforschung in der Diskussion. Materialband 3. Nürnberg: Institut für Arbeitsmarkt- und Berufsforschung der Bundesanstalt für Arbeit 1985

KEMMET, Claus; LINKE, Hermann und WOLF, Reinhard: Studium und Berufschancen. Herford: Maximilian-Verlag 1982

KMK: Prognose der Studienanfänger, Studenten und Hochschulabsolventen bis 2000. Bonn: Ständige Konferenz der Kultusminister der Länder in der Bundesrepublik Deutschland 1986

LANDSBERG, Georg von: "Personalwirtschaftliche Reaktionen privater Wirtschaftsbetriebe auf die Zunahme von Bewerbern mit Hochschulabschluß". In: KAISER, NUTHMANN und STEGMANN, a.a.O., S. 143-157

MINKS, Karl-Heinz und REISSERT, Reiner: "Berufliche Wertvorstellungen und Mobilitätsverhalten von Hochschulabsolventen". In: KAISER, NUTHMANN und STEGMANN, a.a.O., S. 597-620

NEAVE, Guy: "Higher Education in a Period of Consolidation". In: European Journal of Education, 20. Jg. (1985), H. 2-3, S. 109-124

OECD: Policy Conference on Economic Growth and Investment in Education. Paris 1966

OECD (Hrsg.): Policies for Higher Education. Paris 1974

OECD: Policies for Higher Education in the 1980s. Paris 1983

RITTER, Ulrich Peter (Hrsg.): Higher Education by the Year 2000. Frankfurt a.M./New York: Campus 1985

SCHLEGELMILCH, Cordia: "Grauer Arbeitsmarkt für Hochschulabsolventen". In: Soziale Welt, 33. Jg., 1982, H. 3-4, S. 400-439

TEICHLER, Ulrich: Hochschule und Beruf. Problemlage und Aufgaben der Forschung. Frankfurt a.M./New York: Campus 1979

TEICHLER, Ulrich: A Challenge to the German Higher Education System. London: London Association for Comparative Educationists 1980

TEICHLER, Ulrich: "Öffnung der Hochschulen" - auch eine Politik für die 80er Jahre? Bremen: Senator für Wissenschaft und Kunst 1983

TEICHLER, Ulrich: Higher Education in the Federal Republic of Germany. Developments and Recent Issues: New York/Kassel: Center for European Studies, Graduate School and University Center, City University of New York/Wissenschaftliches Zentrum für Berufs- und Hochschulforschung, Gesamthochschule Kassel 1986

TEICHLER, Ulrich; BUTTGEREIT, Michael und HOLTKAMP, Rolf: Hochschulzertifikate in der betrieblichen Einstellungspraxis. Bad Honnef: Bock 1984

TEICHLER, Ulrich; HARTUNG, Dirk und NUTHMANN, Reinhard: Higher Education and the Needs of Society. Windsor: NFER Publ. Company 1980 (deutsch: Hochschulexpansion und Bedarf der Gesellschaft. Stuttgart: Klett 1976).

TEICHLER, Ulrich und SANYAL, Bikas C.: Higher Education and the Labour market in the Federal Republic of Germany. Paris: Unesco Press 1982 (deutsch: TEICHLER, Ulrich: Der Arbeitsmarkt für Hochschulabsolventen. München: Saur 1981).

TESSARING, Manfred: "An Evaluation of Labour-Market and Educational Forecast in the Federal Republic of Germany". In: YOUDI, R.V. und HINCHLIFFE, K. (Hrsg.): Forecasting Skilled-Manpower Needs: The Experience of Eleven Countries. Paris: Unesco, IIEP 1985, S. 57-74

Westdeutsche Rektorenkonferenz (Hrsg.): Hochschule und technologischer Wandel. Bonn 1983

Wissenschaftsrat: Zur Lage der Hochschulen Anfang der 80er Jahre. 2 Bde. Köln 1983

Wissenschaftsrat: Eckdaten zur Lage der Hochschulen. Stand 1985. Köln 1986

ZUR ÖKONOMISCHEN FUNKTION EINER UNIVERSITÄT IN EINEM INDUSTRIELLEN BALLUNGSRAUM - PROBLEME UND PERSPEKTIVEN DES WISSENSCHAFTSTRANSFERS

Manfred E. Streit

1. Die regionale Sichtweise: Universitäten als Zentren von High-Tech Wachstumspolen

Die weit verbreiteten Probleme der Arbeitslosigkeit und Wachstumsschwäche haben zusätzliche wirtschaftspolitische Anstrengungen ausgelöst. Einige dieser Bemühungen gehen von der Hypothese aus, der Wissenstransfer von den Universitäten zur gewerblichen Wirtschaft sei zu schleppend und begrenzt. Die Universitäten sehen sich sowohl Druck als auch verlockenden Angeboten seitens der Politik ausgesetzt, den Wissenstransfer zu beschleunigen und zu erweitern. Dabei wird der Transfer nicht länger als ein Problem angesehen, das für die Gesamtwirtschaft zu lösen ist. Vielmehr ziehen die Universitäten zunehmend das Interesse regionaler und lokaler Regierungen auf sich, die sie gern als Instrumente im interregionalen Wettbewerb um technologieorientierte Beschäftigung und Entwicklung nutzen möchten.

Eine solche Sicht der ökonomischen Funktion, die Universitäten einnehmen könnten, ähnelt sehr einer alten Strategie der Regionalpolitik: dem Wachstumspolkonzept.(1) Ursprünglich orientierte sich dieses Konzept an dem interindustriellen Verbund sowie an den positiven externen Effekten und Kostensenkungsmöglichkeiten, die bei einer räumlichen Konzentration von Industrien entstehen können, welche aufgrund ihrer Input-Output-Beziehungen eng verflochten sind. Insbesondere dann, wenn es möglich war, eine Schlüsselindustrie zu identifizieren, die die Verflechtungen innerhalb eines solchen Industriekomplexes dominierte, schien sich eine strategische Möglichkeit zu eröffnen: Für den Fall, daß es gelingen würde, eine solche Industrie dazu zu bewegen, sich in einer unterentwickelten oder wirtschaftlich schrumpfenden Region anzusiedeln, war zu hoffen, daß diese Industrie die übrigen Elemente des entsprechenden Industriekomplexes attrahieren würde.

Viele Politiker tendieren heute dazu, die Universität als eine neue Schlüsselindustrie zu begreifen, die in der Lage ist, High-Tech-Industrien zu attrahieren. Von Technologieparks, Innovationszentren und Transferagenturen wird angenommen, daß sie als Bindeglied zwischen Universität und gewerblicher Wirtschaft zu fungieren vermögen. Die Universität mit einem Silicon Valley in der Nachbarschaft scheint eine neue Vision lokaler und regionaler Modernisierung und Entwicklung zu sein.

----

1 Vgl. in diesem Zusammenhang die Untersuchungen des Autors (1969, 1971).

2. Das Image-Problem: Unterschiedliche Auffassungen von den Funktionen einer Universität

Das wiedererwachte Interesse der Politiker an den Universitäten nach den bildungspolitischen Experimenten der späten 60er und frühen 70er Jahre hat eine neue Diskussion über die Funktionen der Hochschulen in der Gesellschaft ausgelöst. Sowohl die Begehren der Politiker als auch die Reaktionen der Universitäten variieren je nachdem, welche Vorstellungen beide Seiten von diesen Funktionen haben. Das wiederum hat tendenziell Einfluß auf die Transferaktivitäten. Deshalb erscheint es nützlich, die möglichen Sichtweisen dadurch zu charakterisieren, daß kurz die extremen Alternativen aufgezeigt werden:

Extreme Sichtweisen der Rolle der Hochschulen

(1) Gesellschaftliches Anforderungsprofil:

Elfenbeinturm	Dienstleistungsbetrieb

(2) Einschätzung nach dem Produktionsziel:
beim "verkörperten" Wissen (Humankapitel):

Bildungsangebot mit beschränkter Nützlichkeit	Berufshochschule mit Karrierehaftung

beim "nicht verkörperten" Wissen:

Hort unabhängig betriebener Wissenschaft	schneller Technologiebrüter

(3) Selbstverständnis der Produzenten:

Humboldtscher Gelehrter:	Wissenschaftsmanager:
einsam und frei	kooperativ und akquisitiv

(4) Selbstdarstellung nach außen:

vornehme Zurückhaltung	Laborexhibitionismus

(5) Wissenschaftstransfer in die Wirtschaft:

Holschuld der Wirtschaft	Bringschuld der Hochschule

(6) Einschätzung durch die Politik:

unergiebiges und teures Feld für gesellschaftspolitische Experimente	neuentdecktes Objekt technologiebesessener staatlicher Bevormundung

Offensichtlich sind mit der rechten Spalte wesentliche Elemente der Sichtweise definiert, die einem extrem technokratischen Transferansatz entsprechen würden. Demgegenüber dürften die Elemente der linken Spalte (bis auf das letzte Element) in besonderem Maße die Zurückhaltung eines beamteten Gelehrten umschreiben.

3. Motive der Wissensproduktion: "Produktion für die Wissenschaftsrepublik" versus "Produktion für den Markt"

Es besteht weitgehend Einvernehmen darüber, daß ein Hauptproblem des Wissenschaftstransfers in der Divergenz der Motive der Universitäten als Wissensproduzenten und der Wirtschaft als Wissensnutzer besteht. Betrachtet man die beiden Motive, welche das Angebot und die Nachfrage wissenschaftlicher Erkenntnisse entscheidend prägen, lassen sich die entsprechenden Probleme und Möglichkeiten eines Wissenstransfers auf das Wesentliche zurückführen. Grundsätzlich können Angebot und Nachfrage abhängig sein von

- nicht ökonomischen Motiven wie Prestigedenken, Befriedigung wissenschaftlicher Neugier, ästhetischen Werten etc.
- ökonomischen Motiven, also letztlich der Schaffung und Behauptung von Einkommenspositionen.

Werden diese beiden Hauptmotive auf das Angebot an und die Nachfrage nach wissenschaftlichen Kenntnissen bezogen (Abb. 1), so ergeben sich vier Extremfälle, welche die Problematik der Motivation in ausreichendem Maße umreißen.(2) Der erste Extremfall kann als "Produktion für die Wissenschaftsrepublik" bezeichnet werden.(3) Er besitzt die folgenden charakteristischen Merkmale:

- Die Motive potentieller Anbieter und Nutzer wissenschaftlicher Erkenntnisse sind nicht-ökonomischer Art und intellektuelle Unabhängigkeit genießt Vorrang.
- Die nicht-ökonomischen Motive gewinnen tendenziell um so mehr an Gewicht, je mehr die Erkenntnisse dem Bereich des Grundlagenwissens im Unterschied zum angewandten Wissen zuzurechnen sind.
- Ökonomische Motive und diejenigen Mitglieder der Wissenschaftsrepublik, welche Beziehungen zur Wirtschaft unterhalten, werden in der Republik eher gering geschätzt.
- Der Wissenstransfer innerhalb der Republik ist sehr intensiv und stützt sich gerade darauf, daß das produzierte Wissen im Prozeß der Kommunikation und Publikation als öffentliches Gut behandelt

----

2 Ähnlich bei U.C. Täger und L. Uhlmann (1984), S. 102.

3 In der Terminologie M. Polanyis (1962).

NACHFRAGE / ANGEBOT		ANREIZ	
		NICHT-ÖKONOMISCH	ÖKONOMISCH
ANREIZ	NICHT-ÖKONOMISCH	PRODUKTION FÜR DIE WISSENSCHAFTSREPUBLIK	ABZWEIG-(SPIN-OFF) PRODUKTION
	ÖKONOMISCH	KULTURGUT-PRODUKTION	MARKTORIENTIERTE PRODUKTION

Abb. 1: Extremtypen der Wissensproduktion nach den wirksamen Anreizen

wird.

- Kommunikation mit dem Umfeld der Republik wird nicht sonderlich angestrebt und darüber hinaus durch den Gebrauch bestimmter Fachsprachen oder -ausdrücke erschwert.

Aus dieser Art der Wissensproduktion können zwei wichtige Konsequenzen für die Politik abgeleitet werden:(4)

- Es besteht in diesem Fall keinerlei Möglichkeit, die Richtung und die Ergebnisse von Anstrengungen zur Befriedigung wissenschaftlicher Neugier vorherzusehen.
- Folglich muß die Gesellschaft das Ergebnis dieser Anstrengungen abwarten und sich einer Orientierung der wissenschaftlichen Forschung an politischen und ökonomischen Erfordernissen enthalten.

Es ist dies eine Art der Produktion, die dem funktionalen Bild der Universität entspricht, das diametral zum technokratischen Lösungsansatz ist (Abschnitt 2).

Während die "Produktion für die Wissenschaftsrepublik" außerordentliche Probleme im Hinblick auf den Wissenstransfer in die Wirtschaft hervorruft, bedeutet "Wissensproduktion für den Markt", daß überhaupt keine Probleme auftreten, zumindest was die relevanten Motive angeht:

- Beide Seiten, sowohl Angebot als auch Nachfrage, werden bestimmt durch den erwarteten ökonomischen Wert neuer wissenschaftlicher Erkenntnisse.
- Weil der ökonomische Wert auch von der Möglichkeit abhängt, andere von der Nutzung solcher Erkenntnisse ausschließen zu können, ist der Wissensproduzent zumindest zeitweise mit der Privatisierung des Wissens einverstanden, was sogar bedeuten kann, daß er sich einer Kommunikation mit der Wissenschaftsrepublik völlig enthält.
- Die Möglichkeiten und Notwendigkeiten, das Ausschlußprinzip anzuwenden, schwinden tendenziell, wenn statt der "Hardware" der Naturwissenschaften die "Software" der Wirtschafts- und Gesellschaftswissenschaften betrachtet wird.
- Die verminderte Möglichkeit, wirtschafts- und gesellschaftswissenschaftliche Erkenntnisse zu privatisieren, hängt oft mit deren konkreter (personalisierter) Form zusammen, welche in der Folge Dienstleistungen wie Beratung, Kooperation und einen zeitweisen oder gar andauernden Personaltransfer erforderlich macht.

Ähnlich unproblematisch unter Motivationsaspekten ist die "Produktion kultureller Güter", weil die Divergenz der Anreize charakteristisch für den Markt populärwissenschaftlicher Erzeugnisse ist. Betrachtet man allerdings die Anbieter solchen Wissens, so müssen diese als Mittelsmänner zwischen der Wissenschaftsrepublik und der Wirtschaft bereit

----

4 G. Kirsch (1972), S. 30 f.

sein, in der Republik geringeres Ansehen zu genießen; insofern teilen sie das Schicksal jener Mitglieder der Republik, welche die Grenzlinien zwischen Disziplinen überschreiten.(5)

Ein kritischer, aber auch interessanter Fall im Zusammenhang mit dem Wissenstransfer ist die "Spin-Off-Produktion", d.h. solche Erkenntnisse, die aus nicht-ökonomischen Motiven produziert werden, aber grundsätzlich ökonomisch verwertbar sind. Von seiner Motivation her, Wissen zu produzieren, ist der Produzent nicht an einem Transfer in die Wirtschaft interessiert. Diese Art der Produktion hat zu einer Art "Schatzsucher-Strategie" zur Lösung des Transferproblems geführt. Danach scheinen spezielle Transferbeauftragte erforderlich, welche die Wissenschaftsrepublik infiltrieren und versuchen, den Schatz der Spin-Off-Produktion in Produktion für den Markt umzuwandeln, indem die Produzenten dazu angeregt werden, sich umzuorientieren. Bis zu einem gewissen Grad scheint solch eine Umwandlung von Spin-Off-Produktion in eine "Spin-Out"-Produktion Aufgabe der sogenannten Technologieparks zu sein.

4. Verpaßte Chancen: Eine einseitige Sicht des Transferproblems

Vergleicht man die durchschnittliche Struktur der Wissenschaftsproduktion einer Universität mit dem Hauptinteressengebiet der Transferdiskussion und Transferpolitik, so fällt eine außerordentliche Enge der Sichtweise ins Auge: Nahezu alle Aufmerksamkeit gilt den "Hardware"-Elementen des universitären Produktionsprogramms, d.h. dem Transfer moderner Technologie von der Universität zur Industrie. Die Produktion von Computersoftware genießt als komplementäre Aktivität ebenfalls noch einiges Ansehen im Transferprozeß. Hingegen fallen die anderen "Software"-Elemente der Hochschulproduktion kaum ins Gewicht.

Aus ökonomischer Sicht kann solch eine extrem einseitige Auffassung vom tatsächlichen und potentiellen Wissenstransfer kritisiert werden. Es scheint äußerst fragwürdig, die zu den "Software"-Elementen gehörenden wissenschaftlichen Produkte einer Universität außer acht zu lassen. Zu ihnen gehören z.B. ein neues versicherungstheoretisches Konzept, ein neues logistisches System zur Erleichterung des Übergangs vom Wasser auf den Straßentransport, ein kostensparendes Verfahren für Meinungsumfragen oder eine effizientere Methode statistischer Qualitätskontrolle. Den Beispielen ist gemeinsam, daß sie mehr im Dienstleistungssektor als dem Produktionssektor der Wirtschaft Anwendung finden. Die meisten von ihnen leiten ihren ökonomischen Wert davon ab,

----

5 Nach Kenneth E. Boulding (1962, S. 147): "Mittelsmännern kommt leider nur selten das Ansehen und die Stellung zu, welche ihre Funktion in der Gesellschaft eigentlich verdient hätte, und dies ist im intellektuellen Leben genauso wie in jedem anderen Bereich der Fall."

daß sie die Einsparung von Transaktionskosten in der Wirtschaft ermöglichen.

Die ökonomische Relevanz derartiger wissenschaftlicher Erkenntnisse kann schwerlich überschätzt werden,

- wenn auch nur moderate Schätzungen der gesamten in einer hochentwickelten Volkswirtschaft auftretenden Transaktionskosten herangezogen werden,(6)
- wenn die potentiellen Wirkungen von Transaktionskosteneinsparungen im internationalen Wettbewerb in Rechnung gestellt werden und
- wenn berücksichtigt wird, daß Teile dieser "Software" auch neue marktfähige Dienstleistungen entstehen lassen.

Die eindimensionale Sicht transferierbarer wissenschaftlicher Erkenntnisse könnte zum Teil dadurch verursacht sein, daß dienstleistungsrelevantes Wissen ebenso "unsichtbar" ist, wie die Dienstleistungen selbst, und daß ein Großteil dieses Wissens personalisiert ist, d.h. sich in der Produktion von Graduierten und Wissenschaftlern niederschlägt. Folglich wird ein Transfer dieser Art von Wissen möglicherweise in einer reibungsloseren und weniger auffälligen Weise vollzogen als der Transfer naturwissenschaftlicher Erkenntnisse. Aus standorttheoretischer Sicht bedeutet diese Personalisierung auch, daß solches Wissen ungebundener hinsichtlich des Standorts ist als etwa Wissen, das mittels mehr oder weniger dauerhafter Kontaktstellen zwischen Universitätslaboratorien und der Industrie transferiert werden muß.

Aus der Sicht des Politikers hat die Sichtbarkeit (des Wissens) ganz offensichtliche Vorzüge. Es ist leichter, Aufmerksamkeit zu erzielen und Anstrengungen sowie scheinbare Ergebnisse einer Innovationspolitik zu demonstrieren, indem man die Faszination nutzt, welche vorzeigbare Objekte der Technologie auf viele Bürger ebenso ausüben wie deren komplizierte Terminologie, die zudem durch das Prestige der Naturwissenschaften gestützt wird. Demgegenüber wäre ein wenig publikumswirksamer Weg einzuschlagen, wenn wissenschaftliche "Software"-Elemente etwa mit dem Hinweis auf Ersparnisse bei Transaktionskosten und deren Auswirkungen auf den internationalen Wettbewerb angepriesen werden müssen.

5. Politische Transferbegehren: Universitäre Selbstbestimmung, Regulierung und gesetzliche Abgrenzung

Wissenstransfer von Universitäten zu Unternehmen verlangt die Schließung einer organisatorischen Lücke. Die beiden beteiligten Organisatio-

---

6 Die weiterhin wachsende Bedeutung von Transaktionskosten in modernen Marktwirtschaften wurde in jüngster Zeit z.B. durch D.C. North (1984) betont.

nen unterscheiden sich nicht nur hinsichtlich der Motivation ihrer Mitglieder, sondern auch in ihren Kommunikations- und Verwaltungssystemen. Sowohl Hemmnisse, welche durch die geistige Einstellung zur Sache bedingt sind (Abschnitt 2) als auch die Anreizstrukturen, die auf Produktion und Transfer wirken (Abschnitt 3), machen es für Universitäten erforderlich, ihre Unabhängigkeit zu nutzen und ihre Position im Hinblick auf die Transferbegehren der Politik zu definieren. Solche Begehren können im äußersten Fall sogar die Form unmittelbaren finanziellen Drucks annehmen, wie etwa in den Niederlanden, wo Universitäten angehalten sind, einen bestimmten Prozentsatz ihres Budgets durch kommerzielle Dienstleistungen aufzubringen; Fakultäten, denen dies nicht gelingt, müssen entsprechende finanzielle Einbußen hinnehmen.(7) In der Bundesrepublik Deutschland fehlt es bislang weitgehend an Positionsbestimmungen zu Art und Ausmaß universitären Engagements in der kommerziellen Verwertung wissenschaftlicher Forschung wie sie z.B. von amerikanischen Universitäten vorgenommen wurden.(8) Die Universitäten hierzulande scheinen eher schrittweise in einen Wissenstransfer hineingezogen zu werden, der vor allem durch staatliche Initiativen,(9) knappe Budgets und individuelle Entwicklungsmöglichkeiten geprägt ist. Eine eindeutige Positionsbestimmung wäre jedoch nicht nur erforderlich, um zu verhindern, daß Prioritäten in der Forschung und eine entsprechende Entwicklung universitätsinterner Strukturen von den nur allzu bekannten kurzlebigen politischen Erfordernissen bestimmt werden. Eine klare Orientierung würde es auch ermöglichen, die für einen erleichterten, gewünschten Wissenstransfer erforderlichen Änderungen der für die Hochschulen relevanten gesetzlichen und administrativen Bestimmungen deutlicher herauszuarbeiten.

Bis jetzt hat sich die Zusammenarbeit zwischen Universität und Wirtschaft in einem regulativen und gesetzlichen Rahmen abgespielt, welcher einem solchen Wissenstransfer nicht unbedingt Vorrang einräumt. Infolgedessen waren bei den beobachtbaren Formen der Zusammenarbeit(10) entsprechende Schwierigkeiten zu überwinden. Sie gehen weit über diejenigen hinaus, welche aus haushalts- und arbeitsrechtlichen Bestimmungen und aus der bürokratischen Organisation von Universitäten erwachsen und vornehmlich Flexibilitäts- und Effizienzprobleme

---

7 Cf. U.P. Ritter (1984), S. 45.

8 Wie eine solche Stellungnahme aussehen könnte, ist in einer entsprechenden Stellungnahme des Präsidenten der Yale University umrissen (A.B. Giamatti, 1982).

9 Damit soll eine Auseinandersetzung mit dem Transferproblem nicht geleugnet werden. Die Diskussion findet jedoch hauptsächlich außerhalb der Universitäten statt und wird vornehmlich von politischen Institutionen angeregt, etwa dem Bundesministerium für Bildung und Wissenschaft (vgl. Transfer Information 1984).

10 Zu einer Erörterung dieser Kooperationsformen in der Bundesrepublik Deutschland und zu Regulierungs- und Rechtsfragen vgl. z.B. J. Blum und D. Kaufmann (1985).

schaffen. Von weitaus grundlegenderer Bedeutung sind beispielsweise Fragen der Haftung und des Patentrechts. Das gleiche gilt für kartellrechtliche Konsequenzen. Sie entstehen beispielsweise in der Form von Wissenszugangsbeschränkungen für Wettbewerber, sobald eine auf einem bestimmten Gebiet angewandter Forschung führende Universität die Zusammenarbeit mit einem Unternehmen aufnimmt, welches einen umfangreichen Marktanteil kontrolliert, für den eben diese Art des Wissens besondere Bedeutung hat.

Diese ungelösten Fragen, aber auch Flexibilitäts- und Effektivitätsprobleme sowie die entsprechenden beim Wissenstransfer auftretenden Transaktionskosten können zur Erklärung der Tatsache beitragen, daß private Transferagenturen bisher kaum Fuß fassen konnten, vorausgesetzt, genügend transferierbares Wissen war überhaupt vorhanden. Im Hinblick auf die staatliche Transferförderung läßt sich folgende Frage stellen: Bis zu welchem Grad sind Transferaktivitäten öffentlicher und halböffentlicher Agenturen nicht lediglich fragwürdige, da subventionierte, Substitute für private Aktivitäten, welche sich wegen regulierungsbedingter und bürokratischer Belastungen sowie ungeklärter Rechtsfragen nicht entfalten können? Wie in anderen Bereichen der Innovationspolitik neigt der Staat dazu, eine strategische Handlungsmöglichkeit außer acht zu lassen. Sie besteht darin, privaten Aktivitäten Raum zu verschaffen, indem Hemmnisse verringert oder abgebaut werden, die dem Wissenstransfer und der Innovationstätigkeit entgegenstehen.(11)

6. Wissenstransfer in der Praxis: Begrenzte empirische Evidenz für die Bundesrepublik Deutschland

Bis jetzt liegen über den Wissenstransfer in der Bundesrepublik nur wenige empirische Analysen vor. Transfer spielt sich danach zwischen Universitäten, Fachhochschulen und der Industrie hauptsächlich im technologischen Bereich ab. Darüber hinaus besteht Evidenz lediglich hinsichtlich der Anwendung veröffentlichter wissenschaftlicher Informationen, des Personaltransfers und einiger Aspekte angewandter Auftragsforschung. Informationen über kooperative Transferformen und die Nutzung von Forschungs- und Testgeräten der Universitäten durch die Wirtschaft sind so gut wie nicht verfügbar. Daher hat die Einschätzung der Bundesregierung aus dem Jahr 1975 hinsichtlich der empirischen Grundlage ihrer Politik im Grunde immer noch Gültigkeit: "Die Voraussetzungen und Wirkungsmechanismen einer erfolgreichen und technologischen Kenntnissen insbesondere aus den öffentlichen geförderten Forschungseinrichtungen sind noch weitgehend ungeklärt."(12)

----

11 Eine eingehendere Untersuchung der bundesdeutschen Innovationspolitik durch den Autor findet sich an anderer Stelle (1986a).

12 Bundesbericht Forschung (1975), S. 18.

Was die Informationsquellen angeht, nutzen Industrieunternehmen ein breites Spektrum. Soweit die Stellung der Universitäten innerhalb dieses Spektrums angesprochen ist, dürfte von Interesse sein,(13)

- daß unabhängig von Firmengröße und Branche Spezialliteratur, Erfahrungsaustausch mit anderen Unternehmen und mit Kunden sowie Fachmessen die vorherrschenden Informationsquellen sind;
- daß Kontakte mit Universitäten und Fachhochschulen sowie anderen öffentlichen Forschungseinrichtungen mit der Firmengröße tendenziell zunehmen;
- daß zumindest ein Fünftel einer repräsentativen Stichprobe aus Industrieunternehmen Universitäten und Fachhochschulen als ihre Hauptinformationsquellen angeben.

Hinzuzufügen ist, daß die systematische Suche nach veröffentlichten Informationen, insbesondere aus ausländischen Quellen, vornehmlich von Großunternehmen durchgeführt wird(14); dies ist ohnehin plausibel, weil solche Unternehmen eigene FuE-Abteilungen mit wissenschaftlich ausgebildetem, international orientiertem Personal zu unterhalten pflegen.

Im Hinblick auf die Quellen der neuen Verfahrenstechniken, welche tatsächlich in einer bestimmten Periode zur Anwendung gelangt sind, mögen die folgenden Ergebnisse(15) von besonderem Interesse sein:

- Mehr als zwei Drittel der befragten Unternehmen sind in Zusammenarbeit mit Anbietern und Kunden und durch unmittelbaren Transfer personalisierten und nicht personalisierten Wissens auf neue Techniken gestoßen.
- Ein Drittel der Unternehmen ist der Meinung, daß dem personalisierten Wissen ein hoher Stellenwert zukommt, das entweder durch Neueinstellungen, freie Mitarbeiter oder durch Beraterverträge beschafft wurde.
- Zwei Fünftel selbst der kleineren Unternehmen (weniger als 50 Mitarbeiter) berichten, daß sie ihr technisches Know-how zum Großteil durch eigene FuE-Anstrengungen erworben hätten.
- Transferagenturen schienen zum Zeitpunkt der Unternehmensbefragung kaum eine Rolle zu spielen.

Was die Stellung von Universitäten als Partner der Wirtschaft bei Forschungsaufträgen angeht, können zumindest einige Informationen aus

---

13 Die folgende Interpretation fußt in den Ergebnissen auf einer Stichprobenerhebung des Ifo-Instituts im Herbst 1981. Cf. U.C. Träger und L. Uhlmann (1984), Schaubild A-5, S. 229.

14 P. Hofer et al (1978), S. 86.

15 Nach U.C. Träger und L. Uhlmann (1984), Schaubild A-19, S. 242.

der Analyse eines entsprechenden Bundesförderprogramms gewonnen werden(16). Als Vertragspartner haben Universitäten etwa ein Sechstel der insgesamt im Rahmen des Programms bezuschußten Forschungsprojekte (228) zugesprochen bekommen und auch etwa den gleichen Anteil der vereinbarten Vertragssummen. Ihre Forschungsanstrengungen konzentrierten sich vornehmlich auf den Konstruktionsbereich, die Produktion von Computersoftware und die Elektronik. Insgesamt gesehen fiel der Löwenanteil der Aufträge an private Vertragspartner. Dies mag ebenfalls mit den in den vorausgegangenen Abschnitten erörterten Transferproblemen der Universitäten zusammenhängen.

Werden schließlich die Standortfolgen des Wissenstransfers betrachtet, so sind folgende Beobachtungen erwähnenswert(17):

- Die Inanspruchnahme von Universitäten, Fachhochschulen und anderen Forschungsstätten durch Unternehmen im ländlichen Raum fällt weit geringer aus als die in Ballungsgebieten.
- Mehr als die Hälfte aller FuE-Verträge werden mit Wissensanbietern aus Ballungsgebieten abgeschlossen.
- Mehr als zwei Drittel aller FuE-Aufträge, welche aus Ballungsräumen vergeben werden, haben ihren Auftragnehmer wiederum in Ballungsräumen.

Die Ergebnisse bestätigen nur einen generellen Trend im Standortmuster ökonomischer Aktivitäten: Ballungsräume bleiben Zentren der ökonomischen Entscheidungsfindung, der FuE und der höherwertigen Dienstleistungen. Damit einher geht, daß fertigungsnahe Aktivitäten in die Randgebiete der Ballungsräume bzw. jenseits davon abzuwandern tendieren(18).

7. Örtlicher Wissenstransfer: Probleme des Transfers nicht-technologischen Wissens

Ausgehend von dem skizzierten Muster des Standortwandels sieht sich der Ballungsraum Mannheim-Ludwigshafen mit einem besonderen Problem konfrontiert: Als altes Zentrum des verarbeitenden Gewerbes leidet der Raum nicht nur an Modernisierungsproblemen, sondern auch an einem strukturellen Defizit moderner Dienstleistungen(19). Naturwissenschaften

----

16 J. Allesch et al (1983), Schaubild 29, S. 134.

17 F. Meyer-Krahmer et al (1984), S. 175, 146 f.

18 Beispielhaft für die wachsende Evidenz des Standortwandels im verarbeitenden Gewerbe etwa D. Keeble, P.L. Owens, C.L. Thomson (1983).

19 Zwei Studien von Mitgliedern der Universität Mannheim über Ent-

sind im Fächerspektrum der örtlichen Universität nicht enthalten. Lediglich die örtliche Fachhochschule für Technik könnte die Art wissenschaftlicher Erkenntnisse bereitstellen, welche in die zuvor diskutierte eindimensionale Transferstrategie (Abschnitt 4) passen würde, und sie bewerkstelligt dies auch zum Teil.

Angenommen, die neue Variante des alten Wachstumspolkonzepts (Abschnitt 1) wäre erfolgversprechend. In diesem Fall könnte die Universität Mannheim als örtlicher Anbieter wissenschaftlicher Erkenntnisse fungieren, welche insbesondere für den Dienstleistungssektor und für Dienstleistungen innerhalb des verarbeitenden Gewerbes von Bedeutung wären. Werden jedoch der hohe Anteil personalisierten Transfers an ihrem wissenschaftlichen Output, die hohe Transfermobilität beratender Dienstleistungen und die beschränkten Möglichkeiten, nicht personalisiertes Wissen dieser Art zu privatisieren berücksichtigt, so können die aus räumlicher Nachbarschaft von Anbieter und Empfänger wissenschaftlicher Erkenntnisse erwachsenden ökonomischen Vorteile nicht so hoch eingeschätzt werden wie dies etwa bei technologischem Wissen der Fall ist.

Dies schließt nicht aus, daß die Universität Mannheim in beachtlichem Umfang Wissen in den örtlichen Ballungsraum und die umliegende Region transferiert. Darüber hinaus könnte sie sich sehr wohl als Anbieter erweisen, der komplementär zum Wissensstrom benachbarter Universitäten ist, da diese weit mehr naturwissenschaftlich ausgerichtet sind. Schließlich mag es sich auf längere Sicht als Vorteil erweisen, daß die Universität Mannheim sich schon aus strukturellen Gründen nicht allzu leicht vor den Karren der gerade modischen Innovationspolitik spannen läßt.

----

wicklungsprobleme des Rhein-Neckar-Raumes und der Stadt Mannheim aus jüngster Zeit kamen unabhängig voneinander jeweils zu ganz ähnlichen diagnostischen Urteilen und entsprechenden Politikempfehlungen (vgl. W. Gaebe, W. Miodek, 1985 - M.E. Streit, 1986b).

Literatur

ALLESCH, J. et al (1983): Zwischenbilanz der Fördermaßnahme "Externe Vertragsforschung", (ISI), Köln

BLUM, J. und D. Kaufmann (1985): Ziele, Grenzen und praktische Wege einer technologischen Zusammenarbeit zwischen Hochschule und Industrie; Wissenschaftsrecht, Wissenschaftsverwaltung, Wissenschaftsförderung, Band 18, S. 1-40

BOULDING, K.E. (1962): Knowledge as a Commodity; in: K.E. Boulding (ed.), Beyond Economics - Essays on Society, Religion and Ethics, Ann Arbor 1968, pp. 141-150.

Federal Report on Science (1975) - Der Bundesminister für Forschung und Technologie: Bundesbericht Forschung V, Bonn.

GAEBE, W. und W. Miodek (1986): Qualität und Entwickungstendenzen tertiärer Arbeitsplätze im Rhein-Neckar-Raum, Mannheim

GIAMATTI, A.B. (1982): The University, Industry, and Cooperative Research, Science, Band 218, S. 1278-1286

HOFER, P. et al (1978): Wirksamkeitskriterien einer branchenorientierten Informationsvermittlungs- und -beratungsstelle für den Maschinenbau, Forschungsbericht ID 78-01, Information und Dokumentation, BMFT, Basel

KEEBLE, D., P.L. Owens, C.L. Thomson (1983): The Urban-Rural Manufacturing Shift in the European Community, Urban Studies, Bd. 20, S. 405-418

KIRSCH, G. (1972): Systemanalytische Grundlagen der Forschungspolitik, Düsseldorf

MEYER-KRAHMER, F. et al (1984): Erfassung regionaler Innovationsdefizite - Endbericht an das Bundesministerium für Raumordnung, Bauwesen und Städtebau (Raumordnungsbericht 1984), Karlsruhe

NORTH, D.C. (1984): Transaction Costs, Institutions, and Economic History, Zeitschrift für die gesamte Staatswissenschaft, Bd. 140, S. 7-17

POLANYI, M. (1962): The Republic of Science - Its Political and Economic Theory; reprinted in E. Shils: Criteria for Scientific Development, Cambridge, Mass. und London 1969

RITTER, U.P. (1984): Hochschulforschung versus Auftragsforschung, transfer-information, Bd. 1, S. 45-48

STREIT, M.E. (1969): Spatial Associations and Economic Linkages between Industries, Journal of Regional Science, Bd. 9, S. 177-188

STREIT, M.E. (1971): Regionalpolitische Aspekte des Wachstumspolkonzepts, Jahrbuch für Sozialwissenschaft, Bd. 22, S. 221-234

STREIT, M.E. (1986a): Industrial Policies for Technological Change - The Case of West Germany; in: T.C. Saunders (ed.), Industrial Policies and Structural Change, London (forthcoming)

STREIT, M.E. (1986b): Entwicklungschancen der Stadtregion Mannheim als dienstleistungsgestütztes Gravitationszentrum, Mannheimer Berichte, Bd. 29, S. 3-11

TÄGER, U.C. und L. Uhlmann (1984): Der Technologietransfer in der Bundesrepublik Deutschland - Grundstrategien auf dem Technologiemarkt, Berlin, München

transfer-informationen (1984), Bd. 1, S. 22-27

DIE UNIVERSITÄT AM ENDE DES ZWANZIGSTEN JAHRHUNDERTS UND TENDENZEN IHRER ZUKÜNFTIGEN ENTWICKLUNG

Martin Trow

Einleitung

Clark Kerr schreibt im Nachwort seines bedeutenden Buches **Die Funktionen der Universität:**

> "Über die Hochschule läßt sich sagen, daß 'alles sich verändert, aber meistens nicht die Hochschule selbst'. Etwa 85 der um 1520 errichteten Institutionen der westlichen Welt existieren immer noch in erkennbaren Formen, mit intakter Geschichte und mit weitgehend denselben Funktionen. Darunter fallen die katholische Kirche, die Parlamente der Isle of Man, Islands und Großbritanniens, einige Schweizer Kantone und siebzig Universitäten. Könige, feudale Landherren mit ihren Vasallen und Zünfte samt ihren Monopolen existieren nicht mehr. Jedoch die 70 Universitäten stehen immer noch am selben Ort, und Professoren und Studenten tun mehr oder weniger dasselbe wie damals, teilweise in den ehemaligen Gebäuden unter einer Verwaltung, die sich nicht viel verändert hat. Zwar ist eine Reihe von Variationen der alten Themen zu beobachten, aber die uralten Funktionen von Lehre, Forschung und Dienstleistung, oder eine Kombination dieser Funktionen, bestehen immer noch. Betrachten wir uns die Universitäten von innen, so erkennen wir, daß sich die Gewichtung ihrer verschiedenen Funktionen und die Richtung ihrer leitenden Prinzipien verändert haben. Jedoch von außen gesehen und im Vergleich zu anderen Institutionen gehören die Universitäten zu denjenigen, die sich am wenigsten verändert haben." (Kerr, 1982)

Heidelberg ist eine jener 70 alten Universitäten, von denen Kerr spricht; sie ist sogar eine der ältesten. Betrachten wir die Universität aus dieser historischen Sichtweise - der 600 Jahre Universitätsgeschichte von Heidelberg oder nur der 466 Jahre, von denen Kerr spricht - welchen Grund haben wir dann anzunehmen, daß sich das Hochschulwesen, und besonders die großen Forschungsuniversitäten wie Heidelberg, innerhalb der nächsten Jahrzehnte viel verändern werden? Und über eben diese Veränderungen wurde ich gebeten zu sprechen. Blicken wir mit dieser Perspektive so weit wie möglich in die Zukunft, so läßt sich sagen, daß das gegenwärtige Hochschulwesen auch das zukünftige darstellen wird. Zum Beispiel werden Hochschullehrer und -lehrerinnen trotz all der neuen Kommunikationstechnologien in den nächsten zwanzig oder dreißig Jahren weiterhin zum einen vor gefüllten Hörsälen Vorlesungen halten, zum anderen in kleinen Räumen mit den Studierenden um einen Tisch sitzen und diskutieren. Und einige werden manchmal mit Studenten und Studentinnen in einem Labor Messungen vornehmen und beobachten, wie die Meßgeräte den Verlauf des wissenschaftlichen Experimentes aufzeichnen.

Obwohl ich bis jetzt die Beständigkeit der Hochschulstrukturen herausgestrichen habe, ist dennoch unbezweifelbar, daß wir mehr an dem interessiert sind, was sich verändert als an dem, was bestehen bleibt. Vor dem Hintergrund dieser Kontinuität müssen wir uns fragen: Welche Veränderungen lassen sich für die nächsten Jahrzehnte ablesen? Auf welche Einflüsse und auf welchen inneren und äußeren Druck sind diese Veränderungen zurückzuführen?

Nimmt man die hier anstehende unmögliche Aufgabe an, in 20 Seiten die Grundzüge der Universität zu Ende des 20. Jahrhunderts und ihre zukünftige Entwicklung darzustellen, so darf man sich mit Genugtuung und ohne Scheu zu gewagten Bemerkungen herausgefordert fühlen. In der Tat, eine solche Aufgabe verlangt es, in großen Zügen, ohne viel Aufmerksamkeit auf kleine Details oder nuancierte Variationen zu verlieren, die Zukunft darzustellen. Der weiteren Versuchung, die dieses Thema mit sich bringt, nämlich Analyse durch Ermahnung, Deskription durch Präskription zu ersetzen, werde ich widerstehen.

Unser Thema wird ferner durch die Unzulänglichkeit aller Vorhersagen über gesellschaftliche Ereignisse erschwert. Im Hochschulwesen, wie in anderen sozialen Bereichen, ist die rückblickende Analyse die einzige genaue wissenschaftliche Methode. Während der letzten Jahrzehnte haben Planer in mehreren europäischen Staaten versucht, das Wachstum des Hochschulwesens nach dem angenommenen Bedarf der Wirtschaft an bestimmten hochqualifizierten Arbeitskräften auszurichten; andere, wie z.B. in Großbritannien, haben versucht, den Bedarf des Zugangs zur Hochschule aus dem antizipierten Zuwachs an qualifizierten Bewerbern vorherzubestimmen; wiederum andere haben demographische Prognosen über die Größe der in die Hochschule eintretenden Gruppen zu Grunde gelegt, um Größe und Wachstumsrate des Hochschulwesens vorherzubestimmen. Prognosen über den Bedarf an Arbeitskräften haben sich als fehlerhaft erwiesen - sie sind nur erfolgreich in sozialistischen Planwirtschaften, wo der Staat die Macht hat, sie auf Kosten von verdeckter Unterbeschäftigung und mit beträchtlicher Ineffizienz in die Tat umzusetzen. Auch Vorhersagen bezüglich der Studienbewerber sind nicht eingetroffen - und zwar sowohl in bezug auf Zahl als auch Verteilung auf bestimmte Studienrichtungen. Ebensowenig haben sich die auf demographischen Projektionen beruhenden Vorhersagen bewahrheitet, denn sie antizipierten nicht die veränderte Zuwachsrate von Frauen und älteren Studenten. Insgesamt sind weder in den USA noch sonstwo Vorhersagen über Studentenzahlen, die über ein oder zwei Jahre hinausgingen, eingetroffen. Ende der siebziger Jahre zum Beispiel meinten viele Beobachter in Amerika, daß aufgrund des Bevölkerungszuwachses die Anzahl der Sekundarschulabsolventen im Jahre 1979 einen Höhepunkt erreichen würde, danach etwa um 25 % landesweit abnehmen und damit 1993 an ihrem tiefsten Punkt angelangt sein würde. Dem entsprechend rüsteten sich unsere Colleges und Universitäten für einen schnellen und einschneidenden Rückgang der Studentenzahlen; und das in einem Land, in dem das Budget fast aller Hochschulen, der privaten sowohl wie der öffentlichen, von der Zahl der Studenten abhängt. Jedoch hat sich in Wirklichkeit die Studentenzahl nicht verringert. Obwohl seit 1979 die Zahl der Sekundarschulabsolventen um etwa 15 % abgenommen hat, ist in Amerika seit 1979 die Studentenzahl etwa um 6 bis 8 Prozent angestiegen. Das ist hauptsächlich dem erheblichen Zuwachs von älteren Teilzeitstudenten(1), die oft voll berufstätig sind, Frauen und Minoritäten zuzuschreiben (Trow, 1986).

Die Schwierigkeit, Veränderungen im Hochschulwesen mit einiger Genauigkeit und Verläßlichkeit vorherzusagen, hängt also mit unserer Unfähigkeit zusammen, Veränderungen in der Wirtschaft und damit der Nachfrage an Hochschulabsolventen vorherzusagen. Genausowenig können wir den Bedarf der Sekundarschulabsolventen an Studienplätzen und die Veränderungen in politischen Programmen und in Führungspositionen vorherbestimmen; im besonderen können wir nicht die unterschiedliche Bereitschaft von Parteien und von deren Führungskräften zur Förderung und Finanzierung des Hochschulwesens vorhersagen. (Trow, 1981, Cerych, 1980) In Großbritannien zum Beispiel haben die Wachstumsbeschränkungen des Hochschulwesens nicht etwa marktwirtschaftliche oder demographische Faktoren, sondern beruhen fast ausschließlich auf Ideologien über die Hochschule: Ist die Hochschulausbildung notwendig und wer kann davon profitieren? Ende der siebziger und Anfang der achtziger Jahre erlebte Großbritannien, wie innerhalb der gegenwärtigen konservativen Regierung höchst elitäre Vorstellungen von Hochschulausbildung und Zugangsberechtigung wieder an Macht gewannen. Andererseits spricht Ulrich Teichler in seinem Beitrag für diese Konferenz von Veränderungen in der Einstellung der Masse und elitärer Kreise vieler Länder gegenüber der Notwendigkeit einer Steigerung der Studentenzahlen in Verbindung mit den neuen Technologien. (Teichler, S.313). Und in den Vereinigten Staaten können wir wegen der fast unkontrollierten Immigration nicht einmal das Bevölkerungswachstum genau vorhersagen.

Trotz aller angemessenen Einsprüche und Vorbehalte möchte ich auf diesen wenigen Seiten wenigstens bis zur nahen Jahrhundertwende vorausblicken. Ich will keine quantitativen Vorhersagen anstellen, die ich ohnehin für unmöglich halte, sondern über strukturelle und organisatorische Veränderungsmuster nachdenken, zu denen das Hochschulwesen in hochindustrialisierten Nationen zu tendieren scheint. Etwa vor 15 Jahren schrieb ich über die Systeme von Elitenausbildung im Hochschulwesen - ich hielt es damals in allen westlichen Ländern, einschließlich Japans für eine unausweichliche Entwicklung - daß sie sich zu Massenbildungssystemen verändern und schließlich die Hochschulausbildung als Möglichkeit für grundsätzlich alle, wenn nicht sogar als Norm einführen würden (Trow 1974). Ich war damals wie heute mehr daran interessiert, diese Konzepte als richtungsweisend zu benutzen, um Spannungspunkte beim Übergang von einer Phase in die andere zu identifizieren, als vorherzusagen, wann diese Veränderungen stattfinden werden. Damals erwartete ich eine Reihe von Widerständen beim Übergang von einer Phase zur anderen, jedoch, zusammen mit vielen anderen

----

1 Teilzeitstudenten sind Studierende, die nur die Hälfte der vorgeschriebenen Seminare und Vorlesungen in einem Semester belegen; denn sie sind meist berufstätig oder haben Kinder zu Hause. Insgesamt verdoppelt sich auf diese Weise ihre Studienzeit.

Wissenschaftlern, unterschätzte ich die konservativen Kräfte - die Akademikerzunft, die ihre besonderen Privilegien verteidigte, die Regierungen. die zögerten, die notwendigen Mittel zur Massenbildung zur Verfügung zu stellen, die Subkulturen des Klassensystems und die Strukturen des Sekundarschulwesens, die alle daran arbeiteten, ehrgeizige Bildungsziele und damit das Wachstum des Hochschulwesens zu beschränken (Trow, 1981). Trotzdem hat die Bewegung in Richtung auf die Öffnung der Hochschulbildung für die Massen in den meisten westlichen Ländern seit den frühen siebziger Jahren wesentliche Fortschritte gemacht, wie viele der Konferenzbeiträge im Detail zeigen (Cerych, 1980). Es ist meine Ansicht, daß sich der Druck in diese Richtung von seiten der Wirtschaft und Gesellschaft, wenn nicht von den Regierungen und den Universitäten selbst, fortsetzen wird, jedoch entsprechend der Eigenheit und dem Tempo eines jeden Landes.

Im folgenden werde ich weder über Themen der Finanzierung, zum Beispiel über veränderte Ressortkosten, oder Veränderungen der Finanzierungsquellen, noch viel über Lehrpläne sprechen, wie z.B. über die Spannung zwischen Allgemein- und Fachbildung, von der Harold Noah in seinem Beitrag sprach (Noah, S.93). Darüber hinaus verlangt eine Übersicht über das Hochschulwesen verschiedener Länder, daß ich in einem hohen Allgemeinheitsgrad sprechen muß. Aber, wie Hartmut von Hentig scharfsinnig in seinem Beitrag bemerkt hat, vergleichende Bildungswissenschaftler können es sich nicht erlauben, auf Inhalt oder Qualität von Bildung einzugehen. Das sind Themen für den Bildungsethnographen. Natürlich besteht die Gefahr, daß die vergleichenden Erziehungswissenschaften auf ihrem hohen Abstraktionsgrad unter sich nur mehr die mit Wolken bedeckten Spitzen sehen.

Aber sollten sich meine Grundannahmen über die Zukunft des Hochschulwesens bewahrheiten - nämlich anhaltender Druck, den Hochschulzugang weiter zu demokratisieren, eine engere Verbindung zwischen Theorie und Praxis und engere Beziehungen zwischen Hochschule und Wirtschaft, Aspekte also, die alle auf eine Massenausbildung im Hochschulwesen zielen -, dann antizipiere ich für die nahe Zukunft eine Reihe von Entwicklungen, die in folgende drei Rubriken eingeordnet werden können:

I. Entwicklungen im gesamten Hochschulwesen;

II. Entwicklungen innerhalb bestimmter Hochschulen;

III. Entwicklungen innerhalb der Berufsgruppe der Hochschullehrer.

Hinsichtlich der Entwicklungen des gesamten Hochschulwesens erwarte ich in den kommenden Jahrzehnten, daß

1. Trends zu größerer Diversifikation der Hochschulen sich auf Bundesebene verlagern werden;
2. im Rahmen dieser Auffächerung der Fort- und Weiterbildung mehr Raum eingeräumt wird;
3. verstärkter Druck zu engerer Zusammenarbeit zwischen Universitäten und nicht-universitären Einrichtungen ausgeübt wird.

In bezug auf die Entwicklungen innerhalb der einzelnen Hochschulen meine ich, daß

1. sich die Macht und Autorität in den Händen der leitenden Kräfte der Hochschulen vermehren wird;
2. und die einzelnen Hochschulen mehr Kontrolle über ihre eigenen Finanzen gewinnen werden, einschließlich des Zugangs zu "slack resources"(2): außerdem werden sie mehr lokale Autonomie mit größerer allgemeiner Entscheidungsbefugnis gewinnen.

Hinsichtlich der Tendenzen innerhalb der Gruppe der Hochschullehrer, erwarte ich, daß

1. es eine Bewegung zur Vereinheitlichung der Hochschullehrerprofession geben wird, durch die das Entstehen einer einzigen Hochschullehrerberufsgruppe, einer Gruppe, die in vielen Ländern beim Übergang von der Eliten- zur Massenausbildung im Hochschulwesen aufgesplittert wurde, begünstigt wird;
2. die Lehre als Hauptbeschäftigung in der Hochschule dort wieder auftauchen wird, wo es noch nicht der Fall ist;
3. Hochschullehrer zunehmend mit privaten Unternehmen und der Industrie zusammenarbeiten werden.

Lassen Sie mich diese Punkte im einzelnen besprechen.

I. Entwicklungen in den Hochschulsystemen

1. Die erste umfassende Entwicklung, die ich weltweit beobachte, ist die Tendenz zur weiteren funktionellen Differenzierung zwischen den einzelnen Hochschultypen, eine kontinuierliche Differenzierung innerhalb der Hochschulen als auch zwischen einzelnen Hochschulen, die auf die zunehmende Unterschiedlichkeit der sozialen Herkunft der Studierenden eingeht, sowie ihre akademische Vorbereitung, ihr Alter, ihre Erfahrungen während des Studiums und ihre zukünftige Berufslaufbahn. Diese wachsende Differenzierung ist eine Begleiterscheinung des Wandels von der Eliteausbildung zu Formen der Massenausbildung im Hochschulwesen, der beständigen Zunahme der Studentenzahl und der Diversifikation der Studierenden und ihrer Studienfächer.

Dieser Trend zur Vielfältigkeit geht in vielen Ländern nicht ohne Widerstand vor sich. Vielfältigkeit verursacht besonders einer zentralen

----

2 "Slack resources" sind innerbetriebliche Geld-, Raum-, Zeit-, und Energiemittel, die schnell für Innovationen zur Verfügung gestellt werden können.

staatlichen Verwaltung Probleme. Es ist schwieriger, verschiedene Arten von Hochschulen mit unterschiedlichen Kosten, Funktionen, Zulassungsverordnungen, Lehrformen und einem vielfältigen Kursangebot zu verwalten. Darüber hinaus geht mit Vielfältigkeit unvermeidlich Ungleichheit zwischen den Bildungsinstitutionen und Bildungssektoren Hand in Hand, z.B. in bezug auf die studentischen Leistungen, auf die Proportion zwischen Lehrenden und Studierenden und Ungleichheiten in Status und Ansehen innerhalb der gesamten Gesellschaft. Es handelt sich bei diesen Ungleichheiten um die natürliche Beigabe der unterschiedlichen Aktivitäten und Funktionen der Hochschulen, ihrer Studierenden und ihres Lehrpersonals.

Obwohl diese Ungleichheiten zur Vielfältigkeit gehören, wirken sie äußerst unangenehm, wenn der Staat ein Monopol über das Hochschulwesen hat. Teichler spricht in seinem Beitrag von der Zwiespältigkeit in Deutschland, die gegenüber der Vielfältigkeit und der Notwendigkeit zu mehr konkurrierenden Strukturen führt (Teichler, S.313). Staatliche Behörden sind in Verlegenheit, wenn es Ungleichheiten zwischen den Hochschulen, die formal gleichen Status haben, gibt; Regierungen tendieren dazu, jene Ungleichheiten zu verringern, indem sie einheitliche Maßstäbe für Zulassungsbedingungen und Abschlüsse sowie einheitliche Gehaltsstufen, Finanzierungsformeln und Förderungsmaßnahmen für Forschung, Gebäudebau und Kapitalinvestitionen festlegen. Diese staatlich zentralisierten Maßnahmen sind teilweise eine Antwort auf die Neigung der Bürokratie, all ihre abhängigen Einheiten nach einem Standardmuster zu behandeln, aber sie reflektieren in fast allen Gesellschaften auch Werte, die verlangen, daß der Staat die von ihnen abhängigen Institutionen mit demselben Maß an Gleichberechtigung und Gerechtigkeit behandelt. Diese Neigung, alle gleich zu behandeln, liegt in der Natur der öffentlichen Behörde und bürokratischen Verwaltung, läuft aber der Herausbildung von Unterschieden entgegen, die im Zuge einer Vervielfältigung des Hochschulwesens durchaus auch zu Ungleichheiten führen können.

Staatliche Behörden können durchaus gezielt ein gewisses Maß an Unterschieden innerhalb des öffentlichen Bildungswesens planen, wie z.B. die Erhaltung von drei oder vier sich deutlich unterscheidenden Ebenen von Bildungsinstitutionen im Hochschulwesen. Die Universitäten, Polytechnika und Weiterbildungsstätten in England sind ein Beispiel dafür; in Frankreich gibt es die krassen Unterschiede zwischen den Grandes Ecoles, den Universitäten und den IUTs; und in Kalifornien bestehen Unterschiede zwischen der Universität von Kalifornien, den 19 Hochschulen des staatlichen kalifornischen Hochschulverbundes (California State University system) und den 120 Community Colleges(3). In jedem dieser Beispiele ist diese formale Differenzierung und die Legitimierung der deutlich unterschiedlichen Behandlung der verschiedenen Sektoren des Bildungswesens teilweise eine Antwort auf den Druck

---

3 Die kalifornischen Community Colleges offerieren regional zugeschnittene Programme. Sie sind eine Mischung von Abendgymnasium, Volkshochschule, Berufsschule, d.h. Ausbildungsstätten, die Einführungsveranstaltungen in akademische Studien anbieten.

nach Vielfältigkeit in einem Massenhochschulwesen. Aber innerhalb desselben Sektors sind die Hochschulen meist gleich, obwohl auch hier unterschiedliche Funktionen und Ziele zu finden sind, wie es zwischen den verschiedenen Grandes Ecoles der Fall ist.

Ein weiterer Grund, warum staatliche Behörden Schwierigkeiten haben, eine wirklich weite Vielfältigkeit unter den einzelnen Hochschulen zu ermutigen, ist die politisch begründete Erwartung, daß die Regierung Entscheidungen fällt und diese auch angesichts von Alternativen korrigieren wird. Es ist schwer für Politiker einzugestehen, daß sie nicht wissen, welche der vielen möglichen Faktoren des Hochschulwesens das richtige Modell für die zukünftige Entwicklung sein soll, oder einzugestehen, daß alle Formen unterstützt werden sollten. Denn die Antwort ihrer politischen Gegner wird höchstwahrscheinlich sein: "Es liegt in Ihrem Verantwortungsbereich zu entscheiden, welche dieser Formen die beste für die Zukunft ist, und sie dann auch auszuwählen; alles andere bedeutet Vergeudung von Ressourcen, wenn gerade diese Ressourcen knapp sind und wenn solche Vergeudung verwerflich oder noch schlimmer ist." Wie kann eine Regierung sich gegen die Anklage verteidigen, so unentschlossen zu sein, daß sie sich nicht einmal für Form und Gestalt eines im Entstehen begriffenen wachsenden öffentlich finanzierten Hochschulwesens entscheiden kann, ja im Gegenteil fortfährt, eine bestimmte Art von Bildungsinstitutionen zu unterstützen, die sich mit Sicherheit als uneffektiv und unpassend herausstellen werden? Das einzige Problem besteht darin, daß zum Zeitpunkt der Einführung dieser innovativen Einrichtungen und Programme überhaupt nicht feststeht, welche von ihnen mit Erfolg beschieden sein werden. Aber aus politischen Gesichtspunkten ist es für Politiker, die Opposition und Kritik zu erwarten haben, notwendig, ja fast Pflicht, Allwissenheit und Bestimmtheit zu demonstrieren und zu zeigen, daß sie Herr der Ereignisse sind. Diese Notwendigkeit, stark, klug, allwissend und entscheidungsfreudig zu erscheinen, zwingt Politiker, wenn es um Bildungsentwürfe geht, mit mehr Überzeugung zu handeln, als sie in der Tat empfinden. Oder anders betrachtet: wenn Politiker eine große Vielzahl von Bildungseinrichtungen mit öffentlichen Mitteln fördern würden, könnte man sie angreifen und behaupten, die Regierung unterstützt bewußt Institutionen, die höchstwahrscheinlich scheitern werden. Diese Beschuldigung wäre wahr, jedoch weiß eben niemand, welche Form von Hochschule überleben, und welche scheitern wird.

Jedoch Vielfältigkeit im Hochschulwesen zu schaffen, genauso wie auf anderen Gebieten des organisierten öffentlichen Lebens, ist die wirkungsvollste Art, für eine unvorhersagbare Zukunft zu planen, da Vielfältigkeit Hochschulen schafft, von denen einige besser für die zukünftigen, wenn auch noch nicht absehbaren Bedingungen und Bedürfnisse ausgerüstet sind, als jeglicher Hochschultypus, der von einer zentralen staatlichen Behörde entworfen werden könnte.

Auf jeden Fall bin ich der Überzeugung, daß in vielen Ländern die Hochschulentwicklung in den nächsten Jahrzehnten von starken Spannungen der mannigfaltigsten Kräfte, die sowohl innerhalb jeder Hochschule wie zwischen den Hochschulen bestehen, gekennzeichnet sein wird. Dies sind auf der einen Seite die zunehmende Unterschiedlichkeit der Studierenden und ihrer Arbeitsstellen und Berufslaufbahnen sowie die Wissensexpansion in vielen Gebieten; auf der anderen Seite sind es die einschränkenden Kräfte der Regierung. Ich denke, daß der Privatsektor unter diesen Bedingungen einen leichten Vorteil hat, es sei denn er ist erheblich von den Regierungen eingeschränkt.

2. Ein weiterer Trend, der in vielen Ländern erkannt und sogar ermutigt wird - seit fast 20 Jahren ist diese Entwicklung ein besonderes Thema der OECD -, ist das Konzept der Weiterbildung oder des "lifelong learning". Und wahrscheinlich ist schon genug über dieses Thema gesprochen worden, so daß hier eine weitere Ausführung unnötig ist. Deswegen nur eine Anmerkung zu dieser Diskussion. Ein Vorteil, den ältere Studenten den Hochschulen, die auf Wachstum bedacht sind, bieten, besteht darin, daß es weit mehr von ihnen gibt als von anderen Altersgruppen, die traditionellerweise die Universität besuchen. Außerdem sind sie oft stärker motiviert und stellen bessere Studenten dar, besonders in Studiengebieten, die mit ihren Berufen in Verbindung stehen. Darüber hinaus besteht die Möglichkeit, daß Beziehungen, die diese älteren Studenten zur Industrie haben, eine sichere Quelle für die Unterstützung von Ausbildungs- und Umschulungsprogrammen schaffen, eine Quelle, die die Hochschulen angesichts stark beanspruchter, geringer staatlicher Mittel schätzen lernen werden. Und die Veränderungen der studentischen Subkulturen, die Ludwig Huber beschreibt, werden uns mehr ältere Studenten verkleidet als traditionelle Studenten sehen lassen (Huber, S.285).

Von allen Hochschulthemen, die gegenwärtig diskutiert werden, besteht die größte Einigkeit darüber, daß es wichtig ist, älteren Studenten erweiterten Zugang zur Hochschule zu verschaffen, sowohl aus Gründen sozialer Gerechtigkeit wie aus Gründen technologischen Fortschrittes und wirtschaftlicher Effizienz. Trotzdem ist der Widerstand gegenüber dem Konzept der Weiterbildung stark, besonders in den traditionellen Universitäten und Fakultäten, die die Ausbildung von älteren Studenten ganz eindeutig nicht als ein Merkmal der Elitenausbildung der Hochschule ansehen, wie sie im 19. und zu großen Teilen im 20. Jahrhundert der Fall war.

Von Bedeutung ist, ob die Weiterbildung durch Veränderungen und Erweiterungen der Eliteuniversitäten angeboten wird oder durch die Schaffung neuer nicht-elitärer Bildungseinrichtungen. Ich denke, wir werden beide Möglichkeiten an verschiedenen Orten sehen, und meine Voreingenommenheit zugunsten der Vielfältigkeit läßt mich hoffen, wenn nicht sogar prophezeien, daß die Weiterbildung alternative Formen annehmen wird, die die Fähigkeit besitzen, effektiv auf schnell sich verändernde und unvorhersagbare Bedingungen in Gesellschaft und Industrie einzugehen.

3. Das Wachstum und die Demokratisierung des Hochschulwesens bringen unmittelbar viele Veränderungen mit sich. Eine davon ist die Entwicklung engerer organisatorischer Verbindungen zwischen Hochschulen und anderen nicht-universitären Formen des tertiären Bildungswesens. In jedem Land nimmt diese Verbindung eine andere Form an: Fachhochschulen, Lehrerausbildungsstätten, Fachschulen für Musik, Kunst, Schauspielwesen, Krankenpflege, Landwirtschaft, Fischerei, Verwaltung

und Management und andere spezialisierte Berufe; "Extension Services"(4) und andere Formen der Weiterbildung sowie die "Open Universities". In vielen Fällen sind diese Einrichtungen über die Jahre hinweg recht zufällig als Ergebnis der Bemühungen interessierter Kreise oder eines einflußreichen Politikers gewachsen; manche bieten Zertifikate an, manche auch akademische Abschlüsse, jedoch meist andere als die der Universität. Die Kurse, die sie anbieten, überschneiden sich oft miteinander und mit denen, die die Universität offeriert. Oft unterstehen diese Bildungseinrichtungen, wenigstens diejenigen im öffentlichen Sektor verschiedenen Ministerien, manchmal hat jedes Ministerium sogar seine eigene Ausbildungsstätte. Jedoch gewähren diese Bildungsinstitutionen selten Zugang zum Universitätssektor; sie sind nicht gut aufeinander abgestimmt.

Die Regierungen bemühen sich, diesen Sektor des tertiären Bildungswesens zu rationalisieren - zumindest die staatlichen Bildungseinrichtungen -, indem sie sie in regionalen Gruppen und anderen Verwaltungseinheiten zusammenschließen. Aber auch hier werden die besonderen Interessengruppierungen, die diese Bildungsstätten ins Leben gerufen haben, und die Ministerien, die sie unterstützen, dieser Rationalisierung meist erfolgreich widerstehen.

Ich habe davon gesprochen, daß gegenwärtig diese Bildungsstätten in den wenigsten Fällen direkten Zugang zu den Universitäten verschaffen. Das könnte sich ändern. Ein gut dokumentiertes Ergebnis neuerer Studien in vielen Ländern zeigt, daß diejenigen Leute, die ihre Bildung als Erwachsene fortführen wollen, meist diejenigen sind, die schon eine beträchtliche Bildung besitzen. Der Wunsch nach mehr Bildung ist ein durch Bildung entwickeltes Verlangen.

Ich glaube, daß die Absolventen vieler dieser nicht-universitären Bildungseinrichtungen sich bemühen werden, ihre höhere Bildung auszubauen und nach höheren akademischen Abschlüssen und der Forschungsausbildung, die die Universität bietet, streben werden. Diese Möglichkeiten existieren gegenwärtig an vielen Orten nur für einzelne. Ich erwarte, daß der Übergang zur Hochschule erleichtert wird, sobald sich die Nachfrage auf diesem Gebiet vergrößert, und daß diese früher erworbene Bildung von der Universität anerkannt wird.

Der Zahlenzuwachs an älteren Studenten an den Universitäten - wir können diese Entwicklung schon an vielen Orten beobachten - wird Auswirkungen verschiedenster Art auf die Universitätsausbildung selber haben: auf den Lehrplan, auf die Form der Lehre, auf die Finanzierung des Studiums, auf die Beziehung zwischen Lehrenden und Lernenden. Wenn Studierende umfangreiche praktische Erfahrungen und Kenntnisse in die Seminare bringen, so verändert dies das intellektuelle Niveau des Unterrichts, und zwar meistens zum Besseren. Der Widerstand von seiten der Universität gegen diese Entwicklung basiert auf einem

----

4 "Extension Services" sind berufliche Fort- und Weiterbildungseinrichtungen der Universität, die oft auch Zertifikate vergeben und an vielen Orten auf regionale Bedürfnisse abgestimmt sind.

traditionellen Bildungskonzept, das die Universitätsausbildung mit der Ausbildung junger Männer (und erst seit kurzer Zeit mit der Ausbildung junger Frauen) gewöhnlich der Oberschicht oder der oberen Mittelschicht gleichsetzt, und das in einem Lebensalter, in dem sich Charakter und Gesinnung formen. Ältere Studenten kommen oft aus unteren Gesellschaftsschichten - das ist meist der Grund, warum sie nicht gleich nach der Sekundarschule auf die Universität gingen. Sie wollen ihre Fertigkeiten verbessern und sich nicht einer Charakterbildung unterziehen; möglicherweise sind sie nicht an dem der Universität eigenen Bildungskonzept interessiert, das auf die Ausbildung eines "gentleman" zugeschnitten ist; und diese Studenten geben der Universität mehr und mehr den Anstrich einer Fachhochschule oder eines Polytechnikums, einschließlich des Verlustes an Status, der damit einhergeht.

Trotzdem glaube ich, daß der Trend, der mehr ältere Studenten mit nicht-universitärer tertiärer Ausbildung an die Universität bringt, sich fortsetzen wird, und daß die Universität sich dementsprechend verändern und sich anpassen wird. (Auch hier werden private Bildungsstätten einen Vorteil haben, da sie sich leichter diesen Veränderungen anpassen können.)

II. Entwicklungen innerhalb der einzelnen Hochschulen

1. Ich denke, wir sehen noch einen anderen Trend, und zwar eine Entwicklung zur Stärkung der Position der Universitätspräsidenten, oder wie auch immer sie in den einzelnen Ländern und ihren Bildungsinstitutionen genannt werden. Vielleicht geben wir ihnen die neutrale Bezeichnung "Institutionsleiter". Ich denke, diese Entwicklung geht mit der Vielfältigkeit einher, von der ich gesprochen habe, und entspringt auch aus der sich schnell verändernden Umgebung, in der sich die Bildungseinrichtungen des tertiären Bildungswesens in der Zukunft befinden werden. Ich will mich mit dem letzten Punkt zuerst befassen: In einer Gesellschaft, in der die besonderen Eigenschaften und der Zweck der Universität klar sind, und wo alle Hochschulen gleich sind, abgesehen vom Alter und ihren Besonderheiten, können die staatlichen Behörden die Hochschulen in einer ziemlich routinemäßigen und vorhersagbaren Art und Weise aus der Distanz verwalten; das intellektuelle Leben der Hochschule verläuft mit einem gewissen Maß an Beständigkeit, während die Beamten in den Ministerien die relativ einfachen Verwaltungs- und Finanzangelegenheiten von außerhalb der Hochschule erledigen. Oder in anderen Ländern, wo die Hochschulen klare und stabile Funktionen haben, können sie von innen her von Hochschullehrern, der akademischen Zunft - wie es in Oxford und Cambridge der Fall ist - oder von Komitees aus Lehrstuhlinhabern und verbeamteten Professoren und Professorinnen, an deren Spitze ein schwacher, gewählter Rektor steht, verwaltet werden. Das war in vielen europäischen Universitäten in der Vergangenheit der Fall. Beide Konstellationen hängen von sich relativ langsam verändernden äußeren Bedingungen und einer weitgehenden Einigkeit über das Ziel der Universität ab. Aber sobald die Einrichtungen des Hochschulwesens eine größere Vielfalt erhalten und sobald sich ihre Beziehung zu ihrer Umgebung schnell verändert,

müssen sie verstärkt auf diese neuen Bedingungen reagieren. Dies aber verlangt eine Art von Entschiedenheit und unumschränkter Vollmacht an der Spitze, wie wir es in erfolgreichen Wirtschaftsunternehmen finden, die auch schnell und entschieden auf veränderte Markt- und Finanzlagen reagieren müssen. Ein energischer Institutionsleiter, so mein Vorschlag, ist die einzige Autorität, die einer Einrichtung des tertiären Bereiches eine neue Richtung geben kann, die günstige Gelegenheiten ergreifen kann, wenn sie sich bieten, die die Hochschule auf akademischer, politischer, administrativer und symbolischer Ebene lenken kann, also eine Führung, die sie braucht, um innerhalb der Welt der konkurrierenden Vielfältigkeit, die im Entstehen ist, erfolgreich zu sein (Trow, 1985).

Ich unterschätze nicht die sehr starken kulturellen und institutionellen Widerstände gegen diese Entwicklung. Weder staatliche Behörden noch die einflußreichen akademischen Zünfte betrachten machtvolle Verwalter an der Spitze ihrer Institution mit Wohlwollen, noch tun dies die einflußreichen Verbände der Hochschullehrer, Angestellten und Studenten, die während der letzten Jahrzehnte als Akteure in der Verwaltungsstruktur vieler europäischer Hochschulen und schon früher in Lateinamerika aufgetaucht sind. Ich bin weit davon entfernt zu behaupten, daß der einflußreiche Universitätspräsident sehr bald sehr verbreitet sein wird, besonders nicht im öffentlichen Sektor des Hochschulwesens. Aber wir können diese Entwicklung schon in vielen Ländern im privaten Bereich sehen, wo die Bildungsstätten die Freiheit haben, ihre eigene Verwaltungsstruktur zu erstellen. Und ich denke, dies ist eines der organisatorischen Merkmale, die den privaten Einrichtungen gegenüber den öffentlichen in den kommenden Jahren einen gewissen Vorsprung geben werden. Private Hochschulen sind nicht nur fähig, machtvolle Präsidenten an ihre Spitze zu setzen, sondern sie brauchen auch ein starkes Management, um in einer kleinen Welt zu überleben, die ihnen keine Garantien und keine finanziellen Unterstützungen gibt, wie sie die öffentlichen Hochschulen bekommen.

2. In einer Zeit, wo in vielen Ländern die Expansion des Hochschulwesens auf begrenzte Ressourcen stößt, wo fallende oder steigende Öl- und Rohmaterialpreise Schockauswirkungen haben und wo die Veränderungen des internationalen Marktes überall Spannungen verursachen, entstehen Forderungen, daß diese teueren Institutionen, die wir Universitäten nennen, ihre eigenen Unternehmen effizienter, mit größerer Vorsicht und weniger Verschwendung führen (z.B. Jarrett, 1985). So lautet gewisermaßen die gängige Lehre, und das ist auch die Meinung der öffentlichen Behörden. Ich schätze, daß die Entwicklungen, die ich aufgezeichnet habe, besonders die zunehmende Mannigfaltigkeit unter den Hochschulen, die Vielseitigkeit innerhalb einer Hochschule und die Herausbildung eines starken Managements an der Universitätsspitze zu einer anderen Auffassung von Leistungsfähigkeit führen wird, einer Auffassung, die nicht von der Buchführung herkömmlicher Firmen abgeleitet ist, sondern die von der Anerkennung der Risikokosten kommt, wie sie mit der Wissensverfolgung in noch unbekannten Gebieten verbunden sind. Wir kennen alle aus eigener Erfahrung die enorme Bedeutung von Geldern, die uns uneingeschränkt zur Verfügung stehen und zu denen wir schnellen Zugang haben, ohne ausführliche Anträge schreiben oder lange Verzögerungen in Kauf nehmen zu müssen. Die

Fähigkeit eines Fachbereiches, eines Forschungsinstitutes oder einer Universität, schnell auf neue Anforderungen und günstige Gelegenheiten zu reagieren, z.B. finanzielle Anreize zur Förderung einer guten Forschungsidee geben zu können, Arbeitskräfte und Ressourcen einem neuen Gebiet zuteilen zu können, schnell eine wissenschaftliche Konferenz einberufen oder Wissenschaftler zu Gastprofessuren einladen zu können - das alles hängt von dem Vorhandensein dessen ab, was die Ökonomen "slack" nennen, d.h. institutionelle Geld-, Raum-, Zeit- und Energiequellen, die nicht schon durch eine bestehende Funktion oder ein andauerndes Projekt festgeschrieben sind. Es besteht eine enge Beziehung zwischen dem Vorhandensein einer erheblichen Summe von freien Mitteln und dem kreativen intellektuellen Leben an einem College oder einer Universität. Diese nicht von vornherein festgelegten, aber verfügbaren Mittel, die schnell an spontane Interessen und Aktivitäten vergeben werden können, sind es, die Kreativität und Begeisterung unter Lehrenden und Lernenden ermutigen und belohnen. Um schnell spannenden Ideen Mittel zur Verfügung stellen zu können, sind diese ungebundenen institutionellen Mittel absolut entscheidend. Einer der größten Verluste, wenn nicht überhaupt der größte Verlust bei den umfassenden Beschneidungen des Hochschuletats und der Bürokratisierung und Rationalisierung von Lehre und Studium ganz allgemein, besteht darin, daß diese ungebundenen Mittel als erste gestrichen werden. Und daraus entstehen schwerwiegende, obwohl meist zunächst unsichtbare, negative Folgen für das intellektuelle Leben eines Colleges oder einer Universität; es ist schwierig, den Verlust von Dingen, die nicht passiert sind, für Wissenschaft, Forschung und Gesellschaft zu ermessen. Deshalb meine ich, daß die gegenwärtigen Bemühungen, die Finanzierung der Hochschulen zu vereinfachen, sowohl von den Regierungen wie von den Wissenschaftlern als eine für alle wesentlichen Bereiche sehr kostspielige Sache betrachtet werden müssen, und deshalb wird es als Reaktion darauf eine Bewegung zurück zu größerer institutioneller Freiheit in der kreativen Verwendung freier Mittel geben. Ich verstehe allerdings, daß dies im Augenblick für England, Deutschland oder für die meisten westeuropäischen Länder weit entfernt und unglaublich erscheinen mag.

III. Entwicklungen innerhalb der Hochschullehrerprofession

1. Eine weitere Entwicklung, die sich abzeichnet, auch eine Begleiterscheinung des Wachstums der Hochschulsysteme, der Hochschulen, der Fachbereiche und so weiter, die alle mit der Erweiterung der Massenausbildung im Hochschulwesen verbunden sind, ist eine Veränderung in der Hierarchie und der Berufslaufbahn der Hochschullehrer. Diese Entwicklung nimmt viele Formen an. Eine davon ist die Verdrängung der alten "Fakultäten" durch Fachbereiche und die Entthronung des lehrstuhlinnehabenden Professors durch eine Gruppe von Professoren von mehr oder weniger gleichem Rang und Status. Der Lehrstuhlinhaber, der Ordinarius, oder wie auch immer er genannt wurde, war der führende Repräsentant des jeweiligen Wissenschaftsgebietes in der Universität, und er allein verkörperte wissenschaftliche und akademische Be-

fugnis. Er war eine Machtfigur in seiner eigenen Universität, die insgesamt von den Lehrstuhlinhabern regiert wurde. Sie wählten den Rektor sowie die Dekane aus ihren eigenen Reihen. Die Lehrstuhlinhaber übten auch auf nationaler Ebene einen beträchtlichen Einfluß aus, da die Bereitstellung von Forschungsgeldern und Karrieremöglichkeiten ihrer Studenten und Assistenten von ihnen bestimmt wurden. Das Wachstum der Fachbereiche und deren interne Differenzierung führte zu einer Art von Demokratisierung innerhalb des Professorenrangs und zu der Aufteilung der Macht- und Autoritätsattribute unter mehrere Leute. Diese Entwicklung vollzieht sich in mehreren Stufen, die in jedem Land anders sind. In manchen Ländern, wie z.B. in England, ist eine Tendenz bemerkbar, die Leitung des Fachbereiches vom Professorenrang zu trennen, obwohl die Hälfte der Fachbereiche in englischen Universitäten immer noch von einem einzigen Professor geführt werden. Das liegt zum Teil daran, daß die britischen Universitäten relativ klein geblieben sind, und daß nur eine festgeschriebene kleine Anzahl den Professorenrang einnehmen kann - auf etwa neun reguläre akademische Angestellte kommt ein Professor. Solange das der Fall ist, können die meisten Hochschullehrer den Professorenrang nicht als die normale oder absehbare berufliche Endstufe für Wissenschaftler sehen. Aber sobald die Fachbereiche wachsen und deren Inhalte sich immer weiter spezialisieren, werden mehr Dozenten führende Autoritäten in ihren Untergebieten werden und den Rang eines Professors verlangen, und wenn die Professoren einen größeren Anteil an der gesamten akademischen Gemeinschaft einnehmen, dann muß der Professorenrang die normale Endstufe des akademischen Berufes werden. Sobald das eintritt, so denke ich, wird sich die weite Kluft zwischen den Professoren und den jüngeren Wissenschaftlern schließen, eine Kluft, die in der Hochschulstruktur europäischer Länder verankert ist.

Die Formen dieser Institutionalisierung erzeugen gegenwärtig grundlegende Unterschiede in Sichtweise und Interesse zwischen jüngeren Dozenten und den Professoren, und beide Gruppen stehen sich in europäischen Universitäten bei der Verwaltung der Hochschule oft feindlich gegenüber. Aber wenn die jüngeren Mitarbeiter hoffen können, selbst Professoren auf Lebenszeit zu werden, dann werden sie auch die selben Interessen wie Professoren annehmen, und sie werden es nicht darauf anlegen, die Macht der Positionen, die sie selbst zu einem bestimmten Punkt in ihrer eigenen Berufslaufbahn einnehmen wollen, zu beschneiden. Dadurch werden sich wohl die feindlichen Beziehungen, die sich zwischen jüngeren und älteren Mitgliedern der Hochschullehrergruppe in den letzten Jahrzehnten entwickelt haben, verbessern. Ich bin der Meinung, wir erleben gegenwärtig eine Übergangsphase zwischen dem Verlust schier unangefochtener, uneingeschränkter Macht in den Händen der Lehrstuhlinhaber und der Herausbildung einer mehr gleichmäßig gestuften Hochschulhierarchie, die allmählich in verschiedenen Hochschulsystemen verschiedene Formen annehmen und sich mit unterschiedlicher Schnelligkeit herausbilden wird.

2. Es gibt viele Länder, in denen die Hochschullehrerprofession immer noch keine Vollzeitbeschäftigung ist. In diesen Ländern wird ganz einfach angenommen, daß sowohl jüngere wie ältere Hochschullehrer zwei oder drei Anstellungen außerhalb der Universität innehaben, um sich den üblichen Lebensstil der oberen Mittelschicht leisten zu können.

Italien ist dafür ein sehr gutes Beispiel. Meiner Meinung nach ist dieses Muster an Gesellschaften gekoppelt, in denen aus kulturellen oder politischen Gründen Sekundarschulabsolventen sehr leichten Zugang zu ihrem Universitätssystem haben, aber die aus politischen und wirtschaftlichen Gründen nicht fähig sind, die enormen Ressourcen bereitzustellen, die notwendig sind, um einen ausreichend großen Lehrkörper angemessen zu bezahlen, so daß sie einen Unterricht anbieten können, der auf die einzelnen Studierenden zugeschnitten ist und nicht auf eine anonyme Durchgangsgruppe. Unter diesen Bedingungen sehen sich Hochschullehrer gezwungen, zusätzliche Arbeit zu suchen, und zwar sowohl aus ökonomischer Notwendigkeit wie auch aus einem Gefühl heraus, daß sie diese riesige Zahl von Studenten auch dann nicht viel wirksamer unterrichten könnten, wenn sie ihre gesamte Arbeitszeit auf die Lehre verwenden würden. Die enorm große Proportion zwischen Studenten und Lehrenden läßt alles andere als Massenvorlesungen unmöglich erscheinen, und die Dozenten betrachten es als sinnlos, all ihre Zeit auf etwas zu verwenden, was sie als undurchführbare Aufgabe ansehen. So halten sie ihre Vorlesungen und verlassen danach die Hochschule, um den Rest ihrer Zeit mit Forschung, Beratertätigkeit, Hochschulpolitik und Aktivitäten zu verbringen, die oft sehr wenig mit ihrer ursprünglichen akademischen und intellektuellen Rolle innerhalb der Hochschule zu tun haben.

Über die Nachteile solcher Einrichtungen brauchen kaum viele Worte verloren zu werden: Die Gleichgültigkeit der Hochschullehrer gegenüber ihren Studenten und Studentinnen und deren Entfremdung von ihrer eigenen Ausbildung, die hohe Abbruchquote in solchen Systemen oder, noch schlimmer, die formale Verbundenheit einer großen Zahl von Studenten mit einer Universität, ohne daß die Studenten wirklichen wissenschaftlichen Fortschritt erzielen, die Einstellung einer großen Anzahl von unterbezahlten Assistenten, die wesentliche Teile von Lehre und Laboraufsicht übernehmen, deren daraus folgende politische Organisierung und deren Eintreten in die Verwaltungsstruktur der Universitäten mit Gefühlen der Unzufriedenheit und Feindseligkeit gegenüber den Professoren - es wäre ein leichtes, die Krankheitsmerkmale dieser Struktur weiter auszumalen. Nicht jede Gesellschaft mit solchen Einrichtungen dehnt sie zu solchen Extremen aus. Darüber hinaus werden in jenen Gesellschaften, in denen die Zahl der Wissenschaftler und Forscher klein ist, viele gesellschaftliche Ansprüche an sie gestellt, und wenn sie ihren Lehrverpflichtungen fernbleiben, so können sie durchaus in Regierungsämtern und Forschungslabors anwesend sein und dort den modernen Regierungssystemen das notwendige technokratische Rückgrat verleihen. So gerechtfertigt dies auch vom Standpunkt der Regierung oder der Akademiker selbst sein mag, für das Hochschulwesen ist dies kein Arrangement, das der Verteidigung wert wäre. Ich vermute, daß die Unzufriedenheit wachsen wird, wo dieses System existiert, und daß das System sich mit der Zeit verändern wird, natürlich in jedem Land mit unterschiedlicher Schnelligkeit und anderen Schwierigkeiten. Ich erkenne dieses System weniger an privaten Universitäten, wo die Studenten als Gegengabe für die bezahlten Studiengelder eine Art moralisches Anrecht auf die uneingeschränkte Aufmerksamkeit ihrer Lehrer haben. Und auch in dieser Hinsicht, so meine ich, haben die privaten Hochschulen gerade dort wieder einen kleinen Vorteil, wo sie mit dem öffentlichen Sektor konkurrieren dürfen.

3. Die Veränderungen in der Struktur des Hochschullehrerberufes zusammen mit dem Wachstum und der Spezialisierung der Hochschulen, werden, so glaube ich, die Entwicklung zum Vollzeithochschullehrer in jenen Ländern stärken, in denen es sie in dieser Form noch nicht gibt, wie z.B. in Italien. Mit dieser Entwicklung einhergehend stelle ich mir vor, daß es eine größere Bereitschaft geben wird, Spezialisten aus der Industrie zu borgen und sie als Lehrer, und zwar oft auf Nebenerwerbsbasis, an Colleges und Universitäten einzustellen. Der Widerstand der Hochschullehrerzunft gegen dieses Verfahren wird natürlich sehr stark sein; jede Zunft, jede professionelle Organisation widersetzt sich Versuchen, mögliche Berufspositionen und persönliche Vorrechte auf Nichtmitglieder auszudehnen. Und doch nimmt das Ausmaß der wissenschaftlichen und technologischen Spezialisierung, die von der Industrie unternommen wird, dermaßen schnell zu, daß nicht alle Bereiche durch die Vollzeithochschullehrer jeder beliebigen Universität repräsentiert werden können, nicht einmal von der größten Universität. Ein ständig wachsender Teil des Hochschulwesens wird bereits direkt von der Großindustrie organisiert und unterstützt. Das ist ein weiterer Trend, der sich fortsetzen wird. Auf der anderen Seite gibt es schon Professoren, die sowohl in ihren Berufsfeldern arbeiten als auch an der Hochschule lehren; und dies nicht mehr nur in den alten Berufsfeldern von Medizin und Jura, sondern auch im öffentlichen Verwaltungswesen, dem Erziehungsbereich, der betrieblichen Verwaltung und dergleichen. Ich denke, diese Entwicklung werden wir auch zunehmend im Ingenieurwesen und in den Naturwissenschaften finden. Zum Beispiel mögen die Universitäten nicht in der Lage oder nicht gewillt sein, jemanden vollzeitlich einzustellen, nur um Fertigkeiten der Biotechnologie zu unterrichten, Fertigkeiten wie Cloning und Genspaltung, die die Grundlage der aufkommenden biotechnologischen Industrie bilden. Es handelt sich hierbei vielmehr um handwerkliche Fertigkeiten als um theoretische Problembereiche. Und doch gibt es Arbeitsplätze für Biologen mit diesen Fertigkeiten und eine beständige Nachfrage nach Biologen, die diese Fertigkeiten an der Universität zu lehren sowie sie in der Industrie anzuwenden verstehen. Ähnliche Bedingungen entstehen in anderen Bereichen der Hochtechnologie. Je weiter wir in die Zukunft blicken, desto klarer zeichnet sich ab, daß diese Entwicklung zusammen mit der ansteigenden Zahl älterer Studierender, der wachsenden Größe und Verschiedenheit der studentischen Bevölkerung und anderen Entwicklungen allmählich die Trennungslinie zwischen Universität und Gesellschaft sowie Universität und Wirtschaft verwischen wird. Zunehmend werden wir beobachten können, wie das Hochschulwesen tiefer und in vielfältigerer Art und Weise als traditionelle Hochschullehrer es je erlebt haben oder sich überhaupt vorstellen können, in das gesellschaftliche Leben eingreifen wird.

Ich selber stehe dieser Entwicklung mit gemischten Gefühlen gegenüber. Wie viele andere Wissenschaftler fühle ich mich eng verbunden mit der Hochschule und ihrem besonderen Charakter als Zufluchtsort, als geschützte Umgebung für Werte, Beziehungen und Aktivitäten, die an keinem anderen Ort in der Gesellschaft üblich sind. Und es besteht die Gefahr, daß diese Einzigartigkeit, dieses besondere Klima, das mit der Wissenssuche und der Wissensvermittlung verbunden ist, verloren gehen könnte, je intensiver die Universitäten in das industrielle, kommerzielle und politische Leben der Gesellschaft verwickelt werden. Wie die Massenhochschule die erweiterten Funktionen realisieren kann, die von ihr in Zukunft verlangt werden, und wie sie dennoch ihre ureigenen Werte und jeweilige Identität bewahren kann, wird die größte Herausforderung sein, die die Entwicklungen, die ich aufgezeigt habe, stellen. Wie unsere Hochschulen auf diese Herausforderung reagieren könnten, ist vielleicht das Thema einer weiteren Überlegung.

Schluß

Ich sagte zu Beginn dieses Beitrages, daß ich keine Ratschläge geben, sondern Vorhersagen machen werde - und letztere sind viel riskanter, besonders in einer Welt, die sich so schnell wie die unsere verändert. Trotz der Unmöglichkeit, Studentenzahlen und Wachstumsgrößen vorherzusagen, halte ich es für möglich, umfangreiche Entwicklungen im Hochschulwesen auch angesichts von Schwankungen der demographischen Kurven und Unsicherheiten in der Finanzlage der Nationen zu erkennen. Ich möchte behaupten, daß diese Entwicklungen säkularer Natur sind und auf tiefliegende elementare Kräfte in der Entwicklung der modernen Gesellschaft antworten. Sie sind wohl am deutlichsten spürbar als Trend zur Demokratisierung und Rationalisierung des Lebens und zur Bürokratisierung der Organisationen und Institutionen. Einige der Tendenzen, die ich aufgezeichnet habe, scheinen diesen Entwicklungen zuwiderzulaufen, und ich denke, sie sind in dem Maße interessant, wie sie die gesellschaftlichen Trends eines Jahrhunderts oder mehr umzustoßen scheinen. Aber in jeder Gesellschaft werden der Grad, in dem diese Entwicklungen sichtbar werden, und die Schnelligkeit, mit der sie sich entwickeln, sehr unterschiedlich sein, und zwar wird viel von den bestehenden akademischen Traditionen, dem kulturellen Gefüge, den Organisationsmustern und vor allem von der jeweiligen Stärke und Wichtigkeit der öffentlichen und privaten Sektoren des Hochschulwesens abhängig sein.

Die Diskussion über Hochschulsysteme, deren Reform und zukünftige Planung, wird heute weitgehend durch Kosten- und Finanzierungsüberlegungen beherrscht. Das ist mehr als verständlich. Der Hochschulbereich stellt ja ganz erhebliche Ansprüche an die Staatskasse, und die verantwortlichen Entscheider sehen sich hin- und hergerissen zwischen der Notwendigkeit, vorhandene Ausbildungskapazitäten den Bedürfnissen einer ständig wachsenden "Lernergesellschaft" anzupassen und den legitimen und mit erheblichem Nachdruck vertretenen Anforderungen der übrigen Ressorts. Allerdings wird in den vorliegenden Ausführungen zu bedenken gegeben, daß Planung und Wandel im Hochschulbereich kein ausschließliches Finanzierungsproblem darstellen. Die hier beschriebenen strukturellen und organisatorischen Tendenzen sind an sich nicht - oder zumindest nicht in erster Linie - kostenintensiv. Sachliche und fachliche Vielfalt, markante Führungspersönlichkeiten in den verschiedenen Institutionen, eine relativ eingeebnete Hierarchie mit nur graduellen akademischen Statusveränderungen, vollbeschäftigte Hochschullehrer, der Ausbau der Universität auch als Weiterbildungsanstalt, enge Bindungen an Privatwirtschaft und Industrie, besonders bei den Medizinern - all das sind Entwicklungen und Merkmale, die bereits jetzt die Leistungs- und Wandlungsfähigkeit der Hochschulen wirksam verändern. Sie implizieren allerdings nicht in erster Linie einen drastischen Kostenanstieg und müßten sich von daher allein schon den Verwaltern der Staatskassen nachdrücklich empfehlen.

Literatur

CERYCH, L. und COLTON, S.: "Summarizing Student Flows", European Journal of Education, Bd. 15, Nr. 1, 1980

HUBER, Ludwig: "Der Wandel der Studentenrolle" (in diesem Band)

JARRETT, Sir Alex, Chairman: Report to the Steering Committee for Efficiency Studies in Universities, University Grants Committee (U.K.), März 1985

KERR, Clark: "Postscript-1982," The Uses of the University, Third Edition, Cambridge, Harvard University Press, 1982, S. 152-153

NOAH, Harold J.: "Die Allgemeinbildung in der heutigen Universität" (in diesem Band)

TEICHLER, Ulrich: "Die Universität vor den Anforderungen der modernen Arbeitswelt" (in diesem Band)

TROW, Martin: "Problems in the Transition from Elite to Mass Higher Education", Policies for Higher Education, The General Report on the Conference on Future Structure of Post-Secondary Education, Paris, O.E.C.D., 1974, S. 51-101

TROW, Martin: "Comparative Perspectives on Access," in Oliver Fulton, ed., Access to Higher Education, Guildford, England: Society for Research into Higher Education, 1981

TROW, Martin: "Comparative Reflections on Leadership in Higher Education," European Journal of Education, Bd. 20, Nr. 2-3, 1985, S. 143-159

TROW, Martin: "The State of Higher Education in the United States," in William K. Cummings, et al., Educational Policy in Crisis: Japanese and American Perspectives, New York: Praeger, 1986

Dr. Klaus von BEYME, geb. 1934 in Saarau (Schlesien); 1967-73 Professor für Politikwissenschaft in Tübingen; 1971 für kurze Zeit Rektor der Universität Tübingen; 1974 Professor für Politikwissenschaft in Heidelberg; 1973-75 Präsident der Deutschen Vereinigung für Politische Wissenschaft; 1979 Gastprofessor an der Stanford University; 1982-85 Präsident der International Political Science Association.
Publikationen: Der Föderalismus in der Sowjetunion. Heidelberg 1964. - Politische Soziologie im zaristischen Rußland. Wiesbaden 1965. - Interessengruppen in der Demokratie. München 1969, (5. Aufl. 1980), (span. 1986). - Die Parlamentarischen Regierungssysteme in Europa. München 1970, (4. Aufl. 1980). - Die politische Elite in der Bundesrepublik Deutschland. München 1971, (2. Aufl. 1974). - Die politischen Theorien der Gegenwart. München 1972, (6. Aufl. 1986), (span. 1977, serbokroat. 1978, japan. 1987). - Gewerkschaften und Arbeitsbeziehungen in kapitalistischen Ländern. München 1977 (engl. 1980). - Ökonomie und Politik im Sozialismus. München 1975, (2. Aufl. 1977), (engl. 1982). - Das politische System der Bundesrepublik Deutschland. München 1979, (4. Aufl. 1985), (engl. 1983). - Parteien in westlichen Demokratien. München 1982, (2. Aufl. 1984), (engl. 1985, span. 1986, ital. 1986). - Die Sowjetunion in der Weltpolitik. München 1983, (2. Aufl. 1985), (engl. 1986). - Vorbild Amerika? Der Einfluß der amerikanischen Demokratie in der Welt. München 1986.

Dr. Dr. hc. Winfried BÖHM, geb. 1937 in Schluckenau; nach Ausbildung und Berufstätigkeit im Bankfach sowie nach musikalischer Ausbildung Studium von Philosophie, Pädagogik, Theologie, Geschichte, Politik und Musikwissenschaft in Bamberg, Würzburg und Padua. 1969 Promotion zum Dr. phil., 1973 Habilitation im Fach Pädagogik. 1974 Ordinarius und Vorstand des Instituts für Pädagogik der Universität Würzburg. Gastprofessor an den Universitäten Provo (USA), Lagos (Nigeria), Córdoba (Argentinien), Rom und Bari (Italien). Präsident des Instituts für Europäische Bildung in Gardone Riviera. 1984 Ehrendoktor der Universität Córdoba (Argentinien).
Veröffentlichungen: Maria Montessori (1969). - Kulturpolitik und Pädagogik Paul Oestreichs (1973). - La educación de la persona (1982). - Wörterbuch der Pädagogik (12. neuverfaßte Aufl. 1982). - Theorie und Praxis (1985). - Hrsg. u.a. (mit Giuseppe Flores d'Arcais): Il dibattito pedagogico in Germania (1977). - Die italienische Pädagogik des 20. Jahrhunderts (1979). - Die Pädagogik der frankophonen Länder im 20. Jahrhundert (1980). - Zahlreiche Aufsätze in Fachzeitschriften.

Dr. Miroslav CIPRO DrSc ist 1918 in Pilsen geboren. Ursprünglich Lehrer, wirkte er seit 1950 in dem pädagogischen Forschungsinstitut in Prag, dessen Direktor er in den Jahren 1964-71 war. 1971 bis 1976 Stellvertreter des Ministers für Schulwesen. 1976-80 wirkte er im UNESCO-Sekretariat in Paris als Forschungsleiter. Seit 1980 Professor der Pädagogik an der Karlsuniversität.
Seine bedeutendsten Bücher: O mravnî výchove mládeze 1957 (Moralerziehung der Jugend), Modernizace základnîho vzdelánî 1967 (Modernisierung der Grundbildung), Idea vysoké skoly 1981 (Idee der Hochschule), Pruvodce dejinami výchovy 1984 (Zur Geschichte der Erziehung) u.a.

Dr. F. Thomas CLARK ist Präsident des Rockland Community College, Promotion an der Cornell University.

Dr. Daniel FALLON ist experimenteller Psychologe, der besonders auf dem Gebiet des Lernens und der Triebe arbeitet. Ein B.A. wurde ihm vom Antioch College 1961 verliehen sowie ein Magister 1963 von der University of Virginia, an der er 1965 promovierte. Sein wissenschaftliches Interesse an grundlegenden Bildungsfragen nahm stark zu, als er 1969 bei der State University of New York in Binghamton als "Assistant Dean" der akademischen Verwaltung beitrat. 1973-74 war er Gastprofessor und Forschungsstipendiat der Fulbright-Kommission an der Universität Düsseldorf, wo er geholfen hat, ein tierexperimentelles Verhaltenslabor einzurichten. So bemerkenswert fand er die Wandlung deutscher Universitäten seit seinen Erlebnissen als Student an der Universität Tübingen 1959-60, daß er anfing, Bildungsforschung zu betreiben, welche 1980 zur Veröffentlichung seines Buches über die deutsche Universität führte. Jetzt ist er Professor of Psychology und Dean of the College of Liberal Arts an der Texas A&M University.

Dr. Carola L. GOTTZMANN, geb. 1943 in Altlandsberg, Mark Brandenburg. Promotion 1973. Habilitation 1977. 1979-1984 full professor an der Cairo Universität. Apl.Prof. für Deutsche Philologie. Wissenschaftliche Schwerpunkte: Altnordistik, Wissenschaftsgeschichte, Artusdichtung, Heldendichtung.

Dr. rer. pol., Dipl.Ing. Dietrich GOLDSCHMIDT, geb. 1914, 1945-49 Mitbegründer und -herausgeber der "Göttinger" später "Deutschen Universitätszeitung". Mitarbeiter an den "Hochschullehrerstudien" (Hg. H. Plessner, 3 Bde., Göttingen 1956). 1963-82 Direktor am Max-Planck-Institut für Bildungsforschung Berlin. Honorarprofessor für Soziologie an der Freien Universität Berlin und der Kirchlichen Hochschule Berlin. Studien- und Vortragsreisen in Südasien, anglophonem Schwarzafrika, Mexiko, Brasilien, Peru. Zahlreiche Veröffentlichungen zu deutschen und internationalen Hochschulproblemen und zum Bildungswesen in Ländern der Dritten Welt.

Dr. Hartmut von HENTIG, geb. 1925; Vater war Diplomat, daher häufiger Schulwechsel und Aufenthalt in vielen Ländern; 1943 Abitur am Französischen Gymnasium, Berlin; zwei Jahre Soldat; ab 1945 Studium der Alten Sprachen in Göttingen und Chicago, dort MA und PhD mit einer Arbeit über Thukydides; Lehrer am Birklehof, einem humanistischen Landerziehungsheim im Schwarzwald und in Tübingen - insgesamt zehn Jahre, davon zwei mit Forschungsauftrag der Deutschen Forschungsgemeinschaft über Probleme des altsprachlichen Unterrichts; 1963 Berufung auf den Lehrstuhl für Pädagogik an der Universität Göttingen; seit 1967 mit Plänen für ein Oberstufen-Kolleg und eine Laborschule an der Universität Bielefeld befaßt; 1968 Ruf dorthin, Aufbau der Fakultät für Pädagogik, Philosophie und Psychologie und der beiden als Curriculumwerkstätte konzipierten Schulen, Laborschule und Oberstufen-Kolleg; seit deren Eröffnung: Wissenschaftlicher Leiter der Schulprojekte der Universität Bielefeld; 1981 bis 1982 Fellow am Wissenschaftskolleg zu Berlin; 1982 Aufnahme in die Deutsche Akademie für Sprache und Dichtung, Darmstadt; 1986 Lessing-Preis der Stadt Hamburg.

Dr. Gerhard HESS, Professor der Soziologie und Internationalen Erziehungswissenschaft, ist der Direktor des 'Rockland Centre for International Studies' der Staatsuniversität von New York. Er studierte an der Universität von Texas in Austin und schloß dann seine Studien mit zwei Master-Diplomen und dem Doktor (Vergleichende und Internationale Erziehungswissenschaft) an der Columbia Universität in New York ab. Er ist z.Z. Generalsekretär des College Consortiums for International Studies (CCIS) in New York. Dr. Hess ist Mitglied der New Yorker Akademie der Wissenschaften und Forschungsmitglied am Institut für Erziehung in Industrienationen am Teachers College, Columbia Universität.

Dr. Ludwig HUBER, geb. 1937 in Bielefeld. Studium der klass. Philologie und Theologie in Freiburg, Hamburg, Tübingen und London 1956-1963. Verlagslektor 1963-1965, Studienreferendar 1965-1967, Wiss. Assistent in Pädagogik an den Universitäten Göttingen und Bielefeld 1967-1971. Seit 1971 Professor für Hochschuldidaktik an der Universität Hamburg, Interdisziplinäres Zentrum für Hochschuldidaktik. Vizepräsident der Universität 1982-1984. Herausgeber von "Ausbildung und Sozialisation", Bd. 10 der "Enzyklopädie Erziehungswissenschaft", Stuttgart 1983.

Neil MERRITT, Direktor des Ealing College of Higher Education in London seit 1977, zeitweilig Chairman der Standing Conference of Principals and Directors of Colleges and Institutes in Higher Education.

Dr. Harold J. NOAH, geb. in London, Studium an der London School of Economics und King's College, Ph.D. an der Columbia University, die wichtigsten Forschungsgebiete sind Wirtschaftspädagogik und vergleichende Erziehungswissenschaft. Lehrtätigkeit in London und den USA sowie als Research Fellow am Max-Planck-Institut für Bildungsforschung und Gastprofessor an der Freien Universität Berlin. Prof. Noah war Research Fellow im Rahmen der International Association for the Evaluation of Educational Achievement (IEA), Stockholm 1971; er war Berater der Organisation for Economic Cooperation and Development, Paris; 1976-81 war er Dekan am Teachers College.

Publikationen u.a.: Financing Sowjet Schools (1966), - (mit Max Eckstein) Toward a science of Comparative Education (1969) Reviews of National Policies for Education: Germany (1972). Die gegenwärtigen Forschungen von Prof. Noah betreffen den Einfluß von Wirtschaft und Industrie auf die Sekundarbildung in Europa.

Dr. David PHILLIPS, geb. 1944; Fellow von St. Edmund Hall, Oxford; Mitherausgeber der Zeitschrift **Oxford Review of Education**; D.Phil. (Oxford); Studium der Germanistik (B.A., London 1966) und der Pädagogik (Oxford 1966-67); Gymnasiallehrer und Oberstufenleiter an einer Gesamtschule (1967-75); seit 1975 Dozent am Department of Educational Studies der Universität Oxford; Autor von mehreren Büchern und Artikeln über Sprachdidaktik und Hochschulpolitik (u.a. **Zur Universitätsreform in der Britischen Besatzungszone 1945-1948**, Böhlau 1983; **The Second Foreign Language**, mit Veronica Stencel, Hodder & Stoughton 1983).

Dr. Hermann RÖHRS, geb. 1915 in Hamburg; Studium der Germanistik, Erziehungswissenschaft, Philosophie, Psychologie, Geschichte an der Universität Hamburg; nach dem Staatsexamen Lehrer an verschiedenen Schulformen in Hamburg; seit Januar 1940 Kriegsteilnehmer; 1944/45 in Hamburg Promotion; nach Wiedereröffnung der Schulen Mitwirkung als Lehrer bei der Rekonstruktion des total zerstörten Bildungswesens; 1949 Assistent bei Wilhelm Flitner am Erziehungswissenschaftlichen Seminar der Universität Hamburg; 1951 Habilitation; 1952/53 Mitarbeiter von Walther Merck beim Aufbau des Lehrstuhls für Vergleichende Erziehungswissenschaft und des UNESCO-Instituts für Pädagogik; 1953 planmäßige Dozentur für Sozialpädagogik; 1957 Berufung auf den Lehrstuhl für Wirtschaftspädagogik Universität Mannheim; 1958 Berufung auf den Lehrstuhl für Pädagogik Universität Heidelberg; 1962 bis 1974 Mitglied des Sportwissenschaftlichen Kuratoriums des Deutschen Sportbundes; 1963 Präsident des Philosophisch-Mathematisch-Naturwissenschaftlichen Fakultätentages; 1966 Gründung der Forschungsstelle für Vergleichende Erziehungswissenschaft; 1966 Ernennung zum Honorarprofessor an der Universität Mannheim; 1967/68 nach Auflösung der Philosophischen Fakultät Gründungsdekan der Wirtschafts- und Sozialwissenschaftlichen Fakultät; 1972 Mitbegründer der Internationalen Gesamtschule Heidelberg; Forschungsaufenthalte auf allen Kontinenten; von den annähernd sechzig ehemaligen Doktoranden wirken viele als Professoren in Hochschulen anderer Länder; zwei Festschriften zum 60. bzw. 65. Geburtstag; 1968 bis 1983 Präsident des Weltbundes für Erneuerung der Erziehung (Deutschsprachige Sektion); 1983 Wahl zum Ehrenpräsidenten des Weltbundes; 1983 Verleihung des Bundesverdienstkreuzes; 1985 Ernennung zum Ehrenmitglied der "Society für Comparative Education in Europe".

Dr. Chaim SCHATZKER, geb. 1928 in Lewow (Polen), Grundschule in Wien, 1939 Emigration nach Israel, 1951-1956 Studium der Geschichte und Erziehungswissenschaft an der Hebräischen Universität Jerusalem, 1962-1963 Studienaufenthalt an der Universität Hamburg und 1970-1971 am Teachers College, Columbia University (New York). - 1971-1982 Lecturer, Senior Lecturer and Assiciated Prof. an der Hebräischen Universität Jerusalem. - 1976-1977 Gastprofessor an der Gesamthochschule Duisburg, 1983-1984 Gastprofessor an der Hochschule für Jüdische Studien an der Universität Heidelberg, 1984 Prof. für Neuere Jüdische Geschichte an der Universität Haifa.
Publikationen: Die jüdische Jugendbewegung in Deutschland 1900-1933 (hebr.) 1969. - Die jüdische Jugendbewegung in Deutschland im "Dritten Reich" (hebr.) 1980. - Jüdische Geschichte in deutschen Geschichtslehrbüchern 1963. - Das Deutschlandbild in israelischen Geschichtslehrbüchern 1979. - Die Juden in den deutschen Geschichtslehrbüchern 1982.

Dr. Michel SOËTARD, geb. 1939 in Wervecque; nach Studium in Lille, Paris und Frankfurt a.M. Promotion an der Sorbonne; Veröffentlichungen über Pestalozzi (Pestalozzi ou la naissance de l'éducateur, Bern 1981). Prof. der Geschichte der Pädagogik und der Bildungsphilosophie an der katholischen Universität Lille.

Dr. Manfred E. STREIT ist seit 1971 Inhaber des Lehrstuhls für Volkswirtschaftslehre, Wirtschafts- und Sozialpolitik an der Universität Mannheim. Der Schüler von Herbert Giersch war zuvor Assistent des Sachverständigenrates zur Begutachtung der gesamtwirtschaftlichen Entwicklung und danach Lecturer in Economics an der University of Reading (U.K.). Forschungsaufenthalte führten ihn an kanadische und australische Universitäten. Ferner war er für drei Jahre an das Europäische Hochschulinstitut in Florenz beurlaubt. Seine bevorzugten Arbeitsgebiete sind die Theorie der Wirtschaftspolitik sowie Ordnungs- und Innovationspolitik.

Dr. Bogdan SUCHODOLSKI, geb. 1903 in Sosnowiec (Polen), Studium in Berlin (bei Vierkandt und Spranger) sowie in Paris; 1925 Dr. phil., 1946 Prof. für Pädagogik Universität Warschau, 1969 Präs.-Mitglied der Polnischen Akademie der Wissenschaften, international bekannter Repräsentant des marxistischen Humanismus und seiner pädagogischen Relevanz.

Publikationen: Die polnische Pädagogik in der Zeit der Renaissance (1958). - Grundlagen der marxistischen Erziehungstheorie (1961). - Theorie der sozialistischen Bildung (1974).

Dr. Ulrich TEICHLER, geb. 1942 in Stettin, Studium der Soziologie an der Freien Universität Berlin, 1968-1978 Wissenschaftlicher Mitarbeiter am Max-Planck-Institut für Bildungsforschung, Berlin, 1970-1972 Gastwissenschaftler am National Institute for Educational Research, Tokyo, 1975 Promotion zum Dr.phil. über Bildungsexpansion und Statusdistribution in Japan, seit 1978 Professor im Fachbereich Angewandte Sozialwissenschaften der Gesamthochschule Kassel und Geschäftsführender Direktor des Wissenschaftlichen Zentrums für Berufs- und Hochschulforschung, 1985/86 Fellow am Netherlands Institute for Advanced Study in the Humanities and Social Sciences.
Buchpublikationen u.a.: Hochschulexpansion und Bedarf der Gesellschaft, 1976; Das Dilemma der modernen Bildungsgesellschaft, 1976; Der Arbeitsmarkt für Hochschulabsolventen, 1981; Herausgeber u.a. von Hochschule und Beruf, 1979; Berufstätigkeit von Hochschulabsolventen, 1983; Forschungsgegenstand Hochschule 1984; Hochschulentwicklung seit den sechziger Jahren, 1986.

Dr. Martin TROW, geb. 1926 in New York. Nach einer kurzen Tätigkeit als Ingenieur begann er das Studium der Soziologie an der Columbia University und erwarb den Ph.D. 1957. Seit 1957 lehrt er in Berkeley als Prof. der Soziologie. Seit 1977 ist er ebenfalls Direktor des Center for Studies in Higher Education in Berkeley. Prof. Trow ist Mitglied und gegenwärtig Vizepräsident der National Academy of Education.

Dr. Hans N. WEILER wurde 1934 in Krefeld geboren und studierte wissenschaftliche Politik, Philosophie und Erziehungswissenschaft an den Universitäten Frankfurt, London und Freiburg (Dr.phil. in wissenschaftlicher Politik, 1965). Nach seiner Tätigkeit am Arnold-Bergstraesser-Institut in Freiburg folgte er einem Ruf an die Universität Stanford, wo er seit 1965 an der erziehungswissenschaftlichen und der politikwissenschaftlichen Fakultät lehrt. Von 1974 bis 1977 war Weiler Direktor des Internationalen Instituts für Bildungsplanung (IIEP) der UNESCO in Paris. Seine wissenschaftlichen Arbeiten und Veröffentlichungen beschäftigen sich mit dem Verhältnis von Bildung und Politik in Afrika, Westeuropa und den USA.

Dr. Roswitha WISNIEWSKI, geb. 1926 in Stolp, Pommern. Promotion 1953. Habilitation 1960. O. Prof. für Deutsche Philologie in Heidelberg 1967. Seit 1976 Mitglied des Deutschen Bundestags. Wissenschaftliche Schwerpunkte: Heldendichtung, Mystik, Historische Grammatik, Lyrik. Ferner zahlreiche Aufsätze zur Bildungspolitik und zur Frauenfrage.

Dr. Eike WOLGAST, geb. 1936 in Ludwigslust (Meckl.). Studium der Geschichte, Philosophie und klassischen Philologie an den Universitäten Heidelberg und Göttingen. 1963 Promotion zum Dr.phil. in Göttingen, 1973 Habilitation für mittlere und neuere Geschichte in Göttingen. Seit 1976 ordentlicher Professor für Neuere Geschichte in Heidelberg. - Monographien und Aufsätze zur Geschichte der Neuzeit, u.a.: Die Wittenberger Theologie und die Politik der evangelischen Stände (1977); Thomas Münzer (1981); Die Universität Heidelberg 1386-1986 (1986). - Mitherausgeber: Martin Luther, Gesamtausgabe-Briefwechsel 12-14 (1967-1970); Semper apertus - 600 Jahre Ruprecht-Karls-Universität Heidelberg 1-4 (1985).

STUDIEN ZUR ERZIEHUNGSWISSENSCHAFT

Band 1 Peter Simon: Werte, Normen und erzieherische Entscheidungsbegründung. 1978.

Band 2 Boris Menrath: Zur ideologischen Anfälligkeit der empirisch-pädagogischen Forschung. 1978.

Band 3 Klaus Hoffmann: Die Grundlegung der englischen Elementarerziehung im 19. Jahrhundert. Bildungs- und sozialgeschichtliche Entwicklungstendenzen im Kräftefeld von kirchlichen, staatlichen und restaurativ-reformistisch pädagogischen Einflüssen in England. 1978.

Band 4 Ekkehard Otto: Grundlagen einer Interdependenz-Didaktik am Beispiel des elementaren Sprach- und Mathematikunterrichts. 1979.

Band 5 Anton Ottmann: Entwicklung und Evalution eines Mathematikcurriculums für Ausländerkinder. 1979.

Band 6 Bernhard Graf: Sachorientiertes Lernen und Medieneinsatz im Kindergarten. 1979.

Band 7 Willi Wölfing: Zur Geschichte der amtlichen Lehrerfortbildung in Baden-Württemberg nach 1945. Lehrerfortbildung zwischen 1945 und 1977. 1979.

Band 8 Willi Wölfing: Zur Geschichte der amtlichen Lehrerfortbildung in Baden-Württemberg nach 1945. Geschichte der staatlichen Fortbildungsinstitutionen. 1979.

Band 9 Friedrich Axt: Léopold Sédar Senghor und die Erziehungspolitik der Republik Senegal. 1979.

Band 10 Friedrich Axt: Sekundarschulwesen in der Republik Senegal. 1979.

Band 11 Horst Dinter: Über die Möglichkeiten non-verbaler Information in technischen Problemlösungsaufgaben. Versuche mit einer unterrichtsbezogenen Untersuchungsreihe im Vorfeld der Sekundarstufe I. 1979.

Band 12 Joannis Pirgiotakis: Zum Selbstverständnis des griechischen Volksschullehrers. Sozialgeschichtliche Entwicklung des Lehrerstandes in Griechenland und die gegenwärtige Situation. (Dargestellt auf der Grundlage einer empirischen Untersuchung). 1979.

Band 13 Nikolaos Terzis: Die reformpädagogische Bewegung Griechenlands zwischen Traditionalismus und Modernisierung (1902-1920). Der erzieherische Demotikismus. 1979.

Band 14 Hellmar Weber: Grundlagen einer Didaktik des Mathematisierens: Zur Beschreibung von Mathematisierungsprozessen und zur Bedeutung solcher Prozesse im Mathematikunterricht. 1980.

Band 15 Helmut Carstens: Untersuchungen zur verbalen Interaktion im Unterricht der Schule für Sprachbehinderte. Ein Beitrag der phänomenologischen Unterrichtsforschung zur Didaktik der Schule für Sprachbehinderte. 1981.

Band 16 Rudolf Tippelt: Qualifikation und berufliche Sozialisation erwerbstätiger Jugendlicher. Theorien, Ergebnisse und Probleme der beruflichen Bildungs- und Qualifikationsforschung. 1981.

Band 17 Rolf Arnold: Pädagogische Professionalisierung betrieblicher Bildungsarbeit. Explorative Studie zur Ermittlung weiterbildungsrelevanter Deutungsmuster des betrieblichen Bildungspersonals. 1983.

Band 18 I Heinrich Weber: Evaluation eines Curriculums - Möglichkeiten und Probleme - untersucht am Lehrplanentwurf Biologie - freiwilliges 10. Schuljahr an der Hauptschule in Rheinland-Pfalz. Theorieansatz. 1987.

Band 18 II Heinrich Weber: Evaluation eines Curriculum - Möglichkeiten und Probleme - untersucht am Lehrplanentwurf Biologie - freiwilliges 10. Schuljahr an der Hauptschule in Rheinland-Pfalz. Analysen. 1987.

Band 19 Hermann Röhrs: Schlüsselfragen der inneren Bildungsreform. Entwicklung, Tendenzen, Perspektiven. 1987.

Band 20 Hermann Röhrs (Hrsg.): Tradition und Reform der Universität unter internationalem Aspekt. Ein interdisziplinärer Ansatz. 1987.

Band 21 Hermann Röhrs (Ed.): Tradition and Reform of the University under an International Perspective. An Interdisciplinary Approach. 1987.

Band 22 Hans-Ulrich Grunder: Das schweizerische Landerziehungsheim zu Beginn des 20. Jahrhunderts. Eine Erziehungs- und Bildungsinstitution zwischen Nachahmung und Eigenständigkeit. 1987.